L’ivresse de la liberté

13, rue Saint-Honoré, 78000 Versailles
http://www.editions-de-paris.com
ISBN 978-2-85162-293-8

Couverture : « Lutte de Jacob avec l'Ange » (1861), Eugène Delacroix, Eglise Saint-Sulpice, Paris.

Giuseppe Nastri

L'ivresse de la liberté

ÉDITIONS DE PARIS

Itaque non ab Epicuro inpulsi luxuriantur, sed vitiis dediti luxuriam suam in philosophiæ sinu abscondunt et eo concurrunt ubi audiant laudari voluptatem.

SENECA, *De vita beata,* 12.

(Ils ne se livrent pas à la débauche parce qu'ils y sont poussés par Épicure, mais – puisqu'ils s'adonnent aux vices – ils cachent leur inconduite au sein de la philosophie, et ils se rassemblent là où ils peuvent écouter l'éloge de la volupté.

SÉNÈQUE, *La vie heureuse*, 12.

Dédié à Hadrien Deckmyn : son jeune âge lui permettra, sans doute, de voir dans notre société des changements inattendus.

Les plus vifs remerciements de l'auteur vont à Christiane Nastri, à Marie-Pascale Verbrouck, à Franco Cozzani et à Jacques Parré pour leurs précieux conseils.

L'auteur

Giuseppe NASTRI a travaillé dans la recherche nucléaire en Belgique et en Angleterre, dans l'administration européenne à Bruxelles, dans des postes diplomatiques au Japon et en Australie. Il a participé à la Mission d'Observation de l'Union Européenne dans l'Ancienne Yougoslavie en 1993, pendant la guerre de Bosnie. Il a publié en français *Le travail hors loi* (avec Jean-Christian Huet, Collection de la Revue politique et parlementaire – Diffusion PUF, 1987) sur le rôle du travail dans les pays industrialisés, *L'autonomie éthique* (PIE – Peter Lang, 2002) sur le fondement de la morale en Dieu et *L'amour trinitaire et son refus par la modernité* (L'Harmattan, 2005) sur le rapport entre les dispositions morales et les convictions. En italien il a publié, auprès de l'éditeur Armando de Rome, deux ouvrages de critique de la philosophie : *Corruzione della filosofia. Il pensiero moderno come anti-religione* (2006) et *Libertà della fede. Necessità della ragione – Costruzione della filosofia al di là dell'influenza cartesiana e protestante* (2009).

TABLE DES MATIÈRES

TABLEAUX

INTRODUCTION.
LES QUESTIONS, LES PRÉCÉDENTS

§ 1. L'individu – un – dans un univers petit et compact

Pourquoi aborder la pensée occidentale du dernier demi-millénaire par l'opposition entre l'*infini* quantitatif et l'*éternité* ? Il semblerait plus urgent de s'interroger sur des problèmes comme la réalité du moi, du monde et de Dieu, le hasard et la nécessité, le libre arbitre et la finalité, le caractère original ou dérivé du mal, la distinction entre le vrai et le faux, la réussite ou non des révolutions européennes, le rapport entre la surpopulation et la nouvelle éthique, etc. Derrière ces interrogatifs, il y en a un qui les récapitule tous : « Sommes-nous devant une histoire qui se répand de tous les côtés sans limites (et sans sens) ou, au contraire, tout se tient parce qu'il y a un sens, un destin et parce que le bien, l'être et le vrai constituent le fondement de tout ? » Aux yeux de penseurs comme Giordano Bruno (1548-1600) et Kant (1724-1804), la science propose un monde homogène et illimité : vers le plus grand et vers le plus petit, vers le passé et vers le futur. L'évolutionnisme d'origine hégélienne ou darwinienne voit l'individu, l'humanité et la nature tout entière poussés par un aiguillon, mais il ne peut pas dire vers où ni pourquoi : c'est l'*infini* quantitatif, *infini* des passions, *infini* des actions, *infini* des cycles, *infini* du temps. Les principaux philosophes modernes invoquent l'*infini* pour exclure l'*éternité*. L'*éternité* n'est pas un temps sans limite – d'ailleurs absurde en tant qu'infini quantitatif (en acte) – mais essentiellement unité, finalité, raison d'être. Il y a même une sorte de (faux) mysticisme qui se plaît à voir la terre, et l'homme sur la terre, perdus dans l'immensité de l'univers, pourvu que rien ne dépasse l'homme sur le plan intellectuel, moral, spirituel. Or, nous pouvons nous interroger sur l'unité de notre vie aussi bien que sur l'ensemble des galaxies dans leur évolution, et c'est justement cela penser à l'unité de l'univers et à l'unité de tous les temps et de tous les espaces.

I. L'INFINI QUANTITATIF

L'infini quantitatif est une ruse ; c'est comme une promesse de remboursement toujours renouvelée.

L'infini extensif, quantitatif, mesurable ou chiffrable en acte représente un paradoxe. Dans la philosophie moderne (notamment dans l'idéalisme allemand) il y a une sorte de sous-entendu selon lequel, confrontés à un flux héraclitéen d'expériences, nous sommes toujours au milieu du parcours, en phase de transition, engagés dans le gué entre deux indéterminés ou deux infinis. C'est l'hypothèse de l'infini et de l'infinitésimal quantitatifs, dynamiques et dialectiques. Il s'agit toutefois d'une pure construction mentale, acceptable seulement dans la représentation, antidote (parfait ?) à l'infini de la perfection de Dieu. La régression à l'infini ou à l'indéterminé (noumène, inconscient, néant) joue dans la modernité le rôle qui fut – dans le gnosticisme ancien – celui de la dispersion du divin à travers les éons, les émanations, les réincarnations multiples des âmes. Le doute méthodique de Descartes, l'appel de la raison au tribunal de la raison de Kant, et l'approche systématiquement problématique des philosophes récents relèvent de la même logique de la fuite en avant.

L'exclusion de l'infini quantitatif rétablit le destin significatif, irremplaçable, éternel de la personne. Nos expériences à travers l'espace-temps ne représentent pas une entrée momentanée dans l'être suivie d'une sortie rapide, mais une réalité ancrée dans l'unité de tous les temps de notre vie : c'est là notre identité personnelle. Cette unité de la personne est donnée par un seul acte d'être qui lie des expériences multiples. Des considérations analogues s'appliquent à l'unité de l'univers dans son évolution. L'infini quantitatif n'est concevable qu'en puissance, c'est-à-dire comme un processus mental, dont la réalisation signifierait qu'il s'agit d'une chose finie. La physique newtonienne était, pour ainsi dire, obligée d'accepter l'infinitésimal et l'infini – notamment de l'espace et du temps. Ce n'est plus le cas avec la mécanique des quanta et la cosmologie relativiste. (L'infinitésimal et l'infini gardent, évidemment, toute légitimité dans le domaine abstrait des mathématiques, qui pourtant relève de la pure logique.)

En somme, « La contemplation du monde *sub specie aeterni* [du point de vue de l'éternité] c'est le voir comme un ensemble limité[1]. » Et c'est par l'attention à notre expérience personnelle que nous saisissons l'unité de notre vie à travers tant de péripéties. En fait, notre intelligence ne comprend que des unités et nous ne connaissons chaque chose que dans son unité. Dans le cas de la personne humaine, le facteur éternité prend une signification particulière en raison de la conscience que nous avons de notre propre unité à travers la multiplicité des lieux, temps, etc., à l'exclusion de tout infini quantitatif.

La vie de l'homme dans l'éternité peut être présentée comme l'unité de tous – et seuls – les événements de son existence temporelle sur terre, unité que nous ne pouvons pas vraiment expérimenter au stade actuel car nos expériences – distinctes dans le temps mais non pas séparées dans l'être – sont toujours limitées à des temps et à des lieux particuliers. L'unité finale de la personne équivaut à l'immortalité de l'âme, ou mieux à la résurrection des corps, à l'Au-delà, au Paradis. Cette unité peut nous apparaître comme « hors de ce monde » seulement parce que la justice, la responsabilité, les torts, les fautes, le repentir, le pardon, la souffrance, la naissance et la mort y prennent leur sens définitif.

§ 2. Peut-on penser le monde actuel en dehors des précédents et des perspectives ?

Que le monde un, uni, formant une unité structurée, ne soit pas ce chaos initial chanté par les poètes, voilà ce qui interpelle les premiers philosophes grecs de la côte égéenne de l'Asie Mineure, à partir de Thalès (ca. 640 – ca. 546 av. J.-C.). La philosophie grecque débute, en fait, par la recherche d'un facteur d'unité dans l'univers. Au commencement, ont été proposés des facteurs matériels, comme l'eau, l'air, la terre ou le feu, mais assez rapidement il fallut prendre en compte la vie, et en particulier la vie spirituelle de l'homme. Non seulement toute forme de vie présente une discontinuité évidente par rapport à l'inanimé, mais la raison humaine apparaît comme un fait absolument singulier dans la nature. C'est ainsi qu'Anaxagore de Clazomènes (ca. 500-428) introduisit une raison (νοῦς) dans le gouvernement du monde sur l'exemple, probablement, de la sagesse démontrée par son ami Périclès (500-429) dans le gouvernement d'une ville aussi complexe qu'Athènes au Ve siècle avant le Christ. Anaxagore voit dans l'architecture de l'univers une intelligence supérieure, qui organise un magma chaotique sans qu'elle s'y mélange. Et comme ce magma sera à l'origine de la notion très abstraite de matière, ainsi l'intelligence ordinatrice servira de fondement aux idées platoniciennes et aux formes (essences) aristotéliciennes. Toutefois, Platon, ayant lu Anaxagore, se déclara déçu du fait qu'Anaxagore n'explique pas de quelle manière travaille cette intelligence[2]. Elle est législatrice du cosmos, mais elle pourrait demeurer immanente à la nature : elle n'est pas encore « sujet » accompli.

Comment donc envisager l'improbable approche de la réalité que constitue la pensée actuelle, sans prendre en compte les bouleversements qui ont atteint intimement notre environnement immédiat, notre cadre de vie, l'organisation de notre quotidien, notre travail, notre style de consommation? D'une part, si les philosophes ne s'accordent pas, ceci tient au fait que, au lieu de la vérité, beaucoup d'entre eux cherchent un semblant d'originalité. D'autre part, les opinions qui inspirent nos pratiques remontent en bonne partie – à travers toute une série de relais que l'on peut bien imaginer – à des philosophes plus ou moins lointains. Leur influence profonde, bien que cachée sous des couches multiples, s'étend à notre quotidien, affectant notamment notre vie en commun.

La culture actuelle, qui est caractérisée par le repli sur soi-même de l'individu soucieux de son autoréalisation, représente l'aboutissement d'un long processus. Il est vrai que la vie pratique (science, technologie, tenue des comptes, juridisme, formalisme démocratique, soins de santé) reste rigoureusement réaliste et rationnelle mais, dans sa vision d'ensemble, l'esprit du temps se veut subjectiviste, relativiste, libre de contraintes. Ce schisme de l'âme autorise l'homme contemporain à exclure un fondement exogène de la morale et, à la limite, même une réalité objective. Le christianisme, qui a accompagné pendant des siècles notre civilisation, est vu désormais comme un obstacle au désengagement intellectuel et moral qui nous attire tellement. En fait, vers quel avenir sommes-nous acheminés ? On peut trouver un début d'éclairage dans les différentes formes de pensée qui circulent aujourd'hui et dans l'analyse de leurs racines philosophiques. Comme toujours, c'est le passé qui éclaire l'avenir et nous pensons qu'un retour sur l'esprit des cinq siècles successifs à la Réforme protestante nous aidera à saisir les défis et les risques auxquels nous sommes confrontés actuellement.

§ 3. Le nominalisme du Moyen Âge et les nouveautés de la Renaissance

Évoquons ici trois mouvements introduisant dans la philosophie moderne ce désengagement intellectuel qui se révèle le premier responsable de la progressive érosion du sens dans nos sociétés.

1) Il y a eu en premier lieu le nominalisme du Moyen Âge, dont les représentants principaux sont Roscelin

(1050-1120) aux débuts de la scolastique et, au XIVe siècle, William Occam (ca. 1285-1347), qui naturellement est beaucoup plus évolué. Les nominalistes enseignent que les termes universels (ombre, planète, escroquerie, virus, abstraction) ne sont que *pura nomina* (des purs noms) et *flatus vocis* (des phonèmes), ce qui correspond au refus de la possibilité d'utiliser un seul et même mot pour désigner divers individus, donc à éliminer la signification d'une bonne partie des mots du dictionnaire. Les seuls valables seraient les noms des individus : Pierre, Paul, le chat Félix, la France, la Navarre, cette tabatière, Mars, Vénus, etc. Selon Occam, il n'y a rien de commun entre Mars et Vénus et l'emploi d'un seul terme – *planète* – pour les définir relèverait, à la limite, du caprice. Déjà dans l'Antiquité on appelait universaux les mots et concepts correspondants à des choses susceptibles d'être rapprochées. Les nominalistes ne voient dans l'utilisation des termes universels qu'une illusion liée à l'habitude. Et pourtant, tout nominaliste devrait se défendre d'essayer d'expliquer pourquoi on utilise le même terme pour des objets différents. La moindre tentative dans ce sens équivaudrait au recours à des mots universels (*habitude*, par exemple). Le nominalisme nie pratiquement l'intelligibilité du réel. D'Occam à la Renaissance, la crise de la scolastique se traduit par une crise de la confiance dans la connaissance humaine : la Renaissance sera ainsi traversée par un fort courant relativiste. Occam inspirera aussi l'hostilité de Luther à la scolastique

2) Il y a eu, avec la Renaissance, des nouveautés dans des domaines allant des études historiques, à la philologie, aux sciences naturelles. Il suffit de se rappeler la contribution de personnalités comme Machiavel (1469-1527), Érasme (1469-1536) et Copernic (1473-1543).

Que la critique érasmienne ait secoué les lecteurs de la Bible n'est qu'une des multiples nouveautés de l'époque. Dans un ouvrage « à l'usage des jeunes générations », Luc Ferry[3] insiste sur le désarroi qu'aurait créé dans le monde culturel l'introduction du système héliocentrique (posant le soleil plutôt que la terre au centre de l'univers), système qui toutefois demeurera une simple hypothèse – bien que généralement acceptée – jusqu'aux observations de Bradley dans les années 1725-1728, établissant le mouvement de la terre par rapport aux étoiles fixes. Or, à l'époque de la Renaissance, il n'y avait pas d'interprétation scientiste de la science : l'interprétation irréligieuse de la science ne remonte pas à la Renaissance mais au aux Lumières. Les astronomes de la Renaissance ont continué tranquillement à croire en Dieu, au Christ et à pratiquer l'astrologie. Si l'on veut parler d'inquiétude, on peut mentionner Giordano Bruno qui fut amené, au-delà de toute observation scientifique, au panthéisme et à l'intuition de l'infini (notion philosophique et mathématique étrangère au domaine de la physique). La communauté des savants – tout intéressée qu'elle était aux nouvelles conceptions de l'univers – et, à fortiori, les masses ignares n'en furent-elles pas trop troublées. Ainsi, lorsqu'Anaxagore avait été condamné pour avoir soutenu que le soleil était une pierre chaude et que la lune réfléchissait tout simplement la lumière du soleil, le monde grec n'en fut pas ébranlé pour autant.

3) C'est néanmoins le troisième facteur, le protestantisme, celui qui, ouvrant la voie aux multiples interprétations de la Bible et s'opposant à l'utilisation de la raison pour la justification de la foi, déterminera le plus profondément le climat spirituel des siècles à venir. Pour Luther, la raison a tous ses droits dans les affaires courantes, mais elle ne doit pas rentrer dans les af-

faires de conscience. Cette prise de position correspond strictement aux exigences de sa révolution religieuse : son discours prophétique est opposable à toute autorité spirituelle, tradition, raison. Luther pose ainsi les bases pour la conception de la conscience non plus comme lieu de vérification de la vérité mais comme lieu exclusif d'origine de la vérité, de la morale et de l'être, conception développée au cours des derniers siècles par des philosophes laïcisés d'origine protestante. L'identification de la vérité aux procédures démocratiques, de l'éthique à la liberté pour la liberté et de l'être au néant se trouvent en germe dans la proposition de la liberté chrétienne selon Luther.

§ 4. La face obscure de la Renaissance

Selon Ioan P. Couliano (1950-1991), l'homme de la Renaissance possédait, par rapport à nous, une grande richesse d'imagination. La déperdition des « fantasmes », c'est-à-dire du patrimoine de l'imaginaire est, selon cet auteur, une véritable mutation anthropologique qui nous sépare de l'homme de la Renaissance[4]. Comparer les structures de pensée, respectivement de la modernité et de la Renaissance, c'est un peu comme rapprocher ou opposer le principe de la réalité au principe du plaisir ou le Thanatos à l'Éros. D'une part, il y a la discipline mentale indispensable au développement de la science, à l'efficacité, au profit et, de l'autre, l'expression, la communication, la considération. Aujourd'hui nos idées se structurent selon des formules mathématiques, des textes de lois, des manuels d'utilisation, des extraits de comptes, des journaux, des plans, des programmes. La Renaissance, en tant que transition tumultueuse, sépare deux phases de la civilisation occidentale, qui se voulaient structurées selon des principes assez rigoureux. Pour passer de l'ancien ordre de la chrétienté latine, dont la scolastique est l'expression intellectuelle, à la phase de l'absolutisme avec la nouvelle science, le rationalisme, l'empirisme et les Lumières, il fallait traverser cette phase de turbulence.

> Ce que j'entends démontrer, écrit Léo Moulin, c'est que la Renaissance ne fut pas que joie et lumière, espérance et confiance dans l'avenir ; mais qu'elle possède aussi une face cachée, offuscata, trop souvent oubliée, parce que contraire à l'image que l'on s'en fait depuis des siècles [...] La Renaissance est, à ne pas en douter, une grande fête des arts et des lettres. Mais la joie de vivre, la confiance en l'Avenir, le sentiment de voir naître l'aube d'un jour nouveau, furent en fait l'apanage d'une poignée d'hommes et de femmes privilégiés : artistes, humanistes, imprimeurs comblés d'argent, et de mécènes par tous outrageusement loués et flattés. L'accession aux ivresses de la Renaissance fut un luxe de riches. (Au demeurant, ni Machiavel, ni Jean Bodin, ni plus tard, Thomas Hobbes, ne sont porteurs de confiance en l'Homme). En fait, le XVIe siècle est un siècle de crise profonde : crise politique résultant de l'avènement de monarchies absolutistes et centralisatrices ; crise économique se traduisant par la montée des prix et des monopoles ; crise sociale, due à la naissance du capitalisme urbain et d'une classe nouvelle et bientôt puissante, la bourgeoisie marchande, avide de libertés (et traditionnellement anticléricale). Et surtout, crise morale. [...] La Renaissance est érotisme, violence et cruauté. C'est qu'on n'exalte pas sans danger l'homme, mesure de toutes les choses. Qu'il le veuille ou non, et quelles que soient les réserves que lui inspire sa vision sotériologique, Luther va, sociologiquement, dans le même sens. [...] Et ce n'est pas l'humanisme tiède, vaguement teinté de christianisme d'un Lefèvre d'Étaples [ca. 1450-1537], d'un Colet [1467-1519], d'un Laurent Valla [1407-1457], qui adoucira les mœurs dans le concert des grands fauves qui se disputent le pouvoir [...] Les masses populaires, quant à elles, sont travaillées par des courants plus ténébreux encore, dont celui, très puissant, de la croyance aux démons et aux sorciers. L'immense majorité de la population, – à 90%, des paysans que l'on dépeint comme des rustres paillards, avides et hypocrites, soumis en tout cas aux impulsions les plus irrationnelles – ne connaît aucune des joies raffinées qui font les délices des élites[5].

Léo Moulin s'attarde sur les événements dramatiques « qui ont marqué les hommes de ce temps », allant de l'apparition de la syphilis aux visitations périodiques par la peste (rien qu'à Bruxelles en 1489, 1526, 1546, 1556, et 1578), de la progression apparemment inexorable des Turcs dans le sud et dans l'est de la Méditerranée au sac de Rome par les lansquenets de Charles Quint (1527), de la guerre des Paysans en Allemagne (1525, 100.000 morts) aux exploits invraisemblables de Jean de Leyde à Münster (1534-35), des guerres de Religion en France (1562-1598) avec la Saint-Barthélemy (1572) à la guerre des Quatre-vingt ans aux Pays-Bas (1568-1648, avec la « longue » trêve de 1609 à 1621). C'est ainsi que conclut notre auteur :

> Et, se greffant sur cette dévastation des âmes, la crise même de la Réforme, qui frappera infiniment plus les esprits que les discours fleuris des humanistes : drame pour ceux qui se révoltaient contre une autorité plus que séculière ; drame pour tous ceux qui, restés fidèles à Rome, la voyaient chanceler. [...L'] éclat fulgurant de la Renaissance, sa jeunesse, sa confiance en la vie, furent bien vite voilés par l'atmosphère de fin de monde qui s'imposa aux esprits dès la seconde moitié du XVIe siècle. C'est elle finalement qui devait dominer l'œuvre du concile de Trente [1545-1563]. Si considérable qu'elle ait été, sur le plan doctrinal comme en matières disciplinaires, et si efficace, elle n'a pas moins été édifiée dans un esprit purement défensif (à l'opposé de Vatican II), sans souplesse et sans ouverture.

C'est alors que commence la scission – signalée par Husserl[6] – entre l'esprit scientifique et objectif, hérité de la Renaissance, et l'esprit subjectiviste propre à la Réforme et à une partie de la philosophie moderne.

PREMIÈRE PARTIE.

LA PRIMAUTÉ DE LA CONSCIENCE : DU PROPHÉTISME DE LUTHER AU SUBJECTIVISME, AU PANLOGISME AU TRANSCENDANTALISME, À L'AUTONOMIE ÉTHIQUE

Chapitre I.
Le subjectivisme protestant, préalable au doute méthodique

À travers les siècles, les principaux effets indirects et non nécessaires, mais historiquement reconnaissables post factum du protestantisme ont été :

- le renforcement de l'autoritarisme, en un premier temps, en fonction de l'attribution aux princes du pouvoir sur les consciences, selon le principe *« cuius regio eius religio »* (que la religion du pays soit celle de son prince) établi par la Paix d'Augsbourg de 1555 et par les Traités de Westphalie de 1648 ;
- ensuite, la réaction qui a amené au libéralisme et à la démocratie moderne, à travers toute une série de guerres, notamment celles conduites par les puritains anglais sous Cromwell (1599-1658) ;
- l'affectation à des buts profanes d'énergies que le Moyen Âge catholique consacrait aux œuvres spirituelles, la valorisation de la profession (*Beruf*) et la rationalisation du comportement selon le schéma de Max Weber, avec la conséquence d'une plus grande efficacité sur le plan économique, scientifique, technique et militaire, mais aussi une restriction du domaine de l'imagination, selon le schéma de Ioan Couliano que nous venons d'évoquer ;
- le subjectivisme philosophique, qui s'impose avec le romantisme de Rousseau, le transcendantalisme kantien, l'identification hégélienne et marxienne de l'éthicité au fait accompli, le psychologisme, le démocratisme, etc. – en somme, la réduction tendancielle du réel, de l'éthique, voire de la vérité à la conscience individuelle (il s'agirait là de la

laïcisation de l'attestation intérieure de l'Esprit et du prophétisme invoqués par Luther).

§ 5. Grâce, foi, Écriture : les trois aspects de l'exclusivisme protestant

On ne peut pas faire remonter l'agnosticisme moderne tout simplement à la redécouverte des auteurs et des arts de l'Antiquité, notamment en Italie au XVe siècle, ou à l'évolution de la culture scientifique, philosophique, voire libertine de l'Humanisme et de la Renaissance, sans tenir compte du dynamisme introduit par la Réforme.

Quelles qu'aient été les raisons élevées et moins élevées de la Réforme protestante, c'est dans sa valorisation de la conscience individuelle que s'enracine essentiellement la civilisation occidentale moderne. Et il faut bien dire, qu'en conséquence d'un tel bouleversement l'Église catholique elle-même a été obligée de faire sa réforme sous le nom de Contre-réforme (non sans l'œuvre de plusieurs saints). L'histoire culturelle nous montre qu'au milieu du XVIe siècle, les deux réformes se sont conjuguées pour restreindre le foisonnement de l'imagination, au nom d'interprétations rigoureuses – bien que discordantes – de la Bible, de la morale chrétienne et de la discipline ecclésiastique.

Certes, l'*expression artistique*, ne s'éteint pas : les Réformés en un premier temps se concentrent sur la musique, tandis que l'Église catholique, pour rehausser dans l'imaginaire la foi traditionnelle, s'appuie sur les arts visuels, qui évoluent vers le Baroque.

Par leur méfiance à l'égard de la simple affectivité, la Réforme – et la Contre-réforme – restreignent l'horizon imaginatif de l'homme, mais cela permet de se concentrer sur la *science* et ses applications, ouvrant ainsi les portes au bien-être. Deux ou trois siècles plus tard, les explications bien que partielles de la science et l'appauvrissement des ressources affectives favoriseront l'abandon de la religion. L'Église s'est trouvée tout naturellement en opposition avec la science moderne ne pouvant pas accepter le projet, sinon de tout expliquer, d'expliquer certains phénomènes, notamment humains, par des lois déterministes. C'est ainsi que, au nom du libre arbitre et de la foi dans la Providence divine, l'Église s'oppose à la science – comme à l'astrologie, à la psychanalyse et à la théologie de la prédestination – lorsque l'interprétation devient déterministe.

En *théologie*, plus particulièrement, la conception catholique traditionnelle du rapport entre la nature et la grâce est contestée par les doctrines, liées entre elles, de la *sola gratia* (rien que la grâce), de la *sola fides* (rien que la foi) et de la *sola Scriptura* (rien que l'Écriture) propres à la Réforme. Les effets respectifs sont :

- la séparation entre la Tradition et l'Écriture (*sola Scriptura*), avec l'*abolition de l'autorité* de l'Église, ce qui signifie la rupture de la continuité historique entre la lecture actuelle de l'Écriture et les manifestations de Dieu dans l'histoire, reprises par l'Ancien et le Nouveau Testament ;
- la séparation entre le comportement moral (les œuvres) et l'action divine (*sola gratia*) en vue du salut éternel, d'où (plus tard) *l'autonomie éthique*[7], notion fondamentale de Kant à nos jours ;
- la séparation entre la raison et la foi (*sola fides*) avec la conséquente *évacuation de l'apologétique*, c'est-à-dire de toute argumentation rationnelle en faveur de l'existence de Dieu et l'immortalité de l'âme.

La tradition catholique appelle *preambula fidei* (préalables à la foi) ces aspects de la foi qui se prêtent à une preuve ou démonstration[8]. Il y a essentiellement deux manières d'exclure toute efficacité de pareils discours. La plus évidente consiste à dire que la raison ne parvient à rien prouver à cet égard, soit parce qu'il n'y a rien à prouver, comme le veut l'athéisme des Lumières, soit que – frappée par le péché originel – la raison soit impuissante en tout ce qui dépasse le niveau naturel. Cette dernière position est celle de Luther, qui nie tant le pouvoir de la raison que le libre arbitre en ce qui concerne le salut éternel[9].

TABLEAU I. FOI ET RAISON : LUTHER, CALVIN ET LES LUMIÈRES

<table>
<tr><td colspan="2" rowspan="2"></td><td colspan="2">La raison peut-elle justifier des points essentiels de la foi ?</td></tr>
<tr><td>Oui</td><td>Non</td></tr>
<tr><td rowspan="2">Ce que la raison peut conclure en matière de religion a-t-il une utilité quelconque pour la foi ?</td><td>Oui</td><td>Saint Thomas d'Aquin et la pensée catholique, qui voient quand même la foi comme un préalable indispensable pour orienter la recherche</td><td></td></tr>
<tr><td>Non</td><td>Calvin et Karl Barth, qui admettent une intuition ou des raisonnement donnant toutefois un Dieu autre que celui de la foi</td><td>Le courant antiphilosophique chrétien – Tatien, Occam et Luther (qui considère la raison totalement corrompue) – et l'atheisme des Lumières</td></tr>
</table>

Plus « humaniste » que Luther, Calvin sait que la notion de Dieu et le culte religieux sont antérieurs à la révélation judéo-chrétienne et peuvent en être indépendants[10]. Toutefois, comme « réformateur », il appelle innée la connaissance naturelle de Dieu, afin de réduire la signification des preuves, et – par rapport à la hauteur du sujet – il juge des contrefactions du vrai Dieu[11] tout ce que l'on peut conclure par la raison purement naturelle (voir le Tableau I). Karl Barth, calviniste proche toutefois du radicalisme luthérien, oppose également une fin de non-recevoir aux conclusions purement naturelles en matière théologique, déclarant que la philosophie doit rester strictement « mondaine »[12]. Sans même entrer dans l'argumentation, il se borne à dire que le Dieu résultant des preuves n'est pas celui cru à partir de la Bible. C'est là, selon l'expression de Pierre Chaunu, l'« occlusion barthienne[13] ».

*

Nous voyons ainsi l'importance de la Réforme dans le mouvement qui a porté à l'exclusion de l'apologétique dans la culture occidentale. Après Kant, qui avait déjà écarté la métaphysique, des penseurs comme Schleiermacher (1768-1834), Sabatier (1839–1901) Harnach (1851-1930), et en général la théologie dite libérale, préfèrent rattacher la religion directement à la morale, voire à la sensibilité, sans demander un engagement intellectuel complet du croyant. Pour Schleiermacher, en particulier, toute l'éthique se réduit à la mise en acte du rapport entre la singularité et l'infini à travers l'unification de la raison et de la nature.

Entre le début du XIXe et celui du XXe siècle ces tendances ont convergé avec le néo-kantisme et le néo-idéalisme pour fonder la vérité de la religion sur l'expérience personnelle du croyant plutôt que sur l'autorité de la Révélation. Le courant du subjectivisme religieux gagne du terrain dans la philosophie, les sciences sociales, l'idéologie politique, la littérature et les arts à travers la longue « crise » des philosophies existentialistes jusqu'à s'affirmer dans la « pensée faible » de notre temps, couronnant le mouvement de séparation de l'humain du divin inauguré par la Réforme.

Cette tendance se manifeste même dans le monde catholique ou dans le « modernisme » de la fin du XIXe et du début du XXe siècle. Mais c'est principalement le laïcisme qui a tiré parti de cet abandon de la raison en matière de foi pour inspirer, à travers les médias, l'actuelle apostasie des masses. Selon la magnifique expression de Bossuet, la marque des hérésies est son incapacité de « tenir les deux bouts de la chaîne ». Suivant ce schéma d'exclusion de l'un des termes de la question, dit Jean Guitton, dans l'œuvre du salut, il ne peut pas y avoir, par exemple, Dieu et l'homme, la foi et les œuvres, la grâce et la liberté[14], et donc, dans ce cas, la sensibilité et la raison.

§ 6. La prédestination : implications éthiques et ontologiques

La doctrine calviniste de la *double prédestination* – c'est-à-dire de la prédestination respectivement au salut et à la damnation – n'est qu'une implication logique du salut *par la seule grâce* prévue par Luther. Selon Max Weber, et sans doute dans une phase plus avancée de la Réforme, pour tranquilliser les consciences toutes prises par les affaires de ce monde, il fallut présenter le succès professionnel, favorisé d'ailleurs par un comportement correct, comme *un signe de la prédestination au salut éternel.* Il ne s'agît, bien sûr, que d'un signe extérieur lequel n'aurait eu aucune raison d'être considéré comme un signe absolu.

Quant à la prédestination, il est très dur d'imaginer que le Dieu de la tradition judéo-chrétienne puisse condamner une personne à l'enfer dès sa création, en passant outre sa liberté, c'est-à-dire sans que cette créature s'engage dans un libre choix pour ou contre Dieu.

Avant d'avancer, il faut discuter de la distinction entre *prédestination* et *préscience* divine. La *prédestination, strictu sensu,* est le déni de la liberté de l'homme – de son libre arbitre – en ce qui concerne son salut éternel. La *préscience* divine serait le fait que Dieu connaisse le sort éternel de l'homme avant de le créer, avant même de décider de le créer. Or Dieu ne connaît les événements mondains ni avant ni après mais dans son éternel présent. Certes, il connaît tout ce qui se passe dans le temps mais il ne peut pas savoir si un certain homme se sauve ou non s'il ne décide pas de le créer, car le destin éternel de l'individu n'est pas inscrit dans son essence[15]. Une fois que Dieu a pris le risque de créer cet homme, c'est à la nouvelle créature de décider de son sort éternel. La même chose vaut pour les anges, sauf que dans ce cas le drame se joue hors du temps, non plus seulement du côté de Dieu, mais des deux côtés. On peut encore se demander si Dieu n'est pas cruel en prenant le risque de créer des êtres rationnels qui pourraient être précipités dans le feu et dans les douleurs de l'enfer, feu qui est strictement équivalent à la privation de la vue de Dieu. La réponse est que cela ne peut arriver que par le fait d'avoir opposé à Dieu un refus décisif. Les anges rebelles refusent la supériorité de Dieu et certains athées – de manière encore plus inconsidérée – refusent toute réalité qui ne tombe pas sous leurs sens. Ils sont un peu comme les habitants de Siam qui croyaient à tout ce que racontaient les premiers voyageurs européens, mais qui cessèrent de leur faire confiance – rappelle Russell – dès que ceux-ci mentionnèrent la neige. Bien que des athées reconnaissent le caractère spirituel des hommes, ils n'admettent toutefois pas l'existence d'autres esprits, voire d'un Dieu, qui les dépasse.

Reste la question des raisons ultimes pour lesquelles Dieu prend le risque terrible d'instaurer une relation avec des hommes qui pourraient ne rien vouloir savoir de lui. Le Christ qui souffre pour les pécheurs nous révèle l'intense désir de Dieu que tous soient sauvés, ainsi que la souffrance de Dieu pour les hommes qui se perdent. Tout ceci constitue un profond mystère dont on peut graduellement percer le sens par l'humble fréquentation dans la foi sans jamais l'épuiser. *« Crede ut intelligas »* (crois afin de comprendre), disait justement saint Augustin.

*

Probablement, le point fondamental de la discorde entre Luther et la Tradition de l'Église ne concerne pas tellement la signification précise des œuvres du salut, des œuvres de charité, des œuvres de piété ou des œuvres de la Loi, et encore moins les indulgences, la prière pour les défunts ou le culte des saints. Il ne concerne non plus le rapport entre les œuvres et la foi car, après tout, le fait de croire est aussi une œuvre de Dieu[16] à laquelle l'homme peut consentir ou se refuser. Le vrai point de dissension est la responsabilité individuelle, autrement dit le libre arbitre, dans toutes ces choses, même sous l'action de la grâce, en alternative à la doctrine luthérienne de la *sola gratia* en ce qu'elle équivaut à la doctrine de la prédestination. Tout mouvement de réconciliation œcuménique ne pourra pas éviter de faire la *pleine lumière* sur le point de la responsabilité individuelle dans l'œuvre du salut, dans l'œuvre de croire, dans les œuvres méritoires, dans les œuvres de la Loi, dans les bonnes œuvres, dans les œuvres de piété, dans la prière pour les défunts et dans l'acquisition des indulgences.

En fait, au niveau ontologique, l'implication de la stricte prédestination serait que notre nature n'est plus incomplète sans la vie surnaturelle et que l'homme n'est pas créé à l'image et à la ressemblance de Dieu[17] pour accueillir de manière libre et responsable la grâce divine. Et pourtant au moment de l'Incarnation du Verbe, Dieu a demandé l'avis de la Vierge Marie. L'Annonciation exprime le respect de Dieu pour notre liberté. Les chrétiens qui s'éloignent de l'orthodoxie n'en apprécient pas suffisamment le sens. Ainsi l'empereur iconoclaste Constantin V Copronyme (il régna de 741 à 775), de la dynastie Isaurienne, déclarant que la Vierge Marie était comme une bourse pleine d'or lorsqu'elle portait Jésus dans son sein, mais que par la suite elle ne valait pas plus qu'une bourse vide, exprime peut-être le point de vue d'un guerrier endurci, mais certainement pas l'idée que Dieu se fait de sa créature.

Si l'on veut expliquer l'éloignement d'abord géographiquement limité et puis généralisé et en conclusion massif de l'Occident de l'Église catholique, il faut se tourner vers le protestantisme, la seule hérésie qui – sauf à considérer l'Islam comme une hérésie chrétienne, selon ce qu'en disait Jean de Damas (675-749) – garde à ce jour une énorme emprise et un énorme prestige. Et comme l'Islam garde son emprise du fait de flatter certaines passions étrangères au christianisme, le protestantisme doit l'essentiel de son prestige au fait d'avoir préservé – et d'avoir souligné déjà avec Luther lui-même – l'essentiel du christianisme : le principe que nous sommes sauvés par l'amour de Dieu, par la pure miséricorde divine. Sauf qu'il y a un autre facteur, secondaire – si l'on veut – mais incontournable : notre accueil libre et volontaire de ce don du salut.

Il a été dit que le christianisme est « la religion de la sortie de la religion[18] ». Ceci est vrai surtout à propos du protestantisme admettant la prédestination. Dans le cadre d'une nouvelle anthropologie qui prive l'homme de toute trace du divin, de tout rapport organique – historique, moral, intellectuel – avec Dieu, s'évanouissent en même temps la responsabilité humaine quant à son destin ultime et les preuves de l'existence de Dieu par le moyen de la raison naturelle.

§ 7. Le refus des œuvres du salut, le progrès de l'Occident et le retour à la considération des œuvres

Dans le Moyen Âge catholique les œuvres du salut étaient souvent des prières, des jeûnes, des aumônes et des pèlerinages qui permettaient d'aller au Ciel, mais qui n'amenaient pas de grands bénéfices pratiques. Elles ont été sacrifiées par la Réforme, qui a libéré de nouvelles énergies pour la maîtrise de la terre. En tout cas, la réussite du monde protestant sur le plan culturel, économique, social, politique et même militaire ne put être qu'immense. Un argument qui a toujours été avancé en faveur des protestants est, en fait, leur supériorité morale, avec en prime le succès socio-économique des pays réformés et des groupes protestants dans les pays à religion mixte. Cette supériorité des protestants leur a permis, sur le plan psychologique, d'écarter aisément les objections venant des catholiques à leur interprétation de l'histoire chrétienne et des Écritures.

Toutefois aucune civilisation ne peut dominer indéfiniment, car toute civilisation n'adapte qu'avec difficulté ses principes fondamentaux aux circonstances en évolution. Ainsi nous avons vu au cours des siècles la Chrétienté occidentale dépasser le monde byzantin sur le plan de la civilisation et puis l'Europe protestante dépasser le monde latin. Et maintenant, après cinq siècles, des chrétiens se rencontrent au sein d'un nouvel œcuménisme, dans la confession d'une foi, qui toutefois n'est pas une seule foi car elle est différemment définie. Mais ces chrétiens sont souvent capables d'accomplir ensemble des œuvres de justice et de charité. Paradoxalement, le protestantisme, né comme une revalorisation de la foi par rapport aux œuvres, se retrouve aujourd'hui incertain quant à la formulation de ses croyances, alors qu'il est plus déterminé dans l'action sociale et dans l'action charitable.

Ce retour aux œuvres, sinon aux œuvres du salut, dans le monde moderne a lieu même dans le cas de l'« œuvre médiatique ». En effet, en disposant de plus en plus de moyens de communication, nos sociétés avancent vers un âge que l'on pourrait appeler celui de l'information. Et pourtant, dans l'atmosphère culturelle du moment, peu de gens osent prendre une position tranchée à propos d'une vérité ou d'un sens quelconque, car le succès immédiat et le consentement de la majorité « compensent » le déficit de rationalité voire de moralité. Cette tendance est évidemment dangereuse, si les défis économiques et de sécurité finissent par être traités comme de « simples » problèmes d'opinion.

§ 8. Luther (1483-1546) et la méthode révolutionnaire

En climat œcuménique, il peut sembler aujourd'hui téméraire de présenter Luther comme le prototype du révolutionnaire moderne proposant une idéologie avec des arguments efficaces au plan social et politique, quelle que soit leur honnêteté. En fait, il est possible d'approfondir la connaissance de cette personnalité à travers les vingt-cinq mille pages de ses œuvres, de ses lettres, souvent très franches, et des célèbres *Tischreden* (Discours de table), encore plus décomplexés. Il en émerge précisément la figure d'un affectif, capable de tendresse avec ses amis [19] , créateur d'hymnes et de chants d'Église pleins d'émotion, et en même temps – et on voudrait dire naturellement – la silhouette gigantesque d'un lutteur sans retenue dans son hostilité à l'Église catholique. La surenchère fait partie intégrante de l'action de Luther. Bien qu'esprit profondément religieux, « il donne libre cours à son goût pour l'injure et la vulgarité ainsi qu'à sa haine pour la papauté, soumise aux attaques les plus violentes jusque dans son dernier ouvrage *Wider das Papsttum zu Rom vom Teufel gestiftet*[20] », datant de 1545, l'année juste avant la mort de Luther.

Qu'un caractère énergique et virulent envers ses ennemis puisse être doux et attachant pour le siens est tout à fait normal, voir indispensable pour un révolutionnaire, un guide, un prophète, qui doit rassembler des militants autour de sa personne. Il doit inspirer à la fois la plus grande confiance à son égard et l'hostilité envers les adversaires. En fait, on retrouve des traits d'humanité, du goût pour l'art et de la sympathie pour son peuple, son parti, sa bande, ses amis chez toute sorte de chefs de communauté ou meneurs d'hommes. Nombreux sont ceux qui disent : « aimez vos amis », rares ceux qui disent « aimez vos ennemis[21] ».

Sur le plan du rapport entre la nature et la grâce, la thèse fondamentale de Luther consiste à dire que le salut vient de Dieu seul et que nous n'y sommes pour rien. Si nous pouvions y contribuer, le salut, dit-il, ne serait pas un don de Dieu et nous pourrions faire valoir des mérites face à Dieu. Or, la doctrine catholique est assez précise sur ce point : nous ne pouvons pas nous sauver sans mérite (sans les bonnes œuvres, quelle qu'en soit la définition), en fait, nous ne pouvons pas nous sauver sans la charité. Pour que nous accomplissions les œuvres de la charité, il faut la grâce de Dieu. Nous collaborons ainsi avec Dieu. Naturellement il n'est pas le cas de tirer un orgueil quelconque de ce qu'on fait de bien ; il nous faut surtout nous concentrer sur le regret de nos péchés afin que Dieu nous accorde son pardon, en fonction de notre repentir, comme un don de sa miséricorde. Le pardon est indépendant de nos mérites. Sur ce dernier point Luther reprend strictement la doctrine catholique mais, pour des raisons de propagande, il prétend que selon la doctrine catholique on peut « mériter » le pardon. En fait, Luther a souvent attribué à l'enseignement de l'Église catholique des déviations de tout genre pour la « mettre en mauvaise posture ».

Naturellement, comme il y a eu des Réformateurs – et maintenant encore il y a des protestants – qui mésinterprètent la doctrine catholique, il y a aussi beaucoup des catholiques qui se trompent – volontairement ou non – à l'égard de la pensée de l'Église. Dans le cas de Luther, ces mauvaises interprétations étaient de bonne guerre. Elles relevaient d'une stratégie car pour lui il s'il s'agissait tout simplement de combattre la papauté. Déjà les hérétiques du Moyen Âge et de l'Antiquité se devaient d'accentuer les contrastes, comme si certaines doctrines de l'Église devaient être en contradiction avec d'autres. Le style de la campagne anticatholique de Luther servira de modèle à la propagande antiautoritaire des révolutions européennes pendant cinq siècles.

Luther est ainsi parvenu à introduire dans la culture protestante une vision déformée de la doctrine catholique de façon à la faire apparaître aussi odieuse que possible. Il a menti en connaissance de cause[22] puisqu'il était au courant de la théologie catholique, en tant que professeur d'Écriture Sainte, à partir de 1511, dans la nouvelle université de Wittenberg fondée en 1502 par l'Électeur de Saxe Frédéric III (il régna de 1486 à 1525). Après cinq siècles de développement séparé, il est clair que de nouvelles générations de protestants ne partagent pas d'office les mêmes soupçons à l'égard la doctrine catholique, sauf lorsqu'ils suivent les anciennes interprétations des initiateurs de cette douloureuse division, au fond inacceptable pour la foi.

*

La valeur que Luther attribue aux différents livres et passages qui composent l'Écriture dépend strictement de leur adhésion à son « nouvel Évangile » concernant le salut par la seule foi. Luther va jusqu'à envisager d'éliminer du *Canon* (ou liste des livres sacrés) l'*Épître de Saint Jacques*, qu'il appelle « la lettre de paille ». En fait, cette épître affirme indiscutablement la nécessité des bonnes œuvres[23]. Seule la prudence de Melanchthon vaudra à Luther d'éviter cette énormité, inutile d'ailleurs, car d'autres passages des Écritures sont très explicites au sujet du jugement divin selon les œuvres[24]. En traduisant la Bible, et parvenant à l'expression de saint Paul : « l'homme est justifié par la foi[25] », Luther n'hésite pas à ajouter le mot « seule » au mot « foi ». Et il ne donne d'autre argument en faveur de cet addition arbitraire que la célèbre maxime : *« sic volo, sic jubeo, sit pro ratione voluntas[26] ».*

Or, à propos du sens de l'expression « les œuvres » il y a une équivoque que l'on ne peut pas mettre en évidence sans évoquer le contexte. En fait, lorsqu'il écrivait ses épîtres saint Paul défendait la thèse que les néo-convertis du paganisme n'avaient pas à se faire circoncire ni à observer les 613 préceptes (selon Maïmonide) de la Loi mosaïque. Quand il parle des œuvres qui ne justifient pas, Paul se rapporte aux œuvres de la Loi, et ceci contre les « judaïsants » parmi ses frères judéo-chrétiens, ainsi que contre les « colonnes » de l'Église de Jérusalem. En fait, le critère pour la transition du judaïsme au christianisme est que la vérité révélée, le dogme et la foi sont irréformables, alors que les lois sont relatives aux circonstances. Si ce n'était pas ainsi il faudrait, par exemple, exterminer ses voisins païens comme prévu par le *Deutéronome*[27]. Est-ce que Luther pouvait ignorer la polémique sur les prescriptions de la Loi qui a secoué l'Église primitive ? Il devait aussi savoir que la Bible est interprétable « à l'infini », jusqu'à devenir la source de toutes les hérésies. Selon Hegel, la Bible est un « nez de cire[28] ». Logiquement et historiquement, c'est l'autorité de l'Église qui garantit les Écritures, comme le déclare Saint Augustin[29], et non l'inverse.

L'historien Pierre Chaunu soutient que le fondement de la doctrine luthérienne est le salut par la seule foi, alors que le principe de la libre interprétation des Écritures en tant que source de la foi (*sola Scriptura*) est « la justification a posteriori d'une rupture qui s'est produite sur une autre question[30] ». La thèse de l'Écriture comme fondement de la foi, bien que secondaire, est toutefois indispensable pour Luther parce qu'elle lui permet d'opposer une autre autorité à celle de l'Église. L'étape suivante consiste tout simplement à recourir à l'attestation de la « parole de Dieu » à l'intérieur de chacun pour justifier une théologie « dialectique » et les grandes « libertés » que s'attribuent des théologiens protestants – et maintenant aussi catholiques – par rapport non seulement à la Tradition mais aussi à l'Écriture, parole de Dieu[31].

Le programme de Luther coupait, dès leur origine théologique, des pratiques, comme l'accumulation des reliques, les prières pour les défunts et la « vente des indulgences[32] », qui étaient à ses yeux suspectes, abusives, sources de superstition, de corruption ou tout simplement de revenus pour l'Église. Mais dans l'accomplissement de cette tâche de « nettoyage » il alla très loin avec la condamnation de la doctrine des bonnes œuvres et des mérites. Il inspira non pas de simples révoltes mais donna les principes de base de toutes les révolutions à venir en Europe.

Si des fidèles, historiquement rattachés à Jésus à travers l'Église, s'étaient trompés pendant des siècles, et si telle était la propension de l'Église à l'erreur, pour quelle raison ces nouveaux théologiens n'auraient-ils pas dû douter également de la pertinence religieuse et spirituelle de leur entreprise ? C'est très risqué, après mille cinq cent ans de christianisme dire : « Vous avez mal compris, maintenant je vais vous expliquer. » On aurait pu bien imaginer que si la communauté croyante avait connu des déviations dans le passé, le risque de corruption devait se présenter aussi pour les croyants de l'avenir. Évidemment, les révolutionnaires ne se posent pas la question en ces termes.

Bien que l'heure des réformes, d'une manière ou de l'autre, dût arriver, la cruauté des guerres de religion révèle le sens des mouvements de réforme inspirés par l'hostilité. De même, les intempérances iconoclastes qui ont accompagné la Réforme, montrent qu'il s'est bien agi d'une révolte, selon le modèle des fils rebelles qui donnent plus d'importance au spasme antiautoritaire qu'à l'exigence chrétienne de l'unité dans la foi et qui tirent une partie de leur assurance du fait de s'identifier avec les révoltés de tous les âges. En fait, les Réformés se sont battus contre l'Église et non pas simplement pour la réforme de ses mœurs, comme il est arrivé – certes trop tard – avec la Contre-réforme. Le ralliement des vaudois du Piémont au calvinisme au synode de Chanforan (1536) par l'intermédiaire de Guillaume Farel (Gap, 1489 – Neufchâtel, 1565) est un exemple de la priorité de l'opposition à l'Église catholique dans la contestation religieuse, alors que la fidélité de chaque groupe contestataire à sa sensibilité particulières peut passer en seconde ordre.

Quant au pouvoir, le protestantisme ne suit plus Aristote attribuant l'exigence du pouvoir à la nature politique de l'homme, mais il le ramène à la corruption de cette nature suite au péché originel. Certes, au départ de sa révolte contre l'Église Luther a dû s'appuyer sur les princes ; certes il y a eu des États où la Réforme a été engagée par les princes eux-mêmes, et certainement il y a des pays où le protestantisme est toujours la religion d'État. En tout cas, la révolte de Luther au nom de la conscience individuelle, du prophétisme des fidèles et de la lutte contre la corruption de l'Église-institution contient à la fois les germes de la philosophie moderne et des grandes révolutions européennes qui ont abouti à notre démocratie, avec ses mérites et ses limites. Depuis ces temps héroïques, l'esprit révolutionnaire s'est dilué en prétentions, revendications, indignation. En fait, l'évolution de la notion de liberté à laquelle nous assistons mérite une profonde réflexion. Dans ce livre nous nous limiterons aux retombées philosophiques, ce qui est déjà très important pour une certaine compréhension de notre vie politique, culturelle (les médias !) et sociale.

§ 9. Développements historiques à partir du refus de la raison en matière de foi

Le poète Heine (Düsseldorf, 1797 – Paris, 1856) dit qu'historiquement on devait commencer par la question religieuse :

> Il me semble qu'un peuple méthodique, comme nous le sommes, devait commencer par la Réforme pour s'occuper ensuite de la philosophie, et n'arriver à la révolution politique qu'après après être passé par ces phases. Je trouve cet ordre tout à fait raisonnable [...]. Pourtant [...] la critique de Kant, l'idéalisme transcendantal de Fichte et la philosophie de la nature [...] ont développé des forces révolutionnaires qui n'attendent que le moment pour faire l'explosion et remplir le monde d'effroi et d'admiration[33].

S'il fallait vraiment commencer par la religion, on peut identifier dans l'appel de Luther à la conscience un point de départ de la modernité. C'est par là que commence la fermeture moderne du sujet sur lui-même dans ses divers aspects :

- dans la vie pratique par l'individualisme dans les rapports économiques, sociaux et politiques ;
- dans la vie morale par l'élévation de l'autonomie éthique et de la liberté pour la liberté au stade d'exigences ultimes ;
- dans la vie intellectuelle, par l'immanentisme en ontologie, suivi immédiatement par le relativisme en gnoséologie.

C'est ainsi que Heine vante l'introduction de la liberté de pensée comme un mérite de Luther et – étant lui-même (à ce moment) un révolutionnaire – blâme le gouvernement prussien de son temps pour avoir adopté la censure, cette horrible invention du « papisme »[34]. Il a toutefois tort de dire que Luther a finalement introduit l'Écriture et la raison dans les questions de foi[35]. En fait, pour toute la valeur littéraire de sa traduction de la Bible, Luther a prétendu pouvoir lui faire dire ce qu'il entendait et a refusé l'apologétique de même que le libre arbitre en ce qui concerne le salut ou la damnation.

C'est la suite des révolutions européennes (allemande avec Luther à partir de 1517, anglaise de 1649, française de

1789, russe de 1917) à révéler le caractère de prototype de la Réforme. En fait, derrière toutes les révolutions européennes, il y a une réflexion religieuse, philosophique et politique dont l'inspiration ultime vient de Luther et que Luther, seul, n'aurait jamais pu développer.

Après la révolution religieuse en Allemagne il y eut l'approfondissement puritain et libéral anglais, puis les Lumières, la philosophie transcendantale de Kant, l'idéalisme allemand et enfin cette partie de la philosophie occidentale du XIXe et du XXe siècle qui adopte une gnoséologie relativiste ayant pour seul principe éthique la plus grande liberté qui soit. Or, ce principe de la liberté pour la liberté n'admet aucune détermination en dehors de celle – indéfinie, sinon contradictoire – de la liberté des autres en tant que limite de la mienne.

Ces considérations n'impliquent aucunement le déni du progrès réel de la qualité de vie – même et surtout sur le plan moral – qui a été amené par ces révolutions, notamment à travers les « corrections » qui se sont révélées « nécessaires ». Ces corrections à leur tour, ont entraîné leur lot de misères. Rappelons :

- la Contre-réforme, avec ses saints et ses inquisiteurs (qui étaient parfois les mêmes personnes), qui est allée jusqu'à soupçonner d'hérésie des figures comme Ignace de Loyola et Thérèse d'Avila ;
- le rétablissement des Stuart en Angleterre (1660) suite à la mort de Cromwell (1658) ;
- les guerres contre-révolutionnaires (à partir de 1792) et la Restauration avec la répression sanglante des mouvements révolutionnaires à travers toute l'Europe (rien que pour la France en 1830, 1848 et 1871) ;
- et naturellement les luttes engagées contre le communisme international – avec les horreurs extrêmes du national-socialisme – et le soutien par l'Occident de dictatures atroces qui le combattaient.

C'est toujours Heinrich Heine qui, avec une intuition hasardée mais impressionnante, déclare : « en Allemagne se jouera un drame en comparaison duquel la Révolution Française paraîtra une innocente idylle[36]. » Est-ce une anticipation du national-socialisme ? Actuellement, il serait bon de vérifier si cette phase désormais pluriséculaire de révolutions inspirées par les plus hauts idéaux puisse donner autre chose que des sursauts, avec un fort risque d'affaiblissement de notre monde occidental face au restant de la planète, qui ne vit pas sur le même pied que nous.

La Réforme a probablement représenté la rupture (le breakdown, au sens de Toynbee) de la civilisation chrétienne occidentale, avec les brillantes réussites des derniers siècles qui peuvent avoir, bien sûr, diverses raisons et significations.

§ 10. En conclusion, la Réforme, à l'origine du désengagement intellectuel (et moral) moderne

Ce n'est que par l'histoire de la réforme religieuse proclamée par Luther, qu'on peut apprendre comment la philosophie a pu se développer chez nous.

HEINE[37]

La plus importante implication de la Réforme dans la sphère de la réflexion et des principes est que, en écartant l'utilisation de la philosophie en matière de religion, elle a rendu impossible tout discours apologétique. Elle a presque naturellement préparé et inspiré – avec le délai nécessaire de quelques siècles – l'évacuation de la métaphysique de l'être, du bien et du vrai. C'est en particulier la doctrine de la *sola fides* – c'est-à-dire de la foi seule, en principe sans besoin des œuvres, voire de la charité – qui consolide le divorce entre la foi et la raison. Encore en plein XXe siècle Karl Barth (1886-1968) reprendra la thèse du caractère idolâtre de l'usage de la philosophie en support de la religion.

Le protestantisme, né en tant que négation d'une vision catholique préexistante, a évolué en critiquant non seulement les dogmes ou les critères de leur élaboration, mais la légitimité même du dogme catholique. Sa nature dialectique l'a empêché de se donner une unité doctrinale. Or, n'est-il pas étonnant que le protestantisme, la religion du salut par la seule foi se présente aujourd'hui relativement « indéterminé » quant au contenu de la foi? Et pourtant, il ne peut pas y avoir de « confiance » dans le Christ sans des affirmations minimales quant à sa divinité, à la Rédemption, au salut qu'il nous offre, à la nature du péché et au repentir. Si ces affirmations pouvaient prendre n'importe quelle signification, elles demeureraient insignifiantes, inaptes à faire du croyant cet homme nouveau qui a accueilli la Bonne Nouvelle.

Les premiers Réformateurs ne partageaient certes pas ce désengagement intellectuel typiquement moderne, mais ils donnaient des versions divergentes de leur foi, qui étaient source de divisions. En présentant la foi, parmi toutes les vertus, comme un don d'en haut et un témoin du salut, ils ont coupé court à tout discours sur les raisons[38] de croire.

En fait, s'il n'y a pas de raisons humainement intelligibles pour accueillir le contenu de la foi, c'est qu'il n'existe pas un véritable « désir naturel de voir Dieu » et toute apologétique perd alors son sens. D'ailleurs, le théologien protestant Rudolf Bultmann (1884-1976) déclare explicitement que « la disposition fondamentale de l'existant humain en général » est bien celle de ne pas croire et que le refus de croire est « la liberté originaire, dans laquelle l'existant se constitue[39] ». Quant à l'analogie entre la position de Luther et celle de Kant, elle consiste dans le refus de la raison spéculative à propos de la valeur de fond qui pour Luther est la foi, pour Kant la morale. Les développements apportés par Nietzsche montreront combien l'autonomie éthique peut être source de corruption des principes moraux.

D'ailleurs, on peut bien se demander pourquoi les Pères de la Réforme ont choisi la foi comme « témoin » privilégié de l'élection. Ne considérant pas humainement possible suivre le commandement de la charité – et peut-être aussi celui de l'espérance – Luther a sans doute considéré la foi comme une vertu malgré tout mieux assurée contre la corruption que la charité, avec ses œuvres si difficiles à accomplir. À cinq siècles de distance, au vu de l'évolution de la pensée philosophique, du discours médiatique et politique et des attitudes du grand public, on peut tranquillement dire que la foi et l'attente de la vie éternelle – l'espérance – peuvent parfaitement s'évanouir de même que les bonnes mœurs peuvent se corrompre, alors que l'on peut accomplir des œuvres sociales merveilleuses.

La désorientation de la pensée, en sens moderne (et postmoderne[40]), trouve justement un précédent dans le discours de Luther sur la grâce et la responsabilité de son accueil. Le doute concernant la liberté foncière de l'homme face à l'appel à aimer, qui se situe à l'origine même de la Réforme, aurait donc contribué au démantèlement de la foi catholique bien plus que l'insistance des Réformateurs sur la corruption de l'Église.

Ce chapitre sur le protestantisme est donc proposé comme une introduction à la première modernité (de Descartes à Kant), qui s'est engagée, sur l'onde de la Réforme, dans la surestimation du rôle de la conscience. Pour fixer l'idée par une image : si toute notre vie était un rêve, ce rêve serait encore une réalité, distincte toutefois de notre conscience, sauf qu'on ne pourrait plus opposer nos rêves à cette autre réalité qu'est l'état de veille.

TABLEAU II. ÉTAPES PRINCIPALES DU DÉSENGAGEMENT INTELLECTUEL ET MORAL (ABANDON GRADUEL D'UNE CONNAISSANCE ET D'UNE MORALE OBJECTIVES)

Penseur ou filière de pensée	Ce que l'on entend combattre	Ce que l'on prétend établir	Aboutissement (et effets collatéraux inattendus ou non souhaités)
1. **Réforme (Luther, Calvin) :** manque de liberté dans ce qui compte le plus, le salut éternel	La scolastique et ce que l'on considère l'illusion du libre arbitre et des pratiques religieuses par rapport au but du salut éternel	L'action exclusive de la grâce dans l'œuvre du salut, attestée par la foi, avec la conséquence logique de la doctrine de la prédestination	Libération, pour de simples objectifs mondains, d'énergies jadis vouées à des pratiques religieuses. Culte du succès professionnel, considéré comme un signe de prédestination, selon Max Weber
2. **Kant :** seule la conscience autonome est source de la loi	Les illusions de la raison pure lorsqu'elle s'engage dans la spéculation métaphysique et, par conséquent, une vérité préétablie prétendant déboucher sur une éthique	La priorité de l'éthique sur la connaissance, l'autonomie éthique et l'impératif moral, source idéologique de la morale laïque, qui se passe du jugement divin	Affirmation arbitraire d'un devoir qu'on n'a aucune « raison » de suivre : ouverture de la boîte de Pandore des éthiques divergentes à base volontariste, esthétique, solipsiste ou nihiliste (jusqu'à Nietzsche et à l'existentialisme)
3. **Hegel et sa suite :** seule compte le factuel qui, pour Hegel, est l'obectivation de l'Esprit	Toute sensibilité, intention éthique, abstraction intellectuelle qui ne trouve pas son objectivation dans l'histoire	La réduction à l'histoire (à une logique immanente, aux infrastructures, à l'inconscient, etc.) de l'art, de la religion, de la morale, de la pensée	Par le marxisme, « nouvelle classe », nouvelles inégalités, nouvelles formes d'exploitation ; par la psychanalyse, risque de nouvelles dépendances ou de susciter des « résistances »
4. **Postmodernité:** démocratisme ou équivalence conventionnelle des opinions	Toute loi morale préétablie qui, en appelant à rendre des comptes, violerait l'autonomie éthique et la liberté individuelle	L'éthique de la liberté pour la liberté, même et surtout dans le choix des opinions. Droit d'opinion et tolérance des opinions	Les médias comme séduction, la politique comme propagande, la justice comme procédure, le criminel comme victime de la socité ; même les sectes comme expression de liberté

Chapitre II.
Descartes (1596-1650), combien de paradoxes !

En supposant qu'au départ nous ne connaissions que nos idées, Descartes établit un doute généralisé sur la validité ou réalité du contenu de ces mêmes idées, c'est-à-dire sur tout ce que nous concevons. Il établit ainsi un double point de départ : l'un positif, le *cogito*, et l'autre pour ainsi dire négatif, le doute méthodique. Nous allons discuter l'un et l'autre de ces présupposés dans les deux premières sections qui suivent et essayerons de vérifier si « pour Descartes, à l'origine de tout jugement [...] il y a un acte de liberté[41] ». Nous verrons ensuite son critère de vérité basé sur les idées claires et distinctes et sa preuve de l'existence de Dieu. Et nous conclurons en montrant que Descartes propose toute une série de paradoxes au départ d'un rapport douteux entre nos idées et la réalité : logiquement il n'est plus possible de sortir du doute généralisé.

§ 11. Le point de départ « positif » : le formalisme du cogito, début de la fermeture subjectiviste

Le point de départ « positif » est le principe selon lequel les idées – plutôt que la réalité – forment l'objet de l'intellect. Le point d'appui du système gnoséologique cartésien est donc le Moi. En fermant les portes des sens externes, Descartes essaie de tirer tout de l'esprit, même sa propre existence à travers l'argument fameux : *« cogito ergo sum »* (je pense, donc j'existe). Et pourtant on pourrait dire, en syntonie avec la tradition judéo-chrétienne de l'Alliance entre Dieu et l'homme : *« amatus sum et amo, ergo sum »* (je suis aimé et j'aime, et pour cela je suis), ce qui donnerait comme conséquence non pas la fermeture immanentiste, qui sera reprise dans le formalisme kantien, mais une spiritualité de la communication et du don. Or, le Moi apparaît en premier lieu en relation aux données sensibles.

Pierre Chaunu affirme que sans l'opposition entre Moi et l'Autre (ou le monde) il n'y aurait pas la perception de Moi. Il se rappelle de ses premières mémoires lorsque son identité se précisait par contraste avec les barres de son lit d'enfant et le visage qui se pliait sur lui, et il précise : « même solitaire dans un cachot, il y aura moi et il les murs de ce cachot[42] ».

Dans cette ligne de pensée, Wittgenstein parle de la conscience, ou du sujet, comme de la limite de ce qui est connu à travers l'expérience[43]. Mais alors que la conscience intellectuelle et morale suppose le contraste entre la réalité empirique et le sujet en tant que capacité d'attention, Descartes recherche la vérité dans son for intérieur. Il renverse la longue tradition objectiviste qui, depuis les premiers penseurs ioniens, coordonnait l'intellect au monde extérieur. Les formes plus récentes de ce subjectivisme (transcendantalisme, idéalisme, marxisme) mettent dans l'homme lui-même le principe de sa vérité et en fin de compte autorisent jusqu'à l'homme de la rue à parler de « sa vérité », comme si l'appel à la conscience pouvait tout justifier.

> Même s'il ne fait guère usage du terme, Descartes est à l'origine de l'acception de la conscience comme philosophème majeur, dans la mesure où, identifiant l'immédiateté de la présence à soi de l'esprit et sa propriété de réflexivité pour réfuter le scepticisme, il assimile la conscience à la pensée [...]. C'est à partir de là que l'on a pu faire de lui l'instaurateur de la métaphysique de la subjectivité et concevoir sa philosophie comme philosophie de la conscience[44].

Il faut se rappeler que Descartes, « l'instaurateur de la métaphysique de la subjectivité » a terminé sa vie dans des pays protestants (il est mort de pneumonie à Stockholm), sans compter qu'il a sans doute saisi l'atmosphère du protestantisme en France. Le doute cartésien est en rapport avec le questionnement protestant et la connaissance limitée aux idées, selon Descartes, est proche de l'appel protestant à la conscience en tant qu'ultime référence.

Il s'agit chez Descartes d'une conscience qui, sur le plan épistémologique, contient tout ce qui nous est connaissable – car il prétend que nous connaissions essentiellement nos idées – et c'est d'elles qu'il faut tout tirer. Mais l'être, placé au bout d'une déduction est privé de sa vigueur. C'est un peu comme le libre examen des Écritures qui entraîne des interprétations mutuellement incompatibles. (Ce genre de situations est toutefois acceptable dans un esprit de contestation.)

L'« immanentisme gnoséologique » cartésien, selon lequel notre connaissance est fermée sur elle-même, est incompatible avec une vérité valable pour tous, toujours. La vérité surgissant de la conscience est en fin de compte la vérité subjective des modernes. J.-M. Vaysse souligne que ni Descartes, ni aucun autre philosophe, n'aurait jamais eu le droit de contraindre toute la réalité dans le sujet. Cet abus a été sanctionné du fait que

> la philosophie moderne de Descartes à Husserl n'a cessé de rendre problématiques les notions de sujet et de conscience et de mettre en abîme leur pouvoir fondateur. Aussi est-il faux de prétendre que la démarche cartésienne exclut l'existence de l'inconscient. Elle en fonde au contraire la possibilité et la théorisation. [...] Deux tendances peuvent alors se dégager : l'une pour laquelle la conscience est l'opérateur permettant de référer toutes les pensées à une unité égologique, l'autre pour laquelle la conscience n'est qu'une méconnaissance de l'esprit par lui-même[45].

Descartes aura tenté de dériver l'être à partir de la conscience mais, du point de vue subjectiviste, il doit se confronter avec ce genre d'objections:

- si la conscience est toujours conscience (d'être conscient) de quelque chose et si elle ne fait qu'évoquer son objet (comme une représentation), quel besoin y a-t-il encore de montrer que l'objet est quelque chose d'autre que la conscience ?[46]
- si la conscience est le point de départ, le *cogito* constitue en même temps la limite ultime de la conscience,

> l'immanentisme est donc de rigueur (ainsi pour Husserl vouloir déduire quelque chose d'objectif à partir du *cogito* cartésien équivaut à en trahir le sens[47], et en suivant Kant on peut même refuser une réalité ontologique à la conscience).

De la sorte, selon Husserl, Descartes trahit son « égologie » car il entend son Ego au sens psychologique plutôt qu'au sens transcendantal [48]. Ayant contraint la connaissance à l'intérieur de la conscience, Descartes n'en tire pas les conséquences transcendantales rigoureuses, mais tente encore de créer pour cette conscience un environnement – physique, psychologique, spirituel – dans lequel elle évoluerait.

Soulignons que dans l'argumentation : « je pense, donc j'existe »

> mon existence ne peut pas [...] être considérée, ainsi que Descartes l'a cru, comme déduite de la proposition « je pense » (puisque autrement il faudrait supposer avant elle cette majeure : « tout ce qui pense, existe »), mais il lui est identique[49].

Par conséquent, « le prétendu raisonnement cartésien *cogito, ergo sum*, peut être vu comme tautologique, puisque le *cogito* (*sum cogitans*) énonce immédiatement la réalité[50].

§ 12. Le point de départ « négatif » : le doute méthodique, expression de liberté. Quelle ontologie à la lumière du doute méthodique ?

Ceux qui contraignirent Descartes à s'exiler voyaient juste ; sa physique a ébranlé « le trône et l'autel ».

ROGER VAILLAND (1907-1965)

Le point de départ négatif dans la philosophie de Descartes est constitué par le « doute méthodique ». Il faut douter, dit-il, de tout ce que nous avons acquis à travers l'expérience et l'éducation. Descartes répond au scepticisme de Montaigne par la transformation du doute sceptique de celui-ci en doute méthodique. Si Montaigne succombe au doute, Descartes accepte le doute, selon Sartre, en tant qu'expression de liberté.

> Sartre affirme que le doute méthodique devient pour Descartes le type même de l'acte libre : [...] Descartes a établi que la fondation de l'être est la liberté. C'est pour cette raison profonde que la liberté précède et fonde l'être (du '*cogito*') et produit ensuite la vérité ; c'est pourquoi l'homme est athée et authentifie son être et sa liberté pour affirmer le Je qui est la négation de Dieu[51].

Or, en tant qu'expression de liberté, le doute correspond non seulement au choix de l'enfermement du sujet sur soi-même, mais aussi sur l'instant présent. Si toutes nos opinions étaient incertaines, il faudrait douter du fait que la mémoire soit capable de nous renvoyer à d'autres temps, de reconstituer les opinions que nous avons accueillies dans le passé et donc il faudrait douter de la permanence et de la continuité de nos doutes. Ce qui est ontologie pour Descartes n'est, pour Heidegger, que l'ontique applicable aux choses du monde :

> Ce qui détermine l'ontologie du monde n'est pas en premier lieu le hasard d'une science de prédilection, la mathématique, mais l'orientation ontologique de principe vers l'être en tant que simple présence permanente, à la connaissance duquel satisfait éminemment le savoir mathématique. Descartes établit ainsi explicitement la transplantation philosophique de l'ontologie traditionnelle dans la physique mathématique moderne et dans ses soubassements transcendantaux[52]. [...] Descartes a appuyé la tendance à restreindre le problème du monde au problème des choses de la nature considérées comme l'étant que l'on rencontre en premier lieu. Il a consolidé la conviction que la *connaissance* ontique d'un étant, considérée comme la plus rigoureuse, représente aussi la meilleure voie d'accès à l'être premier de l'étant dévoilé dans une telle connaissance. Il faut donc reconnaître que, dans leur principe, les « compléments » de l'ontologie de la chose s'appuient sur les mêmes bases dogmatiques que l'ontologie de Descartes[53].

En d'autres termes, selon Heidegger, seules les connaissances d'ordre scientifique survivent au doute cartésien. En fait, la conception cartésienne de la substance corporelle « étendue » (*res extensa*) – avec les lois de la physique newtonienne – prépare l'*a priori* kantien. L'histoire de l'évolution sociale et culturelle montre à l'évidence que si les sciences de la nature occupent tout l'horizon, il n'y a plus d'espace pour la foi religieuse. L'ignorance aide alors la foi dans ce sens : lorsque l'on se reconnaît ignorant, on n'a pas la prétention de tout faire tomber dans la sphère des connaissances que l'on a sous contrôle.

II. L'ANALOGIE DE L'ÉTANT OU DE L'ÊTRE

Et pourtant, tout ce qui « fait différence », qui se trouve en situation de relation, qui est susceptible d'affirmation ou de négation est un étant, quelle qu'en soit la qualité spécifique, selon le principe de l'« analogie de l'étant ». La distinction ultérieure entre l'essence et l'être au sein de l'étant se base sur le fait que l'étant est soit possible, soit réel. Si le mot « étant » est pris comme un nom, il signifie ce qui est apte à exister, qu'il soit réalisé ou non. S'il est pris comme un participe présent, il indique ce qui est, ce qui existe grâce à l'acte d'être.

Toute expérience garantit l'« existence » de ce qui est expérimenté (tel qu'il est expérimenté), c'est-à-dire l'acte d'être de ce qui apparaît réellement, *qui est donnée* (=l'étant comme participe présent), même si d'autres opérations des sens et de l'intellect sont (par la suite identifiées comme) indispensables pour parvenir à tel effet. Selon cette approche, le mot « être » n'a qu'un seul sens, bien que les choses *qui sont* prennent des formes multiples et variées, au-delà de notre capacité de tout saisir. En d'autres termes, ce qui apparaît est toujours différent, mais analogue, alors que l'acte d'être est univoque.

§ 13. Le caractère fallacieux du critère de vérité cartésien

Descartes est confronté au problème de déterminer de l'intérieur, entre les idées, lesquelles représentent vraiment la réalité. Pour qu'une idée soit vraie – tel est son critère de vérité – il faut qu'elle soit claire et distincte. Les idées claires et distinctes, celles que Locke appellera « qualités primaires », comme les formes d'espace et de temps et les notions géométriques, doivent correspondre à la réalité parce que, dit Descartes, Dieu ne peut pas nous duper à leur propos. Descartes semble dire que Dieu ne peut pas nous tromper à propos des données susceptibles d'être représentées mathématiquement, mais qu'il pourrait nous tromper à propos de ces qualités secondaires que sont les sons, les couleurs, les odeurs, le goût des aliments et les données tactiles : quel Dieu étrange, en vérité !

L'approche de Descartes a été critiquée par Bossuet parce que le critère des idées claires et distinctes permet « de dire : j'entends ceci, et je n'entends pas cela ; et sur ce seul fondement, on approuve et on rejette tout ce qu'on veut[54] ». Maritain, de son côté, attribue à Descartes l'aspiration à une connaissance de type angélique : intuitive, innée, atemporelle non discursive, indépendante des choses et de toute expérience[55]. Une vision intuitive par cadres fixes, pour ainsi dire, donnerait la discontinuité du temps ou – si les anges sont au-delà du temps, comme il semble plus probable – tout simplement une discontinuité des idées. Cette connaissance par des idées claires et distinctes n'a pas la nécessité d'être discursive et ne demande aucun raisonnement : la suite logique serait intégrée dans l'idée elle-même et serait donc instantanée[56]. À Descartes pèse la logique syllogistique selon la tradition de l'École et il voudrait presque délégitimer l'enchaînement des idées et la transition de l'une à l'autre qui font partie de notre processus mental courant. Or, chez nul être doué de raison, le point de départ de la connaissance ne peut être le raisonnement. Ces idées que l'on relie il faut d'abord les posséder et, chez l'homme, la connaissance débute par le corps, c'est-à-dire par l'immersion dans l'expérience et par toute une suite d'épreuves, de conflits, d'erreurs. Si l'âme n'a plus besoin du corps pour connaître, vouloir et accomplir ses opérations spirituelles, à quoi sert le corps, sinon à assujettir la terre. Il faut toutefois savoir celle-ci pourrait s'en venger[57].

Avec sa prétention d'atteindre l'intuition di vrai, Descartes déprécie le passé car pour la connaissance intuitive, l'accumulation de la sagesse à travers l'histoire individuelle et sociale n'a pas de sens[58]. La connaissance sur le modèle angélique décrite par Descartes ouvre la voie à l'esprit des Lumières qui affiche un mépris certain du passé. Puisque l'homme n'est « ni ange ni bête », le maximum auquel il peut aspirer – en tant qu'approximation de cet idéal – est la connaissance logico-mathématique. Ce qui reste difficile, sinon impossible, dans pareille perspective, est le saut vers le réel. En fait, les successeurs de Descartes, Spinoza et Leibniz, ainsi que les empiristes britanniques, achèveront de renfermement notre connaissance sur nos idées. Kant complétera la clôture autour du sujet sur le plan éthique en déclarant l'autonomie de l'impératif moral.

*

La clarté d'une idée et sa spécification (c'est-à-dire la distinction entre cette idée et les autres) sont, peut-être, nécessaires mais elles ne sont certainement pas suffisantes pour la vérité d'une proposition qui affirmerait la cohérence interne de cette idée ou son actuation quelque part dans la réalité. Malgré son apparente valeur gnoséologique, le critère proposé par Descartes ramène en fait la vérité à des aspects particuliers, c'est-à-dire à la sphère bien restreinte du monde de la physique. Il faut exclure que la discussion sur la vérité soit une sorte de mise au point des critères de vérité ; d'ailleurs, se poser la question générale des caractéristique de ce qui peut être vrai est intrinsèquement absurde. Comment peut-on accepter un critère de vérité si l'on n'est pas déjà « naturellement » dans la vérité ? Et, d'autre part, si on ne s'y trouve pas, ce critère n'est d'aucune utilité. En fait, s'il fallait un critère de vérité pour entrer dans la vérité, il faudrait supposer que cette vérité ne soit pas là au moment de son énonciation : aucun critère n'aurait alors une valeur gnoséologique, car rien ne pourrait être dit utilement dans ce cas.

Ce qui plus est, la position cartésienne peut être appelée relativiste, car l'hypothèse même d'un critère de vérité ramène la vérité à un autre ordre de réalité que la cognition ne fût-ce qu'en la restreignant à des aspects de celle-ci, autres que la pure et simple vérité de la proposition. L'argument décisif contre ces genres de déviations relativistes est donc qu'elles « réduisent » la vérité à autre chose. On se demande alors quel est l'intérêt, sur le plan cognitif, de quelque chose qui soit autre que la vérité elle-même, toute nue.

§ 14. La preuve de l'existence de Dieu de Descartes, improprement dite « ontologique ». Le doute méthodique compromet aussi toute preuve a posteriori

Je ne puis pardonner à Descartes ; il aurait bien voulu, dans toute sa philosophie, se passer de Dieu ; mais il n'a pu s'empêcher de lui faire donner une chiquenaude, pour mettre le monde en mouvement ; après cela, il n'a plus que faire de Dieu.

PASCAL[59]

Cette observation de Pascal est injuste en elle-même car Descartes croit dans la création continue (actuelle). Mais cette même observation est exacte au sens qu'en son temps en physique (on parlait alors de « philosophie naturelle »), on pouvait commencer à se passer de Dieu[60]. La gnoséologie de Descartes semble plus apte à inspirer la problématisation immanentiste et subjectiviste, propre aux siècles qui se sont écoulés après lui, qu'à offrir des preuves de l'existence de Dieu. Toutefois Descartes avance sous des formes différentes[61] une seule preuve qui part (du contenu) de l'idée (claire et distincte) de la perfection c'est-à-dire de l'idée d'un Être parfait. Puisqu'il s'agit d'une idée positive, elle ne peut dériver d'une négation des limites – argumente Descartes – mais elle doit avoir été posée en nous par une cause d'une dimension également parfaite, Dieu[62].

En fait, ce que la preuve de l'existence de Dieu de Descartes vise n'est pas la cause efficiente de la *species impressa*, c'est-à-dire de la modification des organes corporels (ou de notre esprit) par laquelle nous apprenons l'idée de Dieu (ou toute autre idée). La preuve de Descartes vise la cause formelle de cette idée. L'idée – concept, *species expressa* ou *verbum mentis* (parole de l'esprit) – que nous avons de Dieu n'appartient pas à la simple sphère sensible et donc ne peut pas être assignée à la seule cause efficiente. Elle relève essentiellement de la cause formelle, puisqu'elle survient à l'esprit non pas simplement comme un événement, comme un fait accidentel, mais comme un éclairage qu'il faut expliquer justement au sein de sa sphère d'appartenance, la sphère intellectuelle.

Laissons la parole à Descartes lui-même : « toute la force de l'argument, dont j'ai ici usé pour prouver l'existence de Dieu, consiste en ce que je reconnais qu'il ne serait pas possible que ma nature fût telle qu'elle est, c'est-à-dire que j'eusse en moi l'idée d'un Dieu, si Dieu n'existait véritablement[63] ». Il y a des objections faciles : pour Holbach (1723-1789), sensualiste, l'idée de Dieu en tant qu'Être nécessaire, n'est qu'un contresens. En prenant les exemples du sphinx ou de l'hippogriffe, il exclut que l'on puisse conclure à l'existence d'une chose sur la base du seul fait qu'on en ait une idée. Et lors même qu'on puisse procéder de la sorte, il nous manquerait, précise Kant, une idée adéquate de l'être purement spirituel, doué de toute perfection et capable d'agir sur le monde. Naturellement il ne faut pas prendre trop au sérieux ces objections, car

- d'une part, l'idée de Dieu diffère des idées fantastiques évoquées par Holbach du fait, tout au moins, d'être au-delà des combinaisons de réalités matérielles, comme les chimères ;
- d'autre part, il ne faut pas que notre intelligence soit en mesure d'épuiser le concept de Dieu pour qu'elle puisse aborder la question de son existence.

Il reste quand même à faire des mises au point. Alors que la preuve ontologique part d'une certaine définition ou idée de Dieu sans se soucier du sujet pensant, Descartes suppose que le sujet, en principe, ne soit pas en mesure de concevoir la notion de Dieu. Dans cette situation d'insuffisance du sujet, afin de penser à Dieu il lui faut une cause extérieure, une intervention d'en haut. Il s'agit d'une preuve *a posteriori* basée sur la réalité et sur la contingence du monde, en l'occurrence du sujet, preuve qui pour cela pourrait être appelée « cosmologique ». Une véritable *preuve cosmologique* part, toutefois, du fait que les réalités mondaines se définissent – ontologiquement, éthiquement et logiquement – en se limitant réciproquement, c'est-à-dire qu'elles existent les unes grâce aux autres et aux relations qui les lient. Aucune d'elles n'a donc la possibilité d'exister par elle-même et donc d'entrer en relation avec les autres. Toutes doivent recevoir leur être de celui qui est par soi-même, au-delà et au-dessous de tout rapport qui le limiterait, Dieu.

Or, dans sa preuve, Descartes n'exploite pas pleinement la structuration complète de l'univers car son *cogito* reste individuel, isolé. Sa preuve vise à passer de l'ordre logique (ou gnoséologique) à l'ordre ontologique, ce qui, à la rigueur n'est pas légitime : une preuve *a posteriori* dans l'ordre logique, comme la sienne, ne peut donner qu'un Dieu qui est principe dans le même ordre logique. Toutefois, les trois preuves *a posteriori* – dans les trois sphères ontologique, éthique et logique – convergent sur un seul Dieu, car le monde est un.

Si dans le développement de sa pensée Descartes cherche à récupérer Dieu à travers l'existence des idées (sinon du monde), son parcours demeure paradoxal et non concluant, car il voue au doute le fondement de sa preuve a posteriori : l'idée même de Dieu. Il faut reconnaître que devoir recourir à la véracité de Dieu pour s'assurer que sa propre manière de voir est correcte, c'est compromettre dès le départ toutes nos conceptions. Ce sont aussi bien l'abbé Pierre Gassendi (1592-1655), mathématicien et philosophe, que le chef du parti janséniste Antoine Arnauld (1612-1694)[64] et le jésuite Hardouin (1646-1729)[65] à accuser Descartes d'introduire une circularité lorsqu'il dit que Dieu garantit la vérité de ce qui est perçu clairement et distinctement. Mais l'existence de ce Dieu qui ne déçoit pas n'était-elle pas démontrée à partir d'une idée claire et distincte (et donc garantie par Dieu) de la perfection ou de l'Être parfait ? En outre, dans sa démonstration de l'existence de Dieu, Descartes suppose de fermer les portes des sens, mais pour fermer ces portes il faut qu'elles soient *par nature* ouvertes. En fait, on peut raisonner uniquement parce que l'expérience sensible fournit de la matière à la raison. Il est possible de dire *« cogito, ergo sum »*, uniquement parce qu'on a pris conscience de soi-même en tant qu'« attention » aux données sensibles. Descartes a mille fois raison s'il entend qu'on ne peut pas réduire la connaissance à la seule sphère sensible parce que la connaissance implique ce facteur à la fois mental et spirituel qu'est la compréhension. Toutefois pour Aristote, suivi dans cela par Thomas d'Aquin, la réalité sensible constitue l'objet primaire et adéquat de l'intelligence humaine[66].

Anciennement l'homme s'opposait à Dieu essentiellement en se révoltant contre ses commandements, comme le font les démons, mais rarement en mettant en doute son existence. Depuis Descartes, l'existence de Dieu est devenue problématique à cause du doute sur la réalité du sujet et du monde. Selon Cornelio Fabro, le *cogito*, comme expression de liberté, finit par représenter la négation ultime de Dieu[67]. Le doute, plus que le blasphème représente aujourd'hui le point extrême de la révolte contre Dieu. Il est expression de liberté par ses effets, puisqu'il écarte le Maître suprême, mais il s'agit d'un piège car une fois entré dans le doute on ne peut plus y échapper.

§ 15. La distinction entre la matière et l'esprit

Par sa distinction-séparation entre la *res extensa* (chose étendue) et la *res cogitans* (chose qui pense), Descartes propose, en fait, l'existence de deux substances. D'un côté il y a la matière, notion très abstraite en ontologie, soumise aux lois de la mécanique (par la cause efficiente) ; de l'autre l'esprit, soumis aux lois de la logique (par la cause formelle).

Sur le plan *gnoséologique* la dissociation de la matière de l'esprit débouche sur les deux tendances de l'épistémologie moderne, l'objectiviste et la subjectiviste[68], qui ont été mises en évidence par Husserl.

Sur le plan *ontologique* l'application de la doctrine cartésienne des deux substances aplanit la route à la séparation entre le mécanicisme des Lumières et l'immanentisme du subjectivisme kantien et de l'idéalisme hégélien. En se prévalant des découvertes scientifiques, le premier courant ramènera à la *res extensa* l'homme ainsi que la nature dans leur entièreté. L'autre courant, en isolant la *res cogitans*, la préservera de l'emprise de la science applicable uniquement aux phénomènes. Kant lui-même adoptera une attitude défensive de ce genre. Sa distinction entre le phénomène et le noumène lui permettra en particulier de sauvegarder, dans la sphère nouménique, le libre arbitre qui était menacé par la tendance déterministe de la science de son temps.

Mais c'est, pour ainsi dire, la *res amans* (la chose qui aime) qui est délaissée. Si l'on se réfère à l'homme, il s'agit de sa faculté qui vise un but, une fin, et correspond à la cause finale, la troisième cause, à côté de la cause efficiente et de la cause formelle. Cette troisième cause peut être appelée esprit, complément au corps et à l'âme selon le schéma paulinien de la « trinité dans l'homme[69] ». Le platonisme, en plaçant l'âme rationnelle au-dessus de l'âme colérique et de l'âme végétative ou désirante, avait déjà exclu la considération de la volonté-liberté ou, pour mieux dire, l'avait identifiée à l'exercice de l'intelligence : ceci est le propre de l'intellectualisme éthique. Enfin, en opposant la *res cogitans* et la *res extensa*, Descartes accomplit sur le plan ontologique une séparation – sans réconciliation possible – analogue à celle que Luther avait accompli sur le plan du salut religieux entre l'œuvre de la grâce divine et les bonnes actions de l'homme. Les distinctions séparations de Luther et de Descartes permettront aux modernes, épris de liberté de pensée, de choisir l'un des deux termes, et d'écarter l'autre, non seulement de la spéculation intellectuelle et de toute considération éthique, mais aussi du réel.

§ 16. Originalité et paradoxes de Descartes

De la sorte, Descartes, a apporté des arguments décisifs aux deux courants qui départagent la culture moderne : respectivement celui de conscience subjective, domaine de la réalité pensante (*res cogitans*), et celui de la nature, domaine de la réalité étendue (*res extensa*) ou de la clarté géométrique et mécanique.

D'une part, par sa conception d'une « matière » existant de son plein droit et régie par des lois mécaniques, Descartes a favorisé l'essor de la physique classique (newtonienne). Et d'autre part, sa réflexion plus strictement philosophique, concentrée sur le sujet cogitant (*res cogitans*), a laissé dans l'ombre l'histoire, la question du mal et tout ce qui dépasse la pure rationalité, qu'il ait suivi intentionnellement ou non l'inspiration protestante du retrait dans l'intimité de la conscience individuelle.

En choisissant comme point de départ de sa métaphysique ce repli intérieur, au lieu de la réalité du monde, il s'est mis sur le chemin de l'exclusivisme de la conscience qui nous a conduits au relativisme postmoderne via le refus de Dieu par l'intellectualisme moderne. Et pourtant Descartes avait été exhorté par le Cardinal de Bérulle (1575-1629) à élaborer une argumentation contre l'athéisme[70], qui à Paris au cours de la première moitié du XVIIe siècle aurait compté 50.000 adhérents[71] sur une population de l'ordre de 400.000 habitants[72].

Concluons en soulignant, sous l'angle strictement logique, ces problèmes (en partie déjà rencontrés) :

- le *cogito* cartésien est restrictif (pour quelle raison, en fait, devrait exister en premier lieu – ou nous devrions reconnaître d'abord – le sujet pensant plutôt que les données, vu que, suite au principe de l'« analogie de l'étant ou de l'être », la notion d'être, ou plus précisément d'étant, est d'application universelle ?) ;
- si l'on devait partir vraiment du doute universel, on ne pourrait jamais parvenir à aucune conviction car on n'aurait jamais aucune base dans la vérité ;

- le doute universel est d'ailleurs impossible car tout doute suppose un contexte de certitudes dans lequel le situer (« un doute qui douterait de tout ne serait pas un doute » car, selon l'observation de Wittgenstein, il ne retrouverait ni le sens des mots qui l'expriment ni un contexte où le situer[73]) ;
- la notion de critère de vérité n'a pas de sens car si l'on peut exprimer valablement un critère de vérité c'est que l'on est déjà dans la vérité indépendamment de l'utilisation du critère lui-même ;
- la preuve de l'existence de Dieu proposée par Descartes n'est ni une vraie preuve *a posteriori* ni une preuve ontologique (au sens de la preuve de saint Anselme) car, bien qu'elle parte du contenu d'une idée, elle en cherche la cause efficiente ;
- si l'idée – claire et distincte – que nous avons de Dieu doit être garantie par Dieu lui-même la preuve cartésienne de l'existence de Dieu à partir de cette idée constitue un cercle vicieux

Il est quand même étonnant que Descartes soit pris comme parangon de la rationalité française, laquelle a quand même connu, depuis Abélard (1079-1142) et la grande scolastique, des témoins plus cohérents. Toutefois, dans d'autres domaines que la philosophie, Descartes a amené des contributions essentielles. On lui doit la loi concernant la déviation et la réflexion d'un rayon lumineux lorsqu'il rencontre un dioptre, c'est-à-dire une surface séparant deux milieux homogènes (loi de Snell-Descartes). Et les coordonnées qui prennent son nom ont facilité la mathématisation de la géométrie. La suite, dans les différents camps des mathématiques, sera assurée par Pascal et par la grande école française du XVIIIe, XIXe et XXe siècle.

Chapitre III.
Baruch Spinoza
(Amsterdam, 1632-La Haye, 1677)

§ 17. Le panlogisme, monisme ou panthéisme spinozien. Et l'individu ?

Natura sive Deus. (La Nature, c'est-à-dire Dieu.)
SPINOZA

Dieu existe nécessairement, mais il reste à voir si le monde est contingent ou soumis à la fatalité. Spinoza, l'un des plus grands penseurs juifs de toute l'histoire de la philosophie, étend la nécessité propre à l'existence de Dieu à l'ensemble de l'univers. Il ne trouve nulle part ce germe de variété, qui rendrait possible l'accidentel, c'est-à-dire la contingence du monde. Les anciens – Platon et Aristote – avaient déjà la notion d'un Dieu éternel, immuable, nécessaire, et eux aussi se trouvaient embarrassés quand il s'agissait d'en faire dériver un univers en devenir, où les objets – placés, dirait-on, au hasard – se limitent mutuellement. Ils ont cru pouvoir résoudre le problème en introduisant respectivement

- l'espace (χώρα), qui reçoit les copies muables (et soumises à toutes sortes de limitation et déformation) de l'une ou l'autre Idée (ἰδέα) appartenant au monde hyperuranien (Platon) ;
- la matière (ὕλη) première éternelle et increéée (informe en elle-même), qui reçoit sa qualification par l'une ou l'autre espèce (εἶδος) ou forme (Aristote).

Selon Spinoza, on ne peut pas échapper à la nécessité, déterminisme ou fatalité, qui domine toute situation, tout événement, tout détail. Certes, cette conclusion ne découle pas de l'image que nous nous faisons du Dieu de la Bible. L'Écriture, lue candidement, propose un Dieu Créateur impliqué dans les affaires du monde, aimant et pour cela souvent en colère, prêt à revoir ses projets, spontané au dernier degré et surtout libre dans ses agissements. Or, la lecture spinozienne de la Bible ôte à ce Dieu toute autorité parce que Spinoza n'admet pas que Dieu soit un mystère inaccessible, un *Deus absconditus* (un Dieu caché). Pour Spinoza, Dieu doit répondre aux critères de la logique nécessitante qui absorbe le tout :

> Spinoza répugne – jusqu'à en être torturé – à l'idée qu'il y ait des mystères dans l'Écriture, que quelqu'un ait jeté des regards exceptionnellement aigus au-delà d'un mur qui ne devrait pas exister, qui dans son système n'existe pas, et qu'il y ait un salut de nature autre qu'intellectuelle, réservé à un petit nombre (le Restant), qui par-dessus tout est d'ordre eschatologique. Il ne reconnaît, après le salut par l'intellect, que celui pratique, assuré à tous par l'État[74].

Le Dieu des philosophes est tout autre que le Dieu de l'Écriture, le Dieu d'Abraham, d'Isaac, de Jacob. Le Dieu de Spinoza c'est un Dieu unitarien (=non trinitaire), défini en première et dernière instance par son activité intérieure, c'est un esprit pensant, qui décide en fonction de son intelligence infinie, comparable au joueur d'échecs qui a toutes les ressources et tout le temps pour décider de son coup. Et s'il n'est qu'intelligence, il ne peut que procéder d'une seule manière et parvenir à une seule conclusion, selon une logique irréprochable, intelligible en principe à tout philosophe Cette manière de voir Dieu, qui le ramène au déterminisme des déductions logiques, s'appelle *panlogisme*.

Tout en niant la création et, avec elle, la distinction ontologique entre Dieu et le monde, Spinoza admet l'éternité et l'indestructibilité de l'unique substance réelle formant Dieu et le monde. On appelle *monisme* la réduction du réel à l'un seulement de ses différents aspects, que ce soit la matière (*res extensa*, substance étendue) ou l'esprit (*res cogitans*, substance pensante) ou leur fusion dans une seule substance, comme dans le cas de Spinoza.

Cette substance – unique, indivisible, diffusée dans tout l'univers, étendue et pensante, Moi et Dieu à la fois – est donc sa propre cause (*Causa sui*). En l'absence de création, elle est nécessaire et absolue et exclut la contingence, les contradictions, les accidents et les apparences en tant que faits accessoires non expliqués et non explicables, simple « voile de Maya », illusion. Cette conception, qui fait rentrer le tout dans une unique substance divine prend le nom de *panthéisme*.

On hésite à dire que Spinoza soit irréligieux, même s'il a été appelé l'« athée vertueux », parce que, à travers toutes ses démonstrations, apparaît une réalité dépassant le niveau physique. Toutefois, il sous-estime le caractère absolu et distinct de l'*individualité*. Cette individualité défie le temps car elle représente l'unité des expériences temporelles de la personne, expériences toutes également réelles et liées entre elles, au-delà des distinctions spatio-temporelles. L'individu est *sauvé* éternellement dans les cas des justes, *damné* dans le cas de ceux qui se sont perdus, abîmés dans la vanité de l'Ego et du monde purement sensible.

Ce qui est vu par Spinoza *sub specie æternitatis* (sous l'aspect de l'éternité) ce n'est pas la personne ou l'individualité, mais ce sont plutôt les critères raisonnables régissant le monde, auxquels l'intelligence humaine doit se soumettre. Remarquons que ce déni spinozien de la distinction ou séparation ontologique de l'individu du restant de l'univers est commun aussi au bouddhisme, qui pourtant est bien une religion puisqu'il admet un *karma* gouvernant les cycles des réincarnations, bien au-delà de l'intuition humaine.

§ 18. De la nécessité universelle : quelle morale, quelle connaissance ?

L'unique substance divine serait structurée par des lois intellectuelles strictement nécessitantes. Et puisqu'il n'existerait rien en dehors d'elle[75], la réalité tout entière et ses lois seraient imprégnées d'un ordre mental de nature divine. Spinoza se rend bien compte que les désirs humains peuvent rentrer en contradiction avec l'ordre divin qui se manifeste dans les diverses circonstances de la vie. Il cite en propos les vers d'Ovide : « Je vois et j'approuve le meilleur, mais je suis le pire[76] », qui expriment toute la faiblesse de notre volonté, quoique bien informée. Toutefois, évacuant l'autonomie de la volonté par rapport aux fonctions purement logiques, Spinoza, juge que la volonté peut se résoudre par un simple acte de l'intellect. Devant les événements inévitables, dit-il, le sage ne peut qu'en reconnaître la nécessité et donc toute la légitimité qui en dérive. Il appelle *amor intellectualis* (amour intellectuel) cette attitude d'acceptation, par un simple raisonnement, de la fatalité universelle sans alternative possible[77]. Vus comme l'effet d'une nécessité immensément plus vaste, nos états d'âme, nos passions, nos succès et même nos malheurs trouvent leur justification intellectuelle et abstraite : nous pouvons ainsi nous faire une raison de nos peines : l'esprit humain, en comprenant la nécessité du tout, peut parvenir à dominer ses passions[78], dit-il. Seuls les incultes ne comprennent pas la moralité et la nécessité du réel et se révoltent contre leur sort.

En tout cas, pour Spinoza, l'homme sage qui accepte sa condition de vie et le révolté qui la rejette ne font que se plier à la plus stricte nécessité : bien sûr leurs qualités intellectuelles et morales diffèrent, mais personne ne peut tenir l'un ou l'autre pour responsables de leurs attitudes. Encore aujourd'hui, en interprétant Freud, des penseurs tendent à accréditer la conception que connaître sa situation – de névrosé par exemple – avec ses causes serait une manière d'en venir à bout [79], pour l'assumer afin de mieux vivre. Mais qu'est-ce que assumer ou s'assumer, si ce n'est un acte de la volonté ?

Le principe de l'acceptation des circonstances de la vie à la lumière d'une vision d'éternité constitue une sorte d'*intellectualisme éthique* que les stoïques avaient déjà poussé plus loin que Platon ou Socrate. On sait que les stoïques représentèrent, dans l'Antiquité, le courant qui a le mieux essayé d'échapper à l'esclavage du Moi, en donnant la Raison universelle comme justification d'un destin qui souvent est très douloureux pour l'individu. Toutefois, dans l'amour stoïque du destin (*amor fati*), il ne s'agit pas simplement de l'acceptation d'un destin inévitable, mais aussi du refus du libre arbitre. Car on comprend que, même si les événements extérieurs constituaient une fatalité, l'attitude intérieure pourrait encore relever du libre arbitre. Mais Spinoza refuse, comme les stoïques, le libre arbitre. Or, l'élimination d'une vraie responsabilité vide à nos yeux l'éthique spinozienne de l'élément qui différencie l'éthique de la simple logique. En fait, même le savant chevronné, qui a accepté sur le plan logique les arguments de Spinoza, pourrait encore – et probablement devrait – exprimer son rejet existentiel et moral d'une fatalité n'ayant que des justifications intellectuelles mais qui implique l'absurde d'une existence sans ce véritable rapport interpersonnel qui trouve son sens ultime dans l'altérité divine.

Il nous semble que le simple exercice de l'intelligence soit considéré à tort comme l'acte vertueux par excellence. En fait, le couronnement de notre vie rationnelle et spirituelle est l'*acte de volonté* – qui certes suppose la connaissance, sans quoi il n'y aurait pas de choix – mais qui ne se réduit pas à une expression intellectuelle. Ce niveau suprême de la spiritualité est nié par Spinoza, ainsi que par d'autres philosophes de son temps, en faveur de la seule logique. Il est clair qu'en dépouillant l'homme du libre arbitre, Spinoza lui ôte non seulement la responsabilité morale dans ses actions, mais aussi la responsabilité morale indispensable à la compréhension tant philosophique (par exemple du jeu des passions dans l'acquisition et l'accueil de la connaissance) que religieuse (par exemple de la Providence).

*

En étudiant le désir par rapport à la connaissance, les penseurs qui admettent l'acte volontaire, décision ou choix se départagent en deux grandes classes, selon ce qu'ils font du libre arbitre. Les uns la réduisent à des raisons de clairvoyance, d'intelligence, d'analyse (de Bouddha, à Platon, à Spinoza, jusque probablement à Hegel). Les autres, tout en supposant la connaissance à la base de la liberté, admettent que cette dernière, représente une prise de position personnelle supplémentaire, qui n'est pas de la simple cognition, que ce soit de l'intérêt, de l'amour, de la haine, du mépris ou de l'indifférence à l'égard de ce qui est connu.

Parmi ceux qui nient la liberté de choix, la terminologie est variable : on parle de *déterminisme* quand la nécessité ou contrainte qui liquide le libre arbitre est attribuée à des *lois naturelles* connues ou connaissables ; on parle de *fatalisme* quand elle est attribuée au destin aveugle comme le *fatum* impersonnel et impénétrable de la mythologie ancienne ; on parle de *prédestination* quand elle est attribuée à une décision divine.

Quant au *déterminisme*, il nous semble que les sciences naturelles ne soient pas en mesure de prouver une théorie de la nécessité universelle car, à cette fin, elles devraient formuler une à une toutes les lois de la nature. Quant au *fatum*, inconnaissable, invérifiable, inintelligible, sa nécessité est présentée d'emblée comme une projection échappant à la raison, donc arbitraire, au-delà même de la possibilité d'en dire quelque chose : affirmer le fatalisme, c'est donc faire fi de la raison, de l'expérience, de tous les critères de connaissance. Enfin, la *prédestination* luthérienne ou calviniste signifie l'inefficacité de toute décision humaine en rapport au salut éternel : elle fait de l'homme un pantin en ce qu'il y a d'essentiel.

En ce qui concerne l'étendue de notre capacité de vouloir librement dans la vie de tous les jours, sur le plan phénoménologique, nous admettons sans difficulté que notre force de volonté soit très limitée. Probablement sommes-nous à comparer à des chiens de garde liés devant une ferme avec une corde plus ou moins longue. Nous pouvons encore avoir accès à notre gamelle de nourriture, à notre écuelle d'eau et à notre niche et décider d'aboyer en cas de crise ou de mordre ceux qui s'approcheraient d'un air peu convainquant : à nous donc de nous servir et d'assurer notre service.

*

Dans son *Traité politique* Spinoza introduit la notion que l'État revêt un caractère éthique uniquement lorsqu'il respecte et favorise la liberté et l'emploi de la raison[80]. Il reste à voir de quelle liberté il est question dans un univers réglé par des lois qu'aucun homme, démon, ange ou divinité ne peut enfreindre. De plus, la raison peut-elle donner accès à des connaissances valables, si elle est soumise dans son exercice au déterminisme des lois de la nature (cause efficiente) et non pas à l'évidence du vrai (cause formelle) ?

§ 19. La libido de la réduction à la raison : de Spinoza, à Hegel, à Einstein. Et quid de l'accidentel ?

Omnis determinatio est negatio. (Toute détermination est une négation.)

SPINOZA

Dans l'hypothèse du déterminisme universel, la morale se réduit à la connaissance de la nécessité à laquelle on est soumis et à l'acceptation de cette nécessité en tant que réalisation d'une exigence logique supérieure, inflexible, universelle, à laquelle on ne peut rien objecter. En fait, Spinoza n'admet pas vraiment de sphère éthique au-delà de la sphère intellectuelle parce qu'il n'y a pas de personnes réellement distinctes ; il n'y a pas un Dieu avec lequel on puisse entretenir un rapport interpersonnel. Son ambition ou *libido* (=désir, caprice, en latin) est de tout intellectualiser, de tout réduire à la pensée par la force de la raison. Son principe est que l'ordre et la connexion des choses est identique à l'ordre et à la connexion des idées (*« ordo et connexion rerum idem est ac ordo et connexion idearum »*). Nous rencontrerons chez Hegel l'identification du réel avec le rationnel en parallèle avec cette démarche spinozienne. La *libido* de couvrir le tout avec la raison (humaine, humaniste) se manifeste normalement dans le refus de la foi religieuse : non pas seulement dans le refus du dogme ecclésiastique ou synagogal (dans le cas de Spinoza), mais même dans le refus d'un Dieu personnel, indépendant du monde, éternel, créateur, fin ultime, principe de moralité, de vérité, de logique, de raison, qui permet aux autres vérités de se trouver en relation réciproque. Spinoza adopte une formule du genre : « la religion n'est pas fausse, mais elle doit être réinterprétée ; elle n'est pas à réfuter mais à décoder[81] ».

Telle est, d'Averroès à Hegel, l'attitude de ces intellectuels qui considèrent bénéfique le rôle éducatif, social et politique des religions par rapport aux masses, mais qui ont été accusés de tenir un langage ambigu (sinon de proposer une double vérité) et qui en tout cas préparent et cautionnent l'abandon de la foi religieuse. Au niveau tant des penseurs que du public en général, le refus de la religion peut prendre les formes les plus variées : indifférentisme, immanentisme, monisme, panthéisme, problématisation, agnosticisme, athéisme. Ces attitudes ont en commune de ne rien permettre au-delà de la mesure humaine : si on admet un Dieu, il s'agit alors d'un Dieu de service, pratique, efficace. À la limite, confronté au risque de rencontrer le Dieu personnel, l'orgueil humain (c'est-à-dire le refus de ce qui nous dépasse) préfère la fermeture idéologique, transcendantale, solipsiste (le sujet est seul dans l'univers), la fuite de la réalité, des autres et – pourquoi pas ? – de soi-même.

*

Einstein (1879-1955), le scientifique le plus connu du XXe siècle, père de la théorie de la relativité – construction admirable aussi pour sa clarté mathématique – fut fasciné par l'intellectualisme spinozien, qui voit dans le déterminisme des lois de la nature l'expression la plus accomplie d'une intelligence inhérente à l'univers physique. En fait, à Princeton, lorsqu'il n'avait plus rien à prouver et pouvait se dédier aux études de son goût, Einstein dépensa des trésors d'énergie intellectuelle pour essayer de réfuter le principe quantique selon lequel des lois de la nature ne sont exprimables qu'en termes de probabilité[82]. Ses études pour contredire le déterminisme seulement stochastique (probabiliste) de la théorie des quanta ne parvinrent à aucun résultat. Il s'appliqua également à rétablir la réalité du monde physique contre l'interprétation dite de Copenhague, qui fait des observations dans le domaine quantique quelque chose qui concerne l'observateur plus que la réalité physique. (Alors que les données ne peuvent être rapportées à l'observateur que si leur réalité et celle de l'observateur ont été acceptées). Pour Einstein, le Dieu-Nature a un caractère essentiellement logique – de telle sorte que son vrai langage est celui des mathématiques.

Une logique nécessitante, fatale, déterministe identifiée à la Nature, à ses lois, à Dieu ne laisse plus de place pour l'amour, qui est libre et suppose le libre arbitre. Une simple intelligence universelle sans le caractère personnel du Dieu-Providence qui se penche sur le sort des petits, des perdants et des ratés, manque de ce qui, dans le rapport interpersonnel, donne à l'éthique tendresse et espoir du rachat. En enlevant à Dieu ce qui compte le plus, sa capacité d'aimer, on en fait un Dieu diminué. Et si, de plus, on lui retire l'intelligence qui se manifeste quand même dans les lois physiques, il ne reste plus qu'un Dieu-énergie, une force déterministe, un *fatum* païen, dont le grand intérêt réside dans l'invitation à prendre les choses comme elles viennent. Voilà une forme alternative de sagesse ! Certes, on peut imaginer que dans l'univers tout soit nécessaire, mais s'il y a un résidu d'accidentel, que ce soit l'illusion, l'apparence, voire l'erreur, on bute sur la question de la dérivation du contingent à partir du nécessaire. Cette dérivation serait paradoxale sans l'intermédiaire d'une décision libre, c'est-à-dire d'un acte visant consciemment une finalité.

§ 20. L'« alternative » au panlogisme représentée par le Dieu trinitaire

Le correctif pourrait être la vision du Dieu trinitaire : Père, Fils et Saint Esprit. Cette vision n'a pas une origine philosophique mais elle vient directement de la foi. Par conséquent, ce qui suit ne doit pas être lu comme une « démonstration » mais comme un « éclairage ». Une fois la Trinité admise, la foi et la métaphysique s'accordent pour exiger une « source unique de toute divinité », qu'est le Père. De toute l'éternité le Père s'exprime dans le Fils, par un acte que l'on peut considérer intellectuel et tel qu'il ait une seule signification : la transmission au Fils – en tant que Verbe ou Logos – de la sagesse et de la perfection du Père.

Mais la relation entre ces deux Personnes, le Père et le Fils, n'est pas complète sans la relation réciproque d'amour qui s'établit entre elles. Par une deuxième relation, la totalité des perfections divines est communiquée à une troisième Personne que l'on appelle Esprit Saint. L'Esprit est indispensable pour que l'amour, en tant que don complet, réciproque et fécond entre les aimants, règne au sein de la divinité. Pour qu'il y ait cette nouvelle relation, il faut une troisième Personne, sans laquelle il ne resterait que la première relation – de nature intellectuelle non symétrique et donc insuffisante pour représenter un acte d'amour. On peut bien souligner que Dieu est relation : au départ il y une relation intellectuelle de don dans un seul sens, mais le but, l'achèvement est cette deuxième relation d'amour symétrique qui se concrétise dans l'Esprit Saint.

Enfin, une troisième relation trinitaire est celle qui lie les trois Personnes dans l'unité d'un seul être, et c'est pour cela que l'on ne peut pas parler de « trois Dieu ». Sans posséder un être, c'est-à-dire une existence, propre à chacune d'elles, les trois Personnes existent par un acte d'existence commun. C'est, en fait, par leurs relations réciproques qu'elles partagent la parfaite identité divine et qu'elles existent hors du temps, sans alternative possible, comme un seul être. On les appelle Personnes justement parce qu'elles ne se distinguent l'une de l'autre que par des relations. Ces relations sont à la fois libres et nécessaires : nécessaires, parce qu'il n'y pas d'autre manière d'être Dieu ; libres, parce qu'elles visent le don réciproque.

Notre intelligence ne peut ni épuiser la richesse du dogme trinitaire ni en comprendre la raison ultime mais nous pouvons l'accepter par la foi et nous pouvons en tirer une instruction et un fruit. En fait, quand on en vient à la question de la liberté de Dieu dans la création du monde, l'intérêt de la doctrine de la Trinité apparaît en ceci : qu'elle montre – dans les différentes relations au sein de la Trinité – le germe de la différence entre les créatures. L'acte libre de la création du monde met un terme à un paradoxe, à la contradiction foncière entre la nécessité du fondement (qu'est Dieu) et le caractère accidentel des situations et des événements qui forment l'immense variété du monde. En éthique, en particulier, l'argument le plus solide en faveur du libre arbitre devient celui du rapport qu'un Dieu d'amour – le Dieu trinitaire – envisage avec la créature douée d'affectivité, de raison, d'un destin éternel. On pourra soutenir que dans toute autre décision nous ne sommes pas libres à cause des pulsions et de passions qui nous travaillent, mais dans notre choix de fond – à propos de Dieu et de notre salut éternel – nous ne sommes confrontés qu'à notre conscience. Ainsi, probablement, notre seule vraie liberté est celle d'accepter ou de refuser l'existence de Dieu, et de ce Dieu trinitaire si nous en avons la notion. En conclusion, le dogme de la Trinité situe l'amour et la liberté au centre même de la divinité, à travers les relations entre les Personnes divines.

Il serait beaucoup moins évident de rendre compte de l'amour de Dieu en dehors de cet enseignement. Toutefois, quand pour des raisons historiques, sociales familiales ou personnelle, notre sensibilité ne peut pas s'alimenter à cette doctrine de l'amour de Dieu, nous restons au moins libres de nous mettre en question et de fixer une limite à nos ambitions.

Chapitre IV.
Locke (1632-1704)

Pour situer l'éthique lockéenne dans son contexte historique, rappelons d'abord les moralistes platoniciens de l'école de Cambridge (entre 1633 et 1688), qui se posent la question de la nature et des raisons de l'éthique. Ils sont, le plus souvent, des ecclésiastiques anglicans visant la conciliation, à travers la raison, entre le fidéisme intransigeant des puritains et le rationalisme aride des déistes. Les premiers, dans la ligne protestante la plus rigoureuse, excluent catégoriquement que la raison puisse s'immiscer dans les questions de foi. Les seconds tendent à amputer Dieu de ses caractères traditionnellement admis. Or, la conciliation entre ces deux courants s'avère impossible : n'y a-t-il donc pas une base commune pour fonder une éthique ?

L'année 1689 – celle du *Bill of Rights* qui établit la monarchie constitutionnelle en Angleterre – marque aussi, l'accueil honorable que la cour de Londres fit à Locke, philosophe de la tolérance, revenant de six ans d'exil aux Pays-Bas. Locke lui-même, vers 1671, en tant que secrétaire de Lord Shaftesbury, avait rédigé une *Constitution fondamentale de la Caroline* d'inspiration aristocratique et esclavagiste, qui fut toutefois refusée par les colons. D'ailleurs, en 1719, ces derniers, formant une classe moyenne de propriétaires terriens avec des activités mercantiles, se révoltèrent – sans pourtant faire couler le sang – contre les « Lords propriétaires » qui gouvernaient la colonie. L'Amérique refusait ainsi le système nobiliaire anglais. De la sorte, on ne peut pas prétendre que la pensée de Locke ait contribué de manière directe à la formation de l'esprit politique américain[83]. D'ailleurs, Locke, ne se rendit jamais en Amérique.

§ 21. Une épistémologie hasardeuse

Locke puise chez Descartes le principe selon lequel les *idées* – et non pas la réalité – forment l'objet de l'intellect. Descartes avait proposé un critère de vérité basé sur la qualité de la conception : afin qu'une idée soit vraie – avait-il dit – il faut qu'elle soit claire et distincte. Or, Locke considère non pas la qualité des idées en elles-mêmes, mais la qualité de leurs rapports mutuels, et déclare que la connaissance est la perception de l'accord ou du désaccord entre nos idées. Naturellement la question : « Est-ce que cet accord – ou désaccord – nous renseigne sur la réalité de ce que nous concevons ? » demeure ouverte. En d'autres termes, la correspondance entre les idées que nous concevons est-elle un gage de la réalité de ce qu'elles représentent ?

Le monde existe, selon Locke, parce que les idées, après tout, proviennent de l'extérieur en tant que *données* :

> l'objet immédiat de la sensation, qu'il s'agisse d'un son, d'une couleur ou d'un goût, n'est pas un objet physique, mais une « donnée de sens » ou *sensum*, qui sert à révéler l'objet physique à l'esprit de l'observateur. Les termes « donnée du sens » et *sensum* [participe passé du verbe latin *sentio*, sentir] devaient renvoyer à des « objets » dont l'existence est indubitable afin de dissiper l'ambiguïté du mot « idée » employé par Locke et d'exclure la coloration idéaliste que Berkeley avait donné à ce terme[84].

Pour Locke l'expérience ne livre que son acte et l'objet n'a plus qu'à être déduit comme ce qui cause cette expérience. Mis à part l'impossibilité de cette déduction – et donc l'inconsistance de son aboutissement – la position de notre auteur serait de l'empirisme plus ou moins convainquant s'il appliquait les mêmes critères à toutes les idées. Mais pour Locke il y a deux types de données : les données immédiates et les données médiates. Les premières, dites *qualités primaires* (propriétés géométriques et mécaniques, comme la figure, l'extension, la durée, la consistance et le mouvement), existeraient vraiment dans les corps matériels et auraient le pouvoir de produire des idées correspondantes à la réalité. Par contre, les données médiates qu'il appelle *qualités secondaires* (chaleur, goût, odeur, couleur, son), seraient l'effet du concours des qualités primaires et de nos organes. Il n'existerait rien dans les corps réels en correspondance à ces qualités.

La distinction entre les qualités primaires et les qualités secondaires suit une intuition qui remonte aux premiers atomistes, à Démocrite sinon à Leucippe, et a été ensuite reprise par Épicure et des modernes, comme Descartes. Mais si l'on n'admet pas les données en bloc et on veut faire la différence à propos de leur véracité, comment établir, à partir de la seule observation des données, lesquelles correspondent ou non à la réalité, vu que – dans cette approche – nous ne pouvons jamais vérifier la correspondance du côté de la réalité ?

Qu'a donc fait Locke ? Afin d'échapper à l'enfermement sur soi-même, conséquence de l'hypothèse initiale selon laquelle nous ne connaissons que nos idées, il s'enfonce dans « une incohérence si grossière que seul son attachement résolu au sens commun peut l'avoir rendu aveugle devant elle[85] ». La suite, avec Berkeley (1685-1753) et Hume (1711-1776), montre aisément l'incohérence de Locke. Si la connaissance se limite à l'examen du rapport entre les idées, on ne peut pas lui demander une ouverture sur l'« existence réelle ». Une connaissance qui part des idées ne peut aboutir qu'aux idées et n'aura jamais rien à faire avec la réalité : « À un clou peint sur le mur on ne pourra jamais accrocher qu'un tableau peint sur le mur. » Russell conclut néanmoins avec humour qu'il n'y a pas raison d'imaginer qu'une philosophie plus cohérente que celle de Locke, par exemple, soit plus vraie. Une certaine dose d'incohérence serait même le prix à payer pour rendre présentables des élaborations philosophiques[86].

Considérant que l'expérience est quand même le point de départ de toute connaissance du réel, essayer de la « justifier » par n'importe quel type d'explication constitue, à notre sens, l'absurde épistémologique fondamental. Naturellement c'est tout autre chose que d'examiner *scientifiquement* le rapport entre les objets perçus et nos organes des sens, après avoir admis la connaissance des uns et des autres. Enfin, la connaissance ne peut pas relever d'un simple rapport mécanique, c'est-à-dire du jeu de la *cause efficiente* au sens des atomistes. Elle doit avoir d'emblée une dimension intellectuelle ou spirituelle, sans quoi il n'y aurait pas de prise en compte de la réalité, d'union spéculative avec elle, de jugement, de vérité. Qu'il s'agisse de ce que nous appelons sens externes, sens internes, émotions, rêves ou délires, toute donnée est réelle, sauf que chaque donnée de l'expérience a son lieu, son contexte et sa suite. La cause de la connaissance, qui ne peut pas être la simple cause efficiente de la chose observée, s'appelle *cause formelle ou exemplaire*. Elle donne lieu non pas à l'être de la chose, mais assure la validité de l'observation et la vérité du jugement. Sans cette cause formelle il ne pourrait y avoir que des processus déterministes menant peut-être à des représentations, mais jamais à la connaissance.

*

Locke n'admet aucune idée innée. L'intellect est une *tabula rasa* (l'équivalent d'un CD vierge), qui ne reçoit de l'information que de l'expérience et auquel on peut appliquer le principe : « rien n'est dans l'intellect qui n'ait pas été d'abord dans le sens[87] ». Admettre des idées innées équivaudrait, pour Locke, à avoir déjà résolu le problème de la connaissance avant même d'avoir commencé à expérimenter. Ce serait faire fi de l'expérience. Et puis, ajoute Locke, s'il y avait des idées innées on le saurait, par le témoin de la conscience, et l'on n'assisterait pas à tant de divergences d'opinions, de cultures et de niveaux de développement.

Un caractère fondamental des sciences modernes, outre l'expérience, est constitué *par l'application de la logique et des mathématiques* à des observations et à des mesures de plus en plus précises. C'est ainsi que naissent les théories en tant que systèmes hypothético-déductifs reliant entre elles les données. Si la saisie des données sensibles relève de la *cause efficiente*, leur affirmation ainsi que la logique et les mathématiques relèvent de la *cause formelle ou exemplaire*, qui prend en compte aussi les corrélations entre les observations. Et c'est à ce propos que Leibniz complète la phrase de Locke en disant : « rien n'est dans l'intellect qui n'ait pas été d'abord dans le sens, sauf l'intellect lui-même[88] ». Dans la recherche il y a un troisième élément, la finalité, soit subjective (les intentions du chercheur), soit objective (la complétude des opérations de la nature). Pour les scientifiques une manifestation sur le terrain de cette finalité est l'exactitude de la nature qui confirme leurs théories lors des observations répétées. Ceci soit dit pour rappeler l'indispensable considération des trois causes.

Mais, enfin, si l'esprit humain était vraiment une *tabula rasa*, par quels critères ou principes pourrait-on interpréter l'expérience ? Il semblerait plutôt que, sans principes de raison, aucune implication, déduction, démonstration ou structuration de l'expérience ne serait jamais possible. Locke, d'une part, reprend de Descartes aussi bien la certitude fondamentale de l'existence du sujet que la preuve de l'existence de Dieu en tant que cause[89] de nature intellectuelle du sujet, également intellectuel. Et, d'autre part, il anticipe Kant en admettant une réalité hors de nous, dont nous ne savons pas grande chose, mais qui est liée à nos idées par un rapport de cause à effet, hypothèse paradoxale aussi bien dans le contexte lockéen que kantien.

§ 22. Est-il vrai que l'homme cherche ou doit chercher le plaisir ?

De la même manière que pour Locke il n'y a pas d'idées innées, il n'y a pas d'impératifs moraux non plus. Il ne reste à l'homme que la recherche du plaisir (hédonisme), notamment du plaisir à long terme. Locke propose également le principe qui sera à la base du *libéralisme*, selon lequel la recherche du bien-être individuel à long terme coïncide avec l'intérêt du plus grand nombre. Le fondement de ce principe chez Locke est encore théologique : il exprime l'optimisme mondain protestant, qui a conquis d'abord le monde anglo-saxon. L'éthique de Locke est donc celle de la raison autonome qui s'applique à l'étude de la nature pour prévoir quels comportements permettraient le plus de plaisir ou le moins de souffrance.

Un développement ultérieur de ces idées sera constitué par l'*utilitarisme* classique de Bentham (1748-1832) et de John Stuart Mill (1806-1873, qui a forge le terme *utilitarisme*), avec ses révisions et critiques de la part de Spencer (1820-1903), Pareto (1848-1923) et Amartya Sen (1933-), pour ne citer que quelques noms. Sur le plan plus spécifiquement éthique, Richard Rorty (1931-2007) se fait le champion des sociétés libérales de l'Atlantique du Nord, qu'il cautionne simplement en raison de leur souci d'anti-cruauté, sans autre justification. Sade, de la même manière, aurait accepté le critère inverse.

D'un tout autre point de vue, un personnage de Thomas Mann (1875-1955), dans une page de méditation sur la mort, se demande si le programme « progressiste » d'élimination graduelle de la souffrance ne serait pas immoral[90]. Sans la souffrance, sur le plan strictement physiologique, comment saurait-on qu'on est malade ? Et que dire, sur le plan social et spirituel, si une vie difficile ou pénible devait être considérée gaspillée, indigne, inutile ?

Laïcisé, le libéralisme se répandra sur toute la Terre comme base de la culture de la démocratie formelle et du libre marché. L'hypothèse libérale est-elle fondée, est-elle sincère ? En douter serait en tout cas en compromettre l'efficacité, car efficace elle l'est (ou elle l'a été). Il faudrait savoir que signifie *long terme* car il y a dans l'histoire une leçon encore plus profonde que celle à tirer des mérites de la *confiance* en matière de politique et d'économie, à savoir que rien n'est définitif dans les fortunes humaines.

Un aspect important de l'hédonisme lockéen en est que la morale est présentée comme une *question de goûts*. Ces goûts font l'office d'une loi éthique imposée par la nature. Locke y met une certaine ironie, puisqu'il précise : « l'âme a des goûts comme le palais ; il ne vaut pas la peine de se demander si le souverain bien consiste dans les plaisirs du corps, dans la vertu ou dans la méditation ; autant vaudrait se disputer sur les goûts alimentaires ». Si les choses sont donc bonnes ou mauvaises en fonction du goût, l'appel à une loi divine supérieure, que Locke prend quand même en considération, surtout à la fin de sa vie, devrait aussi répondre à un goût particulier, à une inquiétude intérieure, qu'il appelle, en fait, *uneasiness*. C'est l'insatisfaction qu'à un certain stade de la vie laissent les choses de ce monde.

*

Il est vrai que le plaisir suit toute satisfaction des désirs ou des tendances et tout déploiement favorable des efforts de l'homme, mais il n'indique pas nécessairement que ces efforts soient dirigés de manière efficace vers la survie, l'épanouissement individuel à long terme, voire le service ou le respect des autres. Ainsi, on peut dire que l'esclave des passions ou le masochiste cherchent le plaisir dans le sens qu'ils visent une certaine satisfaction, mais ceci ne garantit aucun épanouissement. Si les goûts sont très personnels, le plaisir n'est pas un critère d'orientation en vue du bien-être global et encore moins un critère éthique.

Quant au calcul en vue de la maximalisation du plaisir à long terme, que Locke appelle « prudence », il a très peu à voir avec le plaisir au sens courant du mot car, dans l'acception commune, le plaisir est aigu, précis, immédiat. Comme dans le cas du masochisme – bien que dans un sens plus constructif – certains peuvent savourer les efforts et les calculs pour s'assurer un bien-être à long terme ou simplement pour échapper à la souffrance, mais en général on ne peut pas dire que cela représente un vrai plaisir. Il faut reconnaître que la recherche du plaisir immédiat et celle du plaisir à long terme sont souvent deux exigences contradictoires plutôt que complémentaires[91]. C'est en fait un bien étrange plaisir celui de l'éthique prévoyante protestante, libérale et bourgeoise, qui ressort des recommandations de Locke et des utilitaristes britanniques.

Max Weber va jusqu'à parler d'un ascétisme protestant et bourgeois. Les épicuriens de l'Antiquité, qui insistaient aussi sur la prévoyance à l'égard des peines à fuir et des plaisirs à rechercher, avaient l'air d'être moins calculateurs. Mais il faut dire qu'ils vivaient dans une société plus prévisible et plus biaisée en faveur d'une élite. Rappelons que le bourgeois peut toujours faire faillite, ce qui représente un épouvantail et un aiguillon permanent. Et puis, quand même, entre nous et les anciens épicuriens il y a la venue du Christ, mort sur la Croix, et depuis lors l'insouciance et l'oubli ne sont plus vraiment possibles.

§ 23. Application politique de l'éthique lockéenne : la tolérance

En opposition à Hobbes (1588-1679) et en application de son unique principe « éthique » de la recherche du plaisir, Locke voit l'état de nature comme celui de l'épanouissement spontané de l'individu, libre de la contrainte du pouvoir étatique. En cela il est bien naïf. De plus, il tombe dans une contradiction évidente car il dit que les hommes décident d'abandonner l'état de nature afin d'obtenir une meilleure protection de leurs personnes et de leurs biens. Cela prouverait plutôt que l'état de nature n'est pas l'idéal, après tout. Cette décision de quitter l'état de nature équivaut au contrat social, contrat sans doute implicite et assez hypothétique, dérivé de Grotius (1583-1645), mais déjà anticipée par saint Thomas d'Aquin (1225-1274). Locke est foncièrement *individualiste* car son contrat créant l'autorité royale, ne peut que viser une meilleure jouissance des droits personnels, définis, comme nous venons de le voir, par le critère du goût.

L'exigence primordiale est donc la limitation du pouvoir royal (constitutionnalisme), afin que soient garanties essentiellement la *propriété privée* et la *tolérance* religieuse. La religion que Locke envisage est encore proche du christianisme, mais élaguée des rites et des dogmes. Tout le monde pourrait s'entendre – pense-t-il – sur une telle religion susceptible de justification par la raison (déisme). En tout cas, pour Locke, l'État ne peut imposer aucune vérité aux consciences.

La tolérance, telle que prévue par Locke, ne doit pas s'étendre aux athées et aux catholiques car, dit-il, ils sont intolérants. On refoule ainsi ceux qui sont trop sûrs respectivement dans l'affirmation ou le déni de Dieu. Des philosophes et des théologiens, en particulier, ressentent comme une provocation (inutile) la doctrine catholique selon laquelle l'existence de Dieu est naturellement connaissable. Alors que chacun de nous porte la responsabilité morale d'accepter la vie comme un don et d'admettre intellectuellement le caractère positif du fond de la réalité, il faut bien reconnaître que ce précepte lockéen – contraire aux positions trop assertives, et enjolivé par toute la désinvolture des Lumières – inspire aujourd'hui la sensibilité culturelle et politique dominante. Une pléthore de penseurs considère désormais l'esprit de vérité, appelée pour l'occasion « prétention de posséder la vérité », comme une source inacceptable d'intolérance et de guerres.

En se détachant du lieu commun du moment, on devrait plutôt dire que – formellement – la seule véritable tolérance est celle qui se base sur un principe de vérité. L'insouciance à l'égard de la vérité n'est pas de la tolérance mais de l'indifférentisme. Logiquement, *celui qui déconsidère la vérité* au nom de la tolérance ne pourrait non plus estimer comme étant vraies ses propres opinions. S'il était cohérent avec son discours, il ne devrait être ni fort convaincu ni très sincère dans sa position en faveur de la tolérance. Sur le front opposé, *celui qui respecte la vérité* devrait posséder une solidité morale qui lui permette de respecter les personnes tout en combattant des idées fausses. Il faut donc tenir des discours censés véridiques, même pour défendre la tolérance, sans quoi s'en proclamer solennellement le paladin non seulement n'a pas de sens, mais finit par induire en erreur les naïfs (naïfs au moins en matière de philosophie et de politique).

Bien que la modernité ne tolère pas une ferme référence au réel, la science est encore acceptée parce qu'elle concerne les phénomènes, qui pourraient être simplement des représentations subjectives. Quant aux applications technologiques de la science, elles sont, comme la médicine et l'économie, du plus grand intérêt subjectif : elles sont, en fait, évaluées par rapport aux besoins, aux intérêts, à l'utilité du sujet.

§ 24. La question des bases de l'éthique et le sens d'une loi morale naturelle

En renversant la perspective lockéenne, pour la même raison pour laquelle on admet des principes premiers dans la sphère intellectuelle, on se demande s'il n'en existerait aussi dans la sphère morale. En d'autres termes, on se demande si, en parallèle avec les lois de la nature physique il n'y a pas une *loi éthique naturelle* relevant d'un droit naturel indépendant de tout législateur humain. Cette *loi éthique naturelle* nous permettrait, par exemple, de distinguer entre les bonnes et les mauvaises lois éditées par un roi, par un tyran ou par un parlement. Ceci était le grave problème de la philosophie politique avant l'adoption des procédures démocratiques qui assurent l'État de droit (fondé sur le droit positif selon la majorité du moment). Cette solution de simplicité écarte les questions de fond en tant que superflues et rend dérisoire la discussion publique d'une hypothétique morale naturelle ou universelle. Toutefois, dans son for intérieur tout législateur, tout penseur, tout activiste, tout électeur continuera à interroger sa conscience.

La morale naturelle ne consiste pas dans des prescriptions particulières que le législateur aura toujours de bonnes raisons d'adapter, mais dans une certaine manière de déployer ses qualités humaines, ses talents, on voudrait dire ses « vertus ». En fait, si l'on cherchait une loi morale basée sur la nature, on devrait indiquer, plus que la recherche du plaisir, le style dans l'exercice de la liberté. En fait, la nature de l'homme est de mettre en œuvre ses capacités physiques, intellectuelles et morales dans leur complétude. Et au sommet de l'activité humaine se situe le libre choix, l'emploi du libre arbitre dans une décision informée en vue d'une fin.

Ainsi, la liberté ne consiste pas à faire ce que l'on veut dans le sens de céder aux pulsions, aux slogans politiques ou aux promesses des vendeurs de gadgets. De cette manière, on obtiendra au plus une liberté de mouvement, une liberté politique, alors que la liberté correspondant au droit naturel, à la loi naturelle, est intérieure. On comprend aisément que l'insistance actuelle sur la liberté dans les questions morales (*moral issues*), appuyée sur le relativisme et la facilité de vie, n'a aucun fondement éthique. En fait, on peut croire que ce discours existe essentiellement en fonction du système politique, médiatique et culturel courant. Mais, à bien y réfléchir, si on ajoute la liste – que chacun peut dresser – des principales questions morales aux problèmes liés au chômage, à l'immigration et aux finances, on reconnaît autant d'indicateurs d'un monde trop plein ou perçu comme trop plein : plein de gens et de besoins parfois entretenus artificiellement.

Certes, les leçons de l'histoire servent à ajuster le tir. Rappelons des cas où il fallut, au cours des siècles, accepter des changements éthico-politiques assez radicaux. Citons ici :

- l'abandon du principe, évident au Moyen Âge, selon lequel un prince peut hériter du pouvoir, comme on hérite aujourd'hui des biens ;
- l'évolution de l'attitude de l'Église à l'égard de l'usure au début de la Renaissance[92] ;
- l'adoucissement, au cours du XXe siècle, du principe libéral du « laisser-faire » en économie.

Par analogie avec ces exemples, il faut considérer comme purement historiques même les principes auxquels s'inspire

Locke et qui sont à la base du *libéralisme* et des *droits de l'homme*. Ils trouvèrent une application dans le monde protestant anglo-saxon avec le *Bill of Rights* anglais de 1689 et la *Déclaration d'indépendance* américaine de 1776. Dans le contexte culturel actuel, tous ces droits ne peuvent plus être « justifiés » que par convention. Logiquement on ne peut pas les poser comme fondement ultime de l'éthique et en tout cas, à l'heure actuelle, la culture qui prévaut n'est pas disposée à accepter un fondement quelconque. Autoréférentiels, ils pourraient un jour devenir totalement inintelligibles, dans le contexte d'un désabusement généralisé, et si d'autres arguments, raisons et repères ne devaient pas être trouvés, la situation serait très préjudiciable au respect de la liberté et de la dignité humaine.

Chapitre V.
Leibniz (1646-1716)

À propos de Leibniz, on peut présenter d'abord les théories des monades, de l'harmonie préétablie et du meilleur des mondes et seulement ensuite donner la clé de tout ceci : le panlogisme de notre auteur.

§ 25. La théorie des monades, l'harmonie préétablie et le meilleur des mondes

Quant à la théorie des *monades*,

> Leibniz a subi l'influence néo-platonicienne, mais [...] en se servant du mot « monade » il lui donne une situation, une autre fonction, complètement originale, dont les néo-platoniciens n'avaient aucune idée. S'il s'agit de résumer, ce qui serait incompréhensible pour un néo-platonicien, Leibniz nous dit : la monade c'est la notion individuelle, c'est l'individu même, c'est l'individu pris dans sa notion ; ou, si vous préférez, c'est l'unité subjective, c'est la subjectivité. C'est le sujet. Ce qui revient à dire : l'unité comme monade, c'est l'individu. Et comment il arrive à ça ? Il faut voir qu'il y a deux points strictement liés, chez Leibniz, et qui échappent au néo-platonisme. C'est l'infini et l'individu. Pourquoi ces deux points sont-ils liés ? Parce que, Leibniz nous dira : l'individu enveloppe l'infini. Ce texte vous le trouvez dans les *Nouveaux essais sur l'entendement humain*. [...] Ça veut dire une chose très simple, mais qui à mon avis ne pouvait apparaître que dans une perspective du christianisme[93].

En fait, la mise en évidence de l'individu n'était pas dans les préoccupations des néoplatoniciens, lesquels visaient plutôt l'absorption de l'âme individuelle dans l'âme universelle. De son côté, la monade selon la doctrine secrète de Leibniz, bien qu'individuelle, semble s'accomplir uniquement au niveau gnoséologique ou logique, sans aucune réalité, activité ou interaction ontologique.

Leibniz développe ainsi la notion de *représentation*, destinée à la plus grande fortune. Ses monades, dépourvues de tout rapport immédiat avec d'autres réalités – c'est-à-dire sans aucune activité ou contact extérieur – ne peuvent que recevoir intérieurement, dès leur création, une image des autres réalités, dite *représentation*. Logiquement, une telle approche implique l'abandon de toute évidence – de l'intérieur de la monade elle-même – de la correspondance entre ces représentations et la réalité. De ce fait, trois philosophes – Leibniz secrètement, Kant définitivement dans son *Opus postumum* et Schopenhauer on dirait presque par dépit – finissent d'une manière ou d'une autre par exclure la réalité de ce qui est connu.

Quant à l'*harmonie préétablie*,

> Leibniz compare la séquence des événements matériels et la séquence des événements spirituels à deux horloges qui marqueraient la même heure. Comment cela est-il possible ? : « Cela ne peut se faire que de trois façons. La première consiste dans l'influence mutuelle d'une horloge sur l'autre, la seconde dans le soin d'un homme qui y prend garde, la troisième dans leur propre exactitude ». La première solution est celle de Descartes, que Leibniz trouve obscure et inutilement compliquée. On ne voit pas clairement comment les horloges s'influenceraient l'une l'autre. La seconde fait référence à la *doctrine des causes occasionnelles* de Nicolas Malebranche. Malebranche soutient qu'à chaque instant Dieu intervient pour faire correspondre les événements matériels et les événements de l'esprit. Cette doctrine métaphysique est appelée aussi *occasionalisme*. Leibniz trouve là aussi la solution trop compliquée et faisant intervenir inutilement un *deus ex machina*, l'action permanente de Dieu, dans un processus qui est somme toute naturel. À quoi bon faire intervenir un dieu qui passerait son temps à régler les horloges ! Malebranche est en un sens proche de Leibniz, il admet aussi que l'esprit ne peut intervenir sur le corps, ni le corps sur l'esprit, mais un dieu bricoleur est une solution trop

compliquée, pour la Nature qui choisit toujours les voies les plus simples. La théorie la plus simple consiste à dire que la correspondance entre le corps et l'esprit n'a rien d'une coïncidence, mais qu'elle est établie depuis l'origine. Les horloges ont été construites suivant des lois identiques et rigoureuses. « Dieu a créé d'abord l'âme ou toute autre unité réelle en sorte que tout lui naisse de son propre fond, par une parfaite spontanéité à l'égard d'elle-même et pourtant en parfaite conformité aux choses du dehors ». Il n'y a jamais de communication entre l'esprit et le corps, mais chacun d'eux suit une séquence parallèle. Le parallélisme de Leibniz repose sur la *théorie de l'harmonie préétablie* qui est une pièce essentielle de son système. Elle présente un avantage certain, celui de respecter la procession de la causalité du côté du corps, comme du côté de l'esprit, sans s'embarrasser avec l'obscurité étrange de l'interaction de deux substances de nature différentes que sont le corps et l'esprit. Cependant, il faut aussi noter que dans ce système le dualisme corps-esprit n'est pas surmonté, mais poussé à l'extrême[94].

Quant au *meilleur des mondes*, la parodie qu'en fait Voltaire dans le *Candide* est bien connue. Il a été très facile, après le tremblement de terre de Lisbonne du 1er novembre 1755, de nier que le monde dans lequel nous vivons soit le meilleur des mondes possibles. Et, quand même, dans le monde, tel qu'il est organisé, la douleur a une fonction essentielle. Sans ce signal d'alerte nous laisserons brûler nos pieds devant le feu ouvert précisément comme Pinocchio. Toutefois, comme chacun sait, la souffrance intervient très souvent à contresens.

Par rapport à Dieu, la question de la souffrance se pose dans toute sa gravité uniquement sur le plan spirituel. Les anges n'étaient soumis ni à la douleur physique, ni aux passions de l'âme, ni à l'écoulement du temps, et pourtant plusieurs d'entre eux ont préféré les peines de l'enfer à l'accueil de l'amour divin, et ceci sans rachat possible. L'homme est soumis à la douleur, aux passions et à l'écoulement du temps afin que, bien que pécheur, il puisse réfléchir, se ressaisir, se repentir, être pardonné et être sauvé. La souffrance temporelle évoque, de manière bien imparfaite mais salutaire, la peine d'être séparé à jamais de l'amour de Dieu. Le pardon des péchés et la conscience que « Dieu écrit droit sur nos lignes courbes » donnent son sens à notre vie et annulent toute raison de cultiver de l'amertume pour ce que nous avons fait ou pour ce qui s'est passé.

§ 26. Le panlogisme et l'accidentel (paradoxal dans ce cas)

Or, il n'y a aucune raison de croire que Dieu n'aurait pas pu créer un monde physique sans la souffrance. De même, ce monde contingent – qui pour Descartes relève du possible et qui est dérisoire pour Pascal – du point de vue de Dieu aurait pu être plus beau ou moins beau, plus grand ou plus petit. C'est bien ce qui ressort de la correspondance que Antoine Arnauld entretint avec Leibniz. Mais Leibniz restera définitivement lié à la notion que le possible n'est qu'une application du nécessaire et à l'identification de la nécessité logique avec le fait accompli. On se demande donc pour quelle raison Leibniz soutient-il la thèse selon laquelle Dieu – dans sa sagesse, bonté et puissance – ne pouvait créer rien de mieux que ce monde que nous connaissons avec toutes ses misères ? C'est que pour « le vrai Leibniz » Dieu n'est pas vraiment libre – donc il n'est ni bon ni mauvais – parce qu'il obéit simplement à une nécessité logique. Au fond, Leibniz n'est intéressé que par l'aspect logique de la question. Bien davantage que reprendre l'« argument dominateur » de Diodore Cronos († ca. 296 av. J.C.), il exclut tout simplement le réel.

L'argument de Diodore Cronos consiste à dire que si le possible ne se réalise jamais, il demeure impossible et, s'il se réalise, on ne peut plus l'exclure du réel et il devient ainsi nécessaire. Cet argument se base tout simplement sur l'identification-confusion entre nécessité logique et irréversibilité du fait accompli et contredit en même temps l'essentialisme aristotélicien :

> Des concepts comme « fragile » ou « dangereux » ont une signification essentialiste remarquable : une chose est fragile si

elle susceptible de se briser, même si jamais elle ne se brise. L'argument dominateur en décide autrement : on peut dire avec Diodore qu'une chose est fragile si et seulement si elle se brise. En revanche, si une chose ne se brise ni maintenant, ni jamais, alors il est impossible qu'elle se brise et par conséquent n'est pas fragile. D'une certaine façon, Aristote ne dit rien d'autre puisque les vertus en puissance ne sauraient sans contradiction ne jamais se réaliser. Mais il est plus simple d'éviter l'essentialisme et de renoncer à définir des possibles qui ne se réaliseront jamais, et cela indépendamment de toute considération sur la nature des possibles que l'on envisage. La force de la position de Diodore, ou plus exactement de cette reconstruction contemporaine que l'on peut en faire, est précisément de se placer dans le cadre d'une logique modale des énoncés qui est plus simple et plus économique que la logique modale prédicative sur laquelle on peut fonder un essentialisme aristotélicien[95].

Pour Leibniz, il n'y aurait au fondement de tout l'univers aucune décision libre de créer tel ou tel monde, aucun programme de salut qui impliquerait un certain jeu de la Providence en vue d'un bien supérieur au-delà de notre compréhension, mais tout se réduirait simplement à la cohérence logique. Nous parlons ici du « vrai Leibniz » parce que c'est seulement entre 1901 et 1903 que, par des études d'archive, Louis Couturat[96] a mis en évidence la doctrine secrète de Leibniz (secrète probablement par prudence), selon laquelle l'être, la création et Dieu même sont réduits à une simple nécessité logique. On parle dans ce cas de panlogisme comme de la philosophie qui se limite à la considération des essences, c'est-à-dire des seules propositions composées du sujet et du complément liés par une *copule*, sans jamais employer le verbe « être » au sens absolu (au sens d'« exister »).

Nous voyons ainsi – du Descartes autoréférentiel, au Spinoza déterministe, au Leibniz « panlogiste » – se développer une *libido* de la raison humaine visant à faire rentrer le tout dans son horizon. Cette tendance se confirme lors de la réorganisation du monde et de la pensée dans la deuxième moitié du

XVIIe siècle, suite à la conclusion de la guerre des Trente ans (1618-1648) sur le continent et de la dictature de Cromwell (de 1649 à 1658) en Angleterre. C'est, en fait, le 5 juillet 1687 qu'apparût le grand ouvrage de Newton (1642-1727), *Philosophiæ naturalis principia mathematica*, qui trace les lignes de la nouvelle science destinée à prévaloir pendant plus de deux siècles.

Et c'est précisément au cours de la période historique dite « Âge de la raison » – qu'intervient la tentation du panlogisme ou du déterminisme généralisé, ayant encore un sens différent du fatalisme spinozien ou païen ou de la doctrine de la prédestination. Le nouveau déterminisme pose la nécessité mathématique ou logique à la base de tout ce qui existe. Une bonne formalisation en sera, entre le XVIIIe et le XIXe, le traitement des systèmes dynamiques, ayant à la base précisément les trois lois de la mécanique de Newton.

Le culte de la déesse Raison et ses excès représenteront l'apogée de cette tendance qui, depuis l'« Âge de la raison », a quand même souffert à cause du souvenir de la Révolution de 1789, des défaites napoléoniennes et de la Restauration – d'ailleurs imparfaite[97] – de la monarchie en France. En fait, les mérites intrinsèques des tendances intellectuelles et les raisons historiques de leur diffusion, de leur succès et de leur survie auprès des esprits sont des choses bien distinctes, ayant entre elles un rapport assez aléatoire. Encore aujourd'hui, la raison est tendanciellement identifiée à la science, mais sa « validation empirique » est due en bonne partie au niveau de consommation assuré par les applications technologiques de cette même science.

*

Afin d'établir une nécessité universelle, il faudrait proposer des modèles exhaustif, énoncer des théories complètes qui régissent le monde. En fait, il n'y a pas de causes comparables à des diablotins hyperactifs, qui puissent « justifier » une théorie du tout : il n'y a que des corrélations bien particulières entre les faits. De la sorte, la notion de cause se limite à la prise en compte de ces corrélations. En tout cas, les théories ou modèles se trouvent uniquement dans la tête des scientifiques, et pour autant qu'on n'ait pas vérifié empiriquement une *théorie déterministe de la totalité* on ne peut pas parler de déterminisme universel. Or, en plus du fait qu'un déterminisme absolu sur base logique reste à prouver, il serait paradoxal de prétendre dériver le contingent ou l'accidentel à partir du nécessaire. Rappelons d'autres paradoxes qui guettent la science et la pensée en général : le paradoxe de l'infini, du continu et de l'infinitésimal (comment les concevoir accomplis, alors qu'il s'agit de processus ouverts ?), le paradoxe de l'autoréférentialité dans les propositions négatives (quel sens peut avoir une proposition qui se nie ?), le paradoxe des univers multiples (comment les concevoir dans une même pensée, s'ils sont sans rapport réel ?), le paradoxe des explications probabilistes par le vrai hasard[98] (pourquoi donc ce véritable hasard devrait-il respecter les lois de la probabilité ?).

§ 27. Temps, espace et contingence du monde

Il s'agit ici de voir combien de choses échappent au panlogisme de Leibniz, qui par définition devrait fixer des normes pour tous les événements et pour toutes les situations. Exploitons donc l'analogie entre le temps et l'espace en comparant la suite des événements aux composantes d'un paysage ou à des informations figurant dans des cartes géographiques et topographiques.

D'une part, ces cartes respectent des règles : les fleuves coulent avec continuité (sauf dans le cas de phénomènes karstiques) sans grossir en remontant par exemple de leur estuaire à leur source ; les gares des chemins de fer se trouvent le long des lignes ; des routes irradient depuis les villes et le réseau routier est d'autant plus dense que les villes sont étendues ; les routes elles-mêmes ne s'interrompent pas pour un caprice, mais le plus souvent à cause d'obstacles naturels comme l'eau, la montagne, le désert : tout ceci est bien évident.

D'autre part, la distribution des villes, des villages et des autres installations humaines n'est prévisible que dans les grandes lignes : il y aura des fermes dans des plaines fertiles, mais où se situent-elles précisément ? Cette situation concernant l'organisation de l'espace correspond aux prévisions probabilistes dans le temps (c'est-à-dire dans la suite des événements) : les accidents du trafic, les résultats des jeux de hasard, les phénomènes quantiques ne sont prévisibles que statistiquement, c'est-à-dire dans leur ensemble.

Si l'on accepte qu'il n'y ait pas de règle précise pour la distribution des lieux habités sur une carte, il faut se résigner à accepter qu'il n'y ait pas un déterminisme absolu non plus dans les événements qui se déroulent dans le temps. Et si tous les moments du temps constituent une unité à l'instar de toutes les positions dans l'espace, il ne faut plus considérer le temps comme le séparateur entre ce qui est et ce qui n'est plus et ce qui n'est pas encore mais, à l'instar de l'espace, comme un facteur qui structure le monde tout en limitant notre expérience : c'est là que se situe la contingence de toutes les choses. Mais l'affirmation que cette organisation correspond à une exigence logique « incontournable » est loin d'être plausible et certes n'est pas prouvée.

§ 28. La preuve ontologique de l'existence de Dieu par rapport à la logique, l'éthique et l'ontologie

Présentons en premier lieu, dans une perspective à la fois historique et logique, la preuve dite *ontologique* de l'existence de Dieu, que l'on pourrait appeler plus proprement « preuve *a priori* ».

III. LA PREUVE ONTOLOGIQUE DE L'EXISTENCE DE DIEU. IL NE FAUT PAS RÉDUIRE LA MÉTAPHYSIQUE A LA SEULE LOGIQUE

On peut identifier, en fait, deux phases ou moments, pour ainsi dire, de la preuve de l'existence de Dieu dite ontologique basés respectivement sur ces principes :

- l'existence est une qualité positive ou une perfection et elle ne peut pas manquer à Dieu ;
- si l'Être nécessaire est possible (non contradictoire), il ne peut pas rester dans la pure possibilité.

Une preuve du premier type est avancée par saint Anselme d'Aoste (1033-1109), archevêque de Canterbury, dans son *Proslogion*. L'œuvre, initialement intitulée *Fides quærens intellectum* (La foi qui cherche l'intellect), entendait probablement être plus une méditation sur la nature de Dieu qu'une preuve comme telle[99]. Selon la définition anselmienne, Dieu est l'être dont on ne peut pas penser le plus grand. Si l'existence est une *perfection* et si Dieu n'existait pas, argumente Anselme, manquerait à l'idée de Dieu ce complément de perfection qu'est l'existence et nous pourrions penser à un Dieu existant (plus tard on dira « dont l'existence appartient à l'essence ») plus grand que celui qui n'existe pas (« dont l'existence n'appartient à l'essence »).

Ce genre de preuve est repris avec des précisions ultérieures par Gödel, qui l'écrit en utilisant le formalisme de la logique symbolique[100]. On reconnaît distinctement dans ses formules la définition de Dieu comme possédant par essence et nécessairement toutes les perfections ainsi que l'axiome selon lequel l'existence est une perfection. Si l'existence est une perfection, au Dieu auquel reviennent par essence toutes les perfections, il faut reconnaître aussi cette perfection qu'est celle d'exister.

L'objection de Kant est que l'idée des cent thalers ne correspond pas exactement aux cent thalers dans la poche et ceci s'accorde rigoureusement avec la distinction thomiste entre l'essence et l'être : l'essence en principe ne contient pas l'acte d'être. Toutefois, si Dieu est Dieu, il faut, selon Thomas lui-même, que l'essence de Dieu en implique nécessairement l'existence. Sur le parcours intellectuel d'Anselme, il reste encore à montrer la nécessité de telle essence divine.

Leibniz répond à ce défi en proposant, sous la forme la plus claire qui soit connue, la seconde version de la preuve ontologique[101]. Si la notion d'un Être nécessaire est possible, dit Leibniz, cet être doit exister parce qu'un Être nécessaire qui soit seulement possible n'a pas de sens. Il faut encore prouver que le concept d'un tel être ne contient pas de contradiction. Or, l'Être à l'essence duquel appartient la nécessité d'exister est possible puisque cette nécessité ne peut entrer en contradiction avec aucune autre qualité. Il semble ainsi que l'on puisse faire tomber les deux objections suivantes, d'ailleurs liées, soulevées par Kant :

- l'homme ne peut pas posséder une notion exhaustive de Dieu (ceci est vrai, mais l'homme peut toujours définir les contours de cette notion, comme le font Anselme et Leibniz) ;
- et, par conséquent, nous ne pouvons pas savoir si un Être nécessaire est possible (Leibniz donne sa réponse).

La preuve ontologique doit probablement son nom à l'objectif ambitieux, à propos de Dieu, de passer de la sphère logique à la sphère ontologique Alors qu'une longue tradition philosophique nous enseigne qu'en Dieu l'être, le bien et le vrai s'identifient, cette preuve nous laisse insatisfaits parce que l'argumentation reste au niveau formel et, par conséquent, elle aboutit à une simple nécessité logique. D'ailleurs, nos moyens sont trop limités pour nous permettre de parvenir à une conclusion en observant, pour ainsi dire, Dieu d'en haut. Sur le plan gnoséologique, à partir de notre capacité intellectuelle, nous pouvons admirer la notion de Dieu, en reconnaître la possibilité logique, trouver qu'il ne s'agit pas d'un non-sens, mais pour accueillir l'existence de Dieu, il nous faut, de quelque part, une « injection » de l'être, de la même manière que, pour avoir une idée de la bonté de Dieu, nous devons expérimenter un peu de bien dans notre existence.

Nos réserves à l'égard de la validité de la preuve ontologique de Leibniz sont confortées par ce que nous connaissons de sa pensée plus profonde. Car en poussant l'argument jusqu'à ses extrêmes conséquences, si la nécessité logique domine tout, on n'a pas besoin de la sagesse de Dieu pour décider quel monde créer et comment le gouverner : la cohérence logique se suffit à elle-même pour assurer toutes les implications nécessaires. À la limite, il ne faut même plus de Créateur ni de monde non plus : l'éthique et l'ontologie n'ajoutent rien à la perfection du tout-logique. La preuve ontologique débouche ainsi sur le panlogisme à travers la réduction, qu'elle suppose, de toute la métaphysique à la seule logique. Cette réduction du réel au niveau purement formel, c'est-à-dire le panlogisme, était dans l'air depuis Spinoza, sinon depuis Descartes. Il reviendra à Kant de transférer le formalisme de Leibniz de la sphère logique à la sphère éthique : avec cela il n'y aura plus besoin de spéculer autour de la preuve ontologique. Kant ne proposera qu'une preuve de l'existence de Dieu par la raison pratique et à la fin il abandonnera aussi cette dernière pour ne garder qu'une sorte de pan-moralisme tout à fait analogue au panlogisme de Leibniz.

Il faut donc prendre les distances de la preuve ontologique si elle tourne simplement autour d'une cohérence logique identifiée à Dieu ou, pour mieux dire, se passant de Dieu. En l'absence de l'intuition de Dieu, Dieu que nous connaissons seulement par ses œuvres, la preuve la plus « naturelle » est la preuve cosmologique ou *a posteriori*, qui part de la contingence de chaque réalité accessible à l'homme. Il en existe trois versions, respectivement logique, éthique et ontologique, selon que l'on part de la sphère de la connaissance humaine discursive, de la sphère du bien et du mal ou de la sphère de l'être, cette dernière étant la plus générale. Toutefois ces trois versions convergent sur l'unique Créateur pour la bonne raison que les trois ordres sont liés dans le monde.

Dans la version logique de la preuve cosmologique, on part du caractère discursif de notre activité mentale c'est-à-dire de l'ordre qui existe dans nos pensées. Cet ordre n'est autre chose que le rapport même entre notre connaissance empirique et les principes de la raison que nous lui appliquons : c'est pour cela que l'on peut parler aussi de la preuve à partir des vérités éternelles. La preuve en question est une spéculation au départ d'une situation mondaine concrète, limitée, contingente, telle la composition des idées formulées par l'esprit humain ; elle ne concerne pas directement la possibilité ou la nécessité de Dieu, comme la preuve ontologique d'Anselme ou de Leibniz[102].

Tout autre chose serait une preuve ontologique basée sur le refus *a priori* du néant. Mais elle ne représenterait qu'une première étape établissant que doit exister au moins l'être contingent. Par la suite, il faut encore recourir à l'équivalent de la preuve *a posteriori* pour montrer que s'il y a l'être contingent il faut aussi l'Être nécessaire. Toutefois, une dernière question demeure ouverte : vu qu'en tout cas nous ne pouvons pas comprendre *a priori* la nécessité de l'être et de Dieu, n'excluons-nous pas la pensée du néant simplement parce que nous sommes là, et nous sommes capables de penser ? On reviendrait donc à une preuve *a posteriori*.

Chapitre VI.
Hume (1711-1776)

§ 29. De la négation de la causalité dans le monde à l'admission de la causalité dans l'esprit humain

Hume abolit la cause dans la réalité pour la réintroduire dans le fonctionnement de l'esprit. Alors même qu'il conteste l'application du principe de causalité à la réalité physique (extérieure à la psyché humaine), Hume donne une cause psychologique de la notion que nous possédons de la cause efficiente et des applications que nous en faisons. D'une part, il délégitime le principe *« post hoc ergo propter hoc »* (après ceci, donc à cause de ceci), que nous appliquons spontanément aux événements mais, d'autre part, il réintroduit la causalité efficiente pour expliquer le fonctionnement de l'esprit. Il applique précisément ce principe de causalité psychologique lorsqu'il attribue à « une habitude dérivant de l'expérience et de ses lois » l'anticipation de la part de notre psyché de certains effets. Si les objections de principe à la notion de cause ont une valeur, observe Russell, elles devraient valoir aussi pour la causalité en psychologie[103].

Pour répondre au déni humien de la notion de cause disons que naturellement on ne peut pas concevoir la cause efficiente comme des farfadets, des elfes ou des lutins qui s'activent pour faire fonctionner le monde. En fait, nous ne voyons pas directement en tant telle l'action causale d'une partie de la réalité empirique sur l'autre, que ce soit ou non dans la forme de pareils petits démons : en fait, à strictement parler, nous ne voyons que des événements. Par contre, si l'on embrasse le temps à la manière d'une étendue spatiale d'un nouveau genre, on retrouve certaines régularités que nous pouvons appeler par exemple « corrélations » entre les données. C'est là précisément la notion de cause : elle est logiquement antérieure à la distinction entre les temps et entre les espaces. Le temps et l'espace entrent simplement comme paramètres dans la mise en forme – par exemple mathématique – de ces corrélations. De la sorte, on peut facilement accepter la notion de cause si on l'entend simplement comme corrélation ou rapport entre des données, dans un monde varié et complexe. Cette notion est *préalable* à toute science de la nature appelée à mettre ces corrélations dans la forme de lois, c'est-à-dire à établir des invariants. En cosmologie, par exemple, l'affirmation que la configuration d'ensemble de l'univers n'a fait que changer depuis le *big bang*, n'a de valeur scientifique qu'en tant que loi décrivant cette mutation : mais cette loi ne change pas. De même, la théorie de l'évolution des vivants n'a de sens scientifique que par rapport à une règle ou un schéma (même probabiliste, mais invariable) décrivant ce changement.

La première connaissance assurée et définitive de la nature est celle des choses dans leurs rapports réciproques. Et la prise en compte de ces corrélations à travers l'espace et le temps est le seul sens que nous pouvons donner à la notion de *cause efficiente*. Quant à l'élaboration des lois décrivant l'enchaînement des données, elle présente deux étapes. À un premier stade, la connaissance du fonctionnement du monde débouche sur des « recettes », qui forment la *science empirique*. L'étape successive est celle de la mise en formules, notamment mathématiques, des corrélations observées : c'est alors la *science moderne* qui énonce des théories ou « modèles » de la réalité.

§ 30. La théorie de l'associationnisme et la révision du scepticisme humien par Kant

Hume nie le principe de causalité dans la nature pour l'introduire dans la psyché : c'est la thèse de l'associationnisme. Le renvoi d'une idée à l'autre ou le rappel réciproque entre les idées en fonction de leur similitude serait, selon Hume, le ressort essentiel de la pensée, équivalent – il nous semble – à la cause efficiente. L'associationnisme fut défendu par David Hartley (1705-1757)[104], développée par Hume et repris par Jeremy Bentham (1748-1832). Le physiologiste russe Pavlov (1849-1936) donna à l'association d'idées une base neuronale et donc matérielle, impliquant que nous pensons par une série de réflexes conditionnés. L'associationnisme tint une position privilégiée en psychologie jusqu'au XXe siècle, mais l'école logique anglaise à cheval entre le XIXe et le XXe siècle – notamment avec F.H. Bradley (1846-1924) – et Husserl (1859-1939) lui-même établiront clairement la distinction entre la logique et la psychologie et donc l'absurdité de la réduction des principes logiques aux processus psychiques. (Cette réduction, qui d'ailleurs suppose une logique, est analogue à celle des données expérimentales au fait de la sensation.)

Kant, tout en reconnaissant sa dette envers le scepticisme de Hume à propos de la notion de cause (dans l'ordre ontologique), le critique (dans le cadre de l'interprétation des phénomènes) au nom de cette source de connaissance, méconnue par Hume, que sont les principes *a priori* indépendants de l'expérience. Appelé à rendre compte de « cette sorte de génération spontanée de notre intellect (et de notre raison) sans la fécondation de l'expérience », Hume reconduit tous les principes *a priori* de la raison à « une habitude dérivante de l'expérience et de ses lois [...] auxquelles nous attribuons à tort la nécessité et l'universalité. Mais en énonçant cette déconcertante proposition, il se réfère au principe universellement reconnu du rapport de la cause à l'effet. » En prenant l'exemple de la chaleur du soleil qui fait fondre la cire et durcir l'argile, Kant souligne qu'en travaillant sur les seuls concepts, sans se rapporter à l'expérience, on n'aurait jamais pu présumer de tels phénomènes. Cependant, par rapport à chaque expérience *possible*, nous pouvons « connaître tout à fait *a priori* la loi de la liaison d'une chose avec d'autres. [...] Quand donc la cire, qui auparavant était solide, vient à se fondre, je peux reconnaître *a priori* que quelque chose a dû précéder (par exemple la chaleur du soleil), après quoi ce fait s'est produit selon une loi constante[105]. »

En conclusion, observe Kant,

> le concept de cause contient ainsi manifestement le concept de la nécessité du lien avec un effet et d'une rigoureuse universalité de la loi, qui serait perdu si on voulait le faire dériver, comme le fit Hume, de l'association fréquente de ce qui arrive avec ce qui précède et d'une habitude qui en dérive (et donc d'une nécessité simplement subjective) de relier entre elles certaines représentations[106].

§ 31. L'athéisme de Hume aura une longue suite

On dit que Hume a été parmi les premiers athées qui se soient déclarés assez clairement. L'abolition de la notion de cause – qu'il compte avoir accompli – doit avoir joué dans l'évolution de sa pensée à cet égard. Mais quel est donc le mobile, pour ainsi dire, du scepticisme de Hume ? En premier lieu le même ressort qui a motivé une si grande partie de la philosophie moderne, c'est-à-dire le retour à la conscience, loin de la réalité, hors du vaste monde. Il y a peut-être aussi une sorte de désir de disposer d'un savoir simplifié, incontestable, vérifiable de manière plus immédiate à partir de notre for intérieur. Il y a encore le défi du doute, toujours valorisant, apte à accroître l'estime de soi-même ; le goût du doute est âpre mais parfois gratifiant. En somme, pour gagner la grande bataille contre Dieu il peut être utile de rapporter la vérité à la conscience ou à la psyché, en mettant de côté le réel, nos meilleures intuitions, la certitude. En suivant ces lignes, l'athéisme de Hume aura une longue postérité.

Quant aux objections apportées contre la preuve cosmologique de l'existence de Dieu, dans ses *Dialogues concernant la religion naturelle*, Hume insinue que tout être doit dériver d'un autre, de manière qu'à la fin il s'accorde le droit de poser la question : « Alors, qui a fait Dieu[107] ? » Avec le sous-entendu que la cause efficiente doit équivaloir au renvoi à l'infini (*regresus in infinitum*), la question de Dieu ne se pose plus.

Hume avance également une objection à la preuve ontologique de l'existence de Dieu proposé par Leibniz. Il dit qu'on peut toujours penser à la non existence de quelque chose qui est proposé uniquement sur le plan logique, fût-il la notion de l'Être nécessaire. Il est vrai, en fait, que la notion d'Être nécessaire reste dans le domaine logique et que – en tant que telle – il est difficile de la transférer sur le plan ontologique. Leibniz lui-même trahit la faiblesse de sa preuve en réduisant, comme nous venons de le voir, la réalité à la seule cohérence, à la pure nécessité logique et finit pour se passer de l'être.

Dans cette réduction au mental s'annonce déjà le criticisme ou transcendantalisme kantien, qui permettra de réduire toutes les preuves de l'existence de Dieu à la preuve ontologique. Et pour disqualifier cette dernière, Kant dira que nous ne pouvons pas avoir une idée de Dieu. Les néopositivistes exaspéreront cette position en disant que la notion de Dieu sur le plan logique est dépourvue de sens. Cet aboutissement de toutes les tentatives de résoudre la question de Dieu simplement sur le plan logique est une réaction assez justifiée, mais probablement est elle aussi inspirée par une vraie volonté d'athéisme. Quant on ne veut pas entendre parler de Dieu, c'est de bonne guerre dire que le discours n'a pas de sens.

L'approche la plus adéquate consiste à rétablir l'unité des trois composantes de la métaphysique, chose absolument essentielle car les trois aspects – ontologique, éthique et logique – ne sont jamais séparés ni dans la nature, ni dans l'homme ni dans la Trinité. S'il y a une intelligibilité, une morale, un être, il faut une Cause première qui soit valable non seulement pour chacun de ces secteurs, mais qui soit aussi la Cause première de leur unité au sein d'une seule et unique réalité.

§ 32. Les différentes formes d'éthique entre la gnoséologie et la sensibilité

Comme il n'y a pas de justification logique ou gnoséologique de l'ontologie, il n'y a pas de justification purement gnoséologique de l'éthique. En tant que fondement de l'éthique, on peut tout simplement se rapporter à l'amour de Dieu ou bien à l'utilité d'une vie vertueuse. Dans ce dernier cas, il s'agit d'introduire le syllogisme pratique dont les termes extrêmes sont respectivement le sujet engagé et le comportement éthique qu'il devra adopter, alors que le moyen terme est représenté par le but à attendre.

Selon que ce but à atteindre soit, par exemple, la santé, le plaisir, le bonheur ou la qualité de vie, on aura une éthique respectivement hygiéniste, hédoniste, eudémonique, utilitariste, si bien qu'à la limite on se demande si ces éthiques conséquentialistes visant des résultats – en alternative à l'éthique formaliste kantienne de l'intention sans autre fondement ou finalité – ne soient pas des formes d'opportunisme. En fait, si l'on veut sortir du simple utilitarisme (même de l'utilitarisme spirituel qui justifierait la foi sur base de la recherche du bonheur éternel ou temporel), il faudrait donner des raisons de principe (une finalité ultime) pour s'engager consciemment et librement dans un certain parcours de vie.

Or, Hume reproche aux textes des moralistes qui ne se veulent pas utilitaristes la brusque transition d'un langage *descriptif*, caractérisé par des expressions du style « il est » ou « il n'est pas », à un langage *prescriptif* avec des expressions comme « tu dois » ou « tu ne dois pas ». L'impératif catégorique de l'éthique kantienne représentera justement l'exemple parfait d'un « tu dois » ou d'un « tu ne dois pas » axiomatiques, c'est-à-dire donnés d'autorité[108].

Mc Intyre critique Hume[109], qui pense avoir réglé pour toujours son compte avec l'éthique en la plaçant tout entière sous la notion de recherche du plaisir ou de soumission aux pulsions. Hume tendrait à reconduire vices et vertus à la recherche de différents genres de plaisirs, de manière à en effacer la distinction ou – en tout cas – à exclure de véritables raisons pour préférer la vertu au vice. En fait, bien qu'il y ait un attrait général de la vertu et la répulsion du vice, dans certains cas l'une ou l'autre peuvent attirer ou dégoûter l'être humain sous différents aspects selon les circonstances. La vertu peut apparaître comme rébarbative et le vice comme excitant, et ces sentiments dépendent de l'environnement social, culturel et moral, qui varie avec les périodes historiques. De plus, dans la vie de l'individu, les goûts sensibles et les émotions ne sont pas donnés une fois pour toutes mais évoluent avec l'âge et les diverses expériences. L'exemple de Sade montre que, sur la simple base des inclinaisons dictées par les goûts, tombe toute distinction entre la vertu et le vice. Des humoristes ont dit que le vice est du mal que l'on fait sans plaisir. Toutefois, pour une véritable éthique, il ne faut pas se limiter à considérer la qualité des sentiments mis en jeu ou l'attrait de la vertu et l'envoûtement qu'exerce le vice : il faut regarder essentiellement à l'exercice du libre arbitre par rapport à une fin visée, et en définitive à la Fin ultime (amour reçu, amour donné).

Chapitre VII.
Kant (1724-1804) ambigu et paradoxal

La considération dont jouit toujours Kant tient essentiellement au fait qu'il a « soulagé » le monde moderne de la hantise du Jugement dernier, un peu comme Luther a soulagé les hommes de son temps du souci des œuvres du salut, si difficiles à accomplir. Sans colères révolutionnaires, sans déprécations désagréables et sans obsécrations peu élégantes, Kant dispose notre culture à l'agnosticisme, qui est la forme la plus aisée d'athéisme, si athéisme signifie se passer de Dieu. L'agnosticisme est une solution si simple parce qu'il n'exige aucune décision, aucune prise de position intellectuelle, aucune attente pleine d'espoir ou de crainte.

Kant pose les conditions pour cet état de détente mentale et spirituelle ou d'indifférentisme en plaçant – au-delà du phénomène qui tombe sous les sens – le noumène ou « chose en soi », entièrement sombre, opaque, obscure, privé de cette analogie avec l'homme et son monde des phénomènes, qui en permettrait la connaissance. En s'arrêtant là Kant aurait ainsi fourni, sans autre effort, l'athéisme le plus efficace.

Et pourtant, Kant s'est embrouillé en attribuant au noumène un rapport de causalité avec le phénomène, comme si l'on pouvait connaître l'action sur ce que l'on connaît de ce qui ne se prête à aucune connaissance. Schopenhauer et Husserl, parmi les philosophes qui suivront les traces de Kant, lui reprocheront ce paradoxe. Sur base de ce refus d'une connaissance du réel, Kant préconise une éthique autonome confiée à la conscience morale individuelle. Cette éthique serait universelle, mais pourquoi devrait-elle être bienveillante, comme le veut Kant ? Et d'où tirerait-elle son obligation ? Et pourquoi devrait-elle persister dans une société déchristianisée qui, conformément aux vues de Kant, confie la fondation d'une morale à la conscience autonome ? Sade, Nietzsche, Freud et Sartre répondront – à leur manière – à ces questions.

§ 33. L'espace-temps de l'intuition. De la distinction entre phénomène et noumène

Ainsi les vrais philosophes passent leur vie à ne point croire ce qu'ils voient, et à tâcher de deviner ce qu'ils ne voient point.

BERNARD LE BOVIER DE FONTENELLE (1657-1757)[110]

Dès que l'intervention chirurgicale sur la cataracte permit à des aveugles nés de voir, on fit une observation curieuse : lorsqu'on offrait une pomme aux nouveaux voyants, ceux-ci portaient instinctivement la main sur l'œil afin la prendre, comme si la vue nouvellement acquise équivalait au sens du toucher. En fait, notre perception de l'espace est très complexe car elle se base sur les mouvements et les déplacements nécessaires pour rejoindre certains objets ou certains lieux. Elle tient également compte des effets acoustiques et de la base trigonométrique offerte par les deux yeux pour situer la source d'un son ou d'une lumière. De manière analogue, le temps résulte de certains rapports entre des expériences. La durée d'une action ou d'une situation, par exemple, peut être mesurée par la fatigue, l'ennui ou le sens de satisfaction, tandis que la mémoire donne la succession des temps.

On dirait que l'espace-temps est reconstitué par une sorte de programme inné qui ordonne selon certains critères toutes les données des sens internes et des sens externes.

Si, à partir du caractère indirect de cette élaboration des formes d'espace et de temps, on veut exprimer des doutes à propos de notre connaissance, tout ce que l'on peut dire c'est qu'elle a un caractère propre à l'être humain – et éventuellement à chaque individu. On peut lui appliquer la considération de saint Thomas : « Tout ce qui est reçu est reçu à la manière de celui qui reçoit »[111]. Toute connaissance humaine n'est ni omni-compréhensive ni universelle, mais limitée et soumise à l'erreur.

Or, Kant ne se limite pas à reconnaître la contribution de la nature humaine – de l'esprit humain – à l'élaboration de ces formes de toute notre expérience que sont l'espace et le temps, mais il va jusqu'à leur refuser toute consistance réelle, alors qu'elles ressortent de la disposition spatio-temporelle des phénomènes eux-mêmes. Le fait est que Kant situe aussi ces derniers à l'intérieur de l'esprit, de manière à conclure que par la connaissance on ne sort pas de la conscience.

Kant attribue ainsi l'intuition (*Anschauung*) de l'espace et du temps à des facultés a priori d'organisation de la connaissance. Cette approche est à la base de sa philosophie, dite transcendantale, selon laquelle notre expérience ne porte pas sur la réalité mais sur des représentations. La pensée kantienne s'oppose à la reconnaissance du transcendant, c'est-à-dire de la chose en soi, déjà dans l'objet de l'expérience sensible. À la surprise que cet objet, la Nature, soit intelligible et susceptible de modélisation mathématique, Kant réagit en accordant à l'homme la capacité d'imposer son ordre aux phénomènes. Kant, dit Jean Ladrière,

> en rattachant la logique comme pratique à la structure transcendantale du sujet connaissant [...] pense mettre à jour de façon exhaustive les conditions ultimes de la constitution de tout savoir, donc la structure a priori de toute science possible. Il fournit lui-même une justification a posteriori de sa démarche en montrant, de façon détaillée, comment les principes de base de la physique newtonienne ne font qu'énoncer explicitement les conditions a priori selon lesquelles il peut y avoir quelque chose comme une connaissance du mouvement. La [...] physique théorique, apparaît ainsi comme la formulation entièrement objectivée en énoncés formalisables, de ce qui est impliqué dans la perception plus élémentaire d'un phénomène naturel. La science, envisagée dans cette perspective, est la projection de la vie subjective ; elle montre, dans une représentation d'ailleurs mathématisable, la constitution interne de la raison [...] Or,

l'évolution de la science rend de plus en plus difficile cette façon de penser[112].

Kant pose ainsi une distinction entre ce que nous connaissons par l'expérience phénoménale (c'est-à-dire en tant que données sensibles) et ce qui est effectivement. Il fait donc de la connaissance une représentation qui ne correspond pas à l'être. Il dédouble la sphère du concevable entre le *phénomène* apparaissant – faisant partie de l'ordre des représentations – et le noumène ou chose en soi, inconnaissable, et donc purement concevable. Or, il nous semble paradoxal de discuter cette distinction entre ce qui est et ce qui est connu, vu que l'on admet de tout ignorer du premier terme. Ne serait-il pas plus logique de dire que ce qui est donné est, c'est-à-dire existe, même si sa réalité équivaut simplement à être donné, à apparaître de telle manière ?

§ 34. Les antinomies de la raison pure à l'épreuve de la physique moderne

La distinction entre les phénomènes et le noumène permet de donner des réponses antithétiques à des propositions que Kant appelle antinomies de la raison pure. Il s'agit de quatre propositions problématiques qui donnent lieu à des solutions opposées selon que l'on traite les questions dans le monde des phénomènes ou du noumène. Voilà les quatre couples de résultats antithétiques :

- le monde a (ou il n'a pas) un commencement dans le temps et une limite dans l'espace ;
- toute substance est (ou aucune substance n'est) composée des parties simples, qui ne sont plus divisibles ;
- dans le monde il y a (ou il n'y a pas) des causes libres ;
- il y a (ou il n'y a pas) un Être absolument nécessaire.

Pour Kant, ces contradictions dérivent de l'application à la chose en soi d'idées appartenant à la sphère des phénomènes, qui « existent » seulement dans les représentations[113]. En traitant ces antinomies au niveau des phénomènes, Kant les résout parvenant aux conclusions suivantes (des discordances avec la physique moderne figurent entre parenthèse) :

- le monde n'a pas de commencement dans le temps, ni des limites dans l'espace (cette conclusion est toutefois en contradiction avec des aspects des actuelles cosmologies relativistes) ;
- l'espace, le temps et les phénomènes qu'ils cernent sont divisibles à l'infini (cette conclusion – pour certaines variables – est en contradiction avec les principes mêmes de la mécanique de quanta) ;
- une nécessité absolue dans l'enchaînement universel des phénomènes exclut tout indéterminisme (ceci est également en opposition avec le déterminisme purement stochastique de la mécanique des quanta) ;
- et il n'existe, enfin, aucun Être nécessaire (nous reprendrons cette dernière antinomie un peu plus loin).

Kant – impressionné par la physique de son temps, et plus en général par le succès des mathématiques dans l'interprétation de l'expérience – s'est proposé de justifier philosophiquement les sciences. À tel fin il a adopté l'espace-temps newtonien impliquant une contemporanéité universelle (c'est-à-dire un temps absolu) et la géométrie euclidienne (ou de l'intuition spontanée), qui permet d'étendre indéfiniment les trois dimensions spatiales et la ligne droite.

Tout ceci ne s'accorde plus avec des observations célestes et des expériences physiques très précises, qui étaient hors d'atteinte au XVIIIe siècle. D'ailleurs, les géométries non-euclidiennes, indispensables à la moderne cosmologie relativiste, étant apparues au début du XIXe siècle, n'ont pas pu être connues par Kant.

C'est seulement au début du XXe siècle que la théorie de la relativité générale a permis de décrire un univers en expansion dans un espace fini, sans frontières, ayant un début dans le temps. Mais elle a dû renoncer à l'espace-temps de l'intuition spontanée, en accueillant une géométrie elliptique non-euclidienne et un temps qui n'est pas complètement séparé de l'espace. Plus au moins à la même époque, la mécanique des quanta a abandonné les critères – également intuitifs – de continuité et de déterminisme, que Kant considérait également destinés à dominer à jamais la connaissance de la nature.

Ces nouvelles théories de la physique, chacune desquelles trouve son expression adéquate sous une forme mathématique, sont de nature à démentir tant la conception kantienne de l'espace-temps que les solutions des premières trois antinomies proposées a priori par Kant dans le domaine des phénomènes.

Sans vouloir attribuer une valeur absolue aux derniers développements des sciences, nous devons reconnaître que l'intuitionnisme et l'apriorisme kantien auraient été un carcan trop étroit pour la physique moderne. D'ailleurs, la conception euclidienne de l'espace et la notion d'un temps qui coulerait indépendamment de l'espace, « sacralisées » par sa solution des trois premières antinomies, débouchent directement sur l'infini, sur l'infinitésimal et sur le continu, sources prodigieuses de paradoxes. Kant se situe ainsi dans la ligne de l'intellectualisme ou du panlogisme de Spinoza et de Leibniz, qui se limitent à prendre en compte ce qui est aisément maîtrisable par la raison humaine – et encore selon certaines préférences. Or, un compte est l'ouverture illimitée de notre raison, une autre notre réelle capacité de compréhension.

§ 35. La connaissance selon Kant : le réel et les apparences. La notion de cause

Dans les temps anciens, on a pensé, mais on ne s'est pas arrêté à l'idée que le penser [...] était quelque chose de subjectif.

HEGEL[114]

Par opposition à l'époque de Kant, les penseurs de notre temps n'ont pas d'objection majeure à l'égard de l'expérience. Ils sont plutôt soupçonneux à l'égard de la raison. En remontant encore plus loin dans le temps – à l'époque de la grande scolastique – on disait que l'expérience et la raison sont les deux instruments de la vérité, l'une étant insuffisante sans l'autre. En fait, il apparaît que la connaissance comporte deux niveaux :

- à un premier niveau on a les données des cinq sens, les souvenirs, émotions, fantasmes et rêves, c'est-à-dire tout ce qui se manifeste en tant qu'expérience ou apparences (et c'est là la connaissance sensible ou phénoménale) ;
- à un seconde niveau on a la différenciation et la structuration de ces données, l'affirmation et la négation, les interrogations qui en résultent et toute l'élaboration logique qui s'en suit (et ceci constitue la connaissance intellectuelle ou rationnelle).

Cette distinction est inévitable Une distinction supplémentaire est celle entre la connaissance objective et la connaissance subjective. Par des extrapolations, interprétations ou glissements de signification, certains penseurs proposent de considérer la connaissance sensible comme objective, car elle porterait directement sur la réalité, et la connaissance intellectuelle comme subjective, car elle porterait simplement sur des élaborations mentales.

Il vaudrait mieux considérer, au sein de la connaissance sensible, les expériences dites des sens externes comme objectives et celles dites des sens internes comme expériences subjectives : souvenirs, émotions, fantasmes, sens moral (syndérèse) et expérience de son propre mouvement (cénesthésie). Cette distinction, faite d'ailleurs par la raison, est en tout cas successive à l'acceptation de toutes les expériences sensibles en tant que données qui s'offrent réellement, c'est-à-dire qui ont l'être de ce qui apparaît vraiment. Les données des sens internes, les rêves, les images oniriques, les hallucinations, les mirages, les illusions optiques, la répercussion des sons et la réverbération de la lumière sont aussi des « êtres », parce que personne ne peut nier que tout ceci se présente à l'attention.

Naturellement – sans rien nier – il faut situer chaque donnée sensible dans son contexte, afin d'éviter de se tromper, par exemple, en courant vers une oasis qui n'apparaît qu'en mirage. Toutefois, si par subjectif on entend ce qui n'est pas réellement donné, alors dans la connaissance sensible il n'y a rien de subjectif. Et si, par objectif, l'on entend ce qui est réel, ce qui est dans l'être, alors toute la connaissance sensible est objective.

Quant à la connaissance intellectuelle, elle est subjective au sens qu'elle appartient à un sujet pensant, mais elle est objective s'il s'agit de l'affirmation (auto-certifiée) de la réalité des données de l'expérience dans leur propre contexte et des principes premiers de la raison que l'on applique dans toute argumentation. Ceci tient tout simplement à la transparence de l'intelligence à elle-même[115] et au principe que l'esprit humain est ouvert à tout (*ad omnia*), jusqu'aux confins ultimes des trois sphères de l'être, du vouloir et du savoir.

Or, pour Kant il n'y a pas de connaissance objective du réel, mais simple représentation. Pour Kant la représentation est encore une cognition parce qu'au moment de toute cognition on sait ce qu'on apprend et on est conscient de savoir, mais elle n'est pas une connaissance de la réalité. Dire que les objets ne sont que représentés signifie pour Kant que la connaissance ne porte pas sur la chose en soi, c'est-à-dire sur le réel. La position de Kant semble présenter un triple paradoxe :

- parce qu'il nie la réalité de ce qui apparaît, et qui possède au moins la réalité d'une vraie apparence ;
- parce qu'il prétend savoir qu'il y a une réalité autre (la *chose en soi*) derrière les représentations ou apparences qui seules seraient connues ;
- parce qu'il affirme que les deux choses ne concordent pas, comme si l'on pouvait connaître la différence entre ce que l'on connaît et ce qui – par hypothèse – n'est pas connu ;

Ce paradoxe de la distinction entre ce qui est et ce qui est connu ne manquera pas de lui être reproché par Schopenhauer, Husserl, et bien d'autres. De notre côté nous ne pouvons que retenir cette conclusion : ce que l'on ne connaît pas c'est simplement autre chose que ce qui est connu. Quand cette autre chose sera connue, à son tour, évidemment elle ne s'identifiera plus avec l'inconnu.

Dans son *Opus postumum*, à propos de son hypothèse, bien maladroite et embarrassante[116], de la chose en soi, Kant précise :

> La chose en soi (*ens per se*) n'est pas un autre objet mais une autre relation (*respectus*) de la représentation au même objet, pour penser celui non analytiquement, mais synthétiquement, comme (*complexus*) des représentations intuitives en tant que phénomènes, c'est-à-dire de représentations telles qu'elles contiennent un fondement de détermination seulement subjectif des représentations dans l'unité de l'intuition. C'est un *ens rationis* = *x*, la position de soi-même, selon le principe d'identité, où le sujet est pensé comme s'affectant lui-même [...][117]

En fait, un peu plus loin il ajoute : « cette chose en soi = *x* ne signifie pas un autre objet, mais seulement un autre point de vue, négatif, à partir duquel précisément le même objet est considéré[118]. » Et un peu plus loin encore il dit : « le concept d'un objet comme *phénomène* a le concept d'une chose en soi pour pendant = *x*, nécessairement posé face à lui, mais non comme concept d'un objet distinct du premier (*realiter*), mais simplement d'après des concepts (*logice oppositum*) [...], comme une représentation de la raison en général [...][119] ».

Donc, en récapitulant sa pensée, à la fin de sa vie, Kant doit donner un sens indéterminé ou négatif à la notion de *chose en soi*, alors que, selon la conception et la terminologie scolastique, nous élaborons spontanément un *fantasme* sensible à partir d'éléments dispersés de l'expérience (c'est le cas du cube, dont nous ne voyons pas les six faces en même temps). Et, c'est précisément à cette coordination des données empiriques, phénoménales, objectives que l'intelligence attribue la réalité de ce qui apparaît, sans autres sophistications. Si nous sommes confrontés seulement aux phénomènes, de quel droit pouvons-nous les rapporter à une chose en soi qui, par hypothèse, en tant que telle nous échappe ? Admettre, derrière ce qui est simplement donné, la vraie réalité non perçue n'équivaut-il pas à dédoubler arbitrairement la *réalité* ? Pourquoi cette dernière ne serait-elle pas saisie immédiatement.

Le réalisme – par exemple la philosophie aristotélico-thomiste – considère la connaissance sensible comme la saisie de la chose en soi dans sa réalité, sans intermédiaire. En fait, ce n'est qu'après avoir admis le caractère immédiat de la connaissance sensible que nous pouvons distinguer, parmi les données sensibles, d'un côté les choses et, de l'autre, nos organes de sens, et établir – par des procédés scientifiques et non pas philosophiques – le fonctionnement de nos sens. Ainsi, on étudiera l'optique de la vision seulement après avoir accepté la réalité tant de l'œil que des objets visibles, en analysant la lumière, le système nerveux, etc. Donc après avoir accepté des données, c'est-à-dire après avoir accueilli la connaissance. Quand on commence l'étude de la sensation, il est trop tard pour remettre en question le fait originaire de l'acceptation des données sensibles. La prétention de commencer en disant : « Je vous explique comment fonctionne la connaissance » détruit la connaissance. Ceci signifierait mettre la charrue devant les bœufs.

Nous établissons ainsi une certaine indépendance de la connaissance des raisons ou explications qu'on pourrait en donner. Si l'étude du rapport entre les objets perçus et les organes des sens également perçus relève de la science, l'affirmation de la validité des données sensibles, relève de la philosophie et doit être antérieure à tout travail scientifique, à toute distinction entre l'objet et le sujet.

À l'opposé de Kant, des matérialistes verraient d'un mauvais œil le volet « psychique » du phénomène. La connaissance du phénomène implique, en même temps qu'une réalité matérielle, une *attention* de la part de l'esprit. Pour une philosophie qui se propose de ramener le tout à l'inanimé il est insupportable que la prise en compte de l'« apparent » par la conscience, relève à la fois du matériel et du mental.

*

Kant est aussi ambigu à l'égard de la notion de cause. D'une part, il en fait une simple expression formelle de l'esprit humain ne consentant aucune prise sur la réalité mais, d'autre part, il déclare à plusieurs reprises que les données perçues par l'homme sont une expression de la chose en soi (du noumène).

Kant prétend donc que le noumène affecte le phénomène mais, sur base de ses hypothèses, cette connaissance à partir du phénomène devrait être impossible. Que Kant admette un rapport entre le phénomène et le noumène est donc paradoxal.

Pour deux philosophes comme Kant et Hume la connaissance est suffisamment indépendante des conditions réelles pour qu'elle reste fermée sur elle-même. Même en acceptant l'hypothèse d'une action des choses sur les organes des sens, on ne pourrait pas conclure que – par les sens – l'on connaisse la réalité parce que, selon la critique bien connue de Hume, on ne peut pas remonter de l'effet à la cause : il n'y aurait dans la meilleure des hypothèses qu'une représentation déformée de la réalité. À son tour, la critique kantienne attribue les représentations – privées d'une vraie relation cognitive avec la réalité – à des structures *a priori* de notre esprit, relevant de ce que nous appellerions la cause formelle. L'approche kantienne permet d'étendre à la cause formelle la méfiance que Hume avait cru pouvoir justifier à propos de la cause efficiente. Chacun à sa manière, les deux philosophes refusent la possibilité d'une connaissance portant au-delà du sujet, bien qu'ils admettent une suite de nos idées.

Le qualificatif *transcendantal*, attribué à la philosophie kantienne, se rapporte au caractère purement formel de la connaissance : la connaissance relèverait de conditions qui la rendent inapte à la saisie du réel. L'épistémologie kantienne peut donc se résumer en ces termes : la perception des phénomènes ne nous permet pas d'avoir accès à une réalité que la raison pourrait reconnaître en tant que *noumène* (la chose en soi). C'est comme si tout phénomène avait dans la réalité un double inatteignable par la connaissance (et pourtant – paradoxalement

– qui ne serait pas autre chose). Se consomme ainsi le divorce spéculatif entre le sujet et le réel. Mais, d'ailleurs, une réalité inaccessible à l'esprit humain peut-elle nous intéresser vraiment ?

Réel est pour nous tout ce qui admet des différences ou des distinctions. On peut affirmer la réalité des données justement parce on peut les distinguer entre elles : les distinctions permettent de parler d'individuel, de multiple et de fini et de considérer les apparences comme *de vraies apparences*. Que signifie, au juste, apparence sinon la réalité de ce qui apparaît, car s'il n'apparaissait pas il ne serait même pas apparence ? L'essentiel, pour nous, c'est que les phénomènes soient effectivement représentés et représentés comme différents entre eux, avec toutes les implications pour la raison, dérivant du simple fait de la différence entre les diverses données de l'expérience et donc avec l'implication de leur réalité. Il n'y aucune raison de prétendre que derrière les données sensibles il y ait une réalité autre qui la soutient et qui serait la vraie réalité de ce que l'on expérimente. À la place des données faudrait-il donc prendre en compte cette réalité qui est au fond la même chose, sans toutefois s'identifier avec ce que l'on connaît, et dont ce que l'on connaît ne serait qu'une représentation (sans vérité) ?

On réagit au kantisme en distinguant ce que l'on sait de ce que l'on ne sait pas ; on y retombe en dédoublant ce que l'on connaît et en prétendant savoir qu'il est autre chose que ce que l'on connaît. Le dédoublement opéré par Kant est un facteur purement parasitaire superposé aux données. Voilà tout ce que l'on peut dire de ce dédoublement qui fait du connu et de la chose en soi deux niveaux disjoints d'une réalité qui devrait être une. Il faut en conclure tout simplement que les données sensibles ont la réalité de ce qui est connu par les sens, c'est-à-dire de ce qui apparaît. Le reste est – probablement – un monde bien plus vaste que celui de notre expérience.

*

Enfin, Kant appelle la raison au tribunal de la raison[120] mais, en faisant cela, il s'embourbe inextricablement dans une autre voie sans issue. Car de deux l'une : ou bien la raison raisonne « naturellement », sans autre besoin de vérification ou, si elle ne raisonne pas, nous ne serions jamais en mesure de le vérifier par la raison elle-même. Kant se pose, comme Descartes, au point de vue du doute radical, et celui qui part de tel doute est destiné à y rester. La conclusion est que Kant ne parvient même pas à justifier la science, comme il s'était proposé de faire. En tout cas, qu'il soit radical ou non dans la forme, tout doute se situe dans un contexte de certitudes : seul est admissible le doute qui reconnaît ce contexte et vise l'accès à la vérité[121].

§ 36. La nature purement formelle du sujet kantien

Kant refuse à l'idéalisme de Spinoza la qualification de transcendantal. L'idéalisme de Spinoza serait seulement transcendant car Spinoza représente le subjectif comme objectif.

Kant refuse toute réalité, toute identité et toute unité à la personne, laquelle vit des multiples expériences au cours du temps de sa vie. Il ramène ainsi l'unité de la personne à une représentation sans sujet de même qu'il réduit le temps (la durée dans la vie du sujet) à une intuition sans objet. Kant dit en fait :

> [...] cet espace et ce temps, et tous les phénomènes avec eux, ne sont pourtant pas en eux-mêmes des choses ; ce ne sont rien que des représentations, et ils ne sauraient exister en dehors de notre esprit. L'intuition intérieure et sensible de notre esprit même [...] n'est pas non plus proprement le moi [*Selbst*], tel qu'il existe en soi, ou le sujet transcendantal, mais seulement un phénomène donné à la sensibilité de cet être qui nous est inconnu. L'existence de ce phénomène intérieur en tant que chose existante en soi ne peut être admise, puisqu'elle a pour condition le temps et que le temps ne peut être une détermination de quelque chose en soi[122].

Or, si l'on adopte le principe selon lequel tout ce qui se distingue d'autre chose est réel (quel qu'il soit son niveau de réalité), la distinction à peine vue entre tous les instants de notre vie et la conscience de notre unité personnelle suffit déjà à nous rassurer sur la consistance des uns et de l'autre. Il faut, bien sûr, savoir à quel niveau de réalité on se situe, c'est-à-dire à laquelle des trois sphères de l'être, du vrai et du bien on se rapporte (puisque la notion de réalité est analogue).

> Kant exclut que de la simple proposition : « Je pense » (*cogito*) l'on puisse conclure à la substantialité, à la simplicité, à l'unité et à l'immortalité de l'âme[123], car la proposition : « Je pense » n'a, dit-il, qu'une valeur logique. Il semble donc d'autant plus incompréhensible qu'ensuite Kant puisse ajouter que « tous les phénomènes [...] ne sauraient exister en dehors de notre esprit[124] ». Le sens évident de cette phrase est, pour Kant, que nos représentations ont un statut purement logique, mais la formulation pourrait laisser entendre qu'il existe un esprit pour accueillir ou loger ces représentations. Une clarification s'impose donc. En fait, que signifie placer à l'intérieur (de la conscience ?) des informations quand il n'y a pas réellement d'intérieur comme il n'y a pas d'extérieur, car, au fond, il n'y a pas réellement de sujet ? Et quel sens y a-t-il à affirmer une conscience ayant des fonctions et un contenu purement formels, s'il n'y a plus que ce « contenu »[125] ?

En fin de compte, pour Kant, non seulement il n'y a pas l'être du noumène mais il ne faut pas non plus un sujet pour que sa pensée (ou une pensée) soit exprimée. Toutes les formulations mentales – affirmation, négation, cohérence, doute, contradiction, itération, extrapolation, interpolation et infini – ne trouvent plus de place ni dans le sujet ni ailleurs, (de même qu'il n'y a de place nulle part pour l'être et pour la finalité, c'est-à-dire pour une réalité effective et pour une moralité qui soient autre chose que l'intention)[126].

Kant nie la réalité du sujet qui pense car l'unité du sujet n'est que logique, précise-t-il. L'intuition intérieure, selon Kant, ne donne que le sujet phénoménal, rien de ce qui est en soi. En fait, l'assertion : « je suis » n'assure aucune conception de ce que je suis. Pour Kant, la consistance du sujet est donc nulle ou tout au moins vague. Il s'agit aussi d'un sujet purement formel, nous dirions notionnel. En se rapportant à l'élément de solipsisme que l'on rencontre dans la philosophie moderne, Simone Weil (1909-1943) dit :

> L'esprit n'est forcé de croire à l'existence de rien (subjectivisme, idéalisme absolu, solipsisme, scepticisme : voir les *Upanishad*, les Taoïstes et Platon, qui tous, usent de cette attitude philosophique à titre de purification). C'est pourquoi le seul organe de contact avec l'existence est l'acceptation de l'amour. C'est pourquoi beauté et réalité sont identiques. C'est pourquoi la joie et le sentiment de réalité sont identiques [127].

Dans un passage successif Simone Weil dit que le mal est monotone parce qu'il n'amène aucune nouveauté. Il serait en fait paradoxal de tirer une nouveauté de soi-même (on parle, naturellement, du sujet humain, limité). « Le mal c'est la licence, et c'est pour cela qu'il est monotone : il faut tout tirer de soi...

Or il n'est pas donné à l'homme de créer. C'est une mauvaise tentative pour imiter Dieu[128]. » Toute approche purement solipsiste, acosmique (il n'y a pas d'univers), agnostique (il n'y a pas de véritable connaissance) ou simplement « langagière » (on parle, mais on ne communique rien quant au fond) interdit l'existence, la compréhension, la communication des raisons pour le libre choix, l'acte éthique ou exercice de la responsabilité. Avec ces considérations nous sommes introduits au thème de l'éthique.

§ 37. Du formalisme gnoséologique au formalisme d'une éthique universaliste : l'impératif moral

Dans la prise en compte de l'expérience on ne peut pas se limiter à l'affirmation de simples concepts sans rapport avec l'être. Le différent rapport à l'être de ce qui est expérimenté et de ce qui est simplement conçu (par exemple, griffon, phénix, licorne ou sphinx) doit être bien souligné. Or, par des glissements de sens analogues – voire opposés – à ceux que l'on a vu jusqu'ici, Kant fait de la simple capacité de distinguer entre le bien et le mal une justification de l'éthique, une source de l'impératif moral et une raison pour choisir le bien. Malheureusement, la reconnaissance de la différence entre le bien et le mal ne fournit pas des raisons pour faire le bien. En fait, l'impossibilité de se donner de soi-même les raisons pour être bon est un des aspects de la misère morale de l'homme, misère foncière, à laquelle toute une suite de penseurs, dont Kant est l'un des plus importants, ont essayé d'apporter un remède. Nous devons, en fait, distinguer entre la capacité de distinguer le bien du mal et les raisons pour choisir le bien. Tous peuvent comprendre naturellement la différence entre le bien et le mal : en principe, elle se rapporte à la considération que le désir de vie des autres est équivalent au notre.

Mais, si le respect et la sympathie envers les autres représentent le bien, il faut encore savoir pourquoi exercer ces vertus. En fait, la vraie question éthique est la suivante : « Pourquoi donc obéir à la loi ? Pourquoi choisir le bien ? ». Aucun argument purement logique ne peut établir qu'il faut choisir le bien. Cette conclusion dépasse le niveau purement intellectuel et par conséquent il n'y a pas d'arguments pour justifier des valeurs[129] face à la révolte existentielle contre toute imposition d'une éthique. L'intellectualisme éthique de Socrate et de Platon représente une solution insuffisante car l'âme n'est pas simplement concupiscente, irascible et rationnelle. Elle est aussi pleine de désirs et de besoin spirituels, animée par une volonté, vouée à une destinée, orientée à une finalité qui va au-delà du sensible et du rationnel : nous sommes corps, âme et esprit. La limite fixée à l'âme par Platon est tout simplement fausse car en réalité tout converge dans l'homme vers la volonté[130], qui gouverne, autant qu'elle le peut, aussi bien l'intelligence que la sensibilité.

Le niveau intellectuel n'est donc pas le niveau suprême ; celui-ci est représenté par l'ouverture éthique vers l'autre (ou l'Autre). Cette ouverture à l'altérité est indispensable pour que l'homme soit complet. Néanmoins, sans vérité il n'y a pas d'éthique, sans raison pas de morale, sans intelligence[131] pas de liberté, même si la raison, l'intelligence et la vérité n'épuisent pas l'éthique. Du fait de casser le rapport entre le réel, sa connaissance et l'éthique, Kant rend, pour ainsi dire, aveugle cette dernière en lui empêchant de se donner une finalité. En fait, une finalité, pour être telle, doit être concevable.

Kant nie que l'acte éthique puisse viser un Bien, un Réel, un Autre en tant que terme, but, fin ou objet. Or, la liberté, privée de tout objectif vers quoi se tournerait-elle sinon vers elle-même ? Elle devient son propre but. Bien des philosophes modernes, dont Sartre, ne parviendront pas à une conclusion différente. Si Kant considère les autres humains comme le terme de l'action morale, il ne leur accorde, pour autant, aucun droit à revendiquer quoi que ce soit, aucune expectative, même aucune consistance. Certes, la véritable éthique comprend le respect de la liberté d'autrui, et elle est, au même titre, le respect de sa propre liberté, dans l'effort intérieur de se libérer de toute une série de conditionnements par la culture, la société, ses propres pulsions et ses habitudes personnelles (alcool, anorexie, boulimie, café, cigarette, drogue, internet, jeu de hasard, sexe, tranquillisants, pour ne prendre que ces exemples). Toute dépendance, même par rapport à des valeurs en soi positives, est une perte de liberté et donc immorale.

*

Kant arrive à la caricature lorsqu'il explique à Benjamin Constant que si des assassins vous demandent où se cache leur potentielle victime, vous êtes tenus à ne pas mentir. Si vous donnez une fausse information et si par hasard, sans que vous le sachiez, la victime se rend précisément à l'endroit que vous avez indiqué, vous êtes coupable de sa mort parce que vous avez menti.

Le criminel de guerre Eichmann (1906-1962), exécuté à Jérusalem, déclara – bien qu'avec quelque contradiction – avoir essayé de suivre l'éthique kantienne en exécutant les ordres reçus[132]. « Puisqu'elle ne considère pas les désirs et les besoins des gens réels, elle se prête à soutenir l'autoritarisme[133]. » En fait c'est une éthique du devoir et indirectement encourage l'obéissance, même quand il est question d'actes reprochables. Ce qui joue en faveur de l'autoritarisme est l'intériorisation du sens du devoir. Ceci représente une sérieuse indication que l'éthique kantienne n'a pas de garde-fous efficaces, car une éthique doit être basée sur la proportion. Nous lisons :

> les théories morales modernes, en l'occurrence celles de penseurs rationalistes comme Kant et Spinoza, ont fait du désintéressement de l'autre la condition même de la moralité et de la justice. En fondant l'idée de norme morale sur la présupposition de l'absence d'intérêt, sur ce qu'on qualifie aujourd'hui de pluralisme, et en lui donnant pour fonction de corriger l'intérêt particulier, elles ont condamné les pratiques morales et politiques à promouvoir la froideur comme seule position éthique légitime[134].

IV. L'IMPÉRATIF CATÉGORIQUE

Kant propose l'éthique de la bonne intention d'accomplir son devoir. Cette éthique est formaliste, plutôt que contextualiste (dépendant des circonstances), argumentative (supposant un dialogue), conventionnelle (supposant des accords), conséquentialiste (visant des résultats), comme d'autres éthiques modernes. Ce devoir, ne pouvant être réduit à d'autres principes plus fondamentaux ou supérieurs, se résume dans l'impératif catégorique : « Agis de telle sorte que la maxime de ta volonté puisse en même temps toujours valoir comme principe d'une législation universelle[135]. » Afin de représenter le devoir kantien, cet impératif exige d'être applicable à tous et à chacun, dans quelque situation que ce soit, même à supposer que les rôles des individus soient échangés.

D'une part, par rapport à son contenu, l'impératif de Kant se rapporte au précepte biblique : « tout ce que vous voulez que les hommes fassent pour vous, faites-le vous-mêmes pour eux[136] ». D'autre part, en tant qu'expression « d'une volonté libre qui, d'après ses lois générales, doit nécessairement pouvoir, en même temps, s'accorder avec ce à quoi elle est tenue de se soumettre[137] », cette loi trouve toute sa force impérative – c'est-à-dire la capacité d'obliger à un certain type de comportement – à l'intérieur du sujet lui-même, sans recours à une autorité supérieure. L'impératif est donc subjectif et autonome. Il est aussi identique pour tous les hommes, quelle que soit leur situation contingente et quels que soient les accords pris au sein des divers groupes humains. Il est donc universaliste, au sens que tout le monde serait capable de ressentir ce même impératif et tenu d'y obtempérer.

L'éthique kantienne refuse la quête de toute autre visée, c'est-à-dire la poursuite d'une cause finale : ce serait le cas de l'éthique finaliste ou téléologique. Que l'on veuille atteindre un but égoïste, comme dans l'utilitarisme britannique, que l'objectif soit le plaisir, le bonheur temporel ou le salut éternel, toute finalité autre que la pure moralité en elle-même serait incompatible avec l'éthique formelle du devoir et de la pure intention. Kant exclut donc, au même titre, l'éthique hédoniste visant le plaisir et l'éthique eudémonique visant le bonheur, fût-il le bonheur éternel. Il est aussi exclu que la morale puisse être justifiée par la satisfaction qu'elle apporte à celui qui en suit l'impératif. L'éthique kantienne est donc celle de l'acte détaché de tout but matériel ou spirituel : pour Kant on ne suit pas la morale en vue d'autres intérêts. Si l'éthique kantienne a des bases pratiques, le mot *pratique* ne signifie pas que l'éthique promette un bonheur temporel ou éternel : de telles considérations n'auraient aucun rapport avec l'impératif éthique de notre philosophe.

Kant ne propose qu'une forme de la moralité, mais derrière l'impératif il y a le vide des fondements, l'absence d'ultérieures raisons pour accomplir le bien [138]. Pour que l'action soit motivée uniquement par la forme pure de la moralité, toute raison de bienveillance ou d'intérêt doit être exclue. Cet impératif subjectif exclut tout personnalisme, même si ses prescriptions concernent le comportement envers d'autres personnes. En fait, en suivant la logique de Kant, la décision de vivre avec (contre ou pour) les autres sera prise pour des raisons intérieures, qui n'ont rien à voir avec la réalité des autres comme personnes concrètes, avec leurs besoins et leurs désirs. Et cela nous semble trop peu.

Ce qui préoccupe le plus est le refus kantien d'accorder à l'éthique une raison d'être. Selon Mac Intyre, l'impératif catégorique en tant que devoir, sans autre raison, est aussi inintelligible et arbitraire – en termes éthiques – que le tabou des Polynésiens qui, lui au moins, a des connexions historiques et pratiques[139]. Attentifs à l'immense variété de formes que prend la morale sur le terrain, nous avons le droit de nous demander :

- est-ce que la loi morale est vraiment la même pour tout peuple, pour tout individu ou doit-elle varier d'un peuple à un autre, d'une communauté à une autre, d'une personne à l'autre ?
- la loi morale concerne-t-elle la personne en tant que telle ou en tant que membre d'un corps social ?
- si la loi vaut en fonction de l'appartenance au groupe, quel est alors le processus mental par lequel l'individu impose à soi-même, en tant qu'impératif éthique, la loi formulée par l'instance sociale appelée à légiférer ?

§ 38. Du formalisme éthique à l'autonomie d'une éthique sans autre but

Selon Kant, non seulement la conscience individuelle est juge de l'adéquation de l'action à l'impératif éthique, mais – chose bien plus importante – elle seule accorde à cet impératif le poids nécessaire pour imposer la bonne action. Comme la chose se décide entre le sujet et lui-même, seule son évaluation personnelle compte. Ainsi dans le for intérieur de chacun, le sort fait aux autres dépend de critères formels allant jusqu'à ignorer la réalité et les exigences d'autrui. Il s'agit essentiellement d'être en ordre avec soi-même. Dans cette perspective, à proprement parler, on ne rend pas « à chacun le sien », car le sujet ne pourra jamais admettre d'avoir des comptes à rendre à autrui.

V. L'AUTONOMIE ÉTHIQUE, EXPRESSION DE LIBERTÉ

L'autonomie éthique correspond à l'aspiration purement humaine à se donner par soi-même une loi morale. Il n'est plus question d'une loi morale extérieure à l'individu, qu'il s'agisse de la loi de l'État, de l'Église ou de Dieu. L'éthique kantienne, en tant qu'expression d'une recherche de la liberté sans autre finalité a l'«avantage» de s'imposer tout en faisant l'économie d'une prise de position intellectuelle, notamment par rapport aux dogmes chrétiens. En fait, cette morale prônée par Kant, endogène, autonome, n'ayant aucun besoin de se confronter avec le jugement divin, n'est autre chose que l'éthique de la liberté pour la liberté. Mais la raison de fond pour laquelle l'autonomie éthique kantienne est arbitraire, est que l'homme est – fondamentalement – insuffisant et limité. Cette insuffisance est la base même des preuves de l'existence de Dieu, de la doctrine spirituelle, bref de toute réflexion religieuse.

Il y a quelques décennies on lisait sur les murs, tracé à la craie ou au charbon : « Ni maître, ni Dieu ». Maintenant les graffiti proclament : « Ni vérité, ni règles. » Toute vérité ou règle est ressentie comme une offense, comme une prévarication, comme une agression à la souveraineté individuelle. En refusant toute loi ayant une valeur absolue, le monde occidental d'aujourd'hui va certes au-delà de ce que Kant avait envisagé. Toutefois le rejet d'un code éthique définitif pourrait encore être un reflet, dans la conscience de nos contemporains, du schisme entre l'éthique et la vérité si fortement appuyé par Kant.

La prétendue autonomie éthique n'est pas une éthique du tout, mais aux mieux un rappel du libre arbitre. Les développements apportés par Nietzsche montrent combien l'autonomie éthique au sens kantien peut être source de corruption des principes moraux. Nietzsche, en fait, à partir de l'autonomie éthique, peut tirer la morale défiante du maître ou du Surhomme, assignant à d'autres l'éthique de l'esclave, ce qui représente le déni à la fois de l'universalité de l'éthique et de son caractère universellement bienveillant.

En reprenant l'observation de Lacan, selon laquelle Sade est la vérité (existentielle) de Kant, nous pourrions aussi dire que Nietzsche est la vérité (philosophique) de Kant et que Kant, en bannissant la raison spéculative de la sphère éthique, est la vérité (théologique) de Luther lequel, à sa manière, avait banni la raison de la sphère de la foi. Et pourtant, saint Augustin dit que nous ne pourrions même pas croire si nous n'avions pas des âmes rationnelles[140]. Kant élimine en fait les raisons ultimes de l'éthique de manière que – en principe – toute éthique devient défendable au nom de l'autonomie c'est-à-dire de la liberté pour la liberté.

Quand on peut proposer indifféremment l'éthique du maître ou l'éthique de l'esclave, l'éthique démocratique des procédures ou l'éthique du révolutionnaire, c'est qu'il n'y a pas d'éthique universelle au sens kantien. Quant aux fruits historiques du principe de l'autonomie éthique, il suffit d'ouvrir les yeux *« si monumentum quaeris, circumspice »* (regarde autour de toi, si tu cherches quelque chose d'impressionnant).

Le principe de l'autonomie éthique sera repris sous diverses formes jusqu'à l'éthique démocratique des consensualistes, qui considère toutefois la société – et non pas l'individu isolé – comme source de la moralité. Comment se fait-il que depuis cinq siècles le monde occidental (et depuis plus longtemps le monde oriental de l'Inde à l'Extrême-Orient) essaie d'attribuer à l'éthique cette autonomie par rapport à la connaissance ? Il doit s'agir d'une exigence assez profondément enracinée.

La loi de Kant est purement formelle, c'est-à-dire sans rapport avec un objectif, de la même manière que son « sujet » est purement logique, c'est-à-dire sans rapport avec la réalité.

Kant entend ainsi protéger son éthique et sa foi morale de toute critique, mais il les protège en même temps de tout rapport avec la réalité. En cassant la relation entre la cause finale et les deux autres causes, Kant coupe un certain rapport entre son éthique et la vie.

Si Kant ne se détourne pas complètement de la vie – la chose étant probablement impossible parce que même le repli sur soi peut être appelé vie – il se détourne quand même de la réalité et de l'altérité. Son impératif, ne s'appuyant pas sur le sens de l'être en tant que valeur, demeure finalement injustifié, suspendu dans le vide.

Dans sa pensée – il ne faut pas juger sa vie – Kant évite de donner une réponse à l'ardent désir qu'en principe nous ressentons tous de vivre, de vivre en relation avec les autres et de vivre pour une bonne raison. Dans sa réflexion il évite de se confronter avec les sources et les raisons de la vie éthique, de la même manière qu'il échappe à la réalité dans le cas de la connaissance.

En fin de compte, Kant opère une réduction analogue à celle accomplie par Platon. De même que l'éthique platonicienne est incomplète, étant essentiellement contemplative (intellectualisme éthique), à celle de Kant manquent les fondements de la morale. Alors que Platon parle de l'idée du Bien, ses principes éducatifs et de gouvernement sont basés explicitement sur le mensonge. De ce fait, il tombe très bas dans la considération, par exemple auprès de Popper. Kant sait surement ce « qu'il faut vouloir » – il garde cela de la pluriséculaire expérience chrétienne et de la nature elle-même – mais il nie tout rapport entre le bon vouloir et un but quelconque.

§ 39. La preuve de l'existence de Dieu par l'éthique

L'accueil des preuves de l'existence de Dieu suppose le désir de reconnaître la valeur intrinsèque du réel. Dieu même ne pourra nous juger que sur la mise en œuvre de ce désir ; il ne nous jugera pas sur nos capacités intellectuelles.

Kant sacrifie la connaissance du réel à la morale, et ceci pour éviter qu'une connaissance inspirée par le déterminisme de la science de son siècle en vienne à nier la liberté dans l'exercice de la volonté. Issu d'une tradition piétiste, Kant ne considère la liberté qu'en vue d'un engagement moral purement mondain. En fait, selon la plus pure tradition protestante, cette liberté ne peut pas jouer un rôle un vue du salut éternel. Kant reprend une autre intuition de la Réforme en proposant une éthique indépendante de la connaissance. Selon sa philosophie transcendantale l'éthique ne relève que de l'intimité de la conscience sans aucun rapport avec la saisie du réel. (Il est quand même étonnant, sinon paradoxal, qu'il développe toute une éthique, alors qu'il considère impossible la connaissance de sujets réels auxquels elle s'appliquerait.)

L'antinomie de la raison pratique, introduite par Kant, concerne ces deux affirmations plus ou moins spéculaires : 1) l'aspiration au bonheur déclenche l'intention vertueuse ; 2) l'intention vertueuse amène au bonheur.

La première proposition (1) est pour Kant absolument fausse parce son éthique, basée sur l'impératif moral sans autre condition, est étroitement formelle. Quant à la deuxième proposition (2), affirmant que le bonheur est la récompense de la vertu, elle peut être vraie ou fausse, de manière analogue à ce qui se passe pour les antinomies de la raison pure, selon que l'on se situe respectivement dans la sphère du noumène ou du phénomène. Grâce à ce qu'il appelle une foi morale, Kant estime qu'elle soit vraie dans la sphère nouménale, car dans la sphère des phénomènes, de toute évidence, la récompense de la vertu n'est pas assurée.

Or, la connexion entre le bonheur et la vertu, que Kant juge indispensable, ne peut être assurée que par la divinité. Kant appelle « souverain bien » l'association de la vertu et du bonheur éternel, qui sanctionne le comportement moral de l'homme. La raison pratique postule, à son point de vue, un Dieu qui assure cette association de la vertu et du bonheur.

Mais le Dieu qui ne fait qu'assurer la récompense des justes, sans être à la source de l'ordre moral – ainsi que de toute raison et de toute création – est un Dieu diminué. (La vraie religion et le vrai bonheur de l'homme consistent dans l'accueil, en tant que don, de l'ordre établi par Dieu dans son entièreté, non pas seulement de certains de ses éléments.)

VI. PREUVE DE L'EXISTENCE DE DIEU, A PARTIR DE LA SPHÈRE DE LA VOLONTÉ ET DE LA FINALITÉ (ARGUMENT TÉLÉOLOGIQUE)

A part vous, qu'y a-t-il pour moi dans le ciel ? Et quand je vous possède, rien ne m'attire plus sur terre[141].

Kant déclare souvent que nous ne pouvons pas prendre réellement en considération les preuves de l'existence de Dieu du fait que nous ne possédons pas une idée adéquate de la divinité. Demandons-nous donc si la « preuve » de l'existence d'un Dieu par la raison pratique proposée par Kant est dans un rapport quelconque avec la preuve classique de l'existence de Dieu par la conscience éthique, dite preuve téléologique ou par la finalité ? Bien que Kant suppose la réalité d'un ordre moral en rapport avec le bonheur, sa preuve nous semble assez faible, de même que son Dieu est fort limité du fait de ne pas donner la loi et de ne pas juger.

La preuve téléologique classique indique, en fait, que la suite des moyens et des fins, la quête du bonheur, les normes éthiques, notre besoin d'un ordre moral nous situent à un certain niveau de réalité et forment un système qui doit avoir une raison d'être, comme toute autre réalité. La sphère éthique et l'ordre moral impliquent, en fait, une relation entre des actions et leurs effets, qui ne sont pas liés mutuellement uniquement par la cause efficiente, mais sont aussi liés en tant que moyens subordonnés à des fins. Bien que le domaine d'application soit autre, la démarche intellectuelle de cette preuve ne diffère pas de celle des preuves par les vérités éternelles (2+2=4, principes de raison, etc.) et par l'existence d'un monde multiple et coordonné.

Tout ce que nous connaissons existe en fonction de rapports réciproques qui permettent aux choses de se démarquer du néant. Il faut expliquer non seulement l'existence individuelle des différentes choses, mais aussi leur ensemble, c'est-à-dire leurs relations et l'unité du cosmos. Ou plutôt il s'agit d'une seule question : comment ces choses, qui ne sont rien en elles-mêmes, peuvent-elles entrer dans ces rapports réciproques grâce auxquels seulement elles existent ? Cette question renvoie à Dieu, compris comme une réalité capable d'établir cette relation primordiale entre les autres choses, n'étant pas lui-même soumis à des relations qui le définissent (ontologiquement, éthiquement et logiquement), le limitent et lui prescrivent un champ d'action circonscrit. En d'autres termes, s'il y a l'être dépendant, il y a l'Être indépendant. Son action répond au caractère créatif, positif, cohérent de l'être, du bien, du vrai. Soulignons que comme toute preuve de l'existence de Dieu, cette preuve est désamorcée par Kant par le refus de l'être, de sa connaissance et de toute finalité.

Kant ne propose pas seulement un panlogisme qui exclut tout être et laisse subsister la seule pensée, mais aussi un impératif éthique surgissant de l'intérieur, excluant la finalité ultime ou bien ultime identifié avec Dieu. Sa morale endogène, autonome, n'ayant aucun besoin de se confronter avec le jugement dernier, n'est autre chose que l'éthique de la liberté pour la liberté, que nous pouvons prendre en compte comme réalité ontologique, mais nullement comme critère moral. Kant garde en effet les normes chrétiennes du comportement mais il leur donne un tout autre sens en retirant leur fondement ultime en Dieu. Le fond de la pensée de Kant, tel qu'il apparaît dans son *Opus postumum*, est que l'existence même de Dieu en tant que substance hors de moi et explication des phénomènes plus que « faire problème[142] » doit, en fait, être niée[143]. Celui de Dieu n'est qu'un concept, et ce concept doit être ramené à l'impératif moral, selon

> la formule de la connaissance de tous les devoirs humains comme (*tamquam*) commandements divins, quand l'impératif catégorique du devoir fait résonner sa voix de fer entre les attraits des sirènes des excitants sensibles ou aussi de ce qui menace ou fait peur[144].

Et, en marge, Kant ajoute : « Le concept de Dieu est l'idée d'un être moral, qui, comme tel, juge et commande universellement. Cet être n'est pas une chose hypothétique, mais la raison pratique elle-même dans sa personnalité et avec ses forces [...][145] ». Pour Kant « Dieu, le monde (tous deux hors de moi) et le sujet raisonnable qui lie tous les deux » n'ont pas de substance[146]. Kant va jusqu'à qualifier de folie fanatique prendre des idées pour de perceptions et croire ou même souhaiter l'apparition de l'Être suprême[147], c'est-à-dire prendre l'idée de Dieu pour une perception

Enfin, pour Kant « Dieu est le sujet de l'impératif catégorique des devoirs[148] », sa sainteté même, le lien entre le spéculatif et le pratique, pourvu qu'il ne s'agisse pas d'un commandement donné par un Dieu réel à travers une Révélation bien historique[149], car cela ne satisferait pas les critères de « la religion dans les limites de la raison ». L'inconvénient du christianisme, au point de vue de l'autonomie kantienne, est que pour accepter la solution qu'il propose il faut non seulement tenir un certain comportement mais surtout accepter intellectuellement, dans la foi, des événements comme la mort et la Résurrection du Christ et les enseignements de l'Église – corroborés, par les miracles et la sainteté – qui n'ont pas d'intérêt pour des philosophes. L'autonomie éthique proposée par Kant est, par contre, la revendication du droit, du devoir et de la capacité qu'aurait l'esprit humain de se donner sa propre loi. Or, cette solution du problème éthique n'exige qu'une « foi morale » qui laisse une grande marge d'indépendance sur le plan intellectuel et spéculatif.

Saint Thomas dit que le bonheur éternel promis par Dieu consiste dans la contemplation de Dieu dans son essence et en tant que Cause première de toutes les choses. Cette contemplation n'est pas un acte de la volonté ou de l'intellect pratique, tourné vers l'action, mais de l'intellect spéculatif. Kant n'est pas si circonstancié sur ce qu'il entend par bonheur éternel, mais selon Mac Intyre, introduire la sanction divine – à travers la notion de souverain bien – dans une éthique qui se veut indépendante de toute récompense, comme le faisait Kant dans la *Critique de la raison pratique*, manque un peu de sens[150].

§ 40. En fait, notre « justice » ne peut être que la « reconnaissance » et l'accueil de l'amour

En fin de compte, la réduction kantienne à la pure représentation mentale sans sujet et sans objet permet d'esquiver l'implication essentielle de la réalité du monde avec ses limites, et donc de priver de leur nerf les preuves de l'existence de Dieu. Or, le seul qui peut intéresser l'homme c'est le Dieu anthropomorphe, qui est donc en rapport avec la sensibilité et l'intelligence humaines : le Dieu d'Abraham, d'Isaac et de Jacob, qui agit dans l'histoire et dont on peut prouver l'existence. C'est précisément le « Dieu avec nous » de l'Écriture et de toute la tradition judéo-chrétienne ; le Dieu qui a fait l'homme à son image et à sa ressemblance[151] et qui s'est incarné dans le Christ, de manière que non seulement Dieu est anthropomorphe mais l'homme est « théomorphe ».

Un Dieu nouménal, étranger à toute connaissance, est un « dieu inconnu », totalement éteint, certes sans trace d'anthropomorphisme, mais parfaitement « inutilisable » pour la vie spirituelle. De façon surprenante, Kant parle encore de

Dieu, bien que l'absence d'une base cognitive ne permette plus d'y discerner la majesté de Celui qui a créé le Ciel et la Terre et qui donne un sens à nos vies à travers son amour exigeant. L'usage que fait Kant de Dieu, le réduisant au rôle de simple garant du bonheur destiné à accompagner la vertu, est très modeste et en rapport direct avec l'insignifiance métaphysique qu'il lui réserve. Imité par Fichte, Kant fait de la loi morale une base trop étroite pour soutenir la responsabilité, le sens de la vie, les relations interpersonnelles et notre rapport avec la divinité. Le Dieu d'amour – nous le verrons avec Kierkegaard – doit être bien plus grand que la loi morale.

Le fond de la question est en tout cas ceci : l'on accepte ou l'on refuse Dieu non pas pour des raisons qui sont prioritairement intellectuelles, mais sur base d'une décision concernant le sens, l'éternité, l'amour, et c'est probablement en fonction de cette attitude fondamentale que l'on définit le rapport entre la volonté et la connaissance. La démarche de Kant amène à redimensionner et puis, notamment dans l'*Opus postumum*, à exclure Dieu. Des philosophes qui le suivront se chargeront de réduire la morale à l'arbitre.

Au nom de la priorité de l'éthique, Kant élimine en particulier la prise en compte de la valeur de l'amour divin. Toutefois, cet amour divin nous semble le seul fondement concret et possible de la morale qui, détachée de ce fondement, peut être purement citoyenne, politique, laïque, et peut même déchoir en moralisme (le moralisme c'est la morale appliquée aux autres), d'ailleurs invoqué souvent contre la religion. La loi kantienne du devoir peut être un reflet de la grandeur de Dieu, comme le ciel étoilé, mais n'est pas la plus haute expression ni de la majesté de Dieu ni de la noblesse de l'homme. L'amour de Dieu est la vraie forme de la morale chrétienne qui respecte le caractère à la fois intelligible et libre de l'éthique.

Si Kant a raison de ne pas situer son impératif éthique à un niveau exclusivement cognitif, il est également vrai que la connaissance est nécessaire pour amorcer toute décision. Et l'amour naturellement doit être connu, puisqu'il existe justement pour se communiquer. Au niveau suprême, l'amour qu'il faut connaître pour aimer à notre tour est l'amour d'un Dieu, qui donne toute chose bonne, se donne dans le Christ et pardonne.

En conséquence du caractère limité et relationnel de l'homme, son autonomie éthique constitue en réalité le déni de l'éthique. L'autonomie éthique nie aussi la possibilité de fonder l'éthique sur sa base la plus convaincante – en fait la seule possible – qu'est l'amour. Partant de l'autonomie éthique ni Kant, ni des auteurs qui s'en inspirent, n'auraient jamais pu parvenir à une morale du respect des autres et de la solidarité[152], si ce n'était à cause de la survivance d'une inspiration chrétienne ou simplement humaine, qui ne découle pas nécessairement du principe philosophique de l'autonomie morale.

*

Par référence aux trois niveaux du réel, de l'intelligence et de la finalité, Kant nie en premier lieu, sur le plan ontologique, la réalité du phénomène. En deuxième lieu, l'épistémologie kantienne restreint la connaissance aux phénomènes et à sa propre philosophie transcendantale. Il s'agit donc d'une connaissance « diminuée », puisque elle ne porte pas sur le réel. En troisième lieu, Kant écarte le but comme motivation valable pour obéir à la loi morale. Plus que d'une « diminution » de l'éthique réduite à pure obligation, il s'agit du déni de son fondement même qu'est le besoin de sens dans le rapport personnel avec Dieu, donneur de sens.

Ayant détaché la connaissance du réel et l'éthique de la connaissance, et ayant évacué le but de l'action, Kant annule indirectement la liberté, devenue maintenant sans objet et donc encline à l'arbitraire, comme on le voit dans la prolifération d'éthiques divergentes. Vers qui ou vers quoi devrait-elle s'orienter ? Le démon, qui est rusé, s'est servi de la religion du devoir, de l'éthique pour l'éthique ou de l'éthique sans autre raison de Kant pour « démontrer » l'inutilité de la religion. La suite, nous la connaissons : actuellement tout résidu de l'éthique chrétienne est graduellement abandonné, à l'avantage d'une éthique, si on peut l'appeler ainsi, de l'autoréalisation. La gnoséologie et l'éthique formalistes de Kant y sont pour quelque chose.

Nous concluons par une image : un enfant regarde en direction de la fenêtre et aperçoit sur le verre le reflet de sa face. Quelle horreur, s'il n'y avait rien au-delà de la vitre ou s'il ne pouvait jamais y jeter son regard ! Telle est toutefois la proposition de Kant. Mais, avec cela, Kant a raison sur deux points essentiels :

- on ne peut pas connaître pleinement ce que Dieu est en soi-même (mais on peut *reconnaître* qu'il est donneur de vie et de l'ordre moral) ;
- le niveau de la connaissance ne renferme certes pas l'éthique et il ne peut pas contenir des injonctions morales (mais sans *savoir* que l'on est aimé, il n'y a pas d'éthique).

DEUXIÈME PARTIE.

LE VERTIGE DE LA SPÉCULATION ALLEMANDE : DE LA PENSÉE DIALECTIQUE À L'UTOPIE

§ 41. Des formes opposées d'idéalisme

Dans la connaissance humaine les idées sont tirées de la réalité des choses expérimentées et normalement on ne devrait pas essayer d'inverser ce mouvement. Le repli d'une partie de la pensée occidentale dans l'idéalisme au sens moderne constitue précisément cette inversion, ce retournement du sens des fonctions. L'idéalisme moderne c'est aussi un dédoublement inconcevable de la réalité et du connu[153]. Si telle n'est pas la tendance du plus grand nombre des penseurs, elle l'a été pour des philosophes qui, à l'un ou à l'autre moment, ont acquis la plus grande notoriété.

Soulignons, en premier lieu, l'opposition entre l'idéalisme de l'Antiquité, d'une part, et, d'autre part, l'*idéalisme allemand*. L'*idéalisme de Platon* était en fait hyperréaliste, jugeant que les idées – les vérités éternelles, objet de pure contemplation pour l'esprit humain – se situent dans le monde *hyperuranien* (littéralement « au-delà du ciel ») et n'admettent aucun fondement expérimental.

L'*idéalisme platonicien* voit donc le conçu, l'essence, l'idée comme ayant une réalité en soi, indépendamment du monde sensible. Les idées, subsistant dans un monde hyperuranien en tant que réalités ultimes, ne tombent pas directement sous les sens. Ce qui pour Platon était contestable n'était certes pas la connaissance intellectuelle, donnant accès au monde des Idées, mais plutôt la connaissance sensible nous mettant au courant des choses de ce monde. Chez les Grecs, en général, il n'y eut pas de tentatives sérieuses de ramener l'origine de la connaissance à la conscience du sujet. Certes, il y eut des sophistes, des cyniques, des épicuriens, des stoïques et des sceptiques qui, d'une manière ou de l'autre, doutèrent des connaissances acquises respectivement par la raison ou par les sens. Mais, dans aucun cas, on ne peut parler de subjectivisme au sens d'une fermeture solipsiste sur le sujet. Cela aurait contrasté avec l'exubérance, l'extraversion, la curiosité des Grecs anciens, ouverts sur autrui, sur autre chose, et même sur le monde des Idées. Pour les Grecs, en fait, l'erreur de la raison ou du sens était tout simplement le faux, l'égarement, le néant, bien synthétisé par l'expression du sophiste Gorgias : « Rien n'est réel ; même si quelque chose existait, on ne pourrait pas la connaître ; l'être fût-il connu, sa connaissance serait incommunicable ». Et Aristote aux sceptiques se limitait à dire : « Si vous niez la connaissance, vous n'aurez plus rien à dire, ce sera le silence, mais le silence total. »

La première modernité a été rationaliste au sens d'une certaine réduction de la connaissance à l'activité intérieure de l'homme, à ses idées, à sa raison, et ceci même auprès de philosophes, comme Locke, Berkeley et Hume, que l'on appelle pourtant empiristes. Pour l'amorce de la deuxième modernité il faut considérer le rôle du romantisme, qui a un caractère à la fois moral et artistique. Dans le rationalisme – quelles qu'en soient les nuances – on rencontre un universalisme, un cosmopolitisme qui fait défaut au romantisme. Le succès de Rousseau est typique d'une nouvelle sensibilité culturelle se préparant à supplanter le rationalisme des Lumières : Kant lui-même avait été fasciné par l'appel à la conscience morale de l'*Émile*.

À la charnière entre la première et la seconde modernité nous rencontrons, en fait, Kant. Ce maître à penser établit l'autonomie éthique du sujet en l'isolant complètement du réel, considéré en tant que *chose en soi* inconnaissable. Nous avons inclus Kant parmi les philosophes de la première modernité car il en couronne l'effort visant à réduire la réalité à une forme d'activité intérieure. En fait, tel a été l'objectif du courant principal de la pensée philosophique depuis Descartes, qui avait fondé toute sa pensée sur le *cogito*, expression intérieure. Chez Leibniz, c'est la logique, la connaissance ou, si l'on veut, la vérité qui absorbe la totalité – jusqu'à l'exclusion d'une réalité concrète. Kant exclut, à son tour, la réalité, sauf que maintenant c'est l'impératif éthique *a priori* de la raison pratique à prévaloir sur l'activité purement spéculative, qui doit s'arrêter à la science des phénomènes. Kant ne donne à l'éthique qu'une « raison d'être » formelle, à l'exclusion de la finalité, qui dans le rapport interpersonnel assure la complétude, l'amour, le bien. L'être, le bien et une véritable connaissance sont ainsi éliminés en faveur d'une prescription du devoir sans corps, sans but, et sans un véritable savoir. D'ailleurs, la philosophie transcendantale kantienne est appelée elle aussi idéaliste parce que Kant considère l'activité de l'esprit humain comme obéissant à une cause formelle ou exemplaire ne pouvant pas nous faire connaître la réalité. L'«idéalisme» de Kant s'oppose ainsi à l'idéalisme platonicien qui identifie le réel et le conçu.

Il faut encore souligner l'opposition entre l'idéalisme transcendantal anhistorique de Kant et le nouvel idéalisme de Fichte, Schelling et Hegel. Si Fichte abaissera la Nature en tant qu'antithétique au Moi, Schelling en fera l'autre pôle à côté de l'Esprit. Quant à Hegel, il fusionnera les trois sphères de la *réalité*, de la *connaissance* et de l'*éthique* dans cette totalité qu'est le processus dialectique d'évolution de la conscience. Hegel voit dans le progrès de l'humanité la manifestation de l'Esprit, l'auto engendrement de la divinité ou tout au moins du Moi[154]. Hegel nous apprendra à penser en termes historiques, quelque forcées que soient ses adaptations de l'histoire à ses schémas. Après Hegel, malgré tant d'efforts pour ramener la réalité à la pensée (ou à l'éthique), une nouvelle tendance se dessinera dans laquelle l'expérience tendra à absorber l'essentiel de l'attention au détriment de son pendant, le concept. Le Père Lonergan, nous dit :

> Les empiristes ont essayé de fonder la connaissance objective dans l'expérience, les rationalistes de la placer dans la nécessité, les idéalistes ont fait recours à la cohérence. Ils ont tous en partie tort et en partie raison. En fait l'objectivité de la connaissance humaine est un instrument à trois cordes ; il y a

une composante expérimentale signifiant que les données en question sont en fait données ; il y a une composante normative qui réside dans les exigences de l'intelligence et de la rationalité conduisant le processus cognitif des données au jugement; il y a enfin une composante absolue qui est rejointe lorsque la compréhension réflexive se combine avec la normative et avec les éléments expérimentaux dans un inconditionné virtuel, c'est-à-dire dans un conditionné dont les conditions sont satisfaites[155].

TABLEAU III. IDÉALISME ET RÉALISME

		La conscience du sujet connaissant, le Moi	
		existe réellement comme substance individuelle dans notre monde	n'est pas une substance individuelle (mais elle peut être de la simple matière, l'a priori ou le divin)
Les concepts, idées ou formes intelligibles	sont réalisés dans les étants concrets du monde faisant l'objet de l'expérience	Aristote, Thomas d'Aquin, Descartes, Hegel	Atomisme, matérialisme, positivisme, scientisme réduisant le sujet aux lois physico-chimiques
	ne sont pas réalisés dans ce monde	Idéalisme de Berkeley	Leibniz, Kant, refusant le caractère probant du *cogito* cartésien
	peuvent exister dans la conscience, dans le monde hyperuranien ou en Dieu	Idéalisme platonicien ou hyperréalisme	Néoplatonisme fusionnel, gnosticisme, panthéisme, Spinoza

Une conséquence du retrait sur le factuel – *historicisme*, *positivisme, existentialisme* – en tant que dépassement (*Aufhebung*) de l'idéalisme de type platonicien et de toute métaphysique est l'élimination de la tension entre l'éternel et l'historique, alors que l'important – sur le plan éthico-religieux – est en principe ce qui est indiqué sans être expérimenté. L'accueil de la distinction entre les idées et la réalité, permettrait, comme le dirait Bossuet, de tenir les deux bouts de la chaîne. Le Tableau III présente une synthèse du développement de la réflexion sur la conscience et sur son objet intellectuel, l'idée.

§ 42. Subjectivisme moderne

Toutes les époques de recul et de décadence sont subjectives, mais les époques de progrès ont par contre une empreinte objective... Toute tendance vitale... se tourne vers le monde depuis l'intérieur, comme on le voit dans les grandes époques engagées dans un effort de progrès : elles eurent toutes une marque objective[156].

Dans une optique subjectiviste, les sensations ne sont que des phénomènes par lesquels on n'apprend pas nécessairement la réalité (extérieure) telle qu'elle. Les sensations ne donneraient que des représentations sans un rapport gnoséologique précis avec les *choses en soi*. Or, si nous sommes confrontés seulement aux phénomènes, de quel droit les rapporterions-nous à une *chose en soi* qui, par hypothèse, nous échappe ? Pourquoi ce qui est saisi immédiatement ne serait-il pas le réel qui nous intéresse, pas plus rouge qu'il n'apparaisse, pas plus dur qu'il ne soit perçu ? N'est-ce pas assez tordu d'admettre, derrière ce qui est *simplement donné*, une réalité autre, un doublon de la *donnée perçue* ? À quoi bon ce doublon ? Certes, l'homme sait de savoir, mais le *contenu* du phénomène, ayant la réalité de ce qui apparaît, n'est-il pas aussi réel que l'acte de sa perception ? Normalement la distinction entre le phénomène, en tant que manifestation à la conscience et à la sensibilité, et son *contenu* ne devrait pas impliquer le déni de la réalité de ce même contenu, pourvu que l'on accepte « ce qui se manifeste » simplement comme « ce qui est *apparent* », au sens du participe présent du verbe *apparaître*, non pas au sens de *vaine apparence*, de fantôme ou de rêve. D'ailleurs, le rêve est tout à fait réel, même quant à son *contenu*, sauf que celui-ci se situe dans un contexte autre que celui des données dites des sens externes. En fait, chaque rêve n'est pas un autre rêve.

Rappelons que l'accueil de l'*apparaître* en tant que *être* suppose toutefois la notion d'*analogia entis*, expression qui peut être traduite par *analogie de l'être* ou plus précisément *analogie de l'étant*. C'est l'un des fondements de la philosophie aristotélico-thomiste. En quelques mots, cela signifie que la notion d'*être* s'applique à tout. Cette analogie permet de donner la même signification à l'être actuel ou possible de toutes les choses qui existent ou qui pourraient exister, bien qu'elles appartiennent à des ordres tout à fait différents. Affirmer la réalité de Dieu ou d'un moustique a ainsi le même sens. Une vraie philosophie réaliste doit considérer la connaissance sensible comme la saisie de la chose en soi, dans sa réalité, sans intermédiaire.

Bref, nous devons distinguer entre les données sensibles et notre conscience, et puis – parmi les données sensibles – entre nos organes de sens et toutes les autres choses. Sur cette base nous pouvons établir – par des procédés scientifiques et non pas philosophiques – le fonctionnement de nos sens. En fait, aucune « explication » de la connaissance par des obscures lois sous-jacentes n'est admissible au commencement. Il y a seulement l'appréciation des données, à prendre ou à laisser. Ce n'est qu'après avoir accepté ces données que l'on peut appliquer des lois, évidemment aux seuls objets connus. La philosophie subjectiviste moderne trouve difficile d'attribuer une réelle consistance à ce qui a le caractère de manifestation, d'apparition. Elle reprend à sa manière une objection de type platonicien : le connu porte les marques de la prise de conscience et pour cette raison il ne peut pas se trouver comme tel dans la nature brute.

Le mot *subjectivisme* indique la « tendance à ramener toute existence à l'existence du sujet ; [...] à ramener toute existence à l'existence de "la pensée" en général, à l'exclusion des "choses" ». Au-delà de cette définition métaphysique, le terme devient « vague, équivoque et tendancieux », notamment s'il sert à blâmer « dans une doctrine logique, esthétique ou morale [...] l'effet, la résultante, de goûts ou de besoins individuels [...]. Tel est, par exemple, le cas de l'utilitarisme[157] ». Emmanuel Leroux précise que « le subjectivisme, au sens métaphysique du mot, se rapprocherait du solipsisme plutôt que du monadisme et de l'idéalisme impersonnel[158] ». Le subjectivisme – au sens gnoséologique – n'admet comme réalité accessible à la connaissance que celle demeurant à l'intérieur de l'esprit. Si donc l'esprit ne peut pas sortir de lui-même, il n'y a ni nature, ni Dieu, ni d'autres esprits (humains ou non) dont on puisse tenir compte. Le *solipsisme* (absolu) n'admet ni une société humaine, ni ces rapports interpersonnels – de coopération ou d'affrontement – qui donnent tout leur goût à nos vies. Les personnalités, leurs ambitions, leur passions, dans leur individualité réelle, disparaissent derrière des archétypes universels. Dans cette perspective, comment voir dans le déroulement de l'histoire, comme le fait Hegel, l'actuation de l'Esprit ? Husserl réduit à de simples idéalités la société, la langue, la culture et tous ces personnages captivants que nous rencontrons – en tant qu'acteurs ou observateurs, triomphateurs ou victimes – dans les biographies, l'historiographie, l'histoire de la culture. Il n'y aurait, au rythme d'un temps purement virtuel, que le jaillissement d'un magma conscient et auto-conscient qui alimenterait simplement émotions et réflexions intimes.

*

Précisons que le subjectivisme immanentiste, voire le solipsisme gnoséologique (et éthique), n'ont aucun rapport avec l'intériorité chrétienne, qui n'est pas un repli sur soi-même. Saint Augustin, en s'adressant à Dieu définit un double objectif : *« Noverim me, noverim te*[159] *»* (que je me connaisse, que je te connaisse). Et il indique le moyen pour réaliser ce programme ambitieux : *« Noli foras ire, in teipsum redi, in interiore homine habitat veritas. Et si tuam naturam mutabilem inveneris, trascende et teipsum. Illuc ergo tende, unde ipsum lumen rationis accenditur*[160]*. »* (Ne sors pas dehors, rentre en toi-même : c'est dans l'homme intérieur qu'habite la vérité. Et si tu découvriras ta nature changeante, passe au-delà de toi-même. Tends là où s'allume la lumière même de la raison.) Évidemment l'invitation saint Augustin n'a pas un sens subjectiviste. Il y a ici une invitation à cultiver l'intériorité en vue de la recherche de la vérité, car l'attention à notre véritable orientation révèle la place que Dieu s'est préparée dans notre cœur. Augustin fait référence au Dieu Créateur de la tradition judéo-chrétienne, mais aussi au Dieu source d'*illumination*, en s'inspirant sur ce point de la tradition néoplatonicienne. La lumière saisie par cette intériorisation est pour les (néo)platoniciens l'*anámnesis* ou réminiscence du monde hyperuranien des Idées ; pour saint Augustin elle permet de faire attention aux principes premiers ou vérités éternelles posées en nous.

Il nous semble que l'attitude subjectiviste ne permet de rien extraire du sujet parce que, en vérité, le sujet est en interaction, il vit de relations, l'intériorité est ouverture. En fait, notre conscience subjective se constitue à partir d'un ensemble de données, mais aussi grâce à la capacité de notre esprit d'exprimer des principes éthiques et des principes de raison, de ressentir un besoin de sens ainsi que la nécessité d'un facteur d'unité dans toutes les choses. Imaginer que notre conscience hésitante, pleine de questions, cernée par toute sorte de besoins, soit le facteur unifiant, la cause de l'unité de l'univers équivaudrait au paradoxe de la constitution de l'ensemble à partir de ses parties. Comment pourraient-elles tenir ensemble ? Et comment se rencontreraient-elles ? Puisque l'homme est foncièrement dépendant, l'introspection au fond de soi-même, dans une optique subjectiviste, idéaliste, psychologiste ne peut pas donner une vérité, un sens, un fondement. La reconnaissance du réel, propre à la pensée occidentale, tant dans l'Antiquité qu'au Moyen Âge, constitue sans doute une exception dans l'histoire de la philosophie mondiale. En dehors du monde occidental, que ce soit sur le plan métaphysique par le *« syndrome du monde comme illusion des castes élevées »* de l'hindouisme[161] ou, sur le plan éthique, par *« l'auto-érotisme spirituel »* du bouddhisme[162], une grande tranche de l'intelligence humaine penche ou a penché pour le subjectivisme.

Dans le monde occidental, tant dans la première (Descartes, Locke, Berkeley) que dans la seconde modernité (Fichte, Nietzsche, Husserl), s'affirme une *épistémologie subjectiviste.*

Toutefois le déni du réel sur le plan de la connaissance n'est pas la caractéristique saillante de la modernité. Il faut encore mentionner la culture technologique, l'empirisme, le matérialisme et le nihilisme en éthique. Il peut étonner, d'ailleurs, qu'une culture marquée par le subjectivisme en philosophie s'accompagne du pragmatisme technologique, politique, éthique. En vérité, dans notre monde, quand le réel n'est pas considéré comme une représentation, il tend à devenir un simple instrument du *sujet* à travers la consommation et les accommodements éthiques au nom du *progrès des libertés*, des *droits de l'homme* et de l'*humanisme séculier*. Et c'est bien connu que les excès d'égoïsme, de sensualité et de narcissisme peuvent s'accompagner aussi bien de l'activisme que de la lassitude, les deux symptômes opposés de la dépression (*acédie*[163]) qui semble caractériser notre société.

Chapitre VIII.
Fichte (1762-1814)

Fichte, né en Saxe comme Luther et Nietzsche, était d'origine modeste et put étudier grâce à la libéralité d'un noble local. Il est le philosophe de la réduction au *Moi*, conçu comme la « chose en soi ». Ceci signifie que l'objet de toute connaissance, volition, action est un aspect ou un effet du sujet. Les notions principales que Fichte lègue à la philosophie de son temps sont celles de *dialectique* et de *pulsion*. Fichte, nationaliste, est favorable – par naïveté – au maximum d'interventions de l'État. Il est aussi un partisan de la plus grande *liberté*.

§ 43. La théologie de Fichte en rapport avec sa dialectique

La conscience du devoir ne se fonde pas sur la croyance en Dieu et sur l'immortalité, mais à l'inverse, la croyance en Dieu et en l'immortalité est basée sur la connaissance du devoir.

FICHTE[164]

Le jeune Fichte, soucieux d'affirmer la liberté comme « une puissance au-dessus de tout ce qui est sensible », prend le départ de Kant. Le monde est pour lui « l'image matérialisée de notre agir intérieur, rien que pure intelligence ». Fichte nie ainsi la connaissance sensible et par conséquent il se met dans la condition de refuser la possibilité de toute démonstration de l'existence de Dieu. L'existence de Dieu lui apparaît toutefois comme un *présupposé nécessaire* non pas pour des raisons théoriques, mais *pratiques*, comme dans le cas de Kant. Fichte considère la raison qui fonde cette nécessité de Dieu comme un « moralisme pur », de la même manière que Kant parle de « foi morale ». (Une critique juvénile de toute révélation, publiée par Fichte à Königsberg, passa d'ailleurs pour une œuvre de Kant.)

Le formalisme kantien avait déconnecté l'éthique aussi bien de la rationalité des convictions que de toute finalité. Fichte aurait pu offrir « une issue à [...ce] formalisme [...par] une reconnaissance de la finalité de la vie qui s'exprime dans la tendance morale de l'être humain[165] ». En fait, à un certain stade de sa pensée, Fichte déclare qu'agir pour le bien c'est accueillir une vie qui nous précède. Sans la préséance de l'Absolu, dit-il, nos actions ne seraient que pure affirmation de soi. Il considère que l'Absolu se réalise en nous dans l'expérimentation immédiate et vivante. Naturellement on peut s'interroger sur la consistance, pour Fichte, de cet individu dans lequel doit se réaliser l'Absolu. En tout cas, il ne semble pas que le « rapport originaire à la vie[166] » au sens fichtéen, sans un rapport interpersonnel, puisse ouvrir sur une véritable éthique.

La pensée de Fichte connaît quelques hésitations. D'une part, « à travers la loi morale qui est en nous » il parvient à l'« idée de Dieu comme législateur », mais, d'autre part, il semble se reprendre lorsqu'il déclare : « toute foi morale en un être divin qui contient plus que le concept d'ordre moral est invention et superstition ». C'est à ce point qu'apparaît chez Fichte le raisonnement de type *dialectique* destiné à prendre tant d'importance avec Hegel. Il faut, dit-il, annuler le concept « mort » – nous dirions « statique » – d'Absolu en reconnaissant sa limite : l'Absolu se manifeste de manière qu'il « ne reste plus à l'unité que le caractère d'Absolu ». Comprenne qui peut.

Par ce tour dialectique, Fichte parvient, en tout cas, à se débarrasser d'un Absolu qui pourrait le gêner ou le lier. Non seulement l'idée d'un Dieu législateur constituerait une sérieuse entorse à l'autonomie éthique d'inspiration kantienne mais, à ce stade, Fichte avance précisément les idées intimes (et sécrètes) confiées par Kant aux feuilles qui deviendront son *Opus postumum* : il n'y a pas un résidu de contenu religieux ou de Dieu au-delà de l'éthique. C'est en raison de ce genre d'affirmations que Fichte fut accusé d'athéisme et en 1799 perdit sa chaire de philosophie à l'université d'Iéna.

§ 44. La dialectique pulsionnelle de Fichte : quelle liberté ?

Fichte propose une dialectique – plus qu'une opposition – entre la *nature* et la *morale*. Il y a une tendance *naturelle* qui vise la *jouissance*. Prenant la place de *ce rapport interpersonnel qu'est l'amour*, la jouissance est typiquement impure car au fond l'Autre y figure comme un pantin pour le bon plaisir du jouisseur. On peut dire que la jouissance est un rapport interpersonnel qui attend l'autre au passage. Elle suppose un passé et un futur qui par leur enchaînement permettent de savourer la réaction des autres. Des exemples pervers de jouissance sont les cadeaux empoisonnés du style du cheval de Troie, les actes de vengeance, des forfaits comme le vol d'un sac sachant que la victime n'aura plus ses clés, ses documents et ses lunettes…

Sur le front opposé il y a la tendance *morale* qui vise la liberté. Encore une fois, il s'agit d'un critère de comportement *autre que l'amour*, car chez Fichte l'aspect interpersonnel passe en seconde ligne. Il considère comme loi, sublimation, moralité absolue seule la tendance à la liberté pour la liberté. Elle passe par la conscience de l'identité individuelle et appartient au Moi d'une manière parfaitement égoïste.

Dans l'homme il y donc deux tendances opposées. La tendance *naturelle* à la jouissance est un « penchant aveugle, un penchant dont l'être libre comme tel ne prend pas conscience, ni peut prendre conscience ». Dans la tendance *morale*, par contre, il y a la prise de conscience de la liberté. Mais dans un cas comme dans l'autre l'homme suit des pulsions. La pulsion naturelle qui vise la jouissance et la pulsion sublimée qui vise la liberté, bien que contraires, appartiennent au même Moi, au même ordre pulsionnel, qui est à la fois naturel et subjectif. La pulsion plus élevée est l'exigence de supprimer la première, pour qu'ait lieu l'affirmation du sujet. Mais aucune pulsion naturelle ne peut être évacuée et la dialectique *jouissance – liberté* doit résulter en une synthèse. Cette synthèse est l'action, la seule qui ait vraiment un caractère éthique[167]. Toute contradiction pousse à l'action et c'est là pour Fichte la justification des oppositions dialectiques elles-mêmes. En évoquant l'action en tant que perspective éthique ultime, on pense au Faust de Goethe (1749-1832) : Goethe était plus âgé que Fichte de treize ans.

Les tendances fichtéennes, justement parce qu'elles relèvent d'un appareil pulsionnel, rappellent les goûts instituant l'éthique selon Locke, goûts qui, d'une manière ou d'une autre, doivent trouver leur équilibre. Si l'insatisfaction (*uneasiness*, selon Locke) qui appelle au divin n'est que l'un de ces goûts, on voit combien les empiristes britanniques – Locke notamment – étaient déjà fort avancés sur le chemin du relativisme.

Même si l'application de la loi kantienne valorise celui qui l'applique, l'impératif kantien – quant à son contenu – exprime le plus grand respect des autres comme personnes. Kant, engagé à montrer le caractère sublime de l'éthique, n'aurait jamais considéré la loi comme une expression égoïste. La loi, pour Kant, s'exprime à travers l'autonomie éthique du sujet, mais elle est justement ce qui en lui le dépasse et le pousse à s'élever. C'est le sublime qui habite en lui. Par contre, la morale de Fichte, résultant du jeu des pulsions est la recherche d'un équilibre entre des tendances égoïstes. Au stade le plus élevé, l'éthique fichtéenne vise essentiellement le respect de soi-même comme sujet conscient, appelé à mettre en œuvre sa propre liberté afin que le déterminisme des pulsions inférieures ne l'emporte pas. La liberté de Fichte peut éventuellement avoir une signification d'autoréalisation politique ou démocratique – tout ce que l'on veut – mais elle représente un autre pas vers la fermeture du sujet sur lui-même.

*

Chez Fichte le moi limité de la conscience individuelle a l'audace de prendre possession du Moi absolu. Avec la même audace, au courant de l'hiver 1807-1808, tandis que les troupes de Napoléon défilent au son des tambours dans les rues de Berlin, Fichte prononce dans une salle de l'Académie son *Discours à la nation allemande.* Ce discours qui enflamma le nationalisme allemand est l'écho, adapté aux nouvelles circonstances, du *Manifeste à la noblesse allemande* de 1520 de Luther, également débordant de ferveur nationaliste. Et de manière analogue à Luther faisant état du dogme catholique, Fichte est aussi très téméraire lorsqu'il compare les langues des différentes nations avec la langue allemande. Alors que les premières seraient des langues dérivées par corruption, par exemple du latin, le peuple allemand aurait gardé sa langue primitive. Sous une forme plus sophistiquée, il partage avec bien des primitifs, l'opinion selon laquelle son propre peuple serait le peuple des origines (*das Urvolk*), le peuple accompli. Fichte doit à Herder (1744-1803) l'argument de la supériorité des Allemands sur base de la pureté de leur langue[168]. Cette circonstance ferait du peuple allemand le postulat pur et éternel de la raison, le peuple appelé à une mission universelle.

Prélude à l'exaltation romantique du caractère sacré et inégalable de chaque peuple, l'appel de Fichte incite l'Allemagne à un nouveau schisme du reste de l'Europe. Le Moi allemand devrait engendrer une nouvelle universalité par un acte de pure volonté[169], d'une volonté arbitraire et violente, sur l'exemple de l'appropriation du Moi absolu par la conscience individuelle. Cette universalité s'incarnerait-elle dans l'État ? Puisque dans son temps on ne s'en méfiait pas trop, Fichte avance avec le plus grand naturel qu'il revient à l'État de régler les échanges, les prix et les salaires, sans prévoir toutes les formes possibles de corruption administrative et de totalitarisme bureaucratique. Rousseau, d'ailleurs, était victime d'une naïveté analogue. Plus tard, en légitimant l'autoritarisme prussien, Hegel se situera en contraste avec l'enthousiasme libertaire, bien que dangereusement nationaliste, de Fichte. L'histoire nous instruira sur les implications de leurs discours.

Popper observe que sans Fichte il n'y aurait pas eu de Hegel, probablement à cause de l'emprunt que Hegel fit de la dialectique fichtéenne. Et lorsque Kant fut invité à donner son opinion sur le système de Fichte, il dut admettre que les propos de Fichte étaient des « vides subtilités » et il fit aussi entendre que Fichte était un imposteur malhonnête. Des auteurs comme Goethe, Schiller et Schopenhauer concordèrent avec le jugement moral de Kant. Nicolovius (1767-1839) l'appela un sycophante et un tricheur[170]. Et pourtant ce charlatan loquace, cet « apologiste superficiel d'une vulgaire infatuation », selon les propres mots de Schopenhauer, se porta volontaire comme infirmier militaire dans les campagnes contre Napoléon, et en 1814 il mourut de typhus en service.

Chapitre IX.
Hegel (1770-1831) et l'évacuation de la morale au nom du résultat historique

L'évolution historique, selon Hegel, est dialectique au sens qu'elle a lieu à travers l'opposition. La logique qui est derrière cette conception situe dans la réalité elle-même les contradictions qui ont leur source et leur siège uniquement dans l'esprit humain. L'application éthique de la dialectique hégélienne des contraires consiste à voir dans la réalisation historique le suprême jugement entre les parties en conflit : c'est strictement la morale du plus fort. Avant que le potentiel destructif de cet amoralisme soit explicité dans la pensée et dans les faits, le goût romantique du début du XIXe siècle a pu préférer, à la rationalisation statique de Spinoza la vision dynamique de Hegel, valorisant le mouvement, l'évolution et le progrès. Il faut toutefois savoir que le panlogisme et le déterminisme, présents dans les deux cas, évacuent de l'histoire toute véritable nouveauté – et toute liberté.

§ 45. L'énorme puissance de la négation : le renversement de la logique (aristotélicienne) et la réduction du réel au rationnel

Hegel devait avoir une bonne opinion de lui-même s'il pensait que grâce à son génie s'opérerait, dans l'histoire de la philosophie, le renversement de la logique (aristotélicienne). En fait, la grande découverte de Hegel est l'antilogique. Les contradictions sont pour Hegel à l'origine d'un mouvement dialectique qui fait émerger les termes opposés et, à travers la synthèse, leur unité. La dialectique hégélienne des contraires s'articule ainsi selon trois moments : la thèse l'antithèse et la synthèse. La thèse et l'antithèse sont opposées et, à première vue, indépendantes ; la synthèse est destinée à les dépasser, c'est-à-dire à évacuer leur raison d'être.

Tout d'abord, cette dialectique permet à la vérité et à son contraire de coexister, respectivement en tant que thèse et antithèse : en fait, pour Hegel il n'y a pas de vérité en dehors de cette dialectique. Selon la conception aristotélicienne, par contre, tant logiquement que dans la réalité, chaque chose ne peut être que ce qu'elle est. Elle ne peut montrer – à propos du même aspect – quelque contradiction que ce soit. Selon le principe logique d'identité, la coïncidence des opposés dans le réel, représenterait le paradoxe ultime.

Ensuite, à travers la notion de synthèse, Hegel admet que deux termes contradictoires tolèrent logiquement une troisième possibilité. Cette conception s'oppose au principe (aristotélicien) du tiers exclu et constitue l'absurdité fondamentale du tiers inclus. La logique hégélienne est ainsi celle de la chaîne de négations, de l'instabilité des conclusions. Comme elle contredit le caractère définitif de la vérité, on devrait conclure qu'elle contredit aussi sa propre énonciation.

Enfin, la contradiction qui, selon la logique aristotélicienne, devrait appartenir foncièrement à la seule raison (en certains raisonnements faux), pour Hegel se situe également sur le plan du réel, parce que le réel s'identifie au rationnel. Si, pour nous, les contradictions appartiennent uniquement au niveau de la connaissance, c'est que nous les considérons comme des fautes logiques, des absurdités ou des erreurs matérielles. Nous admettons aisément qu'il y ait des théories mathématiques en contradiction entre elles, mais il faut que chacune d'elles soit intrinsèquement cohérente. Elles peuvent coexister dans l'esprit du mathématicien, mais selon la conception que nous nous faisons généralement de la physique, on ne pourrait évidemment pas appliquer à la même réalité des théories contradictoires, sauf… en conformité avec la dialectique hégélienne. Hegel s'en prend à la connaissance intellectuelle qui, à son sens, produirait des abstractions mortes, alors qu'elle impose, en fait, des principes de raison indispensables à la cohérence, à la rigueur, à la discipline de l'esprit et donne ainsi la possibilité de dire quelque chose de significatif.

Si Kant admet encore une réalité en soi, que notre pensée ne pourrait pas atteindre dans son être véritable (quel que soit le sens précis de ces mots), Hegel, allant plus loin, dit que l'Esprit, en tant que sujet, n'admet pas un *en-soi* qui lui serait extérieur. L'Esprit, selon Hegel, oppose à lui-même – en tant qu'objet – la Nature, mais à ce stade, pour ainsi dire, personne n'en sait rien. Il faut encore qu'il devienne conscient, et ceci n'est possible que grâce à l'évolution de l'humanité à travers l'histoire. L'Esprit, qui s'était extériorisé ou objectivé comme en-soi dans la création, s'accomplit en tant que *pour-soi* à travers le processus historique. C'est ainsi que les ambiguïtés et les contradictions, logées bien souvent dans l'acte humain de considérer, c'est-à-dire dans le pour-soi, se retrouvent dans le « réel » c'est-à-dire dans l'en-soi, qui est pour Hegel « pensée objectivée » (voilà une formule à apprendre par cœur !).

Quant à savoir si Hegel est subjectiviste comme Kant, il faut dire que pour les deux la connaissance ne peut révéler aucune autre réalité que soi-même (ou sa propre structure). Dans le cas de Kant, la chose est tout à fait claire. Hegel est un peu plus complexe car, d'une part, il admet la réalité de la Nature formée d'individus finis et multiples, telle qu'elle nous apparaît, et sous cet angle on ne peut pas dire que Hegel soit subjectiviste. Mais, d'autre part, les thèses hégéliennes de l'identité des contraires, de l'objectivation de l'Esprit dans la Nature et de son accomplissement à travers les esprits finis ramènent le réel aux ambiguïtés qui trouvent leur place uniquement dans l'esprit.

Jorge Santayana (1863-1952), dans son célèbre *Égotisme dans la philosophie allemande* (1916 et 1939), remarque, en fait, que dans la dialectique hégélienne des opposés ou des contraires est implicite une monstrueuse composante d'égotisme parce que cette dialectique suppose l'effort déraisonnable « de conformer les choses aux mots, plutôt que les mots aux choses[171] ».

*

Il est inévitable que surgissent des contradictions et des négations, sauf qu'il faut aussi contredire et nier ces négations. L'ambition hégélienne est de faire ressortir à la fois les contraires et leur unité. Bien que Hegel proclame : « Ce qui est réel est rationnel, ce qui est rationnel est réel », cette identification dans sa philosophie se révèle à sens unique. En fait *c'est la réalité qui est rendue conforme à la raison*, et plus précisément à la raison *en tant qu'elle est porteuse de contradiction*.

Hegel s'uniforme ainsi à la tendance de la philosophie moderne qui, depuis Descartes, moyennant la projection dans la réalité des structures de la pensée, ramène tout au sujet pensant. L'identification du réel avec le rationnel se résume dans la formule spinozienne : *« ordo et connexio rerum idem est ac ordo et connexio idearum »* (l'ordre et la connexion des choses est identique à l'ordre des idées). Mais alors que la *libido* intellectuelle propre aux philosophes rationalistes les amène à voir les choses selon des structures cohérentes de la pensée, cette tendance rationaliste s'inverse chez Hegel en tendance irrationaliste. Pour Hegel, il s'agit essentiellement de projeter dans la réalité des contradictions propres à la raison. C'est ainsi que la contradiction rentre dans la réalité, alors que, selon la manière « normale » de voir, elle appartient uniquement à l'esprit. Par la superposition d'aspects opposés de l'expérience, notre intelligence formule des paradoxes, se confond et se trompe. L'esprit peut reconnaître les paradoxes et les erreurs en tant que tels et peut les écarter. Mais parfois il cultive le paradoxe. Il n'est pas exclu que Hegel raisonne dans ce dernier sens : sa logique, en fait, est celle de la suite des négations, du scintillement des points de vue opposés.

§ 46. Art, religion et philosophie : rapport entre ces trois expressions de l'Esprit

Nous avons indiqué, en général, les applications de la dialectique des contraires à la connaissance, à l'éthique et au devenir historique. Or, dans le domaine de la connaissance, Hegel montre trois chemins vers la vérité. L'art représente la première voie, se prévalant de la beauté. L'art fait place à la religion, s'exprimant par des représentations, et celle-ci – à son tour – demande de passer dialectiquement à la philosophie, s'élevant au concept et donnant accès à la vérité tout entière.

L'art archaïque oriental (égyptien et indien), dit Hegel, est symbolique : des figures massives, bien exécutées mais sans expression (voir le Sphinx[172] et, en général, la représentation des dieux sous une forme animale) montrent que la matière n'est pas suffisamment maîtrisée. La sensualité prévaut sur la signification, laquelle n'est pas explicitée mais seulement suggérée. Dans l'étape successive, qu'est celle de la Grèce ancienne, l'art est anthropomorphe car, selon Hegel, il exprime l'esprit seulement à travers le corps. Nous dirions plutôt qu'aucune des trois formes d'expression – l'art, la religion et la philosophie – n'est jamais assez anthropomorphe si elle ne manifeste pas pleinement que dans l'homme il y a beaucoup plus que le corps. Déjà dans la statuaire romaine, les visages expriment une grande réserve, une force retenue, un contrôle de soi-même, et ceci est un pas important dans la reconnaissance de l'individualité, base de la valeur de l'homme. Mais ce que nous appellerions l'*anthropomorphisme complet* – celui qui exprime l'ouverture de l'homme *ad omnia* (à tout), c'est-à-dire au-delà de toute limite – se manifeste dans les représentations chrétiennes du sacré. Selon Hegel, avec l'art chrétien, notamment avec le romantisme, on parvient, à un « excès d'esprit » par rapport à la matière. L'inadéquation de la matière à ce que l'on entend exprimer devient alors pleinement évidente.

*

Pour Hegel, comme il y a plusieurs étapes dans l'art, il y aussi plusieurs étapes en matière de religion. La première est celle des religions naturelles de l'Orient, ignorant la liberté et même l'opposition entre le sujet et l'objet. Dans ces religions, tout est divin, avec le Brahman indifférencié et le retour au Nirvâna, où l'individualité se perd. Il y a ensuite les religions où l'individualité est respectée, qu'il s'agisse du judaïsme ou du paganisme gréco-romain, qui font la distinction entre l'humain et le divin. Et enfin vient le christianisme, la religion absolue, dans laquelle Dieu « n'est pas seulement transcendant, mais aussi immanent[173] »... à cause de l'Incarnation du Verbe de Dieu. Le christianisme représenterait la synthèse ou le dépassement des étapes précédentes.

Hegel, fils d'un fonctionnaire des finances du Wurtemberg, né à Stuttgart, avait étudié au séminaire protestant de Tübingen. Lors de ses études de théologie il avait sans doute ressenti l'accueil de la dogmatique chrétienne comme une coupure injustifiée de la réalité et comme une entrave à l'esprit de contradiction qui brûlait en lui. En fait, dans sa *Vie de Jésus* (1795-96), il présente son personnage comme une sorte de prêcheur inspiré par la morale kantienne, astreint toutefois à se faire passer pour l'envoyé de Dieu afin de s'adapter à la mentalité des Juifs[174]. Autour de lui les Apôtres, incapables d'en assimiler les enseignements, auraient été aliénés par le dogmatisme environnant. Hegel reconnaît que le christianisme, proposant un Dieu commun à tous les hommes, assigne à l'individu un destin personnel, distinct de celui de son clan, de sa cité, de sa classe sociale. Toutefois, sa *Phénoménologie de l'esprit* (1807) présente la vision chrétienne d'un idéal hors du monde, qui prévalait au Moyen Âge, comme l'expression d'une « conscience malheureuse[175] ». Naturellement, en disant que la religion ne propose que la représentation (*Vorstellung*) de vérités qu'il appartient à la seule philosophie d'expliciter, Hegel retient du christianisme seulement ce qu'il peut réinterpréter par sa philosophie.

À notre point de vue, la vérité philosophique n'est pas une floraison hors du contexte, une éclosion solitaire, une pousse germant dans le désert, mais le fruit d'une interprétation de la vie, l'aboutissement d'une méditation sur les événements, à travers l'art et la religion, mais aussi à travers l'engagement moral. Or, Hegel n'est pas frontalement hostile à la religion, dont il voudrait même réhabiliter la fonction sociale. Toutefois, comme l'expérience historique le démontre, dès que la religion est rejetée dans le limbe des représentations et privée d'une dogmatique généralement acceptée, elle perd tout son nerf. Alors, chacun pourra prétendre respecter formellement des dogmes, tout en les vidant de leur sens, phase préalable à celle du choix personnel de son éthique de référence, de la dérision de la foi par le monde de la culture et de l'indifférence religieuse auprès des masses.

Un prétendu « christianisme de l'esprit », ayant dépassé aussi bien le stade de la loi (Ancien Testament) que le stade du dogme (Église chrétienne), risque de considérer la pleine réalisation de l'homme comme quelque chose qui lui est connaturelle. Laïcisée par la droite hégélienne, cette conception prendra la forme d'un immanentisme absolu, confiant dans les ressources de l'humanité en vue de son progrès spirituel. On pourra ainsi se passer de la religion révélée, du salut venant d'en haut. La gauche hégélienne, de son côté, situera le règne de la liberté, de l'égalité et de la justice (les lendemains qui chantent) dans un futur désormais accessible aux hommes grâce à la *praxis* révolutionnaire. Dans une optique purement matérialiste, cette même *praxis* serait la seule voie d'accès à la vérité.

*

Hegel voit des étapes aussi dans l'histoire de la philosophie. Celle-ci procéderait par accumulation, et cette accumulation doit correspondre au processus de déploiement de l'Idée, en tant qu'autoconscience divine. Les branches de la philosophie sont, pour Hegel, la Logique qui étudie l'Absolu abstraitement, la philosophie de la Nature, c'est-à-dire la science qui l'étudie concrètement, et la philosophie de l'Esprit qui l'étudie en-soi et pour-soi[176]. En tout cas, qu'il s'agisse de Hegel ou – pire – de Schelling, leurs études sur la nature sont strictement du bluff[177].

§ 47. Le Spinozastreit. Un « panlogisme » statique ou évolutif ?

Le Spinozastreit est précisément la dispute qui eut lieu en Allemagne, dans la période romantique, autour de la réception – sous de nouvelles formes – de la pensée spinozienne. Les hostilités furent ouvertes, pour ainsi dire, par Jacobi (1743-1819), qui considérait Spinoza (1632-1677) comme le plus grand responsable de l'athéisme moderne, notamment à travers l'abaissement de la Providence à la nécessité imposée par une raison universelle. Une toute-puissance qui ne respecte pas la liberté et qui n'a pas vraiment à cœur le destin individuel, même des plus petits, argumente Jacobi, n'est plus que le fatalisme impersonnel du paganisme. La chose est d'autant plus regrettable, aux yeux de Jacobi, que des aspects du spinozisme apparaissent dans les auteurs les plus importants de son temps, tels Lessing (1729-1781), Goethe, Herder, Mendelssohn et Hegel lui-même. En essayant de s'opposer – sur base du simple fidéisme, et sans succès – à la dérive athée de la philosophie moderne, Jacobi en vint à refuser la pure spéculation, en jugeant que la pensée – entendue évidemment au sens spinozien de la réduction du réel à la mesure de la raison humaine – doit être athée. Quant au potentiel idéologique du spinozisme, en fusionnant « l'humain et le divin », il contribue, selon Cornelio Fabro[178], tant au monisme spiritualiste qu'au monisme matérialiste, lesquels constituent les deux facettes de l'athéisme moderne.

Le Spinozastreit a une grande importance car il se situe au moment de la formation non pas seulement de la pensée de Hegel, mais de l'idéalisme allemand. C'est aussi le moment d'éclosion du romantisme, lorsque l'effort d'auto-affirmation de l'être humain inspiré par les Lumières dépasse le stade de la simple révolte. La Révolution de 1789 étant désormais un fait accompli, l'homme de la période romantique cultive de plus vastes et profonds besoins : c'est le moment de tout essayer, de tout savourer, de tout ramener à sa mesure. Dans le climat d'hypersensibilité et d'introversion du romantisme, l'approche des questions épistémologiques, éthiques et ontologiques est inévitablement subjectiviste. Il est donc grand temps de mettre la main sur Dieu : tel est le sens de l'hégélisme. Mais qui est-il ce Dieu remanié par Hegel, identifié à l'Histoire même du progrès de l'esprit humain, sinon un développement temporel et spatial d'événements et de passions, « un composé de hauteur et de bassesse, de bon sens et de déraison » ?

*

Pour Spinoza l'Absolu s'identifie avec la Nature : il s'agit d'une unique Substance, *Causa sui* (cause de soi-même) parfaitement accomplie. Pour Hegel, l'Absolu se manifeste comme Sujet dans l'homme qui accède à l'art, à la religion et – au sommet – à la philosophie. Si Hegel préfère parler de Sujet avec ses accomplissements plutôt que de Substance, c'est bien pour repousser l'immutabilité et ouvrir sur un processus d'autoréalisation, d'autoproduction, d'autodétermination. On se demande si cette nouveauté par rapport à Spinoza, que Hegel associe au processus historique, est vraiment telle, quand on sait que le panlogisme – hégélien ou spinozien – se base sur des hypothèses nécessitantes. En fait, le processus dialectique hégélien est tout entier prédéterminé par les ruses de la raison, de manière telle que tous les aspects de l'évolution historique ne sont que des moments d'une rationalité supérieure (atemporelle). Avec ceci la dialectique hégélienne est logiquement ramenée à la plus parfaite, fatale, stabilité spinozienne. En fait, aussi bien à propos du mécanicisme que de la téléologie (finalisme), Russell déclare-t-il que « l'un et l'autre souffrent du même défaut : ils supposent qu'essentiellement il n'y a pas de nouveauté dans le monde[179] ». Ce jugement vaut pour toute forme de rationalisation extrême, entraînant d'ailleurs, par opposition à l'hypothèse d'une liberté créatrice, le paradoxe de la dérivation de l'accidentel du nécessaire. Hegel a donc compliqué un peu les choses, mais il garde l'intellectualisme et le fatalisme (ou déterminisme) déjà présent chez de Spinoza. La syntonie qui existe sur le fond entre le monisme de la théogonie hégélienne et l'immanentisme panthéiste spinozien dérive clairement de la volonté, qui est commune aux deux philosophes, de réduire tout à la raison, avec ses exigences de nécessité et de totalité. La différence entre eux – probablement plus apparente que réelle – consiste dans la transition d'une vision inerte ou statique à une vision dynamique.

La conception du mouvement, de l'évolution et du progrès, que dans une perspective romantique Hegel considère comme une innovation par rapport à Spinoza, en réalité ne déplace pas le fond de la question. Appeler l'Un, Moi, Absolu, Idée ou Esprit, plutôt que « Substance », en introduisant l'évolutionnisme, n'est qu'une adaptation « cosmétique » exerçant certainement une énorme attraction sur la sensiblerie du début du XIXe siècle, mais ne déplaçant en rien le fond de la question. Hegel a apparemment dynamisé les choses, mais la grande poussée vers l'intellectualisme – le pas décisif – est déjà chez Spinoza. Le philosophe de Stuttgart a seulement habillé un rationalisme ou idéalisme objectif (de la Nature) en rationalisme subjectif, un rationalisme ou idéalisme statique en idéalisme dynamique, un rationalisme ou idéalisme cohérent en idéalisme de la contradiction. Désormais, le sujet devra tout absorber et la raison contenir des contradictions, la temporalité être partout et une vérité (définitive ?) ne se trouver que dans le processus.

Tout le souci de Hegel consiste à éviter que Dieu ne se réduise à une pure abstraction. Il lui faut donc un Dieu qui n'existe pas indépendamment de l'Histoire, qui se réalise à travers le fini, qui représente l'unité de la multiplicité réelle. Ce Dieu n'est pas au début, ni à la fin du processus de son autoréalisation à travers le temps ; il est la totalité de ce processus. Seule la connaissance humaine de l'Absolu représente la connaissance que Dieu a de soi-même. Cette connaissance a lieu à travers la prise de conscience de soi par l'art, la religion et la philosophie.

Il s'agit donc d'un Dieu en devenir, soumis à une dialectique historique, dont Hegel, nouvel Hésiode, chante la théogonie. On comprend aisément qu'un Dieu nécessitant le fini pour se manifester n'a rien à voir avec le Dieu de la religion chrétienne. Si le christianisme est pour Hegel la religion absolue et finale, c'est selon une interprétation qui aboutit à l'absorption de Dieu dans l'Histoire du développement humain. La participation de l'homme à ce progrès – en sens romantique et intellectuel – le dispense de l'adoration. Hegel peut donc dire que la lecture du journal, le nouveau bréviaire des laïques, remplace l'office divin. Il est clair que l'humilité et les autres vertus chrétiennes inspirées par la dépendance de Dieu disparaissent de manière que se réalise la vraie grandeur de l'homme par son autonomie.

Toutefois, les questions philosophiques de fond ne sont pas celles de la temporalité c'est-à-dire de la phénoménologie de l'évolution, mais les thèses concernant le hasard et la nécessité, le libre arbitre et le finalisme, la distinction entre le vrai et le faux et entre le bien et le mal, avec le corollaire du caractère dérivé du mal, compris comme la privation du bien (*privation boni*) dans l'optique de la réalité du monde et de Dieu.

Avec cette mise en perspective de l'évolutionnisme hégélien on n'entend certes pas exclure la réalité du temps passé ou du futur ou, en général, la réalité du temps. En fait, le temps contribue à la composition du monde, à la variété du réel et à sa structuration au même titre que l'espace. (D'ailleurs, selon la théorie de la relativité, les deux paramètres espace et temps sont en partie convertibles l'un dans l'autre). Ce serait étrange que l'on exclurait de l'être les temps en dehors de l'instant actuel, mais non pas les espaces en dehors du lieu où nous sommes. Si l'on devait admettre que seul le temps présent existe, c'est-à-dire que seul le présent soit réellement dans l'être, on obtiendrait probablement un être d'une épaisseur chronologique nulle. Mais que signifierait ce présent coincé, comme un néant, entre le passé et le futur ? On doit conclure que tous les moments du temps et toutes les positions dans l'espace sont également réels : il n'y a donc pas un présent qui soit ontologiquement plus haut et plus réel que le passé ou inférieur à l'avenir, comme le voudrait un certain culte de l'évolution, du progrès, de la mode.

§ 48. Une éthique fondée sur le jugement par l'histoire. Mais qui juge l'histoire ?

L'homme qui s'accomplit comme pour-soi à travers l'histoire est plus que « naturel », il dépasse le stade de la nature, le stade du péché originel, pour donner naissance à une divinité immanente à l'histoire[180]. Est-ce que cette doctrine est une simple clé d'interprétation des faits ou bien représente-t-elle *aussi* un paradigme éthique permettant de les évaluer ? C'est en répondant à cette question que la dialectique hégélienne des contraires trouve son application éthique. Alors que la morale kantienne évalue l'action selon les intentions, pour Hegel de simples intentions, définissant la moralité (*Moralität*), restent abstraites. La réalisation effective est ce que Hegel appelle éthique, ou plus précisément éthicité (*Sittlichkeit*) : elle est représentée par notre rôle dans la société, à travers les différentes formes de socialisation allant de la famille jusqu'à l'État. L'éthicité hégélienne est une affaire terriblement concrète, qui détermine à la fois l'objectivation historique de l'Esprit et notre situation face à notre conscience[181]. Hegel distingue ainsi entre la morale et l'éthique, alors que pour nous les deux termes sont équivalents, tout simplement parce que l'un c'est du latin et l'autre du grec.

Plus précisément, notre volonté libre, autonome et consciente d'être le principe de notre propre action est en antithèse avec toute volonté extérieure, que ce soit la pression sociale, la loi de l'État ou toute autre obligation prétendument universelle. Dans le cadre de la dialectique hégélienne, la synthèse entre la liberté et la loi est la vie éthique concrète, c'est-à-dire l'action dans l'histoire. Si les termes contradictoires doivent être dépassés par la synthèse, l'histoire, avec toutes ses tragédies, montre que les différentes synthèses successives n'ont pas un caractère résolutif. Pour Hegel, il n'y a d'autre sanction que celle apportée, au fur et à mesure, par l'histoire selon l'inexorable principe : *« die Weltgeschichte ist das Weltgericht*[182] *»* (l'Histoire du monde est le Tribunal du monde). Hegel attribue à la réalisation historique, telle qu'elle se manifeste sur le terrain, le caractère du suprême jugement éthique entre la thèse et l'antithèse en conflit : il propose donc une sorte de morale du plus de fort, qui correspond à la conception préchrétienne selon laquelle celui qui gagne est le favori des dieux, sinon un dieu lui-même. Il n'existe donc plus de morale qui « doublerait » les événements. En fait, une raison dialectique éternelle et fatale – les « ruses de la raison » – se manifesterait dans l'histoire, et sa discussion par la philosophie hégélienne en constituerait en même temps la révélation et la justification morale.

Si l'histoire, observe le Père Copleston, est le tribunal suprême qui doit juger les nations, la morale qui ne s'appuie pas sur la force devient la protestation déplacée des laissés-pour-compte de l'histoire. On introduit alors une justification cynique du droit du plus fort, digne des observations de Calliclès dans le *Gorgias*[183] ou de Thrasymaque dans la *République* de Platon. Cette démystification de la morale, que tout gagnant est certes disposé à approuver, sera rendue très explicite par Nietzsche.

*

L'histoire est enfin reconduite par Hegel à une dynamique qui peut être analysée par la dialectique des contraires. Pour réussir cette gageure, Hegel force parfois les faits avec le résultat que la complexité des événements risque d'être occultée. Il se satisfait de cette vision grandiose de l'Histoire comme celle d'une force douée d'une conscience (l'Esprit dans son actuation à travers le temps), d'une logique (les ruses de la raison) et de critères éthiques (l'Histoire en tant que Tribunal du monde), sans présenter la raison d'être, les lois opératives et les principes moraux propres à cette force mystérieuse. Hegel reprend de Rousseau la définition d'une volonté générale, distincte toutefois de la volonté de tous[184]. Au dire de Russell, une de ses variantes est « l'identification mystique du chef avec le peuple[185] », qui a permis les pires horreurs dans un passé relativement récent – avec Lénine, Staline, Hitler, etc. – et qui persiste par ici ou par là.

L'inspiration hégélienne peut induire à l'irresponsabilité, car on pourrait se dire : « Nous n'avons pas à combattre les tendances de l'Histoire ; nous n'y pouvons rien, l'Histoire va se charger de cela ». Or, les doctrines déterministes de la nécessité, de la fatalité ou de la prédestination, donnent lieu à diverses réactions. Elles peuvent aussi pousser à prévoir le cours que l'Esprit du monde trace à l'histoire, afin de sauter au bon moment sur le chariot des vainqueurs : et en ceci Popper voit une perversion de la pensée[186]. Quant au marxisme et au communisme, ils ont réinterprété le fatalisme historique hégélien en s'attribuant la tâche d'aider l'Histoire à accoucher d'une nouvelle société sans classes.

§ 49. La dialectique historique de Hegel par rapport à d'autres visions évolutionnistes. Mais comment la comprendre ?

Hegel est bien le théoricien de l'évolution historique, ayant lieu à travers la contradiction entre la thèse et l'antithèse et se résolvant dans la synthèse, qui entraîne à son tour d'autres contradictions. Depuis le temps de Hegel, la science moderne a largement étendu son horizon. Elle nous fait connaître aussi l'évolution des espèces vivantes et l'évolution cosmique, cette dernière sous la forme de théorie de l'expansion de l'univers à partir du big bang initial. Mais dans ces formes d'évolution il ne s'agit pas nécessairement du conflit entre des opposées. Même dans le cas de la lutte pour la survie des plus adaptés (*survival of the fittest*) la compétition n'est pas entre des opposés au sens de la dialectique hégélienne.

Bien avant l'évolutionnisme moderne, la pensée grecque était imprégnée de la conscience de l'évolution historique des formes politiques et sociales. Le néoplatonicien Proclus (ca. 410-485 ap. J.-C.) reprend d'obscurs systèmes gnostico-cabalistiques, qui n'ont jamais été oubliés, pour attribuer un « rythme dialectique » à l'évolution de l'univers. Quant à Aristote (384-322 av. J.-C.), sa *Politique* est le témoignage le plus éloquent de l'intérêt que l'Antiquité portait au devenir de la vie en commun. Et Héraclite d'Éphèse (ca. 534-ca. 470 av. J.-C.) étend les conflits qu'il observait dans la sphère sociale à la sphère cosmique tout entière.

Selon Popper, Héraclite, issu de l'archaïque aristocratie sacerdotale gouvernant une société statique dans laquelle chacun occupe une place prédéterminée, ressent comme une abomination l'accession au pouvoir des nouvelles classes populaires urbaines. Sa hantise du changement serait, selon Popper, la réaction à la souffrance que lui causent l'évolution démocratique de sa ville natale et l'abandon des dispositions religieuses qui la gouvernaient. Toutefois, il se console en pensant que les choses changeront encore incessamment et que les changements chaotiques, selon la signification que les anciens attribuaient au *fatum*, n'assureront en tous cas aucun résultat définitif[187]. Et pourtant, même Héraclite, le champion du devenir, remarque que face à la raison, l'univers, se présente comme une unité, comme un tout. Il va jusqu'à déclarer que l'Un, en tant que sagesse, raison, loi, justice irréprochable, ratifie l'éternel conflit entre les choses. En fait, la recherche du facteur déterminant l'unité de toutes les choses représente le début de la philosophie – ou, si l'on veut, de la métaphysique – comme le prouvent déjà les premières spéculations sur la côte ionienne de l'Asie Mineure (VIe siècle av. J.-C.). On ne peut concevoir aucune évolution si ce n'est au sein d'une unité, dans laquelle les étapes du changement sont des subdivisions, des moments, des parties d'un tout.

Ce n'est donc qu'en partie que Parménide d'Élée (ca. 515 – ca. 450 av. J.-C.) s'oppose à Héraclite. En ne faisant qu'un petit pas plus loin, Parménide en vient à proclamer l'unification de ce qui est multiple dans un tout parfaitement homogène, immuable, n'excluant rien de son sein. Telle est sa réponse à la question par laquelle avait débuté la pensée philosophique grecque : « De quelle chose Une est fait le monde ? » Et pourtant Parménide ne pouvait ne pas observer le changement comme une évidence absolue dans toutes nos expériences. Nous profitons des changements ou nous en souffrons, selon le cas, et la mémoire est là pour en témoigner.

Même en se restreignant à l'histoire, on se demande où nous amène cette évolution. À l'État prussien, vanté par Hegel ? À la société sans classes préconisée par Marx, à la globalisation qui assurerait une inimaginable croissance sans fin, ou au multiculturalisme selon les progressistes d'aujourd'hui ?

*

Confronté à la prose de Hegel, le lecteur se sent souvent incapable d'en reproduire le sens avec ses propres mots, tant l'enchaînement logique lui semble insaisissable. En fait, pour suivre sa pensée dans tous ses méandres, il faudrait avoir une énorme mémoire, mais il est quand même possible, avec un peu de patience, d'en trouver la clé. Ceux qui veulent en faire une application bien pratique peuvent sans un effort intellectuel excessif, mais sous l'apparence d'une pensée d'une grande complexité[188], en tirer quelque profit politique (à moyen terme). Après la tempête révolutionnaire et napoléonienne, Hegel avait déjà pris sur soi le rôle de philosophe officiel du régime prussien. Les marxistes l'ont largement dépassé en sens de l'opportunité. En tout cas, Hegel a gagné le prestige d'un prophète, et ceci a permis à Popper d'appeler sa pensée *« oracular philosophy »* (philosophie oraculaire).

La philosophie hégélienne n'a pas cette forme structurée, logique, justifiable, allant de soi, qui permettrait d'en exprimer les détours sans reprendre telles quelles les expressions originaires. C'est ainsi que l'existence d'une droite et d'une gauche hégélienne probablement tient plus à l'obscurité et aux incohérences du maître qu'au caractère litigieux de ses disciples. Toutefois, quand toute la philosophie hégélienne est simplifiée, elle vient à dire qu'il n'y a d'autre raison, d'autre morale, d'autre réalité qu'un Dieu immanent, en devenir, se réalisant par le succès historique à travers des contrastes et, s'il le faut, des guerres. Napoléon, entrant victorieux à Iéna, tel que le voyait le jeune Hegel en 1806, était l'Esprit du Monde. Battu à Waterloo en 1815, il laissait la place à la nouvelle « objectivation » de l'Esprit, l'État prussien, avec ses victoires militaires, ses réalisations sociales, son ordre publique, ses institutions et, au sommet, le savoir de ses professeurs d'université. Hegel voit l'État comme « Dieu terrestre » suprême objectivation de l'Esprit. Sa rationalité résulte justement du fait de représenter la synthèse, à travers l'histoire, de forces spirituelles qui se sont affrontées avec la plus grande énergie. Hegel ne s'opposerait pas à une monarchie constitutionnelle, mais il repousse énergiquement toute démocratie parlementaire avec des élus et des partis qui ne représenteraient que des intérêts particuliers. La vision hégélienne de l'État est organique, mais non pas de cet organicisme naturaliste et presqu'inconscient des romantiques, mais de l'organicisme d'une institution hautement rationnelle. Et la rationalité de l'État se traduit dans sa souveraineté absolue : le Kulturkampf (1872-1878) de Bismarck et la conception des traités comme « chiffons de papier » se prolongeant jusque à Hitler sont *in nuce* dans cette conception d'un État qui n'a des comptes à rendre.

Si l'Église luthérienne, née dans la soumission au prince, peut accepter la souveraineté absolue de l'État, l'Église catholique, se considérant dépositaire de principes religieux et moraux allant au-delà de la libre interprétation de l'Écriture, ne le peut pas. Encore aujourd'hui elle refuse à l'État démocratique le droit de légiférer comme il lui plaît dans des questions éthiques touchant la vie privée, la vie familiale et la vie sociale, même si les décisions prises par les pouvoirs s'accordent avec les préférences de la majorité.

La pensée de Hegel fait penser au *Coran*, pour ce que vaut ce rapprochement. Apparemment, le *Coran* n'a aucune structure d'ensemble. Il suffit de considérer que les chapitres se suivent tout bonnement dans l'ordre décroissant de longueur, et qu'il reprennent, sans aucune suite logique, un nombre limité de sujets, mélangés de toutes les manières et réaffirmés inlassablement et avec force : l'unicité et la seigneurie de Dieu, la soumission (Islam) imposée à l'homme, son destin éternel, l'origine abrahamique des Arabes, des dispositions légales et l'hostilité aux idolâtres, aux Juifs, aux chrétiens (dont l'enseignement est d'ailleurs réinterprété). Sauf à appliquer le critère des versets abrogés et abrogeants, on rencontre même des instructions apparemment contradictoires concernant la paix et la guerre, la tolérance et la conquête. Certes, pour bien connaître ce livre il n'y a qu'à l'apprendre par cœur. Mais si, à l'observateur superficiel, il apparaît comme un livre décousu, parlant de tout et de son contraire, il possède en réalité une force d'entraînement énorme. En fait, plus d'un milliard de personnes le suivent et il a guidé les croyants à des conquêtes qui semblent définitives. Donc, son message doit bien être cohérent et, dans la pratique, il se réduit à ceci : la loi vient de Dieu seul, notamment à travers le *Coran* ; l'homme ne peut imposer aucune loi, ni démocratiquement ni tyranniquement, et les fidèles ont l'obligation de ramener toute l'humanité à la soumission à cette loi, la *charî'a*. Il y a dans le *Coran* une logique de conquête très puissante.

Hegel n'est pas obscur sur le fond, car sous la couche de complications sans fin son message essentiel est parfaitement clair : tout droit est accordé au fait accompli. Et sur ce point se rencontreront des penseurs apparemment opposés : les marxistes, d'un côté, et Nietzsche de l'autre.

§ 50. Une réception contrastée de la philosophie de Hegel. Évaluations

La pensée de Hegel représente une étape essentielle dans ce formidable processus historique qui, depuis la Réforme protestante, voit l'Europe chercher avec une difficulté croissante quelle pourrait être la légitimité des pouvoirs et quels pourraient bien être les principes moraux qui la guident. L'élimination de l'autorité du pape, et puis des princes n'a pas suffi. Il a fallu établir aussi le principe d'une morale sans religion : Pierre Bayle (1647-1706) a développé cette thèse à l'aube des Lumières, et la Révolution de 1789, à sa manière, l'a mise en pratique. Mais il subsistait encore – tout au moins dans le discours – une morale proche de la morale chrétienne. Hegel la liquidera en établissant que l'éthique coïncide avec l'évolution historique en acte. Quant aux dogmes chrétiens, suivant la ligne protestante, Hegel les voit révisables à merci, pourvu que ce soit à la lumière de sa philosophie. La droite hégélienne développera ainsi une interprétation spiritualiste du progrès historique, alors que, sur le front opposé on en donnera une interprétation matérialiste. Les marxistes, en particulier se proposeront de « faire accoucher » les temps nouveaux tels qu'ils les prévoient. Inutile de rappeler que l'histoire n'a pas suivi nécessairement ces prévisions et que des anticipations hasardeuses ont laissé bien des déçus. Quelle que soit la valeur morale et intellectuelle des idées qui circulent aujourd'hui, il faut reconnaître que l'enthousiasme pour Hegel, qui a résisté plus d'un siècle, s'est refroidi. Bien sûr, notre philosophe n'a jamais fait l'unanimité. Kierkegaard (1813-1855) reproche au système hégélien de créer de la confusion par l'autoréflexion [189], d'être incapable de s'élever à la compréhension de l'intériorité, de ne pas mettre l'individu en condition de choisir face à Dieu, et donc d'exclure l'éthique, à laquelle, selon Kierkegaard, Hegel n'entendait rien.

Schopenhauer (1788-1860) voit Hegel comme un prestidigitateur, un charlatan, un Caliban intellectuel[190] qui a habitué la jeunesse

> à prendre la plus vide des comptines pour des pensées philosophiques, les sophismes les plus minables pour finesse, la sotte extravagance pour dialectique ; ces têtes se sont désaxées en absorbant un fouillis dément de mots, à travers lesquels l'esprit se tourmente et s'épuise inutilement pour trouver une pensée[191].

De son côté, Bertrand Russell (1872-1970) déclare que

> ayant été influencé par la tradition philosophique hégélienne, il s'en est détaché, entre autres, grâce à la lecture des passages consacrés au calcul infinitésimal dans la *Science de la logique*, qu'il considérait à juste titre comme un « non-sens brouillon[192] » [...]. Lorsqu'on se trouve confronté à des textes, tels que ceux de Hegel ou de Lacan, [...] si, après analyse, on constate que leur discours, là où il est aisément vérifiable, n'est qu'un « non-sens brouillon », on est en droit de se poser des questions sur le reste de leur œuvre, qui est peut être profond mais surtout moins facile à évaluer[193].

*

Les philosophes sont bien obligés d'inventer de nouvelles théories pour se démarquer de leurs prédécesseurs, et plus leur nouveauté est extraordinaire, voire invraisemblable – pourvu qu'elle soit bien présentée – plus grande est leur satisfaction et souvent leur succès. Ils seront alors assez généreux pour reconnaître dans l'histoire de la philosophie des précédents à leurs découvertes ou, mieux encore, ils verront l'histoire de la philosophie évoluer et croître précisément dans une direction à laquelle ils donneront leur empreinte décisive. Dans le cas de Hegel, on ne peut pas nier l'abondance des arguments qu'il a repris, rénovés et reproposés : des générations de philosophes y ont puisé. Mais dans quel but ? Hegel a fait progresser le travail de l'esprit, sans doute, mais surtout comme intellectualisme, « phosphoration », pure expression mentale. En fait,

> Hegel présentait le principe de la [...] réaffirmation de l'élément objectif, non pas comme un retour à l'identité plate,

mais plutôt comme le résultat d'un processus grandiose de la réflexion, ayant surmonté la séparation apparente du sujet et de l'objet. C'est bien là le milieu de la communication intime où l'esprit, en tant que Verbe, se réfléchit à la fois comme contenu et comme activité, comme substance et comme sujet, liberté de l'unité indéfiniment réconciliée. La nouvelle identité se trouve donc médiatisée par le moment critique de la conscience subjective[194].

Ce progrès de la conscience vers un intellectualisme toujours plus prononcé c'est un peu comme la consommation pour la consommation, le culturisme pour se faire des gros muscles ou les collectes au nom des bonnes œuvres et de l'environnement, qui parviennent tout juste à se financer. Dans la pratique de l'art pour l'art on ne s'arrête pas toujours là où on le voudrait. Les opinions qui se développent dans ce processus imprègnent les discours, informent d'elles-mêmes toute la communication, influencent les comportements et transforment la réalité au-delà de l'intention des acteurs. Hegel a sans doute porté des arguments en faveur de l'immoralisme – notamment politique – tant de droite que de gauche.

En réduisant la réalité aux contradictions qui ont leur siège exclusif dans l'esprit humain, et en s'opposant de telle sorte à l'anthropomorphisme complet qui tient compte de l'ouverture universelle de la raison, l'anthropomorphisme hégélien est, en fait, limitatif et prétentieux à la fois :

- il s'agit d'anthropomorphisme parce que, en extrapolant, Hegel attribue à la raison en tant que telle les caractéristiques de la *raison humaine* ;
- c'est limitatif parce que Hegel s'inspire essentiellement des contraintes auxquelles est assujettie la raison humaine, *discursive* par nature puisqu'elle procède par *oppositions* et nécessite toujours de *corrections* ;
- et c'est prétentieux parce qu'il a l'air de célébrer la raison par ce qu'elle a de plus haut, alors qu'il considère essentiellement ce qu'elle a de *plus bas*.

En conclusion, nous résumons ainsi nos principales réserves à l'égard de Hegel :

- pour Hegel, tout baigne dans la contradiction, donc la formule : « Tout ce qui est rationnel est réel, tout ce qui est réel est rationnel » a, pour Hegel, la signification de ramener le tout au siège exclusif des contradictions, c'est-à-dire à la raison, à l'esprit (en fait, il ne peut pas y avoir de contradiction opposable à l'être, car la seule contradiction à l'être est le néant) ;
- la déclaration hégélienne *« die Weltgeschichte ist das Weltgericht »* (l'Histoire du monde est le Tribunal du monde), qui sanctionne le fait accompli, abolit du même coup la morale (alors que selon Levinas « la morale n'appartient pas à la culture mais elle permet de la juger »);
- Hegel identifie Dieu avec le Moi, conscience pensante non pas tournée vers les choses, mais « conscience absolue d'elle-même » ;
- il abolit ainsi la distance entre l'homme et Dieu, conformément à son onto-théologie panthéiste, ou si l'on préfère à sa théogonie aux réminiscences gnostiques ;
- alors que Hegel parle de « l'unité du penser et de l'être dans l'infini [195] », la formule complète devrait être « l'unité du penser, de l'être *et de l'aimer* dans l'infini ». Cette dernière formule, expression d'une dialectique ternaire unitive, telle qu'on la rencontre dans le dogme de la Sainte Trinité, est toutefois incompatible avec la dialectique ternaire de Hegel, qui est basée sur la contradiction.

Chapitre X.
Schelling (1775-1854)

§ 51. La dialectique sujet-objet dans la phase intermédiaire de la pensée de Schelling

Jusqu'aux Lumières, l'anticatholicisme se manifestait en tant qu'hérésie et le fond de l'hérésie, qui probablement a été rejoint seulement dans certains courants gnostico-manichéo-cathares, est le dépassement continu de l'acquis. Dans les versions extrêmes du Libre Esprit, l'homme, étincelle du divin, progresse en se libérant de la matière ; il est même appelé à laisser loin derrière lui le pinacle de la divinité. Même dans les religions orientales, la réincarnation a cette signification d'accorder un espace indéfini au progrès spirituel. En Occident cette approche a été toujours farouchement combattue par l'Église catholique, qui a vu la nécessité de prescrire un terme au temps (à l'histoire de l'univers) afin de lui donner un sens dans l'histoire du salut. L'Allemagne a probablement gardé plus longuement que d'autres pays européens la trace de ces hérésies et c'est seulement à partir de la fin du XVIIIe siècle que la philosophie dominante en Allemagne est devenue une sorte d'antireligion. Nous verrons que le refus de l'être, du fondement et donc la problématisation de la réalité représenteront la clé de toute l'argumentation antichrétienne moderne. Et nous essayerons de démontrer que deux notions essentielles de cette philosophie – la dialectique et l'inconscient – se rencontrent justement dans l'exclusion du fondement, c'est-à-dire dans le refus d'un Dieu personnel (qui soit aussi le raison d'être de tout ce qui est conscient).

Schelling rentre dans cette ligne de pensée, mais il faut aussi dire que sa pensée, typiquement évolutive, connaît des phases différentes. Après une phase d'inspiration fichtéenne, qui se conclut avec la rédaction des *Idées pour une philosophie de la nature* (1797), à partir de 1801 Schelling propose une dialectique sujet-objet ou – plutôt – l'identité des deux termes[196]. Il propose également une sorte de théogonie, c'est-à-dire la thèse d'un Dieu en formation. À une époque ultérieure, il s'occupe d'histoire des religions ou de *philosophie de la religion*, notamment de la prise de conscience graduelle de la véritable nature de Dieu par l'humanité. Dans ses cours sur la philosophie de la mythologie tenus à l'université d'Erlangen (1821-1823), Schelling s'éloigne de l'interprétation courante et pleine de suffisance de la mythologie comme *déformation* ou *allégorie*, plus ou moins réussie, de la réalité. Il la voit comme un processus de génération des dieux (comme une *théogonie*, peut-être dans un autre sens que celui d'Hésiode) qui se déroule au sein de la conscience de l'humanité. En enseignant plus tard dans la nouvelle université de Munich (1827-1841), et puis à Berlin (1841-1846), il prend en considération l'ensemble de l'évolution religieuse de l'humanité à partir des conceptions naturalistes, astrales, zoomorphes ou anthropomorphes de la divinité jusqu'à la Révélation d'un Dieu personnel, jusqu'au Christ. Mais plus qu'une *théologie chrétienne*, qui accepte la Révélation comme une donnée historique, ou une *philosophie de la religion* tendant vers un certain théisme, Schelling élabore une véritable *philosophie religieuse*[197], jusqu'à la limite de la justification de la nécessité d'une Révélation[198].

*

On pourrait synthétiser en quatre points la pensée de Schelling dans sa phase intermédiaire entre l'adhésion à la ligne de Fichte et l'intérêt pour la *philosophie religieuse* de la dernière partie de sa carrière :

- l'homme s'est aliéné dans l'illusion de la *subjectivité* souveraine ;
- l'homme s'est également aliéné dans son *hybris de législateur* ;

- en prétendant connaître ce qui oriente (ou détermine ?) sa *liberté*, l'homme l'anéantit ;
- la nécessité de la philosophie résulte du conflit entre savoir pur et *savoir qui ignore*.

Alors que les deux premiers points représentent le dépassement respectivement du subjectivisme fichtéen et de l'autonomie éthique kantienne, les deux autres s'accordent avec la pensée dialectique hégélienne. En fait, Schelling exerça une grande influence sur Hegel, jadis son condisciple au séminaire protestant de Tübingen, surtout quand celui-ci le rejoint à l'université d'Iéna en 1801. Et, comme on le sait Hegel influença à son tour la philosophie moderne, qu'il serait erroné de considérer strictement subjectiviste sans autre précision. En particulier, pour Schelling, la subjectivité, voire la liberté de l'Esprit

> requiert un Autre vers lequel elle peut se projeter : pur vouloir inactif, elle exige un lieu de projection, une altérité non consciente qui n'est pas encore liberté. [...] « Ce qui est urgent pour l'homme ce n'est pas de rentrer en soi-même, mais d'être exposé hors de soi[199] ». C'est en rentrant dans soi-même, dans l'illusion de la subjectivité souveraine, que l'homme s'est aliéné[200].

Schelling introduit ainsi une dialectique entre l'objectif et le subjectif, visant non pas à dépasser les deux termes mais à maintenir leur indispensable coexistence au sein de ce qu'il appelle Absolu. L'Absolu, pour lui, est la convergence dans l'indifférence des deux termes, le sujet (l'idéal) et l'objet (le réel) ; il est donc l'identité éternelle de soi-même (le sujet) avec soi-même comme autre (l'objet).

Si l'on prend la formule catégorique négative, l'Absolu n'est pour notre auteur *ni idéal ni réel* (ni esprit ni matière). Si l'on se contente d'une formule hypothétique, l'Absolu *est l'identité de ces extrêmes*. Si, enfin on adopte la formule disjonctive, l'Absolu peut être considéré *tour à tour* comme idéal ou comme réel idéal. On comprend que, selon Hegel, cet Absolu de Schelling – pure identité, faute de déterminations historiques concrètes – est comme la nuit dans laquelle toutes les vaches sont noires[201]. Au fond, selon Heine, Schelling ne se fixe sur rien et s'adonne à une contemplation intuitive prétendument mystique de l'Absolu, dans laquelle il ne peut être suivi que par des extravagants[202]. Selon l'interprétation qu'en donne Vaysse,

> on ne peut accéder au fond de l'être par sa manifestation et l'on ne peut pas davantage appréhender l'être à partir d'une entreprise de fondation [...] : l'existence se dérobe à la logique du fondement. [...] Le sujet de la philosophie est en effet indéfinissable, car il est rien tout en étant tout : éternelle liberté, il est pouvoir sans objet ou pure volonté indifférente. [...] Or, le commencement absolu comme tel ne peut se savoir et, dans son passage au savoir, il cesse d'être commencement[203].

Probablement il n'y a là qu'une manière compliquée de dire :

- que la distinction entre objectif et subjectif doit être accueillie à l'intérieur de la réalité ;
- et que cette distinction a lieu seulement après l'acceptation de la validité de la connaissance en tant que telle.

Schelling tend à considérer les convictions, les croyances intériorisées, comme des principes ou sentiments moraux (*Gesinnung*) qui déterminent le comportement. Comprises dans ce sens, les convictions font ressortir au mieux la bonne foi et la sincérité des acteurs, mais elles ne sont pas pour autant certifiées sur le plan du vrai, ni garanties sur le plan de la rationalité de leurs applications, par exemple dans la vie sociale. Sauf, bien sûr, à identifier la véracité d'une doctrine avec la complexité de sa forme ou la génialité de son auteur.

§ 52. Un Dieu en devenir se forme à travers une théogonie inconsciente

La philosophie allemande est une théologie insidieuse.

NIETZSCHE[204]

Le Dieu de Schelling, en gestation, est combattu entre l'égotisme, qui le pousserait à l'inaction, à l'indécision, à la solitude, à la non-existence, et l'amour qui permet la création et donc l'éveil du divin. Il serait donc combattu entre la prise en charge de sa divinité, source de vie, et la forme la plus « coupable » de paresse, la paresse spirituelle. (Remarquons que ce dilemme est parfaitement anthropomorphe : l'agnostique – éventuellement hyperactif dans les domaines physique, relationnel, moral, intellectuel – est, en fait, un « paresseux » en ce qui concerne l'engagement fondamental.) Le processus a lieu « en partant de la nature pour aller à l'esprit[205] ». C'est ainsi que « Schelling s'oriente vers une exploration de l'inconscient divin, vers une *théogonie* conçue comme *théoanalyse*, dont le schéma d'intelligibilité est le processus de production de la conscience humaine[206] ». La solution de notre auteur est originale : elle consiste à lier cette théogonie non seulement à la conscience humaine, mais aussi à l'inconscient.

> La conscience humaine sert de fil conducteur pour l'intelligibilité du processus théogonique inconscient du passé transcendantal [...]. Le génie de Schelling est de poser la question de l'inconscient à partir de la généalogie de l'Absolu qui vaut aussi comme une genèse des systèmes philosophiques, pouvant se ramener à l'opposition du panthéisme et du dualisme[207].

Les principes de la théogonie de Schelling remontent très loin, à une époque antérieure à la théosophie contestée de Jacques Böhme, bien plus loin que la Réforme et la christianisation des peuples germaniques. On pourrait remonter probablement au paganisme germanique qui admettait une instabilité et des incertitudes même parmi les dieux du Walhalla. Le sens et l'exigence primordiale de cette théogonie reviennent à exclure le fondement de tout être, qu'est le Dieu personnel de la tradition judéo-chrétienne. Déjà pour des écoles hébraïques – et puis pour la théologie catholique – Dieu est l'*Ipsum esse*, l'étant identifié à l'acte d'exister depuis toujours et par nécessité. Certes, notre esprit ne peut épuiser cette notion, mais si le problème n'est que ce manque de vision complète, il suffit – pour s'y retrouver – d'éviter l'orgueil intellectuel : cet orgueil qui n'admet rien de plus haut que notre esprit. Le premier pas sur le chemin le plus sûr pour parvenir à l'exclusion de Dieu est la négation de l'existence substantielle de l'étant le plus évident, celui qui fait l'objet de l'expérience de tous les jours. Mais la raison de fond que se donne l'athéisme est l'exclusion de ce qui dépasse notre niveau humain (humanisme).

Selon Schelling, l'homme prête à Dieu sa conscience, qui représente un bref espace entre l'inconscient du fondement et l'inconscient de la liberté-volonté. Et ce serait par un processus dialectique « d'autodépassement de soi que Dieu se réalise et se manifeste à travers la conscience humaine[208] ».

Naissant d'un processus de « spiritualisation » et passant par l'inconscient, le Dieu dialectique et historique de Schelling a besoin de l'Homme[209] pour sa manifestation consciente. On comprend comment la découverte de l'inconscient est liée à la dialectique, le lien étant représenté par l'exclusion du fondement.

*

Dieu, qui traditionnellement était le principe de tout être et de tout bien, Père, créateur et juge, est maintenant exclu du fondement de l'être car tout est toujours en transition, tout est temporalisé, tout est passage. C'est la remise à l'honneur du renvoi à l'infini. Mais, par exemple, quel sens y aurait-il à un renvoi continuel dans l'explication de la signification des mots en l'absence d'une interprétation originelle, fût-elle un « préjugé » au sens de Gadamer ? Qui pourra jamais expliquer le sens du mot « signification » ? Et c'est justement par une sorte de *regressus in infinitum* que le fondement de l'être est souvent perdu dans la philosophie.

Certes on ne saisit pas le fondement, on l'indique, et l'indiquer c'est l'acte de la « vraie religion » qui toutefois est désormais largement exclue de l'horizon philosophique. Une certaine utilisation de l'Autre en guise d'instrument s'accorde par contre avec la conception de la philosophie comme « conflit entre savoir pur et savoir nescient[210] ». Et si le fondement « doit » être écarté, l'Autre n'est plus qu'une projection, une ombre, entrevue – comme dans le mythe de la caverne – à travers la fenêtre de notre conscience : l'inconscient s'étend sur tout le reste. Dans cette perspective, comment un Dieu pourrait-il donner sens, confiance, amour à nos vies ? C'est au fond de cela que le monde moderne souffre, de la privation d'un fondement. On dit d'ailleurs que la peine principale de l'enfer est la privation de la vue Dieu.

En conclusion, parmi les trois figures les plus représentatives de l'idéalisme allemand – Fichte, Schelling et Hegel – les deux premiers ont été des novateurs, suggérant respectivement la dialectique des pulsions en conflit et le processus d'autoproduction de Dieu (théogonie). Toutefois ils se sont empêtrés dans des complications, des contradictions et des fantaisies qui souvent les ont conduits à changer de perspective. C'est Hegel qui s'est servi efficacement de leurs instruments. À travers des milliers de pages, d'autant plus persuasives qu'elles sont prétentieuses, arbitraires et souvent incompréhensibles, Hegel délivre quand même un message terriblement précis et malheureusement susceptible d'inspirer l'action : c'est à travers l'histoire – le succès concret – que s'accomplit tout ce que nous pouvons appeler *réalité*, *valeur*, *éthique*, *vertu*, *vérité* , *esprit*, *divinité*. Il n'y a pas de revers, de disparition de l'avant-scène, de mort sans que cela ne représente un *devoir être* de dimensions absolues. Marx quelques années après la mort de Hegel et Nietzsche un plus tard, suivront les indications du maître, bien qu'en les réinterprétant.

Chapitre XI.
Réactions à l'hégélisme

Dans ce chapitre nous allons voir les réactions à la philosophie de Hegel : des penseurs ont suivi en partie l'inspiration hégélienne, d'autres s'y sont opposés. Rappelons qu'un adversaire très déterminé de Hegel a été Schopenhauer. Un chapitre à part sur cet auteur, qui ici ne serait pas à sa place, figurera dans la quatrième partie de cet ouvrage, dédiée à la pensée éthique.

§ 53. La gauche hégélienne, David F. Strauss (1808-1874), l'athéisme

Nous avons assisté à un *crescendo* de l'intellectualisme de Spinoza à Leibniz à Kant pour rejoindre un sommet avec Hegel. En fait, ce que l'on a essayé de démontrer c'est que Hegel – malgré son réalisme trompeur, apparemment confirmé par son évolutionnisme, son historicisme et son exaltation du régime prussien de l'époque – a reconduit non pas le rationnel au réel, mais le réel au rationnel. Certes, les deux opérations sont également absurdes, car les deux sphères sont liées – et ce lien est plus ou moins heureusement exprimé par les divers penseurs – mais elles sont mutuellement distinctes et réciproquement irréductibles (sauf en Dieu).

Par ce même mouvement de réduction du réel au rationnel, Hegel ouvre solennellement la série des penseurs qui ramènent la religion à autre chose. À son point de vue la religion ne fournit que des *représentations* de la réalité, par opposition à la philosophie qui donne la vérité. Pour Hegel, grâce au principe que tout ce qui est rationnel est réel, la philosophie s'intéresse tout simplement à la réalité de ce monde. Sauf à jouer sur les mots, pour le philosophe de Stuttgart, qui reconnaissait uniquement la dialectique immanente au règne de l'homme, le règne de Dieu, au-delà de ce monde[211] évoqué par le christianisme ne peut avoir aucun sens.

Ce sera la tâche de la gauche hégélienne de sonner le tocsin de l'intellectualisme et du panlogisme hégéliens, se rendant parfaitement compte que, après deux siècles de réduction du réel à la raison, la mesure est comble. Toutefois, cette gauche, ces jeunes hégéliens, seront contaminés par le faux réalisme de Hegel : chez Marx, en particulier, la connaissance ne sera pas candide contemplation (=prise en compte de la réalité), mais elle sera conditionnée, forgée par les exigences de la *praxis* (=action de transformation du monde).

L'apparition de la gauche hégélienne avec la *Vie du Christ* de David F. Strauss (1808-1874) en 1835, quatre ans à peine après la mort du maître, représente le début de la clarification d'une équivoque que Hegel a entretenue en se présentant comme le philosophe chrétien par excellence. Strauss, le chef de file de la gauche hégélienne, poursuit la démythisation des origines du christianisme entamée au siècle précédent par Reimarus, en y appliquant la dialectique hégélienne. En montrant que l'hégélisme se prête fort bien à une pensée antichrétienne, Strauss facilite la tâche de ces théologiens traditionnels qui voient dans l'interprétation hégélienne du christianisme tout simplement une corruption des dogmes.

Ludwig Feuerbach (1804-1872) suit Strauss en évoquant surtout les origines psychologiques de la religion. Inspiré par la notion kantienne de la connaissance comme représentation, ainsi que par l'historicisme hégélien, Feuerbach voit la religion comme une *projection* de nos préoccupations temporelles. Il se propose donc d'expliquer la théologie par l'anthropologie ou la psychologie : elles en seraient le « secret ». Il « reconduit » la religion à un idéal de fraternité et de générosité qu'il partage certainement, mais qu'il a toutefois privé de raison profonde, de sens, de vérité ultime.

Auparavant, l'option de l'athéisme avait été tentée par l'écossais Hume et exprimée, parfois crûment, en France par des philosophes des Lumières. Maintenant, à travers cette brèche ouverte par les jeunes hégéliens, c'est l'Allemagne qui s'y engage résolument. Si ce n'est pas l'athéisme ce seront une problématicité sans fin, l'agnosticisme et l'indifférentisme à devenir en Europe des phénomènes culturels majeurs. Des scientistes comme T.H. Huxley (1825-1895) réduiront la vie intérieure à des *épiphénomènes* de la structure physico-chimique. Nietzsche (1844-1900), volontariste et généalogiste à son tour, dans *La généalogie de la morale*, fera du christianisme l'expression du *ressentiment* des esclaves. Plus tard, Freud (1856-1939), verra dans la religion une contrainte ritualiste, une *obsession*. Et Sartre (1905-1980) dissuadera ses lecteurs de la soumission à Dieu avec l'argument qu'en accepter l'autorité c'est compromettre sa propre liberté. Ces personnalités et d'autres encore proposent un éclairage sur des mécanismes réels fort significatifs ; fiers de leurs découvertes partielles, ils tendent toutefois à leur donner une portée universelle.

Depuis les athées de l'Antiquité jusqu'à Sartre, les postions varient considérablement. Toutefois, quelles que soient les négations – respectivement ontologique, gnoséologique, éthique – reprises dans le Tableau IV, il y a toujours une « bonne » raison de ne pas se soucier de Dieu.

TABLEAU IV. DIFFÉRENTES CONCEPTIONS DE L'ATHÉISME

	Réponses ontologiques	**Réponses gnoséologiques**	**Réponses éthiques**
Question ontologique	Question gnoséologique	Question éthique	
Dieu peut-il exister?	**Oui**; mais peut-on savoir qu'il existe ? **Non**: donc il ne faut pas s'en soucier (athéisme idéologique)	**Oui**; mais faut-il en tenir compte ? **Non**: donc il ne faut pas s'en soucier (athéisme agnostique)	**Oui** : attitude de l'*homo religosus* (homme religieux) **Non**: donc il ne faut pas s'en soucier (athéisme pratique)

On est loin des sentiments chantés par le prophète Jérémie, homme religieux qui d'une certaine manière aurait voulu lui-aussi tout oublier de Dieu, mais qui n'en a pas été capable (non sans une « responsabilité personnelle »)[212]. Les penseurs athées, par des explications appropriées attribuent à cet *homo religiosus* (homme religieux) des réactions plus ou moins inconscientes, automatiques, pulsionnelles, avec un sous-entendu essentiel d'évacuation du libre arbitre.

§ 54. Marx (1818-1883) historiciste : l'inévitabilité de la révolte prolétarienne

Marx déclare que les deux classes sociales antagonistes, la classe des exploiteurs (les bourgeois) et la classe des exploités (le prolétariat), ont des intérêts et des objectifs incompatibles. Pour Marx le prolétariat est dépouillé non seulement du fruit de son travail mais aussi de sa force-travail et de sa pensée, et c'est surtout à travers la religion qu'il subit l'aliénation ultime. Des classes dont les modes de vie divergent radicalement ne peuvent partager une morale ou des normes, ni s'appeler à un sens de la justice commun. Elles ne peuvent faire autrement que s'affronter dans une lutte ouverte. C'est ainsi que dans le *Mani-*

feste du Parti communiste, rédigé par Marx et Engels (1820-1895) entre la fin de 1847 et le début de 1848, on lit :

> Le prolétaire est sans propriété ; ses relations avec sa femme et ses enfants n'ont plus rien de commun avec celles de la famille bourgeoise ; le travail industriel moderne, l'asservissement de l'ouvrier au capital, aussi bien en Angleterre qu'en France, en Amérique qu'en Allemagne, dépouillent le prolétaire de tout caractère national. Les lois, la morale, la religion sont à ses yeux autant de préjugés bourgeois derrière lesquels se cachent autant d'intérêts bourgeois[213].

Est-ce que Marx éprouvait de la peine sincère pour cette classe déshéritée ? Aimait-il vraiment les ouvriers exploités ou plutôt détestait-il encore plus l'ordre existant ? La lecture de la correspondance de Marx laisse transparaître son cynisme, sa passion pour la destruction, sa disposition à la falsification, au chantage, au plagiat et ses mauvais sentiments non seulement à l'égard de la bourgeoisie et de ses rivaux en politique, mais aussi envers ses compagnons de lutte, les Slaves, les Juifs, les ouvriers, à l'exception de ses filles et de sa femme Jenny von Westphalen pour laquelle il semble avoir éprouvé de bons sentiments, du moins initialement[214]. En écrivant à Kugelmann (1828-1902) le 11 février 1868, il citait avec complaisance les vers de son ami, le poète provocateur Weerth mort à la Havane en 1856 à trente-quatre ans : « rien n'est plus beau au monde que de mordre ses ennemis »[215]. Plus que vouloir le bonheur de la classe ouvrière – même contre le reste de l'humanité – Marx semble ainsi considérer le prolétariat comme le matériau d'expériences sociales (dont le succès confirmerait ses thèses).

Popper, quant à lui, croit à la peine sincère de Marx pour les misères des travailleurs et à son désir d'une société plus équitable[216]. Marx déguiserait cette aspiration sincère en prévision scientifique[217], donnant la fausse impression de vouloir se mettre du côté des gagnants, en sautant sur le chariot du socialisme parce qu'il est destiné à la victoire. Aux yeux de Marx le caractère inéluctable de l'avènement du communisme (la société sans classes) serait prouvé par l'argument un peu naïf de l'accroissement continu du nombre et de la misère de la classe ouvrière, fer de lance du prolétariat poussé à se révolter : la victoire reviendra nécessairement aux plus nombreux. Étant entendu que la chute de la bourgeoisie et la victoire du prolétariat sont inévitables, Marx ne se sent pas tenu à prendre position sur le moment opportun, voire sur la nécessité, du recours à la violence dans le but de racheter les exploités. À partir de cette incertitude, il est impossible d'établir au préalable le type d'action qu'il faut entreprendre pour assurer l'avènement de la société sans classes.

Certes, l'indétermination à l'égard de l'emploi de la violence permet un recrutement plus large, mais cette ambigüité s'est aussi révélée une source inépuisable de divisions au sein du mouvement marxiste. D'une part, les radicaux, comme Lénine (Vladimir Il'ič Ul'janov, 1870-1924), prônent l'action violente et l'établissement de la dictature du prolétariat. De l'autre, les réformistes acceptent le jeu démocratique et parlementaire pour la réalisation de la société au sein de laquelle il n'y aurait plus l'exploitation de l'homme par l'homme. Et alors que le dernier paragraphe du *Manifeste du parti communiste* de Marx laisse la porte ouverte au recours à n'importe quel moyen d'action, Engels va jusqu'à défier la bourgeoisie d'accomplir le premier geste violent. La classe bourgeoise, de son côté, perçoit la menace et se déchaîne dans la répression de la Commune de Paris en 1871. Toute réaction brutale sera plus tard improprement appelée *fascisme*, alors qu'en 1922 l'installation de ce régime en Italie n'a certes pas coûté tout le sang qui a coulé, immédiatement après la première guerre mondiale, pour évincer les Républiques des Soviets qui s'étaient établies en Allemagne (*Räterepubliken*), en Hongrie et en Finlande.

*

Convaincu de « l'idiotie de la vie rurale » en matière de révolution[218], Marx avait négligé la puissance des plus nombreux, les paysans, puissance que Lénine saura habilement exploiter et qui se révélera irrésistible dans la révolution de Mao

Tzse Dong en Chine. Mais, impressionné par la détermination des conspirateurs russes et bien plus pragmatique que ses disciples éblouis par ses théories, dès 1877 Marx se mit à réfléchir à la manière de donner son aval à ce fantastique potentiel révolutionnaire. Il crut reconnaître la spécificité russe dans le fait que la terre avait toujours relevé du régime de propriété commune de l'*obshchina* (communauté rurale, appelée aussi *mir*). La phase intermédiaire, équivalente à notre *capitalisme*, indispensable pour passer du féodalisme au socialisme, serait intervenue, selon Marx, lors de la privatisation des terres de l'*obshchina*.

Alors qu'en ses dernières années de vie Marx lui-même faisait des concessions idéologiques[219], Plekhanov (1856-1918), fidèle à l'orthodoxie du maître, était en polémique avec les deux branches des révolutionnaires russes : les populistes antipolitiques, d'une part, qui entretenaient l'agitation dans les campagnes, et les « jacobins russes », de l'autre, qui se préparaient à un coup d'État au nom du prolétariat. Plekhanov préconisait l'évolution de la conscience de classe du prolétariat industriel russe, fort, au début des années 1880, de 800.000 travailleurs (sauf imprécision des statistiques de l'époque). Quand notre classe ouvrière rejoindra le niveau de maturité atteint en Angleterre et en France, argumentait-il, elle pourra faire une révolution bien sage qui établira une société sans classes. Par contre, quelle horreur ne serait-elle pas une dictature du prolétariat établie par des terroristes prêts à tout ? En invoquant la pureté de son interprétation du marxisme originaire, il rentra même en contraste avec Marx et Engels, qui à ce moment voyaient avec faveur la prise du pouvoir par une poignée de conspirateurs[220]. Lénine, qui en 1917 déposa le gouvernement de Kerenskij (1881-1970) en s'appuyant sur les ouvriers et les militaires de Petrograd, sans attendre (et sans respecter) la maturité du prolétariat (voir l'épisode de Kronstadt de 1921), cite toutefois Plekhanov toujours avec révérence[221].

§ 55. Ontologie, éthique et épistémologie marxiennes : influence hégélienne et analogies freudiennes

Tout d'abord, *l'ontologie* de Marx s'inspire du déterminisme universel. Le « matérialisme historique » marxien enseigne, en particulier, que la réalité historique humaine relève du conditionnement économique. Constatant que dans sa réalité concrète la pensée de l'homme est soumise aux nécessités de son corps, Marx réduit à de simples *superstructures* la science, l'art, le droit, la philosophie, la morale et la religion, bref les biens culturels et spirituels. En tant qu'expression de strictes exigences pratiques, ces superstructures dans leur apparition et dans leur évolution dépendent des *infrastructures* matérielles et des lois rigoureuses de l'économie. (Naturellement, Marx doit supposer qu'au moins la science exprimant cette subordination de la pensée aux besoins primaires échappe au conditionnement qui rend douteuses les autres formes de la pensée.)

Comment se fait-il, se demande Popper, que certaines analyses de Marx soient justes et ses prophéties erronées ? En fait, pour Popper, la faute centrale de Marx est son *historicisme* d'inspiration hégélienne, qui lui donne une fausse assurance dans ses prévisions, notamment celle de la victoire finale du prolétariat. Or, la prévision du futur n'est possible que si l'histoire est régie par le déterminisme et le déterminisme est la « superstition » – propre d'ailleurs au savoir de son époque – à laquelle Marx succombe lorsqu'il prétend développer une recherche scientifique[222]. Toutefois, les choses n'arrivent pas par hasard et si quelques analyses de Marx ont un sens, il faut aussi que ses prévisions ne soient pas complètement erronées.

D'une part, dans les pays du socialisme réel de l'Europe centrale et orientale, la substitution forcée du capitalisme privé par le capitalisme d'État, selon les vues de Marx, s'est avérée ruineuse en premier lieu sous l'angle des relations sociales et de la qualité de la vie politique, et puis également sur le plan économique. C'est ainsi que des économistes ont inventé le titre linguistiquement boiteux *Das* (*Wasted*) *Kapital* (Le capital gaspillé)[223], qui rappelle le gâchis dérivant d'une certaine application des principes de Marx. Même le récent décollage économique de la Chine ne va pas sans des gaspillages monstrueux du capital. La suite, qui reste à voir, est en rapport avec le caractère hybride (c'est-à-dire non idéologique) de son économie.

D'autre part, hostile à l'État tel qu'il le connaissait, dans l'attente qu'il soit détruit, Marx ne pouvait pas imaginer que l'État bourgeois aurait créé un système de sécurité sociale en faveur du prolétariat[224]. En même temps, dans les pays industrialisés, dont il s'occupait en premier lieu, le pouvoir politique, qui était solidement lié au pouvoir économique, est graduellement passé aux *homines novi* de la politique politicienne, c'est-à-dire à ceux qui contrôlent le discours, les médias, la communication mais aussi l'organisation des masses. Différents facteurs y ont joué : le recours aux masses dans deux guerres mondiales, la crise de 1929 (crise de sous-consommation du genre prévu par Marx), la nationalisation d'entreprises stratégiques incapables d'assurer des profits, la « nécessité » d'entretenir un certain taux d'inflation selon les suggestions de Keynes (1883-1946). Autrement dit, il y a eu une substitution, quoique partielle, de l'élite dès que les vieux patrons ont été sanctionnés par ce qu'ils craignaient le plus, les faillites. À qui la classe dirigeante actuelle passera-t-elle la main si elle devait se révéler incapable de tenir en ordre ses comptes ? Notons qu'il ne s'agit pas d'une classe dirigeante nécessairement moins probe ou moins capable, mais de personnes qui sont soumises à un conditionnement de plus en plus étroit[225]. Rappelons qu'en 1789, faute de pouvoir rembourser la dette publique, l'Ancien Régime a dû convoquer les États Généraux – avec tout ce qui s'en est suivi. Ces difficultés financières reflétaient certainement une mauvaise gestion systémique des ressources, au-delà du fait d'une pression démographique accrue.

Quant à l'éthique, l'emprunt que Marx fait à Hegel de son historicisme est lourd de conséquences car il exclut tout *jugement moral* indépendant du fait accompli. Dans son analyse et sa critique implacables du capitalisme et de l'idéologie libérale, Marx applique le principe hégélien selon lequel l'Histoire du monde est le Tribunal du monde. Selon la théorie marxienne, suite à une crise de surproduction, due à son tour à l'impossibilité pour les masses exploitées d'avoir accès aux biens de consommation qu'elles-mêmes produisent, l'organisation sociale capitaliste ne pourra pas tenir longuement. Le verdict historique qui l'attend est inexorable : le capitalisme est voué à une inévitable chute (*Zusammenbruchstheorie*), qui aura lieu quand il ne pourra plus assurer la satisfaction des besoins essentiels. Et puisqu'il n'y a pas de morale pour juger ou contredire cette évolution prévue, il n'y a non plus de larmes à verser. Le fait que dans le discours marxien le prophétisme scientifique prévaut sur l'auspice d'une plus grande équité, indiquerait que Marx ne s'encombre pas de principes moraux. Quelque intense que soit la participation éthique des militants, l'absence foncière d'une dimension éthique dans la théorie condamnera au cynisme le mouvement. Certains de ses leaders ont essayé de combler cette lacune en proposant des arguments dans le style de la justice sociale, mais en général ils se sont fait traiter de révisionnistes (Bernstein, 1850-1932) ou de renégats (Kautsky, 1854-1938) par leurs camarades plus forts dans la théorie.

Enfin, quant à la *logique*, la thèse marxiste de la priorité de l'infrastructure économique sur la pensée, permet de délégitimer toute objection à l'inexorable évolution historique vers la société sans classes. C'est ainsi que, dans son ouvrage *L'idéologie allemande*, Marx rejette la pensée bourgeoise en tant qu'expression des intérêts des capitalistes. Toutefois, puisque l'idéologie marxiste sert les intérêts politiques des révolutionnaires, pourquoi l'expression des intérêts du révolutionnaire aurait-elle plus de vérité que l'expression des intérêts du bourgeois ? Confrontés à cette question embarrassante, Marx et les marxistes n'ont recours qu'à la *dialectique des contraires* – un autre emprunt fait à Hegel – car elle permet de se passer de la distinction entre le vrai et le faux. La violente passion intellectuelle qui amena le philosophe de Stuttgart à sa grande découverte, l'*antilogique*, véritable révolte contre la *logique*, fut parfaitement intégrée par le révolutionnaire russe Alexander Ivanovič Herzen (1812-1870), qui définit la dialectique hégélienne l'« algèbre de la révolution ». Cette dialectique comporte le dépassement de tout ordre réel constitué, auquel on opposera toujours un rationnel porteur de contradiction[226]. Marx, lui-même, dans un poème de jeunesse prête à Hegel ces propos : « J'enseigne des mots enchevêtrés dans un embrouillamini diabolique, ainsi chacun peut croire vrai ce qu'il choisit de penser. » Mais toute ambiguïté se révèle précieuse aux yeux des marxistes, pour les services qu'elle peut rendre.

Une évaluation indirecte de l'efficacité de ce genre de discours trompeurs est donnée par Arkady Chevtchenko (1930-1998), qui fut Secrétaire général adjoint de l'Organisation des Nations Unies ainsi que le fonctionnaire le plus haut en rang ayant fait défection de la nomenklatura soviétique. Alors que dans sa jeunesse il essayait de comprendre l'essence et l'usage de la dialectique marxiste, il entendit de l'un de ces camarades cet éclaircissement proposé avec un profond soupir : « La dialectique est surprenante. Par son intermédiaire on peut justifier toute méchanceté[227]. » Au bout d'une épistémologie pareille il n'y a plus rien qui puisse être dit, sinon afin de conditionner les auditeurs, puisque les notions de vrai et de faux se sont perdues. En fait, les marxistes engagés dans la lutte pour le pouvoir ou installés au pouvoir, n'ont fait que répandre de la désinformation.

*

Selon le matérialisme dialectique, ce qui surgit au sein de la conscience, et la conscience elle-même, doivent être ramenés à des lois hors de la conscience, quelque arbitraire qu'apparaisse pareille réduction. Russell (1872-1970), insiste sur la centralité, dans l'épistémologie marxienne, de la réduction de la connaissance à l'action. En d'autres termes, l'action pour transformer le monde, la *praxis*, serait le seul moyen pour accéder à la connaissance. L'épistémologie fondamentale de Marx est claire mais, selon Russell, elle n'a pas été suffisamment appréciée et exploitée par les marxistes eux-mêmes. Il s'agit tout simplement d'attribuer un caractère pragmatique à la connaissance qui était considérée jusqu'alors comme une fonction strictement spéculative, contemplative ou théorétique (du grec θεωϱέω = j'assiste comme spectateur, notamment aux jeux olympiques). Ceci signifie que la vérité germe, s'éclaire, brille uniquement aux yeux de celui qui opère efficacement. Mais, de la même manière que l'accès à la vérité est attribuable à l'action, il faut qu'à son tour la connaissance acquise de la sorte soit vouée aux exigences de l'action.

Rappelons aussi l'observation de Hans Kelsen (1881-1973), selon laquelle les auteurs marxistes assimilent souvent la *contradiction* ou opposition *logique* à la *contrariété* ou opposition *réelle*. Ce sont, en fait, des contrariétés qui offrent à Engels et à Lénine[228] de curieux exemples de contradictions dites dialectiques. De plus, en s'inspirant de la dialectique des contraires, Engels établit simplement l'opposition entre *matérialisme* et *idéalisme* sans tenir compte des *réalistes*. Lénine se trompe à son tour, en considérant l'idéalisme comme le présupposé des croyances religieuses. En fait, comme ce livre tente de le prouver, l'idéalisme liquide la base réelle pour les preuves de l'existence de Dieu et par conséquent le monisme spiritualiste est contraire à la pensée catholique autant que le matérialisme.

Lucio Colletti (1924-2001) attaque le soi-disant caractère scientifique du marxisme en soulignant l'incompatibilité entre la dialectique hégélienne des contraires et les exigences de cohérence de la science, ne tolérant le maintien d'aucune contradiction à l'intérieur de ses conceptions. Il en conclut que les prétentions « scientifiques » du marxisme ne sont pas conciliables avec son acceptation de la dialectique hégélienne. En amont, la critique s'étend naturellement à Hegel, lequel néanmoins n'avance pas de prétentions scientifiques. Il est remarquable que Colletti, un ancien communiste, développe son argumentation en s'appuyant sur le principe de détermination univoque de l'être individuel selon Aristote[229]. Mais au fond, un vrai marxiste, ayant intégré la dialectique des contraires comme arme de lutte, se laisserait-il émouvoir par une petite contradiction de plus ?

Dans l'ensemble l'idéologie marxienne est caractérisée par ces principes :

- elle se veut pragmatique, dans le sens qu'elle reconduit l'idéation à l'action ;
- elle permet d'expliquer, sur le plan spéculatif, toute sorte de situations ;
- elle se veut libératoire, car elle donne accès à un savoir désaliénant ;
- avec en prime toute garantie morale pourvu que l'on parvienne à ses fins.

*

La notion de *superstructure*, que nous avons vue dans le cas de Marx et la notion logiquement correspondante de *sublimation* dans le cas de Freud « servent » à attirer – par contraste – l'attention sur les exigences de la production et de la consommation, d'une part, et de l'affectivité et de la sexualité, d'autre part. Or, nul ne conteste que ces exigences soient impérieuses, mais il faut savoir que le « but » de Marx et de Freud était celui de faire disparaître tout horizon au-delà de celui qu'ils avaient envisagé dans leurs philosophies respectives. Ce souci de dépouiller l'homme de sa dernière dignité ne peut pas s'expliquer par la simple volonté d'atteindre l'hégémonie politique (Marx) ou le prestige qui revient au guérisseur de maux mystérieux (Freud). Indépendamment de la facilité de son exposition, des énergies qu'elle peut stimuler, et du succès extérieur qu'elle peut assurer sur le plan matériel, une idéologie de la démission dans l'ordre de l'esprit entraîne l'appauvrissement de l'homme sur le plan global. Tel peut bien être l'objectif intimement recherché par ces deux penseurs manifestement si différents.

Le freudisme diffère du marxisme essentiellement parce qu'il se « spécialise » dans l'explication par des pulsions émanant de l'inconscient. Il fait recours à l'histoire individuelle plutôt qu'aux exigences sociales de la production. Les deux – marxisme et freudisme – ont toutefois en commun la prétention de déchiffrer le monde en faisant recours à un seul facteur. Ce facteur n'est pas le même dans les deux cas, mais ce qui est exclu, en tout cas, est le libre arbitre. Marxisme et freudisme représentent ainsi ce que nous pourrions appeler des « philosophies spécialisées », c'est-à-dire des attitudes unilatérales dans l'évaluation des faits.

§ 56. L'héritage moral du marxisme : à choses faites, bilans, regrets et perspectives

Sur le fond, le rachat du prolétariat trouve pour Marx son plus grand obstacle dans la vision chrétienne qui valorise non pas simplement la souffrance, mais l'homme souffrant. Le chrétien se résignerait, en fait, à laisser croupir dans l'indigence les classes laborieuses, en attribuant encore un sens, une valeur spirituelle à leur vie infrahumaine. C'est précisément pour éviter cette sorte de conciliation de l'homme avec son destin – qui serait déterminé par la classe d'appartenance – que Marx condamne la religion chrétienne (ou toute religion ?) comme « l'opium du peuple », c'est-à-dire comme la drogue servant à neutraliser l'esprit de révolte d'une masse exploitée et souffrante.

Dans sa condamnation de la religion, Marx ira plus loin que Feuerbach, ne voyant dans la position de ce dernier qu'une démarche irénique de conciliation entre des classes sociales que tout oppose. En fait, Marx reproche aussi à Feuerbach un athéisme « contemplatif », basé simplement sur des idées et non pas sur une lutte sans merci contre la religion. Pour Marx, on ne peut pas se limiter aux activités spéculatives ; il faut transformer le monde. La faute de Feuerbach, selon Marx, est de fournir uniquement une clé d'interprétation spéculative de la religion.

Cela ne suffit pas pour la combattre. En fait, la religion se développe et se maintient en fonction de certaines réalités sociales. Si vous voulez abolir la religion, il est inutile de préciser, comme le fait Feuerbach, de quelle manière l'être humain projette les structures de la famille humaine traditionnelle dans la Trinité ou la Sainte famille. On doit extirper de la terre la réalité familiale et alors seulement disparaîtront aussi toutes les projections qu'on peut en faire dans la sphère surnaturelle[230]. Parmi les quarante cinq points des *Règles de Düsseldorf pour la Révolution Communiste* de 1919, publiées le 10 janvier 1963 par le Bureau des Archives du Congrès des États-Unis, figurent les actions suivantes :

- faire disparaître toutes les lois refrénant l'obscénité en les appelant une « censure » et une violation de la liberté de parole et de presse ;
- abaisser les normes morales en poussant la pornographie et l'obscénité dans les livres, les journaux illustrés, le cinéma, la radio ;
- présenter l'homosexualité et la promiscuité des sexes comme normales, naturelles et bonnes pour la santé ;
- discréditer la famille comme institution, favoriser l'amour libre et faciliter le divorce ;
- mettre en relief la nécessité d'élever ses enfants loin de l'influence limitative des parents ;
- attribuer les préjugés, les blocages et les retards des enfants à l'influence répressive des parents.

L'Union Soviétique qui, jusqu'à sa décomposition finale, a dû toujours se préoccuper sérieusement de maintenir son équilibre, n'a pas osé aller jusqu'au but dans la réalisation de ces points du programme. Néanmoins, ce que des communistes préconisaient pour affaiblir la famille – et avec elle l'être humain – a été repris par la gauche radicale et maintenant est en cours de réalisation par les dirigeants démocratiques de nos pays. Puisque le prolétariat misérable de 1919 n'existe plus, ceci prouve qu'une certaine volonté de détruire l'ordre traditionnel est plus fondamentale que la soif de revanche des classes durement exploitées.

*

Quant au bilan tragique des régimes du socialisme réel, il faut voir si cette mauvaise expérience découle des accidents de parcours ou des principes eux-mêmes qui sont essentiellement la dialectique des contraires, la théorie de la lutte de classe, la perspective de la dictature du prolétariat, l'assimilation de l'éthique aux intérêts du prolétariat (ou plutôt du parti) et la justification des moyens par le but poursuivi. Ainsi le mathématicien russe Chafarévitch, opposant au régime, écrivait-il :

> On s'entend fréquemment objecter qu'on ne peut pas juger de l'idée en fonction des échecs de sa réalisation : la tâche de la reconstruction socialiste de la société est si complexe que des erreurs, dans les premiers temps, sont inévitables [...]. Mais si l'on avance que la doctrine socialiste contient au départ un certain nombre de projets concrets plus inhumains encore que tout ce que la réalité nous a jusqu'ici réservé, on s'entend répondre que ce ne sont pas les élucubrations des théoriciens, et moins encore les fantaisies de quelques utopistes, qui constituent l'élément décisif, mais bien l'expérience pratique [...][231]

Des survivants du marxisme orthodoxe jurent encore aujourd'hui que les prophéties de Marx demeurent justes, même si le socialisme réel a raté en Russie parce que ce pays est passé directement du *féodalisme* (féodalisme qui, d'ailleurs, n'a rien à voir avec celui de l'Europe occidentale) à un prétendu *socialisme* sans passer par la phase *capitaliste*. Et des idéologues (trotskystes ?) voient dans la classe ouvrière chinoise – la plus grande du monde, avec plus de 400 millions de travailleurs dans l'industrie et les services – le vrai espoir pour la future révolution prolétarienne. Même en Occident, il se pourrait que demain une nouvelle révolution (ayant comme fer de lance la nouvelle classe des exclus, des indignés et des immigrés mal intégrés) démolisse même le pays du capitalisme mûr. Toutefois, c'est également possible, dans un monde globalisé, que ces questions de ce genre se résolvent par des guerres généralisées.

Selon Michel Foucault (1926-1984), Marx, qui a fait de la lutte des classes le moteur de l'histoire, a analysé en profondeur les classes mais, de toute probabilité, il ne s'est pas penché suffisamment sur la notion de lutte[232]. Il a reconnu la frustration, la jalousie, la haine, qui peuvent alimenter cette lutte dans la forme révolutionnaire. Toutefois, la lutte peut impliquer d'autres valeurs – le vrai goût de la liberté (libre arbitre), la noblesse, la loyauté, la créativité, l'amour ainsi qu'un certain sens de la vérité et le respect de certaines proportions – toutes choses que peut-être Marx n'a pas reconnu à leur juste valeur dans les deux camps opposés. Dans la guerre entre les riches et les pauvres, ce sont souvent les riches qui gagnent, avec la notable exception du succès, évoquée par Ibn Khaldûn (1332-1406), des peuples nomades (que Toynbee appelle les prolétariats externes) se précipitant des grands espaces vides sur les civilisations florissantes. Mais, à la fin, les canons russes et chinois ont eu le dernier mot face aux nomades de la steppe. Quant à l'avenir, il est imprévisible.

§ 57. Kierkegaard (1813-1855), la réaction religieuse à la philosophie de Hegel

Alors que Hegel s'estime le défenseur ultime du christianisme, Kierkegaard, penseur plus intimement chrétien, observe que, suivant l'idéalisme hégélien, au christianisme ne revient plus aucun rôle dans le monde du concret. La pensée philosophique et religieuse de Kierkegaard

> « est une immense protestation contre la double imposture que constituent à ses yeux le système encyclopédique hégélien et le christianisme affadi de l'Église luthérienne danoise[233]. » Cette double imposture forme l'arrière-plan philosophique et religieux à partir duquel son œuvre s'est élaborée. Kierkegaard considère que, selon la perspective hégélienne, la philosophie doit chercher à comprendre ce qu'est la religion, au point où elle comprend mieux la religion que la religion ne se comprend

elle-même. Alors que la dialectique hégélienne cherche à réconcilier les contraires, à opérer une synthèse des contradictoires, la dialectique kierkegaardienne souligne, quant à elle, le caractère irréconciliable des oppositions et la portée du paradoxe dans le christianisme[234].

Pour ramener à leur caractère tragique les oppositions réelles et à la distinction entre le vrai et le faux les contradictions logiques, Kierkegaard examine les deux notions fondamentales d'angoisse et d'éternité.

VII. L'ANGOISSE, LE TEMPS QUI PASSE ET LA LIBERTÉ

Le *temps qui passe* – avec la mort à son terme – est la cause d'une angoisse universelle dont Kierkegaard voit la première source dans le fait que les circonstances de la vie nous imposent constamment des choix difficiles. Cette angoisse est liée précisément au fait que, une fois le choix exercé, nous ne pourrons plus revenir à la condition précédente. Et la situation est d'autant plus angoissante que le décideur est plus proche de l'état de l'innocence. En fait, selon Mircea Eliade, l'angoisse face au caractère irrévocable du temps – à l'impossibilité de révoquer le fait accompli – pousse le primitif à chercher un confort dans les religions du perpétuel retour (=*redintegratio* en latin et ἀποκατάστασις en grec) du monde à sa pureté originelle.

À la question si la situation de péché – entendu comme éloignement de Dieu – crée une nouvelle forme d'angoisse, Kierkegaard répond en distinguant la phase pour ainsi dire dynamique du péché, de sa phase statique. Puisque l'angoisse est liée à l'exercice de la liberté, elle est évidemment présente au moment de la tentation, du tiraillement et de l'éventuelle transition de l'innocence à la faute par la révolte contre Dieu. Par après, pendant toute la phase d'implication dans le péché et de la jouissance de ses effets, l'angoisse disparaît car, pour Kierkegaard, le pécheur est lié au démon, qui évidemment distrait, berce et anesthésie ses proies : voir Faust. Mais l'angoisse revient lorsque le pécheur se sent appelé à retrouver une nouvelle innocence par la cognition du péché, le repentir et l'accueil du pardon divin.

Or, selon Luc Ferry, la philosophie doit parvenir à soulager cette angoisse au nom de la *lucidité de la raison* et de la *liberté de l'esprit* en tant qu'*autonomie éthique*, sans besoin de recourir à Dieu[235]. Quand l'homme a exclu Dieu, il devient libre de « faire ce qu'il veut » : non pas simplement d'obéir à ses pulsions, mais surtout de proclamer son insoumission. Pourquoi donc Luc Ferry invoque-t-il la liberté comme moyen de sortir de l'angoisse, alors que, selon Kierkegaard, la liberté elle-même en est la cause ? Les deux auteurs se rapportent à la même liberté de l'esprit, mais à des stades différents de la décision. Selon Luc Ferry, c'est la liberté de l'esprit qui assure notre responsabilité morale envers nous-mêmes, nous permet de rejeter Dieu et – cette décision étant prise – nous soulage de la crainte du jugement. Kierkegaard, de son côté, voit la liberté comme le début d'une tension. En fait, pour l'homme conscient de ce dont il s'agit, la seule décision face à laquelle il est vraiment libre est le choix *pour* ou *contre* Dieu. Quand l'esprit s'est *définitivement* orienté à ce propos, même selon Kierkegaard, l'angoisse cesse. En fait, Kierkegaard attribue à une décision la position religieuse de l'individu :

> les objections sceptiques au christianisme ne s'appuient pas réellement sur un doute intellectuel ; elles naissent plutôt « de l'insubordination, de la volonté de ne pas obéir, de la rébellion contre l'autorité ». Il en résulte que la décision importante est celle de faire ou de ne pas faire ce que Dieu commande dans la Révélation de lui-même[236].

En partie ceci correspond à la déclaration de Fulton Sheen (1895-1979), qui fut évêque auxiliaire de New York, selon laquelle croire est une question de décision non pas de raison.

Vers 1835, déçu par la conversion au Dieu personnel de quelque libre penseur « vieux et fatigué » ne pouvant plus « ni jouir ni penser », Heine, se console en se disant qu'il avait été « impossible de convertir ces penseurs tant qu'ils vécurent sains de corps et d'esprit[237] ». Sauf que la pauvreté et la maladie lui tombèrent dessus, fin février 1848, et elles guérirent Heine de l'idée (hégélienne) d'être un Dieu[238]. Il avait suffi d'attendre un peu. Mais que compte le temps pour Dieu ? « Ne dis pas : "Comme je suis fort !" ou : "Qui me fera rendre compte de mes actions ?" [...] car le Seigneur est patient à punir. [...] Car pitié et colère sont aussi promptes en lui[239]. » Ce « télescopage » du temps propre à Dieu est aussi celui des croyants qui, par l'espérance sont déjà dans la vie éternelle, ici sur terre, à chaque instant du temps. Alors que nous traversons notre existence temporelle, attentifs à ses instants bien distincts, l'espérance est l'anticipation du fruit entier de notre vie dans son unité réelle, pleinement accomplie et manifestée dans l'éternité.

VIII. LE TEMPS ET L'ÉTERNITÉ

On ne comprend l'éternité et le temps qu'en refusant la notion d'infini quantitatif.

Pour Kierkegaard, la liberté de l'esprit se situe dans une perspective d'éternité. Toutefois, pour les humains il n'y a pas éternité sans le passage à travers le temps. C'est maintenant, ici, que nous « construisons » notre éternité : seuls les fruits du temps persistent dans l'éternité. Plus qu'une dimension transversale au temps, l'éternité est la récapitulation de notre expérience temporelle, l'unité de tout ce que nous avons fait, reçu, vécu ici. Dit autrement, l'éternité c'est encore notre vie, vécue non plus dans la division de ses instants temporels mais dans leur unité. Si tout instant temporel est réel, son acte d'être est pour l'éternité, mais actuellement notre attention expérimente séparément ces instants, qui pourtant existent tous ensemble de la même manière que notre vie est une. Nous ne pouvons pas saisir pleinement l'unité de notre vie puisque nous voyons les choses à travers une étroite fissure spatio-temporelle.

Nous sommes aussi portés à voir la vie éternelle comme quelque chose qui vient « après » ? En fait, spontanément, nous assimilons l'éternité à la vision que nous donne la mémoire. Mais la mémoire, soumise à l'écoulement du temps, s'enrichit et s'évanouit continuellement. Si l'éternité est la possession de la totalité des temps de notre vie il faut en exclure ce perpétuel flux et reflux d'information propre à la mémoire. Elle n'est donc *ni avant, ni après*, mais toujours *pendant* les événements vécus. Pour saisir ce concept d'éternité il faut d'abord exclure que le temps soit un flux perpétuel (infini), un éphémère « passage », à travers l'être, d'« instants » venant du néant et revenant au néant. Et quelle épaisseur auraient ces instants ? Ne se réduiraient-ils pas au néant temporel, de même que le point géométrique serait un néant spatial s'il n'avait pas de l'espace tout autour ?

Or, en bonne logique, l'ensemble précède les parties. Le temps de l'intuition qui s'écoule indéfiniment – et que Severin Boèce au début du VIe siècle appelait *ævum* – représente l'absurde de l'*infini actuel*. Par conséquent, on ne doit pas chercher une âme qui survivrait pendant un temps infini. L'*immortalité de l'âme*, voire la notion d'une âme séparée du corps – même quand le corps est encore vivant – appartiennent à la philosophie grecque : elles sont platoniciennes et néoplatoniciennes, alors que la tradition judéo-chrétienne propose une récapitulation dans l'éternité de tous les temps de notre existence dans la chair, ce que l'on appelle la *résurrection de la chair*. Si c'est dans le bon sens (paradis), l'unité de notre vie est *dépouillée de ses scories* et élevée par la grâce de Dieu à sa complétude surnaturelle. Dans cette vision de complétude, saint Bernard souligne le rôle éternel du corps :

> l'expérience sensorielle doit avoir existé pour que la béatitude ultime soit possible[240]. Les âmes ont besoin de corps et de sens corporels sans lesquels elles ne peuvent ni se connaître réciproquement ni rien accomplir[241]. Et si saint Bernard insiste tant sur la participation du corps à la béatitude céleste, c'est encore par sa forte conviction de l'unité de l'être humain, spécialement dans son affectivité, le centre pour lui de la

personnalité et où le corps a sa part[242]

Si la solution de notre existence mortelle est dans le mauvais sens (enfer), nous restons *fixés sur la division du temps*, sur les divertissements temporaires, sur les succès destinés à s'évanouir. Sans que Dieu alourdisse sa main sur le pécheur, l'enfer est précisément la déception que nous aurons voulue. En fait, si notre éternité devait dépendre tout simplement de nos accomplissements, la pensée de l'éternité maintenant, et l'éternité elle-même, seraient insupportables : c'est justement l'enfer. Sans le pardon des péchés, l'éternité serait encore plus terrifiante que la mort elle-même. On comprend que des athées, ne se confiant pas au pardon divin, préfèrent admettre que tout soit fini à leur mort plutôt que penser à la réalité unitaire de l'homme et au sens global des choses.

La pensée de Kierkegaard est aussi l'expression de l'âme romantique. À son époque – et pour une bonne période après lui – les grands thèmes deviennent les rapports entre les passions et le devoir, entre les nations et l'humanité, entre les valeurs enracinées dans un peuple et la raison universelle, entre la mémoire et l'anticipation par rapport au *temps qui passe*. Ces oppositions, exprimant le déchirement entre les deux dimensions du subjectif et de l'universel, furent extrêmement fécondes – notamment sur le plan artistique – et léguèrent au XXe siècle un héritage stimulant, avec toutefois le germes des malheurs de ce même siècle : le nationalisme, qui a porté aux deux guerres mondiales et les philosophies de la revendication de l'individualité, source inépuisable de vaines inquiétudes, de relativisme parasitaire et de violentes dérives antisociales[243].

§ 58. L'interprétation de Hegel par la droite hégélienne. Alfred North Whitehead (1861-1947)

La vision du réel comme processus, non seulement évolutif mais aussi auto-créatif, est précisément ce que l'immanentisme de gauche ou de droite retient de l'hégélisme. Mais la conciliation du christianisme et de l'immanentisme représente une aberration hégélienne étrangère aussi bien à la gauche qu'à une certaine droite hégélienne. Toutefois, si la première refuse l'idée que l'histoire représente la manifestation de l'Esprit, la seconde garde à celui-ci un rôle primordial dans l'immense processus d'autoréalisation de l'univers. Enfin, par rapport à la dialectique des contraires ou mieux des contradictoires et à leur dépassement dans la synthèse, la vue de la *gauche* est celle de la confrontation parce que à toute réalité politique s'oppose une réalité contrefactuelle.

Pour la *droite hégélienne*, ce qui compte c'est surtout d'envisager philosophiquement la coïncidence des contraires et de se complaire intellectuellement dans ce processus indéfini qui s'épuise en lui-même (=qui ne mène nulle part en dehors de lui-même). L'un des plus importants représentants de cette tendance, Alfred North Whitehead, se fit connaître initialement comme logicien pour avoir publié à Cambridge, avec Russell, un ouvrage monumental, les *Principia mathematica* (1910-1913). À partir de 1924, il fut professeur de philosophie à Harvard. Whitehead identifie des antinomies dans le rapport entre Dieu et le monde :

- il est tout aussi vrai de dire que Dieu est permanent et le monde temporel, que de dire que le monde est permanent et Dieu temporel ;
- il est tout aussi vrai de dire que Dieu est un et le monde multiple, que de dire que le monde est un et Dieu est multiple ;
- il est tout aussi vrai de dire que Dieu, comparé au monde, est éminemment réel que de dire que le monde, comparé à Dieu, est éminemment réel ;
- il est tout aussi vrai de dire que le monde est immanent à Dieu que de dire que Dieu est immanent au monde ;
- il est tout aussi vrai de dire que Dieu transcende le monde, que de dire que le monde transcende Dieu ;

- il est tout aussi vrai de dire que Dieu crée le monde, que de dire que le monde crée Dieu[244].

Whitehead finit par se présenter comme un irrationaliste. Mais, puisqu'il est capable de raisonner, la raison pour laquelle il a opté pour l'irrationalisme ne peut pas être la raison elle-même. Selon Popper, Whitehead tomberait dans le paradoxe du panlogisme en attribuant un rôle exclusif à la raison aussi bien lorsqu'elle prétend se nier : en vérité il n'est pas irrationaliste à cause de la raison mais par choix (éthique)[245].

Le marxisme en tant que dissolution de l'ordre social existant, d'un côté, et, de l'autre, cet apaisement ou contentement de Whitehead dans une sorte de désagrégation de la raison sont des conséquences divergentes de la pensée hégélienne qui, au fond, invoquait ce genre d'aboutissements, étant dialectique elle-même. Il s'agit dans les deux cas de manifestations très voyantes de cette forme de la pensée moderne, certes capables de captiver une large audience mais incapables de soulever le tonus pour un long parcours. Dans l'une et l'autre des deux versions opposées, il s'agit toujours de cet immanentisme qui ne laisse aucune place à la spiritualité de la confiance, de la gratitude et du don. Alors que, aussi bien dans l'histoire collective que dans la vie individuelle de tous les jours, l'esprit humain est appelé à dépasser le contingent, le temporel, le sensible, Hegel intime à l'humanité de rester liée à l'expérience. Le reste de l'œuvre de suppression du spirituel – sous le nom de désaliénation – a été accompli sur le terrain : par la science à travers le succès des technologies et la diffusion du bien-être d'abord, ensuite par le système politico-médiatique et les appels à la libération des mœurs.

TROISIÈME PARTIE.

RÉFLEXION SUR LES PROCÉDURES SCIENTIFIQUES, COGNITIVES, LOGIQUES

Si l'on accepte le schématisme suivant, certes un peu forcé, on peut dire que la rationalité des grands siècles du Moyen Âge – XIe-XIIIe – laisse la place à trois siècles – XIVe-XVIe – de remises en question, qui s'adonnent à l'imagination, à la fantaisie, à l'intuition, au sentiment, voire à la magie. Ce sont les siècles du Pré-humanisme, de l'Humanisme et de la Renaissance. Le protestantisme, fruit du travail de cette période, préalable à toutes les révolutions ultérieures et source d'une pensée philosophique tendanciellement subjectiviste, est fort méfiant envers l'emploi de la raison en matière de foi. Les trois siècles suivants – XVIIe-XIXe – seront de nouveau dévoués à la raison, mais ils la valoriseront selon deux filières distinctes.

Comme nous le verrons plus en détail au chapitre XIII, Husserl identifie deux courants principaux dans la pensée occidentale depuis le XVIIe siècle. Le premier, représentée par Galileo et appelé objectiviste, développe la passion de la Renaissance pour l'expérience et les mathématiques dans l'étude du monde qui nous entoure. L'autre grand courant culturel, qui s'est puissamment affirmé en Europe à partir de la Renaissance, selon Husserl, se rapporte essentiellement à la conscience, au sens protestant de la conscience inspirée directement par Dieu. Husserl prend décidément parti pour le second courant.

D'une part, c'est au XVIIe siècle, que les sciences modernes s'installent dans le cadre de la rationalité objectiviste et, au début du XXe siècle, traversent aisément la crise de la mise en question de la physique newtonienne par la relativité einsteinienne et la mécanique des quanta. Elles continuent d'offrir des explications insoupçonnées et ouvrent sur des applications technologiques saisissantes.

D'autre part, la filière éthico-politique aboutit à l'État de droit, où le choix démocratique des pouvoirs et des lois est censé assurer, en principe, la meilleure gouvernance. En s'élevant des préoccupations immédiates aux grandes visions politiques et morales, elle est marquée de manière plus ou moins significative par la pensée subjectiviste.

Toutefois, à l'heure actuelle, l'insatisfaction envers la politique est croissante[246]. En fait, en s'appuyant essentiellement sur le critère de la plus grande liberté de chacun, compatible avec la liberté des autres, le courant d'opinion strictement *« liberal »*, au sens américain, crée à la base de la vie en commune, un paradoxe : comment faire accepter une limitation de la liberté individuelle quand cette liberté est la seule valeur positivement reconnue, sans autre motivation ou vérité préconstituée. Que serait-elle la liberté des autres, sinon l'obstacle à sa propre liberté ?

C'est ainsi que dans le monde occidental, la culture, l'attention et les intérêts se divisent depuis quelques siècles, selon que l'on poursuive la recherche scientifique ou le travail de rationalisation des affaires, de la politique, des lois, bref de la vie en commun. Le volume d'informations disponible augmente mais l'attention se disperse : on ne peut plus aller au fond des questions, en partie à cause de la séparation entre ces deux sphères.

Des velléités d'universalisme demeurent, par exemple dans le cas du scientisme, du marxisme, du psychologisme, voire de certains courants d'épistémologie mais elles risquent toujours de se situer de l'un ou de l'autre côté de cette division proposée par Husserl.

Chapitre XII. Le temps, les causes, la finitude dans la philosophie, la science et la religion

§ 59. Le temps et l'espace dans leur réalité et dans leur unité : temps et éternité

Peu des philosophes ont retrouvé le chemin en abordant la question du temps malgré tant de trésors d'intelligence dépensés. Platon définit le temps « un reflet changeant de l'éternité ». Tout se passe, à ses yeux, comme si – de plein droit – il ne devait y avoir que l'éternité. Et pourtant, le monde se présente à nos yeux comme une suite d'événements réellement découpés par l'espace et le temps. Les paramètres spatio-temporels nous permettent de distinguer les différents lieux et instants, mais quand même avec une dissymétrie. Nous avons l'impression que les immenses espaces de l'univers sont là, en ce moment, alors que les instants passés ou futurs – même à l'endroit où nous sommes en ce moment – n'existent plus (ou n'existent pas encore). Or, ce qui n'est pas en notre présence n'est pas irréel pour autant. Autrement dit, l'unité de l'individu n'est pas dans la suite fugace des événements. Le fond du Moi, qui unifie les diverses expériences personnelles, n'est pas dans la course inexorable du temps, il appartient à l'éternité. La mémoire communique aux souvenirs des temps écoulés une valeur émotive que seule la véritable poésie peut exprimer. La mémoire fait du temps l'un des plus beaux sujets de réflexion, de méditation, de contemplation. On pourrait aller jusqu'à quémander un privilège que personne sur terre n'est capable de nous accorder : le privilège de revivre maintenant une journée de notre enfance.

Mais que signifie, au fait, que l'on puisse ressentir un tel désir ? Si les temps de notre vie et de l'univers entier, sont donnés tous ensemble comme également réels, le problème du rapport entre l'être et le devenir s'évanouit. On peut considérer l'unité et donc l'éternité de l'univers comme on considère l'ensemble des instants d'une vie humaine formant l'unité et donc l'éternité de la personne. Les plus divers phénomènes de la nature –microscopiques ou galactiques – formeraient une unique réalité, comparable à l'unité métaphysique propre au vivant.

Le temps ne peut pas être le paramètre qui « sert » à distinguer les choses qui n'ont pas encore été de celles qui ne sont plus. Il ne peut pas être comparé à un flux inexorable qui sortirait les choses du néant pour les loger momentanément dans l'être et les annihiler rapidement ensuite. Il opère tout simplement des distinctions au sein d'une réalité dont toute partie existe au même titre, unitairement. Il distingue des durées, de manière analogue à l'espace, qui distingue des lieux sans le poser dans l'être ou le sortir de la réalité. Si le temps avait la « fonction » de faire rentrer et sortir les choses de l'être, c'est-à-dire de la réalité, on devrait se demander : « Pour combien de temps chaque intervalle de temps persisterait-il dans l'être ? » Et quelle réponse pourrait-on donner si, conformément à la théorie de la relativité, des intervalles de temps entre deux événements peuvent changer de signe lorsque le système de référence change ?

Or, une perspective d'unité fait ressortir la contradiction implicite dans la conception de l'infini quantitatif en acte en tant que totalité dépassant toute quantité concrète considérée. Si Dieu est Celui dont *on ne peut pas penser le plus grand*, l'infini quantitatif est ce dont *on doit toujours penser le plus grand*. L'infini quantitatif ou l'infini de la multiplicité est un processus mental d'itération, d'extrapolation, d'interpolation, de renvoi au plus petit, au plus grand, à une autre extension ou division. C'est précisément pour cela que l'on ne peut pas concevoir l'infini quantitatif comme réalisé, terminé, en acte : il s'agirait d'une quantité plus grande que quelconque quantité réalisée. L'infini en acte comporterait la contradiction entre ce qui est accompli et ce qui, devant encore être achevé, ne peut être qu'en puissance. C'est donc un concept appartenant aux mathématiques, à la solution kantienne des antinomies, aux doctrines de la réincarnation, à certaines écoles gnostiques, à la dialectique du progrès social, aux projets de croissance économique, mais non pas à la physique.

Par conséquent, les instants et les lieux – tous réels au même titre – qui se présentent séparément à l'observateur et que l'on peut effectivement distinguer dans l'histoire de l'univers, ne peuvent aucunement constituer un ensemble infini. Face à Dieu, ainsi qu'à toute considération philosophique, Jules César n'est pas moins réel ou moins « dans l'être » que nous : il a probablement eu une vie plus intense que la nôtre ! En fait, la séparation temporelle n'équivaut pas à une séparation ontologique. Tout ceci suggère – à propos du temps et selon l'intuition de Bergson – que seule la durée (dépendante du système de référence choisi) est réelle, et donc que tous les temps sont dans la réalité au même titre.

*

Nous savons qu'Aristote nie explicitement – et emphatiquement – l'infini en acte[247]. Il proclame : « Il est évident que l'infini ne peut pas exister en acte[248] », ou « Il n'y absolument aucune dimension infinie[249] ». Cette position est justifiée dans les termes suivants: « L'infini n'est pas en puissance au sens qu'il doive exister en acte par la suite, comme une réalité distincte, mais il est en puissance uniquement pour la connaissance ; le fait que le processus de division ne fasse jamais défaut signifie que cet acte n'existe pour l'infini que dans la puissance, mais il n'existe pas en tant que réalité séparée[250]. » Donc: « Rien infini ne peut exister[251]. »

Néanmoins Aristote, alors même qu'il nie la possibilité de l'infini actuel, admet la possibilité du temps infini car, à ses yeux, la course du temps fait sortir successivement de la réalité tout ce qui existe et, par conséquent, même si le temps n'avait ni début ni de fin, il n'y aurait qu'un infini en puissance, jamais en acte. S'il admet un temps infini c'est donc qu'il considère la succession des instants du temps comme une *entrée dans l'être* de quelque chose qui n'existait pas encore, suivie d'une brève *permanence dans l'être* (pour combien de temps ?), suivie, à son tour, d'une *rapide sortie de l'être*. Des événements qui se suivent l'un après l'autre n'existeraient donc pas tous ensemble et, de ce fait, ils ne pourraient jamais constituer un infini en acte.

Nous nous permettons de nous éloigner sur ce dernier point d'Aristote, car il nous semble que notre existence actuelle ne soit pas plus réelle que celle des personnes qui nous ont précédés ou des personnes qui nous suivront dans le temps. Augustin, quant à lui, renonce à donner une définition du temps. Et saint Thomas déclare n'avoir pas d'arguments philosophiques contre l'éternité du monde. S'il la refuse, dit-il, c'est uniquement en raison de sa foi dans la création. Kant, de son côté, en accord avec l'esprit scientifique de son temps, résout les trois premières antinomies de la raison pure dans le domaine des phénomènes en admettant l'infini de l'espace et du temps, la divisibilité à l'infini de la matière et le déterminisme.

*

La simple suite chronologique, intuitive des événements dans notre expérience et dans notre mémoire ne rend pleinement compte ni de l'unité de l'univers, ni de l'unité de notre personne. Et pourtant les choses sont bien liées et, de ce fait, tous les temps de l'histoire de l'univers doivent constituer une unité. Notre unité personnelle, en particulier, nous est garantie par la compréhension intellectuelle et les désirs spirituels qui nous habitent. À rien ne vaut l'objection qui consiste à dire : « tu n'auras pas tes cent thalers dans ta poche uniquement parce que tu les désires ». (En fait, les cent thalers matériels existent bien dans la poche de quelqu'un d'autre.) Ici il s'agit de rendre compte de la nature spirituelle du désir et seulement ensuite du positionnement (ontologique ? métaphysique ?) de l'objet de ce même désir. Nous pouvons nous demander quel sens unitaire se dégage de toutes nos expériences. Dans notre vie, c'est son orientation ultime qui donne un sens à tous nos efforts. Une éternité comprise de cette manière pose des exigences sérieuses.

C'est Severin Boèce (vers 480-524) qui, en s'inspirant de saint Augustin, fait la distinction entre, d'un côté, ce temps de l'intuition – formé par une suite infinie d'instants distincts et comparable à un fleuve à l'écoulement fatal – et, de l'autre côté, l'éternité, donnée « toute ensemble » (*tota simul*) en tant que « présent qui demeure » (*nunc stans*). Il appelle le premier *sempiternité* ou *ævum*. La sempiternité admettrait une infinité de moments ou d'intervalles de temps d'une durée déterminée qui, continuellement renouvelés, se succèdent à jamais. Or, les paramètres spatiaux et temporels unis dans l'espace-temps (chronotope de la théorie de la relativité) ne séparent pas des événements dans l'existence, mais opèrent simplement un classement au sein d'une unité à travers des instants du temps qui existent tous ensemble à l'instar des positions dans l'espace. Et puisqu'ils forment une unité, le temps et l'espace ne peuvent pas être infinis, comme nous venons de le voir.

Quant à l'éternité, c'est-à-dire à la survie de l'homme dans l'éternité, elle correspond à l'unité de temps de sa vie dans laquelle seule la miséricorde divine peut mystérieusement mettre de l'ordre. La définition de l'éternité de Boèce est : *« interminabilis vitæ tota simul et perfecta possessio »* (possession parfaite et simultanée d'une vie qui n'a pas de fin). « Le sempiternité et l'éternité diffèrent. Notre temps qui coule fait le temps et la sempiternité, tandis que le présent divin qui demeure [...] et reste stablement (*nunc permanens [...] atque consistens*) fait l'éternité[252] ». Nous pouvons envisager tout ceci parce que notre intelligence est ouverte à tout (*ad omnia*), mais nous ne pouvons pas en épuiser le sens.

§ 60. Les trois causes, la science et ses rapports avec la foi

La *physique classique*, dite aussi newtonienne, qui a dominé du XVIIe au XIXe siècle se base essentiellement sur la *cause efficiente* et le déterminisme. Elle a été développée à partir de certaines intuitions fondamentales : le principe d'inertie de Galilée, la matière subsistant de son plein droit (la *res extensa* autosuffisante) de Descartes et la force (dont la force de gravité) selon les lois de Newton. Il en résulte une matière dynamique[253], qui plus tard sera encadrée dans la « dynamique des systèmes » classique.

Selon la vision déterministe qui en dérive, une intelligence supérieure – le « petit diable de Laplace », d'après le nom du mathématicien et astronome français Pierre-Simon de Laplace (1749-1827) – pourrait calculer toutes les configurations passées et futures de l'univers à partir de la connaissance de la situation de l'univers à un instant quelconque[254]. Selon les propres mots de Laplace :

> Nous devons donc envisager l'état présent de l'univers comme l'effet de son état antérieur, et comme la cause de celui qui va suivre. Une intelligence qui pour un instant donné connaîtrait toutes les forces dont la nature est animée et la situation respective des êtres qui la composent, si d'ailleurs elle était assez vaste pour soumettre ses données à l'analyse, embrasserait dans la même formule les mouvements des plus grands corps de l'univers et ceux du plus léger atome : rien ne serait incertain pour elle, et l'avenir comme le passé serait présent à ses yeux.[255]

À Buonaparte, Premier Consul, qui lui demandait s'il tenait compte de Dieu dans ses travaux, Laplace aurait répondu : « Je n'avais pas besoin de telle hypothèse[256]. » Malgré cette repartie – authentique ou non – et le fait que graduellement des scientifiques s'adapteront à juger le recours à Dieu une hypothèse n'ajoutant rien d'intéressant à leurs études, Laplace n'était pas athée. Le 17 juin 1809 il écrivit à son fils : « Je prie Dieu qu'il veille sur tes jours. Aie-Le toujours présent à ta pensée, ainsi que ton père et ta mère. » Il mourut en chrétien, ayant reçu les derniers sacrements de l'Église[257].

La liste des visions déterministes globalisantes et unilatérales comprend :

- la sociologie et l'astrologie, quand elles prétendent faire des prédictions détaillées ;
- le marxisme, selon lequel la pensée bourgeoise n'est que l'expression d'intérêts de classe ;
- le psychologisme, qui réduit non seulement le comportement, mais aussi les opinions, la connaissance et à la limite la « vérité » de chacun à son « vécu » personnel (par exemple aux rapports avec les parents ou aux traumatismes prénatals ou de l'enfance) ;
- la théologie de la prédestination (calviniste ou autre) ;
- et la *science classique*, elle-même, lorsqu'elle souligne la fonction de la cause efficiente au point de donner au déterminisme un rôle (presque) exclusif.

L'objection immédiate contre toutes ces formes de réductionnisme est que pour établir le déterminisme il faudrait démontrer, une à une, des lois déterministes qui gouverneraient tous les domaines. Mais cela est évidemment impossible, bien que – historiquement – les hypothèses déterministes aient aidé au développement de la recherche scientifique. Or, l'efficacité de la science moderne, d'abord dans l'explication et puis dans la transformation du monde, tient non seulement à l'approche expérimentale mais aussi au raisonnement logique et mathématique appliqué aux faits ; autrement dit, elle tient aux théories, et cela représente la *cause formelle*. En fait, un scientifique comme Stephen Hawking observe que toute hypothèse ou réduction déterministe de la connaissance mettrait en doute le savoir même qui présiderait à cette hypothèse ou réduction. Si un mécanisme prédéterminé assurait notre connaissance des phénomènes, il pourrait nous fournir tant la représentation du faux que du vrai. En d'autres mots, s'il y a déterminisme de la connaissance, y a-t-il encore connaissance ? Hawking formule la question en ces termes :

S'il y avait vraiment un modèle ou théorie complète et unifiée, elle déterminerait, avec toute probabilité, nos actions. Elle déterminerait donc aussi le résultat des recherches visant à établir nos connaissances Et alors, pour quelle raison devrait-elle déterminer que – par l'évidence – nous arrivons aux conclusions exactes ? Ne pourrait-elle pas aussi bien nous déterminer de manière que nous arrivions à la mauvaise conclusion ? Ou à aucune conclusion du tout[258] ?

En outre, les efforts des chercheurs sont dirigés par la *cause finale*, qui caractérise la liberté de la recherche scientifiques, et des épistémologues modernes vont jusqu'à juger les procédures scientifiques d'après leur succès. Le jeu des trois causes est nécessaire non seulement pour le progrès des sciences, mais aussi pour plaider en faveur de Dieu comme Être nécessaire, Sagesse suprême et Fin ultime.

IX. LE RAPPORT ENTRE LES VÉRITÉS MULTIPLES EST DÛ A UNE VERITÉ « PREMIÈRE » (PREUVE DE L'EXISTENCE DE DIEU À PARTIR DU CARACTÈRE « DISCURSIF » DE NOTRE CONNAISSANCE)

Les penseurs intéressés à la nouvelle science qui s'annonce dès le début du XVIIe siècle hésitent encore à exclure toute approche qui ne soit pas celle par l'expérience (dans la nature ou dans le laboratoire) et par les théories qui en rendent compte. Jusqu'au début du XVIIIe siècle les scientifiques restent encore en bon nombre théistes ou du moins déistes, peut-être en considération de la nature intelligible des lois de la nature. Rien que l'existence de ces lois, que notre intelligence décrypte et exprime mathématiquement, suffit à indiquer une intelligence à leur racine : implicitement, il s'agit d'une preuve de l'existence de Dieu par la connaissance (preuve gnoséologique). Si la matière est soumise à des lois physiques exprimables mathématiquement et si nous pouvons faire des affirmations sur le monde sensible, bien que partielles et révisables, c'est qu'il y a de multiples rapports : celui du monde avec l'intellect et celui entre les vérités multiples à l'intérieur de notre système de connaissances. Notre connaissance est, en fait, discursive. Toutes les vérités que nous possédons ne seraient pas ce qu'elles sont si chacune d'elles ne dépendait pas : 1) de la réalité, 2) de toutes les autres vérités et 3) surtout des principes de raison qui les éclairent.

D'où vient donc le rapport inchoatif, la possibilité même que ces connaissances, qui ne seraient rien d'elles-mêmes, se rencontrent entre elles en premier lieu ? D'une Vérité absolue qui n'admet à son tour ni de limitation ni de conditionnement, de manière qu'elle puisse fonder le premier rapport entre les autres vérités et donc les constituer radicalement en tant que vérités se définissant et se limitant réciproquement. Cette Vérité absolue ou principe premier d'unité et de cohérence dans l'ordre intellectuel ne fait pas partie de l'ensemble des choses limitées conçues ou concevables. Elle en est totalement indépendante et peut être appelée l'Éclat et la Source de la vérité. Nous en avons un reflet dans le principe de (non) contradiction. Qu'elle soit unique dépend précisément de son caractère absolu et inconditionné. Faute de limite qui la définisse, la précise et la proportionne, elle s'identifie au Dieu unique, semblable seulement à soi-même. Il est aussi la source de tout Bien et Être premier, sur lequel convergent les preuves gnoséologique, morale et ontologique.

*

On a de sérieux exemples de la résistance de l'Église aux raisons de la science dans les deux cas de Galilée (1564-1642) et de Richard Simon (1638-1722). L'un, au début du XVIIe siècle concerne l'astronomie, l'autre à la fin du même siècle concerne les études bibliques. En quoi donc la culture catholique a-t-elle trouvé l'assurance nécessaire pour affronter si imprudemment non seulement la raison scientifique, mais aussi le monde du progrès technique, économique et social, les opinions de la masse, la conscience de l'individu, si sensible à ses droits, et même un spiritualisme immanentiste ? Où puise-t-elle encore aujourd'hui des ressources pour une résistance que certains considèrent d'arrière-garde, inutile, perdue d'avance devant l'éclat de la modernité ? Ce qui joue en faveur de la foi chrétienne est la force de l'intériorité, une dimension à laquelle certains ne veulent, certains ne peuvent pas atteindre (du moins dans l'une ou l'autre phase de leur vie). Cette dimension échappera toujours à la science des données sensibles. L'intériorité reconnaît – déjà dans son propre exercice – une activité d'un niveau plus haut que celui des sciences de l'extériorité. La croyance qui accompagne la recherche intérieure permet un ressourcement continu, une unité de vie, une ouverture sur l'éternité, un rapport personnel avec la divinité, autant de choses que le monde ne peut pas donner. Face au défi de l'incroyance, le recueillement et la confiance qui accompagnent une foi sincère constituent la meilleure assurance pour le croyant et le meilleur témoignage autour de lui.

En vue de répondre aux objections des scientifiques contre la foi, des apologistes des XVIIe et XVIIIe siècles ont cru pouvoir montrer la Providence divine à l'œuvre dans la nature. Ils ont évoqué les détails de certains phénomènes, les opérations de certains vivants, le fonctionnement de certains organes. Plutôt qu'évoquer la contingence du monde en restant ainsi sur le terrain solide de la métaphysique, comme ils auraient dû, ils sont entrés dans les détails scientifiques. Mais le chemin de la science est très risqué pour ceux qui l'empruntent de ce côté car de nouvelles explications, proposées par des observations plus rigoureuses tendent systématiquement à invalider ce genre de démonstrations. Il faudrait rappeler uniquement le caractère contingent des données de l'expérience, sachant que les arguments tirés des aspects particuliers de la nature doivent être continuellement révisés en fonction du progrès des sciences.

Le jésuite Leonardus Lessius (Brecht, 1545-Louvain, 1623) essaya de prouver l'existence de Dieu, notamment de la divine Providence, par la constatation strictement scientifique d'un ordre de la nature (*design*) qui serait favorable, par exemple, à l'homme ou à d'autres espèces vivantes[259]. Cette tentative apologétique, un peu naïve, fut poursuivie par d'autres auteurs : en Angleterre par Newton lui-même et plus tard par Clarke (1675-1729) et au Pays-Bas par Bernard Nieuwentijt (1654-1718) qui publia un volumineux ouvrage à cet effet (1714)[260]. Ce genre d'arguments suscita la réaction pleine de suffisance, sarcastique et même indignée des philosophes des Lumières, tels La Mettrie (1709-1751), Diderot (1713-1784), Helvétius (1715-1771), d'Holbach (1723-1789). Les athées du XVIIIe siècle avaient raison en ceci : aucune preuve de l'existence de Dieu ne peut être tirée des aspects spécifiques de la réalité. Non seulement la science d'aujourd'hui n'est pas celle de hier ou de demain, mais aux harmonies de la nature on peut toujours opposer les disharmonies de celle-ci.

§ 61. L'exclusivisme des procédures scientifiques et le cas miracles

Le *positivisme* ou *scientisme* est la vision métaphysique selon laquelle la réalité peut être appréhendée seulement par des procédures conformes à celles des sciences de la nature[261], autrement dit, par les cinq sens, l'expérimentation (si possible avec quantification), l'élaboration de théories et leur rejet en cas de démenti par les faits (faillibilisme). Le terme *positivisme* a été introduit par l'idéologue de la réforme sociale Saint-Simon (1760-1825), propagé par son disciple Comte (Montpellier, 1798-Paris, 1857), diffusé en Angleterre par John Stuart Mill (1806-1873) et appliqué par Spencer (1820-1903) à l'évolution de la société sur le modèle du darwinisme. C'est à Comte que l'on doit également le projet de découvrir les lois réglant un groupe humain en prenant l'exemple des méthodes des sciences naturelles. Comte appela *sociologie* cette démarche qui, en perfectionnant constamment ses procédures a connu un grand succès : le structuralisme et plus généralement les sciences humaines doivent beaucoup à cette source d'inspiration.

Or, il s'avère que depuis la plus haute antiquité et dans toutes les parties de la terre les hommes ont reconnu des faits inexplicables par les lois de la nature couramment acceptées. Il s'agissait de faits tombant sous les cinq sens et bien vérifiables par tous, qu'il fallait donc attribuer à des dieux ou à des démons, à des « esprits de l'air » ou à des pouvoirs magiques. Parmi tant d'événements spectaculaires ou inquiétants, profitables ou terrifiants, les miracles de la tradition judéo-chrétienne se détachent pour leur signification. Ils doivent indiquer ce Dieu qui dit de soi-même dans l'Écriture : « Je trouve mes délices parmi les hommes[262]. »

X. LES MIRACLES DANS LE MONDE CATHOLIQUE

Mettons-nous au point de vue d'un Dieu – si l'on peut parler ainsi – qui désire avant tout notre amour librement donné. Le côté attrayant de Dieu, comme de tout père humain digne de ce nom, est cette recherche de la compagnie de ses enfants, cet attendrissement sur leurs peines, qui se manifeste, par exemple, dans les guérisons miraculeuses opérées par Jésus et ses saints. Ce qui caractérise une guérison miraculeuse ce n'est pas le retour à la santé à la longue, chose toujours possible, mais la reprise *rapide* des fonctions sans aucune phase de convalescence ou de réadaptation. Il peut être question de la réalisation, *sur commande*, d'événements hautement improbables comme une pêche miraculeuse[263]. Il y a aussi des phénomènes *inexplicables*, comme la multiplication des aliments (très fréquents) et l'inédie de sainte Alpais de Cudot (vers 1150-1211) qui, guérie de la lèpre, se nourrit pendant quarante ans de la seule eucharistie. D'autres cas d'inédie plus récents sont ceux de onze ans de Alexandrina Maria da Costa (1904-

1955), celle de trente-six ans de Theresa Neumann (1898-1962) et celle de cinquante-un ans de Marthe Robin (1902-1981). Il y a enfin la liquéfaction du sang de saint Janvier à Naples, laquelle se produit *indépendamment* de toute condition physique (température, pression, illumination, agitation, secousses). Citer le cas de mille faux miracles n'est d'aucune utilité s'il y en a de vrais, car les miracles déstabilisent le principe même des régularités dans la nature : les prendre en compte c'est renoncer à l'universalité de la méthode scientifique.

Le recours au miracle, en tant qu'argument pour croire, est suggéré par le Christ lui-même lorsqu'il dit : « Si vous ne croyez pas à ma parole, croyez pourtant à cause des œuvres. ». Afin de garantir à l'Église le don des miracles Jésus précise : « Celui qui croit en moi accomplira les mêmes œuvres que moi. Il en accomplira même de plus grandes[264]. » Et il dit encore : « Voici les signes qui accompagneront ceux qui deviendront croyants : [...] ils chasseront les esprits mauvais, ils parleront des langues nouvelles, ils prendront les serpents dans leurs mains, [...] ils imposeront les mains aux malades qui seront guéris[265]. » Pour la plupart des chrétiens, la foi ne se base pas uniquement sur une illumination intérieure. Les chrétiens appuient également leur foi sur des événements considérés comme des signes du Ciel, qui remettent en cause le déterminisme de la nature.

Le concile Vatican I, en particulier, n'admet pas que l'expérience intérieure et l'inspiration personnelle conduisent seules à la foi; les miracles rendent crédible notre religion[266]. On voit dès lors l'importance des miracles: ils rattachent la foi à des expériences concrètes. Sans être une condition suffisante à la foi, le miracle dans l'ordre physique ou moral lui est, au fond, nécessaire. Sans miracles le christianisme resterait dans le vague et Dieu ne figurerait pas comme un acteur crédible dans l'histoire du monde. Si Dieu n'était pas le maître des lois connues par la science et utilisées par ceux qui sur cette terre sont des gagnants, quel Dieu serait-il? Le Père Tardif présente la situation de cette manière : « Dans le temps, on disait que les miracles servaient à prouver la véracité d'une doctrine. Ils ont une fonction encore plus importante: ils montrent que le Dieu que nous prêchons agît véritablement. C'est le salut en acte[267]. »

Les miracles montrent le « style » de Dieu, du Dieu des chrétiens : il ne suffit pas de reconnaître la réalité de ces phénomènes et le fait qu'ils défient toute explication. Il faut encore y voir l'œuvre d'un Dieu plein de compassion et de considération à l'égard de l'homme et de son destin éternel. Si ce n'est pas parce qu'ils révèlent la tendresse de Dieu, les miracles pourraient être tout autant l'œuvre du diable.

Les miracles servent en même temps à conforter les croyants dans leur foi et à faire réfléchir les non-croyants : à briser l'arrogance et à jeter le trouble dans l'esprit mondain, qui trouve son assurance dans son savoir. Ceux que la simple mention d'un miracle irrite, réagissent peut-être de la sorte à l'idée d'être aimés par Dieu. Or, comme le dit Edward de Bono, seules les perceptions peuvent changer des croyances[268]. En fait, l'expérience ou simplement la connaissance d'un fait humainement inexplicable ayant lieu dans un contexte religieux peut induire une extraordinaire mutation dans notre vie. Malheureusement cela ne réussit pas toujours. Le soir de l'arrestation de Jésus au jardin des Oliviers, la guérison miraculeuse de l'oreille du serviteur du grand prêtre n'arrêta pas ceux qui étaient venus chercher Jésus[269]. Il est même possible que cette guérison leur ait donné plus d'assurance dans l'accomplissement de leur tâche.

On voudrait que la nature nous manifeste Dieu sensiblement, que ce soit à travers des révélations psychiques ou à travers un nombre plus élevé de miracles dans l'ordre physique. Que ce soit sous une forme ou sous une autre, le monde de l'expérience sera toujours inapte à révéler Dieu immédiatement. Puisque nous ne pouvons pas avoir une intuition sensible de Dieu, il faut bien que quelque chose à l'intérieur de notre âme se rapporte à ce Dieu insaisissable par les sens, inépuisable par la raison.

Certes, celui qui ne croit pas à l'existence de Dieu doit donner une explication *scientifique* des prétendus miracles. Si la science devait écarter les miracles parce qu'il s'agit d'événements que l'on ne peut pas *reproduire* en laboratoire, cela signifierait que le domaine de la science n'est pas l'expérience sensible en tant que telle, mais l'expérience sensible reproductible dans les laboratoires. (En réalité la science étudie aussi dans le laboratoire des reliques *non reproductibles* comme le linceul de Turin ou la *tilda* de la Vierge de Guadalupe, qui – précisons-le – ne sont pas des images peintes.)

Au point de vue de la science moderne, peu importe qu'il s'agisse d'interventions de Dieu ou du diable, d'occultisme ou de magie, prodiges et miracles représentent une violation des régularités qui, selon Bacon, permettent aux savants d'établir des lois scientifiques. De toute évidence, ces événements ne sont faits ni pour les savants ni pour se situer dans une perspective scientifique, car ils ne sont reconductibles à aucun système de lois.

Alors que le miracle exclut précisément l'explication du monde sur base des seules lois de la nature, admettre le caractère incomplet et provisoire de nos connaissances scientifiques c'est renoncer implicitement au recours exclusif à ces mêmes connaissances pour « expliquer le monde » ; c'est donc compromettre l'édifice du positivisme à la racine. C'est ainsi que des positivistes, plutôt qu'accepter des limites à la complétude des vues de la science préfèrent décréter que les miracles ne peuvent pas avoir lieu. Et pourtant, personne n'a vraiment le droit de refuser les faits considérés miraculeux, surtout si on s'occupe de science, car la première caractéristique du scientifique (moderne) n'est pas la défense des théories mais l'acceptation des faits, pour lesquels il faudrait essayer de trouver une théorie explicative, bien que toujours susceptible d'être ajournée.

La parade la plus absurde contre le miracle consiste à dire : « Demain la science expliquera ». Non seulement cela équivaut à enlever du crédit à la science actuelle (car – pour la même raison – d'autres explications retenues valables aujourd'hui pourraient se révéler fausses), mais il faut considérer encore ceci : si dans l'avenir l'évolution scientifique devait parvenir à expliquer les guérisons de Lourdes ou du Père Pio, par exemple, pourquoi une étape successive de la recherche scientifique ne pourrait pas revenir en arrière à la confirmation de l'absence d'explication scientifique laissant ouverte la possibilité de l'interprétation miraculeuse ? Il est vrai que la science est réformable, mais sur d'autres bases que des thèses de convenance.

D'une part, demander l'avis de la science avant de crier au miracle est une indispensable mesure de prudence mais, d'autre part, s'il n'y a pas d'explication dans certains cas il faudra bien reconnaître que le regard de la science est incomplet *même à propos des faits physiques* : et si ce regard est incomplet aujourd'hui, il le restera probablement à l'avenir.

En général, si on nie le miracle c'est simplement par une décision de la volonté (en fait le doute est une expression de liberté), mais non pas par un acte de la raison. Émile Zola, auquel les médecins du bureau de constatations de Lourdes avaient ouvert les portes, dans un roman très captivant poussa sa mauvaise foi jusqu'à retourner les faits (mais en changeant les noms des miraculées pour lesquelles il avait inventé une toute autre histoire[270]).

§ 62. Les différentes formes d'évolution, d'unité et de contingence

La considération que tout s'écoule (πάντα ῥεῖ)[271] peut avoir aidé Héraclite (ca. 540-ca. 475 av. J.-C.) à dépasser l'amertume pour l'effondrement de la caste royale et sacerdotale au pouvoir, à laquelle il appartenait lui-même par sa naissance : les nouveaux pouvoirs seront remplacés à leur tour. Au cours du Ve siècle av. J.-C., à un moment décisif du développement de la réflexion et de la sensibilité, la grande tragédie grecque – d'Eschyle, à Sophocle, à Euripide – voit initialement la fatalité (μοῖρα, *fatum*) comme la révélation de la volonté des dieux. Après cela, le destin humain se présente comme quelque chose d'incompréhensible, que la participation émotive ou artistique est toutefois capable d'assumer. Encore plus tard, Platon (428-347 av. J.-C.), descendant par sa mère de Solon, le législateur des Athéniens – et proche d'Héraclite en ce qui concerne l'évaluation du devenir politique – juge l'évolution démocratique de sa ville natale comme une forme de déclin. Quant à Aristote, pour conclure avec l'Antiquité, dans le livre V de sa *Politica*, il compare les constitutions de différentes villes grecques (ainsi que d'autres pays), non seulement à travers l'espace mais aussi à travers le temps. L'Antiquité classique était donc bien consciente de l'évolution historique.

En des temps beaucoup plus proches de nous, le darwinisme révèle combien étroit est le lien que la nature a établi entre l'homme et les autres animaux, au règne desquels – en dehors de la raison et des aspirations spirituelles – nous appartenons par notre destin de plaisir, de souffrance, de naissance, de vieillesse, de maladie et de mort. Les théories de l'évolution d'inspiration darwinienne, étant fondées sur le « hasard et la nécessité », ne peuvent pas exclure des extinctions majeures comme celles qui ont déjà eu lieu au cours des millions d'années de la vie sur terre. Sous le régime du hasard et de la nécessité (Monod), tant dans les affaires humaines que dans l'évolution des espèces, il y a toujours un prix à payer pour tout avancement : *« nihil sine magno vita labore dedit mortalibus*[272] *»* (la vie n'a rien donné aux mortels sans un grand effort). Selon l'évolutionnisme darwinien l'élimination douloureuse des faibles ne s'oppose à aucune logique : elle peut déplaire, mais elle ne peut soulever aucune objection.

En dehors du cas du libre choix (c'est-à-dire du libre arbitre), la simple « explication » probabiliste présente de graves problèmes. Comment expliquer que des lois probabilistes, incapables de contrôler les cas individuels, se « rattrapent », pour ainsi dire, en gérant le tout de manière rigoureuse ? De plus, bien que ces théories soient appropriés à l'étude de l'évolution physique des organismes vivants, elles semblent moins aptes à rendre compte des différents passages entre la nature inanimée, les vivants, les animaux doués de sensibilité et l'homme. La simple notion d'évolution ne permet pas d'interpréter adéquatement les différents degrés d'unité des êtres appartenant à ces différents ordres de la nature. Quant à la loi qui institue et commande les mécanismes fondamentaux de l'évolution, elle est indubitablement d'un ordre supérieur aux lois probabilistes réglant les détails. Le monde de la vie, le marché, le casino, la nature physique sont autant de systèmes avec leurs règles, leur organisation, leur ordre et – même si le hasard y joue son rôle – l'ordre d'ensemble qui gouverne le système représente quelque chose de positif, un plus : les gains, bien que temporaires, des gagnants ne viennent pas du néant mais de cet ordre qui préside aux variations dans le détail. Froidement, il faut répéter que, si la vie a des côtés merveilleux, au cas d'un univers « à somme nulle » la souffrance, la mort et les extinctions en sont le lot inévitable.

*

Au XIXe et XXe siècles des théories évolutionnistes ont également été appliquées à l'évaluation de la science. Les pragmatistes américains, ainsi que des épistémologues plus récents de diverses origines travaillant aux États-Unis, ont eu tendance à mettre l'accent sur les aspects sociaux de la science et parfois à diminuer son importance en tant que vision du monde et moyen d'accéder à la vérité. Des épistémologues, comme Kuhn et Feyerabend, en fait, n'évaluent plus les résultats scientifiques simplement par rapport à la réalité de la nature mais par rapport à la communauté scientifique ainsi qu'à l'ensemble de la société. Thomas Kuhn (1922-1996) aborde la question dans une optique de la compétition dirait-on darwinienne. Mais, contrairement à Popper, qui reste dans le domaine gnoséologique proposant une sélection sur base de la puissance explicative des théories rivales, Kuhn voit la compétition plutôt sur le plan sociologique. Il avance des explications socio-psychologiques, donc des « métathéories » relevant des sciences « molles » du comportement des hommes, pour expliquer la compétition et la sélection entre des théories appartenant aux sciences « dures » de la nature.

Paul K. Feyerabend (1924-1994), de son côté, refuse avant tout de considérer les théories scientifiques comme appartenant à une classe d'objets homogènes. Par conséquent il ne peut pas y avoir une seule méthode universelle de la recherche : le titre de son ouvrage *Contre la méthode* (1975) est significatif à cet égard. Il explique que le chercheur efficace est opportuniste dans ses méthodes et porte l'exemple de l'« anarchique » Galilée, qui parvint à convaincre – certes non pas tout le monde – par des arguments qui aujourd'hui ne tiendraient pas la route. Suivant la même logique, Feyerabend n'admet aucune raison de principe pour attribuer aux sciences reconnues comme telles une capacité d'expliquer – et de faire comprendre – supérieure à celle d'autres formes de savoir. Les mythes feraient aussi l'affaire et d'ailleurs, dit-il, « la science et le mythe se chevauchent de bien de manières ». Dès lors, Feyerabend prône la séparation de l'État et de la science, qui est à ses yeux la plus agressive, la plus prétentieuse et la plus dogmatique des religions. Les points de vue de Kuhn et Feyerabend, en ce qu'ils ont de commun, peuvent être synthétisés de la sorte :

> L'objectif de la Science n'est pas la simple acquisition d'informations ni même l'énonciation de notions absolument non-contradictoires ; son but est la création d'un consensus d'avis rationnels couvrant le domaine le plus vaste possible [...] Il ne s'agit pas ici d'une conséquence de la « méthode scientifique », mais de la méthode scientifique elle-même[273].

Quel genre d'« unité » nous propose en définitive la science par rapport aux différents courants de la philosophie ? Confrontées à la multiplicité des données de l'expérience, les sciences naturelles modernes visent l'unité à travers un système de lois que les scientifiques voudraient clos et complet. Depuis les premiers essors de la philosophie, les savants se sont préoccupés de ramener à l'unité les diverses formes de réalité qui s'offrent à notre attention : l'inanimé, la vie végétative, la sensibilité et la raison. Aujourd'hui il s'agit encore de trouver les composantes ultimes de la matière, de déterminer les conditions de l'évolution cosmologique, de parvenir à l'unification des quatre forces fondamentales : la gravité, l'électromagnétisme, l'attraction faible et l'attraction forte. (Pour le moment l'unification de la deuxième et de la troisième force est établie.)

Vu comme multiplicité, l'univers est un ensemble dont les éléments existent uniquement en fonction de leurs relations réciproques ; ces éléments ne sont rien en dehors de telles relations et – par conséquent – ne peuvent être la source de leurs relations mutuelles. Il faut une raison d'unité qui ne dépend pas à son tour d'une autre multiplicité. De plus, on ne peut pas considérer l'univers comme une dérivation nécessaire (et donc paradoxale) de l'accidentel (ou contingent) à partir du nécessaire, que cette nécessité soit ontologique (le déterminisme des lois de la nature) ou logique (l'évidence intrinsèque de ces lois). Il faut donc une décision personnelle, un acte libre, relevant de la sphère de la finalité consciente afin de dépasser la pure, absolue nécessité et obtenir le contingent. Ces arguments font ressortir la Providence, créatrice d'intelligibilité, d'ordre, d'unité[274].

§ 63. L'espace-temps, l'infini et l'infinitésimal dans la nouvelle physique

La physique newtonienne, avec un espace euclidien et un temps séparé se devait d'admettre respectivement :

- l'infini, de l'espace et du temps, c'est-à-dire la solution kantienne de la première antinomie de la raison pure dans le domaine des phénomènes ;

- la continuité ou divisibilité à l'infini de la matière, c'est-à-dire la solution kantienne de la deuxième antinomie de la raison pure dans le domaine des phénomènes ;
- le déterminisme, c'est-à-dire la solution kantienne de la troisième antinomie de la raison pure dans le domaine des phénomènes.

Tout ceci n'est plus nécessaire, face à des données expérimentales plus précises, acquises par la science plus récente et interprétables par les théories de la relativité et des quanta développées à partir du début du XXe siècle. Aujourd'hui, on ne parle plus simplement de l'évolution de la cosmologie en tant qu'étude du cosmos mais de l'évolution du cosmos lui-même. D'une part, la cosmologie relativiste, suggérant la courbure de l'espace (dans une géométrie elliptique) permet d'abandonner l'intuition spontanée de l'*infini de l'espace*. D'autre part, comme on a conçu une théorie de l'évolution des formes de la vie, on a aussi développé – bien sûr sous une autre forme – une théorie de l'évolution cosmologique, c'est-à-dire la théorie de l'expansion de l'univers, qui permet également d'éviter l'*infini du temps*.

De plus, la théorie des quanta et la moderne théorie des particules n'ont plus besoin de l'hypothèse de la continuité de la matière et donc de répondre, comme Kant, par la *divisibilité à l'infini*.

Enfin, les développements de la théorie quantique ont induit le monde scientifique à ne conserver le *déterminisme* de la nature que sous la forme de régularités stochastiques (probabilistes). Avec cela, on n'est plus tenu aux solutions kantiennes des trois premières antinomies de la raison pure dans le domaine des phénomènes.

XI. REPRÉSENTATION D'UN UNIVERS FINI

Or, sans nécessairement endosser la cosmologie moderne, il faut dire que, contrairement à la cosmologie classique elle est compatible avec l'espace-temps fini. Tout d'abord, l'espace de la relativité générale est elliptique, ce qui signifie limité et sans frontières (la surface de la terre en donne une image, bien qu'à deux seules dimensions). Quant au temps, il est fini dans l'hypothèse qu'un *big bang* soit suivi par un *big crunch* et que l'un et l'autre soient des points singuliers à travers lesquels tout rapport de cause à effet – et tout « souvenir » des événements – soit perdu.

Bien que l'on tende actuellement à écarter l'hypothèse d'un *big crunch*, en faveur d'une expansion indéfinie, une combinaison appropriée d'hypothèses permettrait encore d'écarter l'infini des temps. Ces hypothèses sont les suivantes : 1) il y a un *big bang*, début du temps et de l'espace (satisfaisant quand même au principe d'indétermination de Heisenberg) ; 2) pour des raisons quantiques il existe une distance minimale Δx_p entre les objets (la longueur de Planck[275]) ; 3) dans l'univers, toute communication se propage à une vitesse ne dépassant pas la vitesse de la lumière c ; 4) l'équation $d\Delta x(t) = \Delta x\ (t) \times \upsilon(t) \times dt$, qui gouverne l'expansion de l'univers, dit simplement que pendant l'intervalle de temps dt la distance $\Delta x(t)$ entre deux points P_1 et P_2 varie en proportion d'un paramètre ou coefficient $\upsilon(t)$ exprimant la vitesse de cette expansion ($\upsilon(t)$ augmente indéfiniment dans le temps et ses dimensions sont celles de l'inverse du temps) ; 5) à partir d'un certain instant, le coefficient d'expansion de l'univers $\upsilon(t)$ dépasse définitivement une valeur critique $\upsilon_p = c/\Delta x_p$; 6) finalement, quand les objets ne peuvent plus interagir entre eux à cause de leur éloignement trop rapide, plus rien ne se passe et la notion même d'univers perd son sens. C'est alors que le temps cesse. Ces cinq conditions définissent donc la « mort froide de l'univers », due à la cessation de toute action et réaction.

Appelons temps de Planck $\Delta t_p = \Delta x_p/c$ le temps nécessaire pour couvrir à la vitesse de la lumière c la distance Δx_p, qui est la plus petite distance entre deux objets admissible dans l'univers. Il existe donc une valeur critique $\upsilon_p = c/\Delta x_p$ de la vitesse d'expansion de l'univers qui départage son histoire (par rapport à quelque système de repères qu'il soit) en deux grandes phases selon qu'un signal lumineux au départ de P_1 soit susceptible ou non de rejoindre P_2 situé initialement à la distance minimale Δx_p.

TABLEAU V. L'UNIVERS EN EXPANSION

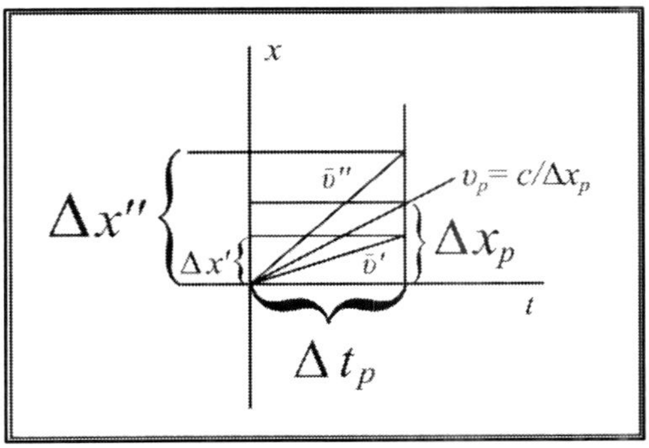

Comme il apparaît du graphique (Tableau V), on est dans la première phase si pendant l'intervalle de temps de Planck Δt_p les deux points s'éloignent à une vitesse $\Delta x_p \times \upsilon'$ inférieure à la vitesse de la lumière c. Par contre, on est dans la seconde phase si, du fait de l'expansion de l'univers, pendant le temps Δt_p les deux points s'éloignent à une vitesse $\Delta x_p \times \upsilon''$ supérieure à la vitesse c. Une fois dépassée la vitesse d'expansion de l'univers υ, la vitesse de séparation entre deux points P_1 et P_2 dépassera la vitesse de la lumière c et rien ne pourra plus se passer dans l'univers faute de communication entre ses différentes composantes : c'est la « mort froide de l'univers » par dispersion indéfinie. Il n'y aura donc pas de temps infini. (En termes mathématiques : $\Delta x_p \times \upsilon' < c < \Delta x_p \times \upsilon''$. Et, en utilisant les définitions : $\Delta x' = \Delta x_p \times \upsilon' \times \Delta t_p < \Delta x_p$, ainsi que : $\Delta x'' = \Delta x_p \times \upsilon'' \times \Delta t_p >$

Δx_p, on peut écrire : $\Delta x' < c \times \Delta t_p < \Delta x''$, c'est-à-dire : $\Delta x' < \Delta x_p < \Delta x''$.)

Dans le but de réintroduire l'infini en cosmologie, des auteurs ramènent le *big bang* à une « fluctuation du vide ». C'est ainsi qu'une « fluctuation quantique » donnerait lieu à notre univers en tant que « l'un des nombreux univers parmi tant d'autres[276] ». Mais s'agit-il d'une *fluctuation du vide* ou d'une *fluctuation du néant* ? En fait, la théorie quantique admet l'apparition dans l'espace vide de paires de particules-antiparticules dites *virtuelles* à cause de leur brève existence. (Elles sont annihilées par recombinaison après une existence de l'ordre de 10^{-22} secondes). Toutefois – dans les limites du principe d'indétermination et si notre cosmologie est exacte – ces particules sont situées au sein de l'espace-temps qui naît et évolue précisément à partir du *big bang*. Les paires de particules virtuelles que l'on observe dans les laboratoires ne sortent donc pas du néant (d'où rien ne pourrait jamais sortir).

§ 64. Les lois de la probabilité n'admettent pas d'explication exhaustive

Conformément à la vision de Laplace évoquée plus haut, à tout instant – par rapport à un système de référence quelconque – le monde se trouverait dans un certain état, et de cet état dériveraient nécessairement tous les états successifs. La symétrie entre le passé et le futur figurant dans les équations de la dynamique classique impliquerait qu'en renversant l'ordre temporel deux liquides mêlés, par exemple, parviendraient à se séparer, et ceci sans aucune violation des lois physiques. Or, les paradoxes de la réversibilité de la flèche tu temps de Loschmidt (1876) et du retour aux conditions initiales de Zermelo (1896) constituent des objections à ce type de représentation purement mécanique de l'univers. Ils se rapportent au second principe de la thermodynamique selon lequel l'entropie, expression du désordre dans l'univers, ne peut qu'augmenter (sans aucune diminution même momentanée, et donc sans retour en arrière).

L'impossibilité d'effacer la trace (au sens thermodynamique) des événements met en question aussi bien le modèle dynamique de Laplace que la théorie cinétique des gaz de Boltzmann (1844-1906).

En réponse à ce genre d'objections, à partir de 1877, Boltzmann lui-même proposa une interprétation statistique de la croissance de l'entropie : l'entropie croît, dit-il, parce que le système évolue d'un état initial improbable vers des états de plus en plus probables. Si – à propos des vitesses des molécules dans un gaz – Boltzmann pouvait lancer à Loschmidt l'absurde défi : « Allez-y, renversez les ! », la simulation de cette opération est actuellement réalisable avec des ordinateurs. En raison de la sensibilité des systèmes chaotiques aux moindres imprécisions dans les mensurations (ou dans les calculs), on remarque qu'en inversant les vitesses – et les calculs – on ne revient pas exactement aux conditions initiales. Nous dirions simplement que le *big-bang*, à la limite de notre connaissance, représente la condition la plus improbable de l'univers (*probabilité=0*), alors que la dispersion de toutes ses composante correspond à la probabilité maximale (*probabilité=1*). Avec cette interprétation probabiliste, le sens de l'avancement du temps est bien réel !

Les caractéristiques de notre intuition correspondent au fait que nous voyons la réalité à travers un mince soupirail spatio-temporel. En fait, les lois de la science représentent simplement ce que nous pouvons savoir d'un univers probablement bien plus vaste et plus varié, que Dieu crée par un simple *fiat*. Tout est présent au Créateur comme dans un tableau fixe[277], statique, ce qui lui permet de régler en un seul coup ce que nous appelons respectivement déterminisme ou indéterminisme, selon que nous repérons ou non quelques régularités. Dieu place les différentes créatures – avec les conditions et les effets de leurs actes – à l'endroit où elles sont appelées à opérer en accord avec leurs propres capacités : les agents libres selon leur liberté, les autres selon des lois probabilistes ou déterministes.

La mécanique des quanta, elle aussi, fait recours au hasard. En fait, dans la théorie quantique, « il n'y a pas une règle connue qui conduise de manière univoque de l'état initial à l'état final. Dans presque tous les cas spécifiques, l'état final est ainsi déterminé par des facteurs que la théorie quantique actuelle ne peut pas décrire. En d'autres termes *il n'est pas causé*[278]. » La théorie quantique ne fournit qu'une distribution de probabilités à travers ce que l'on appelle la « fonction d'onde ». Donc, *en théorie*, rien ne devrait se passer. Toutefois, quand *l'expérience* donne une mesure précise – par exemple de la position d'une particule – on parle du « collapse de la fonction d'onde ».

Afin d'éviter l'arbitraire (théorique) de ce « collapse de la fonction d'onde » et d'assurer la continuité du comportement des particules élémentaires, David Bohm a introduit « l'onde pilote » dans le monde des quanta. Elle gouvernerait le mouvement des particules, en accord avec l'équation de Schrödinger, avant et jusqu'à leur observation.

Or, il y a lieu de distinguer entre le *hasard épistémique* et le *hasard non épistémique*. Le premier, comme dans le jeu des dés, est le hasard au sens impropre, dû seulement à notre ignorance. C'est le seul hasard admis par Aristote pour lequel le hasard indique simplement « quelque chose d'indéfini et caché aux hommes [279] ». Saint Augustin déclare également : « J'accepte que des choses se passent en dehors de tout ordre causal évident, mais je nie que des choses puissent se passer en dehors de tout ordre causal[280]. » L'interprétation de David Bohm implique que le hasard quantique ne serait que le *hasard épistémique* : il serait donc permis d'attribuer le caractère non-exhaustif de la théorie des quanta à notre ignorance.

Par contre, selon l'interprétation dite de Copenhague l'indéterminisme quantique relèverait du véritable *hasard non épistémique*. Si tel est le cas, selon certains auteurs, il y aurait là un moyen pour la Providence divine d'intervenir dans le monde – par des révélations, grâces et miracles – sans violer les lois de la nature. Bien sûr, cette idée est avancée avec la réserve que Dieu n'agit pas de l'intérieur de la création, comme s'il en faisait partie[281]. L'indéterminisme ontologique quantique pourrait expliquer, outre l'action divine, le rapport entre l'esprit et le corps dans le cas de l'homme ainsi que son comportement sous la conduite de la volonté, des passions ou de l'instinct. Des penseurs et des théologiens comme George F.R. Ellis, Nancey Murphy, Robert John Russell et Thomas F. Tracy seraient disposés à admettre que Dieu agisse intentionnellement dans un certain nombre d'événements quantiques. À l'opposé, John Polkinghorne et Arthur Peacocke ne s'aventureraient pas volontiers dans ce genre de spéculations[282].

Il est possible que Dieu se serve (aussi) de l'indéterminisme quantique pour bien arranger les choses et en particulier pour assurer ses interventions exceptionnelles dans l'histoire humaine. Toutefois, il faut éviter d'aller trop loin dans les explications, au risque de conclure avec Leibniz qu'après tout Dieu fait ce qu'il peut ou, avec Teilhard de Chardin, que le mal dans le monde tient simplement à un projet évolutif. Quand on parle des interventions directes de Dieu ou de la liberté de Dieu et de tout homme, il faut laisser la mécanique des quanta, le probabilisme et le déterminisme à leur place. Si Dieu veut montrer par des manifestations prodigieuses qu'il intervient au-delà des lois de la nature qui nous sont connues, il n'est certes pas tenu à passer par l'indéterminisme quantique de peur de choquer nos scientistes ou nos positivistes. Dans ce cas, le recours à la théorie quantique indiquerait un respect excessif des lois de la nature actuellement connues c'est-à-dire un excès de zèle pour les acquis de la science moderne. Mais la science appartient à un autre ordre d'idées que la liberté humaine et divine : on rabaisserait, en fait, la dignité du libre arbitre et la majesté divine en s'appelant tout simplement à l'indéterminisme quantique, qui n'est, au fond, qu'un manque de cause.

*

Quant aux limites de la vision quantique, Einstein, Podolsky et Rosen, dans un fameux article de 1935[283], avaient proposé une expérience de pensée, montrant que la mécanique des quanta ne peut pas être une description complète de la nature : c'est pour cela que leur conclusion avait été appelée – improprement, certes – le paradoxe EPR. En simplifiant, imaginons un couple de particules liées (*entangled*) du fait de leur origine commune. Les particules pourraient être, par exemple, deux photons envoyés à travers des fibres optiques. Supposons qu'elles soient détectées à une certaine distance et dans un délai de temps tel que même un signal lumineux ne puisse arriver à temps pour prévenir le second détecteur du résultat du premier. L'expérience sera décrite par une seule « fonction d'onde », se traduisant par une distribution de probabilités des mesures possibles qui dépend du système dans son ensemble. Or, on peut vérifier que, si l'on applique les lois de la mécanique quantique, la statistique des accords et des désaccords entre les mesures (par exemple de polarisation) effectuées respectivement sur l'une et sur l'autre particule ne peut relever ni du pur hasard, ni des informations dont chacune d'elles serait porteuse. Ceci est très intriguant.

En 1964, par voie théorique, l'irlandais John Bell démontra qu'en général la théorie des quanta ne peut pas décrire de manière complète ce qui se passe dans une région limitée de l'espace, sans tenir compte du restant de l'univers (dans des cas comme celui de l'expérience EPR sans tenir compte de l'ensemble du dispositif expérimental). C'est le principe de la *non-localité*. Finalement, en 1982 à Paris, Alain Aspect et son équipe réalisèrent des expériences sur des particules *entangled* qui confirmaient la *non-localité* prévue par Bell précisant ainsi la pertinence du (soi-disant) paradoxe EPR. Voilà un des nombreux cas dans l'histoire de la science dans lesquels la théorie a précédé l'expérience. De la sorte, bien que la mécanique quantique soit corroborée tous les jours par des résultats expérimentaux et des applications saisissantes, elle doit être considérée comme « non exhaustive ». Mais il n'est pas indispensable qu'une théorie soit complète (ou prouvée en absolu) pour qu'elle soit valable, utile, voire brillante.

Chapitre XIII.
Husserl (1859-1938), d'un projet réaliste à l'extrême philosophie transcendantale. La conversion d'Edith Stein

Telle qu'elle apparaît à Husserl, l'histoire de la philosophie moderne serait l'accouchement graduel de son extrême expression transcendantale. Si pour Hegel l'histoire de la philosophie aboutit à un retournement de la logique (notamment de la logique aristotélicienne), pour Husserl, cette même histoire montre la problématisation de l'expérience qui s'installe graduellement dans la philosophie européenne : doute cartésien, idéalisme de Berkeley, scepticisme humien, transcendantalisme kantien. Au fur et à mesure que la réflexion de Husserl avance, il se voit appelé à couronner un processus de radicalisation d'un Ego solitaire, qui est en même temps le refus de l'objectivisme propre à la philosophie traditionnelle et à la science moderne[284]. L'étude des quarante-cinq mille pages laissées par Husserl et conservées à Louvain donnera sans doute une compréhension de sa pensée meilleure que celle que nous en avons aujourd'hui.

§ 65. La phénoménologie

Husserl se propose la clarification des concepts à travers l'analyse des opérations qui amènent tant le scientifique que l'homme de la rue à se forger des essences douées de signification.

XII. LA RÉDUCTION EIDÉTIQUE OU PHÉNOMÉNOLOGIQUE ET L'INTENTIONNALITÉ

Afin de rendre explicite le processus de clarification des essences qui est certes intelligent mais qui n'est pas toujours auto-conscient, Husserl propose ce qu'il appelle la *réduction eidétique* ou mise entre parenthèse de toute objectivation naturaliste pour faire ressortir l'unité et la signification de ce qui est donné à la conscience. Il s'agit de l'ἐποχή (*epoché*, mot grec) ou suspension du jugement. Elle consiste dans l'élimination – par des expériences réelles ou idéales – de tout ce qui est accidentel, et même de ce que les sciences nous ont appris. La méthode peut se prévaloir de certaines variations de la présentation de l'objet de notre intérêt. Ce qui résiste aux remises en forme successives est l'essence ; ce qui tombe dépend d'autres facteurs, comme les circonstances de la présentation. Dans ses *Idées directrices pour une phénoménologie* Husserl dit :

> Je mets hors circulation toutes les sciences qui se rapportent à ce monde naturel, quelle que soit à mes yeux leur solidité et l'admiration que je leur porte. Je ne fais aucun usage de leur validité et je n'accueille aucune de leurs propositions pour évidentes qu'elles soient. Je n'en accueille aucune [...] en tant que vérité concernant la réalité de ce monde. Je n'ai le droit de l'admettre qu'après l'avoir mise entre parenthèse, c'est-à-dire dans la conscience qui la modifie et la met hors circulation ; par conséquent je ne puis pas la recevoir comme si elle était encore une proposition insérée dans la science, une proposition réclamant une validité que je puisse reconnaître et utiliser[285].

Ce processus husserlien de retour sur l'objet permet en même temps de faire ressortir le facteur intentionnel dans la connaissance. Levinas en dit : « Tout ce qui est conscience n'est pas replié sur soi-même, comme une chose, mais tend vers le Monde. Le concret suprême, dans l'homme, c'est sa transcendance par rapport à lui-même. Ou, comme disent les phénoménologues, c'est l'intentionnalité[286]. »

Partant d'un (inévitable) souci de réalisme, Husserl voit que seule la conscience peut donner la signification : c'est la conscience qui revient sur son travail. Les phénomènes psychologiques réflexifs ou intérieurs sont « la conscience de leur propre objet » et représentent une suspension de l'activité extérieure. Ils peuvent être appelés intentionnels (du latin : *intendere*) au sens étymologique de ce qui tend à autre chose ou est « relatif à autre chose ». Toutes les expériences intérieures sont mélangées avec des expériences extérieures portant sur des données (objets). Seule l'expérience phénoménologique est purement interne. La phénoménologie est précisément l'art ou la science de ramener à la conscience le processus que la conscience elle-même accomplit lors de l'institution des essences. C'est le retour de la conscience sur l'acte premier qu'elle accomplit dans la fondation de la signification.

L'analyse husserlienne – sélective, discriminative, visant un pouvoir de résolution élevé et portée sur la signification (le rapport avec la conscience) – n'a rien en commun avec l'historicisme ou le psychologisme, qui sont concernés par les facteurs circonstanciels, le particulier et le mutable. Husserl met de côté le naturalisme, le psychologisme et l'historicisme, en raison justement de leur intérêt pour la manière dont les choses se présentent plutôt que pour le rapport entre les données et la conscience. Dans la détermination des essences à partir des données, Husserl se propose d'éviter un *regressus in infinitum* (renvoi à l'infini). Il faut donc accepter les « données immédiates de la conscience », c'est à dire une perception pure ou ce que l'on pourrait appeler le *Lebenswelt* (le monde du vécu).

La considération de la genèse des essences valorise la conscience en acte qui donne la signification à « ce monde », lequel est défini par rapport à la subjectivité, plutôt qu'à un « monde en soi », dont il resterait à déterminer la consistance. Nous verrons, en fait que le parcours entrepris par Husserl sur base de la conscience donneuse de sens le conduit graduellement à la fermeture transcendantale sur la conscience elle-même.

En conclusions les trois critères de la procédure phénoménologique sont[287]:

- s'appuyer exclusivement sur les faits d'évidence directe, en écartant les résultats qui supposent une médiation ;
- faire confiance seulement à l'expérience sensible élémentaire, en excluant les associations arbitraires bien qu'habituelles ;
- revenir au doute cartésien d'origine et purifier la critique kantienne de ses composantes acritiques, de manière à faire ressortir la conscience transcendantale en tant que milieu où surgit la philosophie première.

§ 66. Le transcendantalisme

Pour Kant le sujet n'a qu'une activité formelle, qui se termine à l'intérieur de lui-même, à supposer que l'on puisse encore parler du sujet comme une réalité. Son activité ne lui donne aucun accès à la réalité. On aurait situé Kant au sommet de la pureté théorique parce qu'il maintient rigoureusement l'inaccessibilité de la chose en soi à toute spéculation intellectuelle ; tout philosophe postérieur n'aurait pu que se trouver en défaut par rapport à ce sommet. Et pourtant Husserl reproche trois choses à Kant :

- de ne pas avoir exploité jusqu'au fond la transparence à la conscience de ses propres objets, c'est-à-dire l'universalité de l'ouverture (ouverture *ad omnia*) de l'intelligence humaine ;
- d'avoir pris comme modèle les mathématiques, lesquelles se basent sur des intuitions pures et donc sur ce qu'il y a de moins intéressant en vue de la certitude ;
- d'avoir dédoublé *le tout* entre phénomènes et noumènes comme si l'on pouvait connaître la différence entre ce que l'on connaît et ce qui est censé être.

XIII. LA RÉDUCTION TRANSCENDANTALE ET LA FERMETURE SUBJECTIVISTE

Alors que Kant introduit un hypothétique et apparemment insaisissable « monde en soi », Husserl appelle « ce monde » celui qui fait son apparition ou se constitue dans la vie de la conscience et lui demeure indissolublement lié. « Ce monde » est en relation transcendantale avec la conscience subjective dans laquelle se constitue toute signification et réalité.

Et puisque les essences, que Husserl appelle « transcendances objectives », sont clarifiées par la conscience, elles se réduisent, à ses yeux, à l'immanence de l'activité cognitive : tout est résorbé dans le subjectif. Être et conscience deviennent interchangeables et par conséquent le passage de la conscience à un être prétendument extérieur n'apparaît pas plus envisageable que dans le cas de Kant. On ne voit donc pas en quoi la distinction husserlienne entre « ce monde » et le « monde en soi » diffère de la distinction kantienne entre le phénomène (=ce monde) et le noumène (=le monde en soi), si ce n'est que Kant admet ce dernier, bien qu'il le considère insondable. Husserl finit par exclure tout ancrage à ce qui serait extérieur à la conscience.

Edith Stein donne à l'évolution de la pensée de Husserl – de la réduction eidétique à la réduction transcendantale – le sens d'une fermeture subjectiviste par laquelle l'attention se limite définitivement aux essences. Selon Edith Stein, la philosophie de Husserl diffère de celle de saint Thomas essentiellement en ceci : Husserl se rapporte à un monde possible, tandis que Thomas se rapporte au monde réel. Ce dernier admet que les essences – possibles ou réelles – sont conçues à partir de l'expérience sensible de choses réelles (certes, à travers l'abstraction et les premiers principes, donc à travers la raison). Husserl considère la conscience comme la première et la dernière référence, alors que pour Thomas la première étape est l'expérience des objets sensibles : la raison suit.

Alors que le transcendantal de Kant est fait de formes logiques et de l'activité synthétique, pour Husserl c'est la conscience en tant qu'active qui donne toute la signification (essence). Il y a donc deux acceptions du terme « transcendantal », selon qu'il se rapporte respectivement :

- aux formes *a priori* et à l'activité synthétique du sujet, selon Kant ;
- à la conscience constitutive de signification, selon Husserl.

§ 67. La crise des sciences européennes

La Renaissance, jusqu'au début du XVIIe siècle, a probablement représenté la dernière opportunité, pour le monde occidental, de traiter de manière unitaire et dans son entièreté la destinée de l'être humain. En fait, comme le montre Husserl, à partir de Galilée et Descartes, les deux filières de pensée de l'objectivisme et du subjectivisme s'éloignent graduellement[288]. Le premier dérive de la culture rationnelle et mathématique de la Renaissance et se rapporte à l'expérience ; le deuxième dérive du protestantisme, de la recherche d'une autonomie religieuse, politique, morale, intellectuelle, et se rapporte à la conscience.

Husserl propose Galilée comme la figure emblématique du courant scientifique moderne, du fait qu'il a pressenti la puissance des mathématiques en déclarant explicitement que le grand livre de la nature a été écrit par Dieu en caractères mathématiques. Le succès des sciences modernes à travers leurs applications techniques est indéniable : il se traduit non seulement par une importante consommation, l'aisance des communications et l'accroissement des loisirs, mais aussi par une meilleure santé, une vie plus longue, une taille plus élevée, un plus grand nombre d'habitants sur terre. Et pourtant est disparue l'assurance du scientisme du XIXe siècle, qui se proposait de parvenir à une vision globale à travers la connaissance de la nature. Plus que par le doute et la méfiance, une conception strictement scientifique du réel est compromise par les limites de ses moyens d'expression qui sont essentiellement les mathématiques. On pourrait même établir un parallèle avec la culture esthétique de l'Humanisme et de la Renaissance, qui s'est irradiée à partir de l'Italie du XVe siècle, mais qui n'a pas pu s'imposer comme culture prioritaire ou dominante en Europe à cause de la puissance limitée de ses moyens d'expression, qui ont été essentiellement les arts visuels ou beaux-arts. Sous l'aspect philosophique, le courant scientifique et mathématique reste sur la droite ligne de l'objectivisme de l'Antiquité et du Moyen Âge.

La deuxième tendance, que l'on peut appeler subjectiviste, débute en philosophie avec le *cogito* cartésien mais, selon Husserl, Descartes ne la développe pas dans sa radicalité parce qu'il essaye encore de tirer de son *cogito* des conclusions métaphysiques objectives[289]. Ce serait vraiment difficile de trouver une origine précise – antique ou médiévale – de cette tendance. Platon lui-même, plus que subjectiviste, doit être considéré comme hyperréaliste puisqu'il place les Idées dans un monde au-delà des cieux (hyperuranien). Pour trouver une inspiration de ce subjectivisme, il faut plutôt se rapporter à la Réforme qui propose la conscience subjective en tant que lieu du témoignage de l'Esprit Saint et dernier argument opposable à toute autre autorité morale (ainsi qu'à la raison). Plus tard, il sera question d'une conscience autoréférentielle, au sens laïc. Si l'on veut, le mot *conscience* a trois sens : conscience sensible (*Bewußtsein*), conscience morale (*Gewissen*) et conscience intellectuelle (*Kenntnis*). De cette dernière acception du mot *conscience* relèvent aussi bien la notion d'idées claires et distinctes de Descartes que la distinction lockéenne entre qualités primaires et qualités secondaires (selon qu'elles soient ou non susceptibles de traitement mathématique). C'est également dans ce sens que Husserl entend le mot *conscience*. En attribuant à la conscience un rôle exclusif en matière de connaissance, Husserl rend totalement problématique cette même connaissance. Et bien qu'il reconnaisse l'importance prise par les sciences en Europe au cours des derniers siècles, Husserl finit par nier leur valeur gnoséologique.

§ 68. Conversions chrétiennes au sein du groupe husserlien. Edith Stein (1891-1942)

Qui cherche la vérité, consciemment ou inconsciemment, cherche Dieu [...] N'acceptez rien comme vérité qui soit privé d'amour. Et n'acceptez rien comme amour qui soit privé de vérité.

EDITH STEIN

C'est un fait historique remarquable que dans le groupe des élèves et des collaborateurs de Husserl eurent lieu plusieurs conversions. Même Husserl et sa femme étaient passés du judaïsme à l'Église Réformée Luthérienne de Vienne, où ils reçurent le baptême en 1886 (Husserl avait alors 27 ans). Leurs fils furent élevés dans la religion protestante. Probablement l'influence de Husserl joua dans certaines de ces conversions successives et, à leur tour, des élèves de Husserl eurent une influence certaine sur l'évolution spirituelle et la conversion d'Edith Stein.

Edith nait à Breslau dans une famille juive de onze enfants dont quatre meurent en bas âge et d'autres dans des camps d'extermination. À quinze ans, elle arrête de prier et devient athée pour se sentir plus libre. Son retour à la foi sera d'autant plus réfléchi. Parmi tant de choses qui la frappent, elle observe que les gens ne se rendent dans les synagogues ou dans les églises protestantes que pour les offices religieux. Mais dans les églises catholique on arrive n'importe à quel moment comme pour un dialogue avec le Seigneur. En 1922 elle est reçue dans l'Église catholique et désire se faire religieuse mais son aspiration est contrariée par son directeur spirituel, qui la voit plus « utile » dans le monde. C'est seulement en 1933, lorsque la persécution anti-juive lui ôte toute possibilité d'action, qu'elle entre au Carmel de Cologne sous le nom de Thérèse Bénédicte de la Croix. Fin 1938, peu après la Nuit de Cristal, elle se réfugie dans le Carmel d'Echt aux Pays-Bas. Quelques années plus tard, lorsque les Pays-Bas sont sous l'occupation allemande, Hitler, pour « punir » l'épiscopat néerlandais, qui avait protesté contre la déportation des Juifs, ordonne d'arrêter les religieux d'origine juive dans tout le pays. Elle-même périt ainsi dans les chambres à gaz d'Auschwitz le 9 août 1942. Le pape Jean-Paul II la canonisera en 1998 et la proclamera co-patronne d'Europe en 1999.

Edith débute sa formation intellectuelle par des études de psychologie, mais elle est déçue par le positivisme dominant de la *psychologie expérimentale* de Stern. Elle est alors attirée par la phénoménologie en tant qu'analyse du processus cognitif. En 1913 elle rejoint ainsi Edmund Husserl à Göttingen pour assister à ses cours. À ce moment, Husserl prône « le retour vers les choses » c'est-à-dire l'observation attentive des données de l'expérience, de manière indépendante des jugements théoriques préconçus. L'appropriation à l'état premier de ce qui apparait dans le flux de la *conscience* fait émerger cette dernière comme porteuse de significations. C'est là, pour Edith Stein, une doctrine non seulement gnoséologique mais aussi éthique, opposable au matérialisme de ses premières études de psychologie. De 1916 à 1918 Edith suivit Husserl à Fribourg, en tant que son assistante, mais en 1919 Husserl choisit Heidegger. En fait, sans que cela entache l'estime réciproque et l'amitié entre le maître et son élève, Husserl finit par apparaître à Edith Stein inutilement autoritaire, plutôt confus et rigide dans ses idées.

Dans son travail philosophique d'épistémologue, Edith Stein n'aborde pas directement le problème religieux toutefois, dans une conversation privée avec son élève et amie Sœur Aldégonde, elle eut à déclarer : « Je vous l'ai dit tant de fois : ma philosophie, la phénoménologie, n'est qu'un chemin, une méthode qui permet à ceux qui se sont éloignés du christianisme et de l'Église de revenir à Dieu[290]. »

Ayant traduit en allemand le *De veritate* de saint Thomas, Edith Stein peut se permettre une critique compétente d'un point faible – parmi d'autres – de l'aristotélisme, tel qu'il est repris par le thomisme. Selon Aristote et saint Thomas c'est la matière qui permet la distinction entre des individus ayant la même *forme spécifique* c'est-à-dire qui appartiennent à la même espèce (homme, pluie, toupie, ectoplasme, etc.) La matière est donc appelée principe d'individuation. Ainsi, tous les hommes sont qualifiés par une forme qui est commune à l'espèce (*forme spécifique*), mais le fait que l'un soit Lachès et l'autre Lysis dépend de la matière. Par contre, Edith Stein dit que l'individualité est donnée par une *forme essentielle* ou *pleine essence*, plus complète (englobant la précédente), qui comprend aussi l'individualité. Cette notion de forme essentielle est une nouveauté par rapport aux conceptions d'Aristote et de saint Thomas.

Or, saint Thomas admet que les anges, dépourvus de matière, se distinguent l'un de l'autre précisément par la forme qui leur est propre, individuellement : chaque ange appartiendrait ainsi à une espèce différente. Et pourquoi ceci ne vaudrait-il pas pour les humains ? Il suffit d'appeler *forme essentielle* ou *pleine essence*, comme le fait Edith Stein, la forme individuante. L'avantage de cette solution est de mieux souligner non seulement l'unicité de la personnalité mais aussi son unité, malgré les distinctions entre l'âme et le corps, l'esprit et la sensibilité, la forme et la matière. Ceci est très important pour la thèse que nous soutenons, tout au long de ces pages, sur le caractère unitaire, réel et inéliminable de l'individualité de toute personne, de tout vivant, car le temps et l'espace ne représentent que des paramètres permettant des distinctions, mais ce qui n'est pas à un instant donné dans un lieu donné n'est pas moins réel pour autant. (Nous savons que pour Aristote la matière première, totalement informe, ne peut pas être le lieu physique, l'étendue, c'est-à-dire l'espace de l'expérience courante, car la matière n'est pas un accident comme le lieu. Elle correspond à ce que Platon appelle χώρα – littéralement espace délimité – en tant que « creux » tout à fait théorique accueillant des formes.)

*

Pour donner quelques détails sur l'influence que le groupe husserlien eut sur Edith Stein, rappelons le professeur

Adolf Reinach qui, avec sa femme Anne, se convertit du judaïsme à la foi évangélique. En 1917 Adolf Reinach mourut au front, quelques mois seulement après avoir reçu le baptême. Et c'est fut la foi sereine de la jeune veuve qui conduisit Edith à sa

> première rencontre avec la croix et avec la force divine qu'elle donne à ceux qui la portent. Je vis pour la première fois l'Église née de la souffrance rédemptrice du Christ dans sa victoire sur l'aiguillon de la mort, visible devant moi. Ce fut l'instant où mon incroyance s'effondra ; mon judaïsme pâlit, et le Christ étincela : le Christ dans la lumière de la croix[291].

Max Scheler s'ajouta plus tard au groupe des disciples d'Husserl. Il était passé du judaïsme à l'Église catholique, mais ensuite pour des raisons privées, il s'en était éloigné et enfin il y était revenu. Il donna des cours du soir sur l'essence de la sainteté. Ce fut surtout Max Scheler, souvent en polémique avec Husserl, à influencer Edith, qui fit justement de l'*Einfühlung* (empathie, intuition empathique) le sujet de son mémoire universitaire. Elle est impressionnée par cet homme génial, qui lui présente de manière concrète – par des êtres en chair et os – le monde, qui jusqu'alors lui était complètement inconnu, de la foi catholique[292], avec ses valeurs capables de soutenir le croyant quoique plongé dans le désarroi. Elle déclare que Scheler :

> avait beaucoup d'idées catholiques et savait les divulguer se servant de son intelligence brillante et de son habilité linguistique. Ce fut ainsi que j'entrai en contact pour la première fois avec un monde qui jusqu'alors m'était complètement inconnu. Cela ne me conduisit pas encore à la foi, mais me fit découvrir un domaine de phénomènes devant lesquels je ne pouvais plus être aveugle. Les limites des préjugés rationalistes où j'avais grandi sans le savoir, s'écroulèrent, et le monde de la foi apparut tout à coup devant moi. Des personnes avec qui j'avais des rapports quotidiens et pour qui j'éprouvais de l'admiration, vivaient dans ce monde-là. Cela devait donc valoir la peine au moins d'y réfléchir sérieusement. Pour l'instant je ne m'occupai pas méthodiquement de problèmes religieux ; j'étais trop prise par beaucoup d'autres choses. Je me contentai d'accueillir en moi,

sans opposer de résistance, les stimuli qui me venaient du milieu que je fréquentais, et presque sans m'en apercevoir j'en fus peu à peu transformée[293].

C'est enfin en 1921, chez le professeur Hedwig Conrad-Martius et son mari, qui s'étaient convertis à la foi évangélique, qu'Edith découvrit l'*Autobiographie* de sainte Thérèse d'Avila. Au terme d'une nuit de lecture sans interruption, elle se dit en déposant le livre : « Voilà la Vérité ! »[294]. Et Hedwig, son amie protestante, sera la marraine au baptême catholique d'Edith.

Chapitre XIV.
Wittgenstein (1889-1951), le langage et le néopositivisme

La pensée de Wittgenstein connaît une évolution, tout au long de son élaboration. Attentif à l'étendue et aux possibilités du langage, Wittgenstein demeure toutefois constamment contraire à son utilisation pour décrire ou exprimer des réalités qui dépassent l'expérience sensible, publique, reproductible.

À ses yeux, la philosophie ne fonde rien. Elle se borne à être une thérapie du langage. C'est ainsi que Gödel trouve Wittgenstein insignifiant. La discussion des thèses de Wittgenstein a été le point de départ du Cercle de Vienne. L'école qui en dérive, sous le nom de *néopositivisme*, s'est fortement installée dans les pays anglophones, suite à la dispersion du Cercle en 1938, au moment de l'Anschluss.

§ 69. De la distinction entre représenter et montrer, à la découverte du langage comme activité

Au départ, dans son *Tractatus logico-philosophicus* (1921), Wittgenstein dit que le langage représente l'« état des choses » comme s'il faisait l'office d'image, mais il précise que le langage ne peut pas représenter soi-même, c'est-à-dire sa propre « forme de représentation ». Le langage est comme l'image, qui peut tout représenter, à l'exception toutefois de sa propre « forme de représentation », qui est seulement montrée[295]. À noter la distinction entre *représenter*, *décrire*, *définir*, *déterminer*, *expliciter*, d'un côté, et, de l'autre, *montrer*, *exhiber*, *indiquer*, *révéler*, *évoquer*. Wittgenstein revient ainsi à faire la différence entre deux types d'utilisations du langage. D'une part il y a les affirmations représentant ou décrivant le monde, auxquelles on peut attribuer une valeur de vérité ; de l'autre part tout ce qui est évocation. « Ce qui est montré trouve aussi son chemin dans le langage[296] », dira-t-il. Or, si l'on considère l'analogie de l'étant ou de l'être, jusqu'à quel point Wittgenstein peut-il pousser la distinction, voire la séparation entre *représenter* ou *décrire* d'une part et *montrer* ou *évoquer* de l'autre ? Quand on distingue entre la douleur seulement apparente et la douleur ressentie, la vérification pourrait se révéler impossible, mais le langage se prête parfaitement à faire la distinction entre les deux situations et, surtout, nous pouvons la comprendre. De manière analogue, si le monde a un sens, dit-il, ce sens doit nécessairement se trouver en dehors du monde[297] et il ne peut pas être explicité, mais seulement montré. On ne peut pas rejeter des tranches de vie sous prétexte qu'on ne peut pas les organiser selon des schémas logiques prédéterminés.

C'est en 1929, revenu à Cambridge et à la philosophie, que Wittgenstein élargit la conception du langage élaborée dans le *Tractatus logico-philosophicus*. C'est à partir de là que l'on parle du second Wittgenstein. En 1935 il commença à rédiger les *Recherches philosophiques*, livre qu'il révisa jusqu'à la fin de ses jours et qui fut publié comme œuvre posthume en 1953. Selon la nouvelle conception,

> le langage est en premier lieu une forme d'activité et il faut le concevoir en termes de volonté et de société. Par conséquent, il n'est jamais précis et même les mathématiques ne peuvent atteindre l'exactitude complète [...] Une démonstration mathématique est décrite par Wittgenstein comme une décision prise par quelqu'un de suivre une certaine règle. Ce n'est certes pas le cas, pour une preuve mathématique, de montrer quelque chose qui soit déjà établi quelque part dans le monde naturel ou surnaturel[298].

Évidemment, s'il faut prendre une décision pour suivre des règles, on peut aussi décider de ne pas les suivre. Selon les nouvelles perspectives ouvertes par Wittgenstein, le langage est actif, il crée de nouveaux points de vue et de nouveaux chemins pour l'action. Parti à la recherche d'un langage purement logique et symbolique, en remontant en arrière il revient au langage courant et aux formes d'existence d'où le langage prend son origine. Le langage le plus proche de la vie est le plus rudimentaire sous l'angle logique et le plus ambigu au point de vue de n'importe quelle grammaire visant à le structurer, mais il permet de *montrer*, sinon de *représenter*, les questions humaines les plus vitales. Sous cet angle plus vaste, la logique symbolique ou formelle n'est plus vue que comme une activité sectorielle et, le langage y gagne en étendue. On peut alors reconnaître qu'il y a un grand nombre d'emplois comme

> donner des ordres, formuler des conjectures, construire toute une histoire, jouer une comédie, raconter une blague, traduire, prier, maudire, se féliciter [...] Le langage est une partie de l'activité ou une forme de vie [...] Il ne faut plus le juger d'un seul point de vue, celui d'une logique cristalline[299].

De la sorte, le langage, n'est plus brutalement contraint dans des schémas ou pire encore amputé, mais compris avec respect et passion. Quel est l'intérêt de balayer avec un nouveau plan régulateur les ruelles enchevêtrées d'un vieux centre historique en hommage à un prétendu principe de rationalité ? On ferait disparaître non seulement l'ambiance typique, mais aussi le tissu de relations humaines qui correspondent à un certain urbanisme.

§ 70. Vérité, certitude et doute

> *Congratulations pour votre diplôme en philosophie ! Que vous puissiez en faire bon usage ! Je veux dire qu'il vous faudra ne jamais tromper vous-même ou vos étudiants. Puisque, si je ne me trompe pas, on vous demandera précisément ceci. Il sera très difficile de l'éviter, probablement impossible : dans ce cas ayez la force de présenter vos démissions. Et pour aujourd'hui c'est ici que se termine le sermon*[300].

Il est indubitable que la vérité suppose un repli sur soi-même ainsi qu'un certain dédoublement de la réalité, et nous en sommes parfaitement conscients, sinon nous n'aurions pas la notion de vérité, mais posséderions seulement celle de réalité. Selon la logique de l'analogie de l'étant ou de l'être, *tout ce qui est donné est*, et – en même temps – pour nous qui en sommes conscients – *il est objet de vérité*. La parole est par sa nature associée à la vérité, ainsi qu'à la signification. Pour mettre en lumière ces notions pensons au doigt qu'indique la lune. À un certain moment nous « oublions » le doigt en tant que tel pour ne retenir que sa « fonction » de nous renseigner, et nous ne pensons plus qu'à l'objet désigné. Dans tout discours, personne ne pense en premier lieu aux paroles, mais à ce qu'elles indiquent et, même quand on fait de la linguistique, on pense d'abord aux paroles sur lesquelles on se penche et puis à celles qui servent pour les étudier.

La réalité des choses n'est pas exprimée et apprise par des propositions isolées mais à l'intérieur de *jeux linguistiques* qui forment des systèmes cohérents. Nous avons ainsi le système formé par nos expériences respectivement quand nous sommes réveillés et quand nous dormons, par les lois scientifiques et leurs applications technologiques, par les principes éthiques et les contraintes sociales, par l'étant qui forme l'objet de nos conceptions et l'étant factuel. La discussion sur la signification des mots et sur les formes grammaticales et syntactiques demeure toujours ouverte, mais il faut qu'une signification quelconque soit saisie dès le départ. Sinon l'« explication du discours naturel » exigerait une cascade infinie et paradoxale d'une métalinguistique à la suivante. La logique d'une série infinie de métalangages, c'est-à-dire le refus d'un langage « valable » en tant que tel, ne permettrait plus d'aborder ni le sens du langage, ni la réalité quotidienne, ni les questions métaphysiques et morales : il n'y aurait plus de limite aux explications verbales d'une pensée creuse. L'appel à une compréhension sans autres préalables est de rigueur pour que l'on ne tourne pas en rond[301] en se demandant si notre interprétation et nos jugements sont corrects. Wittgenstein suggère simplement de dire : « Il y a sûrement une justification, mais cette justification a un terme[302] ».

Selon Wittgenstein, le terme de la justification de toute conviction n'est pas un présupposé non fondé, mais plutôt une manière d'agir qui n'a pas besoin d'autre fondation[303]. C'est à l'usage que, dès l'enfance, nous apprenons à parler, et ceci dans le contexte social complet dans lequel le langage émerge et prend son sens. La prise de conscience des mots et de leur signification est successive à notre apprentissage spontané de la parole. Par conséquent, le sens que nous donnons aux mots, aux phrases, à la mimique, au doigt qu'indique la lune, aux odeurs, etc. tient au contexte actuel et aux souvenirs évoqués. Les odeurs, en particulier, pourraient parfaitement être prises uniquement pour ce qu'elles sont en elles-mêmes sur le moment, tant par les hommes que par les animaux, sans être rapportées à ce ou à celui qui les émet et à la signification qu'elles revêtent. Évidemment, sans ce genre de rapprochement, non seulement il n'y aurait pas de langage, mais pas de vie non plus, ou du moins n'y aurait-il pas la vie telle que nous la connaissons.

*

Wittgenstein insiste ainsi sur le caractère successif et dérivé du doute[304], qui est subordonné à la certitude. Le doute systématique ou universel est impossible. Wittgenstein a une attitude très positive et optimiste à l'égard de la capacité de correction des erreurs et en particulier de la clarification des malentendus d'origine linguistique. Il est clair que nous sommes continuellement amenés à modifier l'une ou l'autre de nos convictions. Mais comment réagir à l'hypothèse qu'un jour nous-mêmes nous serons obligés à changer d'avis sur des choses fondamentales comme les propositions de la mathématique, voire notre propre nom[305] ? Si cette question émane d'une attitude dubitative généralisée sans autre fondement qu'une disposition maladive, elle est tout simplement dépourvue de signification, car le doute suppose un contexte dans lequel le situer[306]. En fait, si toutes nos opinions sont soumises à pareille incertitude, il faut aussi douter du fait que la mémoire soit effectivement capable de renvoyer à d'autres temps et de reconstituer nos opinions d'antan, que les nouvelles opinions soient plus correctes que les anciennes et que la personne appelée à se raviser soit toujours la même personne.

Bref, sur le plan gnoséologique, psychologique, factuel, tout doute suppose plusieurs certitudes qui concernent précisément l'identification des notions mises en doute, leur contenu, la signification des mots employés pour l'exprimer, le sens et la légitimité du doute en général, le doute particulier en question. Le doute vient, de tout point de vue, après la certitude et la suppose. En conclusion, si l'on veut jouer jusqu'au fond le doute méthodique et radical, il faut investir les notions les plus fondamentales allant du contexte, où le doute devrait s'installer (en tant que parasite), au fait de douter, de manière qu'à la fin le doute lui-même se dissout. En fait, par nature, le doute est avant tout un facteur positif et créatif. Il n'est pas une affirmation velléitaire de l'Ego face à une réalité qui ne se plie pas à ses caprices ; il n'est pas une expression de liberté, comme le voudraient Descartes et Sartre, ou une tentative de détruire la vérité. Fondé sur la connaissance, le doute est en premier lieu un moyen de chasser l'erreur et d'accéder à des vérités plus hautes, comme le déclare Dante :

> Je vois bien que jamais ne se rassasie notre intelligence, si ne l'éclaire le Vrai, de qui découle tout vrai. Comme l'animal dans sa tanière, elle se repose en lui, dès qu'elle l'a atteint, et elle peut l'atteindre, sans quoi tout désir serait en vain. Pour cela, ainsi qu'un rejeton, au pied du vrai naît le doute ; et c'est la nature qui, de col en col, nous pousse au sommet[307].

§ 71. Sens et non-sens

Cioran dit que les philosophes ne nous avancent pas, mais que Job, Shakespeare et Bach nous « parleront » toujours. C'est, au fond, la pensée de Wittgenstein et d'une certaine partie de la modernité, déçue par les tentatives de panlogisme ou de rationalisme total. Il est clair que tout ne peut pas être rationalisé, mais voilà des réactions extrêmes qui peuvent se manifester :

- priver l'éthique de sa composante intellectuelle, préalable et indispensable ;
- réduire la raison au sentiment ou à l'action de forces inconscientes (psychologisme) ;
- condamner comme un besoin inconsidéré d'absolu toute recherche de sens et de raison ;
- ignorer que l'accomplissement ultime de la raison est de reconnaître ce qui la dépasse, selon Pascal ;
- faire fi du principe fondamental selon lequel il n'y a rien de si relatif qu'il ne contienne quelque chose d'absolu.

S'il ne reste à la philosophie que la clarification des termes, il faut lui demander une énorme sincérité et sonder la finalité qu'elle se propose. Des formes de pur intellectualisme peuvent favoriser le désengagement intellectuel et moral.

D'ailleurs, la réticence à aller au fond des choses caractérise la restriction de la culture moderne à la sphère du sensible à travers l'étude exclusive des phénomènes naturels, des situations sociales, des textes, de la linguistique. C'est encore le scientisme ou positivisme). Le relativisme, voire l'irrationalisme en philosophie n'est que l'autre face de la même médaille. En fait, selon une thèse centrale du néopositivisme, le discours s'étendant au-delà de la vérification expérimentale serait de la métaphysique dépourvue de sens[308]. Notons, en premier lieu, que des déclarations de ce genre, en tant que garde-fou pour éviter de sortir de l'expérience sensible, dépassent déjà la sphère des données sensibles. Si notre capacité d'attention et de questionnement s'arrêtait vraiment à la sphère sensible, on ne pourrait même pas dire que ce qui se trouve au-delà de l'expérience est dépourvu de sens. On ne pourrait même pas conclure qu'un monde au-delà du sensible est impossible ou insensé pour la bonne raison qu'on ne pourrait pas le concevoir. Il est vrai qu'il y a des questions qui ne peuvent même pas être envisagées car elles n'ont pas de sens : les exemples de l'infini quantitatif ou des propositions qui se nient elles-mêmes tombent à propos. Pour que le cas de Dieu soit pareil, il faudrait trouver une contradiction implicite dans la notion même d'un Être indépendant qui existe par soi-même.

Certes, si Dieu, en lui-même, ne pouvait pas être pris en considération, il ne pourrait pas exister. Comment quelque chose qui n'a pas de sens pourrait-elle exister ? Par contre, si on part de notre capacité de concevoir, il suffit de nier que l'homme soit vraiment ouvert à tout (*ad omnia*) pour refuser Dieu. À qui s'adresserait alors l'homme – dans son for interne – au-delà du sensible, du limité ? L'intériorité de l'homme, qui comme toute réalité est relation[309], serait alors niée en ce qu'elle a de plus élevé : l'horizon spirituel de l'homme relèverait d'une logique simplement formelle. Les néopositivistes, en fait, attribuent les manifestations religieuses au sentimentalisme ou au subjectivisme, sans vraiment aller au bout de leur démarche, concentrés comme ils sont sur les aspects purement formels du langage. Leur position est plutôt athée qu'agnostique, l'athéisme étant l'objectif visé par la théorie du non-sens de la métaphysique. (En fait l'agnosticisme est souvent un athéisme qui ne veut s'avouer comme tel.)

Est-ce que, a contrario, si l'on comprend le sens de la question concernant Dieu, cela veut-il dire que Dieu existe ? Retourner ainsi la question équivaut à se remettre dans la perspective de la (prétendue) preuve ontologique, à laquelle on peut toujours objecter que l'être humain ne peut pas saisir a priori dans le concept de Dieu, tel qu'il est accessible à notre esprit, l'évidence de sa possibilité ou de sa nécessité[310]. La discussion sur le sens, le non-sens, la possibilité ou la nécessité de la notion de Dieu est un labyrinthe dans lequel on risque de se perdre. Tout ce que l'on peut dire est que notre esprit ne voit rien d'absurde dans tout cela, rien pour écarter le concept de Dieu, concept que toutefois notre esprit ne peut pas épuiser.

En somme, si l'on admet que les paroles ont un sens on se met dans la condition de pouvoir prouver l'existence de Dieu. Mais la preuve de l'existence de Dieu est essentiellement a posteriori, c'est-à-dire au départ de la réalité expérimentée – réalité toujours limitée et dépendante – pour laquelle il faut justement un principe d'intelligibilité, une Fin ultime et une cause première dans l'ordre respectivement de l'intelligibilité, de la finalité et de l'être. Celui qui, par contre, élimine la prise en compte du réel (comme Kant et Schopenhauer) ou donne une valeur polysémique aux mots (comme Nietzsche) détruit par là même la possibilité de prouver l'existence de Dieu. Certes, le simple fait que nous entendions les discours prouve que pour nous chaque mot a un sens, et que ce sens est opposé à celui du mot ayant un sens opposé.

§ 72. Le silence sur les questions religieuses, métaphysiques et éthiques, une autolimitation arbitraire

Non seulement les propositions métaphysiques et religieuses, mais aussi les énoncés éthiques ne sont pas observables, note Wittgenstein : rien ne peut donc être utilement dit à propos de la morale, en dehors des comportements vérifiables des individus. À travers le problème de la vérification, c'est le problème de fond de la vérité qui revient. Bien que Wittgenstein admette, comme nous l'avons vu, un emploi du langage en dehors de la logique cristalline, il n'est pas question pour lui que le langage *représente* des vérités au-delà de l'expérience et de son traitement logique. Wittgenstein continuera à considérer que le silence s'impose dans les domaines métaphysique, éthique, mystique et religieux. Toutefois, selon Wittgenstein, le langage religieux, comme tout langage proche de la vie, permet de *montrer*, sinon de *représenter* en termes de vérité, les questions relatives au sens de la vie, qui sont celles qui comptent en définitive. Et, comme le dit Wittgenstein, « nous pouvons appeler Dieu le sens de la vie [311] ». Nous voudrions préciser que les raisons ultimes de la vie se situent dans les relations interpersonnelles et que le rapport avec Dieu reçoit son plein sens s'il s'agit précisément du rapport avec un Dieu personnel.

Wittgenstein n'est donc pas tellement opposé à une attitude religieuse, mais à son expression par des dogmes, ou pire par des tentatives apologétiques. Il opte ainsi pour le silence à propos des fins ultimes et du sens de la vie. Nous ne pouvons pas contester totalement la validité de la démarche – si telle est la démarche de Wittgenstein – qui part du respect du mystère, d'une exigence éthique et de l'ouverture vers le plus haut. Nous pensons même que croire en Dieu sous l'impulsion de la volonté, c'est-à-dire du désir de vie et du sens du destin, c'est la démarche à la fois la plus courante, la plus valable et la seule qui sert de base à des clarifications ultérieures parce qu'elle correspond à la dimension de l'amour. C'est ainsi que saint Augustin dit : *« Non intratur in veritatem nisi per caritatem*[312] *»* (on ne rentre dans la vérité que par la charité). En fait, on tue l'amour en niant qu'il en existe la possibilité. Et ceci est aujourd'hui obtenu surtout en niant soit l'ontologie, soit l'histoire, soit la logique, bref la possibilité même de la vérité.

*

Wittgenstein déclare à peu près : « Cet homme croit déjà en Dieu, à quoi bon devrait-il essayer de démontrer son existence ? » Sous une forme en apparence très respectueuse envers la foi, cette déclaration exprime le fidéisme (assez courant en milieu protestant), faisant de la foi un saut dans le vide sans autre raison. Le résultat est que, dans le domaine de la foi, la raison se limite à l'explication des croyances sans rentrer dans la question de fond de leur crédibilité. Le croyant cohérent doit admettre la valeur de la raison, au même titre qu'il admet un ordre moral (la morale naturelle) et une réalité bien structurée. Celui qui ne croit pas, afin de ne pas laisser d'espace à Dieu, peut soit affirmer la suffisance de sa raison et de ses élaborations, soit passer à l'irrationalisme.

Contre l'approche de Wittgenstein par le silence on peut invoquer le proverbe qui dit : « L'enfer est rempli de bouches cousues » ou la phrase de saint Paul : « Proclame la parole, insiste à temps et contretemps[313] ». La voie d'un certain silence qui va, par exemple, de Kant à Kierkegaard, à Tolstoï[314] et à Wittgenstein est inadéquate. L'homme est une unité et les trois dimensions de la vérité, de la motivation et de l'action lui sont essentielles. Comme l'ardeur de la charité est sans objet s'il n'y a pas de vérité, de même une foi sans le retour au réel à travers l'action demeurerait insuffisante. C'est uniquement dans l'ouverture vers la réalité que peut s'exercer l'amour, parce que l'amour, la charité est attention vers l'autre, chose naturellement impossible dans toute philosophie relativiste, subjectiviste, solipsiste. Et au moment de l'analyse de notre attitude globale, il faut atterrir sur le sol de la vérité accueillie pour de bonnes raisons, c'est à dire « bonnes » du point de vue intellectuel et du point de vue existentiel. Il faut donc que le discours religieux exprime une vérité et se traduise dans une vie, sans quoi la religion elle-même n'aurait rien à faire avec Dieu : elle tomberait au niveau sociologique.

Chapitre XV.
Heidegger (1889-1976), ou un questionnement à la fois trop ambitieux et bloqué de l'être

Dès le départ, Heidegger captive l'attention du monde philosophique en proposant l'être du Moi comme la clé pour la compréhension de la signification de l'être (*das Sein*). On pourrait supposer que l'homme ait le sens de son être et de l'être des choses dont il s'occupe, dites les « étants » (*die Seienden*). Heidegger refuse, néanmoins, de considérer les étants comme un moyen pour la compréhension de l'être. D'une certaine manière, il prend comme ultime critère de vérité le principe « Connais-toi toi-même ». Il propose également la réduction de toute réalité à la temporalité, selon l'intuition de l'inexorable écoulement du temps de l'infini à l'infini (*ævum*). Mais l'infini a-t-il un sens ? L'homme est en tout cas « pour-la-mort » parce que son temps est limité. On se demande, en conclusion, si on peut utiliser les errements politiques de Heidegger, les oscillations de sa pensée et sa façon d'esquiver la clarté comme des arguments contre son œuvre philosophique.

§ 73. L'étant qui existe et l'homme qui « ek-siste »

La problématique proposée par Heidegger dans son ouvrage *Être et temps* (1927) est vraiment démesurée car l'auteur vise à cerner le sens de l'être en tant que tel. Or, pour Heidegger, c'est par l'homme qu'advient l'être et donc il n'y a pas lieu de chercher le sens de l'être en se tournant vers les objets qui se manifestent et qui – pour cela – ne font qu'exister autour de nous. Heidegger les désigne comme des « étants ».

Il s'oppose en cela au courant aristotélico-thomiste qui ne conçoit l'être autrement qu'à partir de l'étant (*ens*) effectivement existant. Plus précisément, dans la philosophie scolastique on rencontre la distinction entre l'essence (*essentia*), qui est apte à exister, et ce qui la fait exister dans le fait, l'être (*esse*). À ce point de vue, pour que l'étant existe actuellement, l'acte d'exister ou « être » est aussi indispensable que la détermination ontologique, éthique, logique de sa nature ou « essence ». La distinction essence-être au sein de l'étant évite la confusion entre les principes et les situations de fait et permet de « sauver » les premiers, quelles que soient les circonstances. La possibilité d'appeler indistinctement « être » tant l'acte d'exister que l'étant actuellement existant est consentie par l'analogie de la notion d'« étant ». Or, pour Heidegger, l'étant n'est que simple présence, automanifestation et est par conséquent objet d'appréhension. L'étant est aussi substance, au sens d'absence de la pensée et d'oubli de l'être. Il ne faut pas, toutefois,

> comprendre l'impensé comme un inconscient et l'oubli comme une négligence de la pensée : ils sont bien plutôt la condition de possibilité et le fondement de l'histoire, comme si elle ne pouvait se déployer qu'à partir de ce refoulement premier. C'est pourquoi le questionnement sur l'oubli et la remontée au fondement ne peuvent s'effectuer que lorsque la métaphysique s'est accomplie – au sens où elle a épuisé ses propres possibilités[315].

XIV. « DASEIN », C'EST-À-DIRE « ÊTRE-LÀ »

En dehors de la prise en charge par les humains de la réalité naturelle, présente à travers l'expérience sensible, observe Heidegger, tout ne serait qu'étant, sans rapport à l'être. En fait, à qui se manifeste l'étant sinon à l'homme, sujet jeté dans le monde, qui y met de l'« être » ? Seul le sujet humain, doué de raison, donne à l'étant sectoriel de renvoyer à la question de l'être, être qui « est toujours déjà précompris dans la saisie de tout étant[316] ». C'est pour cela que Heidegger appelle « Être-là » (*Dasein*, en allemand) l'homme questionnant. Heidegger adopte l'expression *Dasein* de préférence aux termes homme, sujet, moi, âme, personne, qui donneraient l'impression de ramener à des choses ce qui est rapport à soi-même, par opposition aux étants, lesquels sont simplement présents au *Dasein*, en tant que son environnement naturel. C'est bien l'homme qui est ouverture à l'être, véritable « ek-sistence » ; et c'est à lui qu'il sera éventuellement donné de comprendre l'être. « L'ek-sistence, n'est pas le simple fait d'exister, valable pour l'ensemble des étants, mais désigne au contraire ce pouvoir du *Dasein* d'être toujours hors de soi, c'est-à-dire livré, exposé à l'être, et par là susceptible de livrer l'être[317] ». Heidegger voit ainsi une complémentarité entre l'étant qui existe et se manifeste et le sujet qui « ek-siste » et donne ou reconnaît l'être. Et « quand Heidegger écrit que l'existence est l'essence de l'homme, il veut dire tout simplement que l'homme est non pas subjectivité mais ek-sistence[318] », au sens d'ouverture à l'être.

Or, plus que d'un être « survenant » sur l'homme, il s'agit, selon Heidegger, d'un être qui jaillit de lui, d'un être ajouté par lui-même. Il ne propose plus la distinction ou plutôt le dédoublement familier à la philosophie d'inspiration kantienne entre les données de l'expérience sensibles (les phénomènes ou représentations) et ce qui serait derrière (la chose en soi ou noumène, supposée être la même chose mais d'une autre manière). Si l'être-présent (le vrai) et l'être-utilisable (l'utile) sont les deux formes de l'être mondain, c'est-à-dire de l'étant, selon la terminologie heideggérienne, le *Dasein* se soucie de ce qui l'entoure pour la satisfaction de ses besoins : il est prévenant, assure le quotidien, se donne de la peine, s'occupe, se préoccupe, montre de la sollicitude (*Sorge*, en allemand), prend en charge, prend soin[319]. Outre la séparation entre l'étant, d'une part, et, d'autre part, l'Être-là de l'homme, Heidegger établit une nette distinction entre être-présent de l'objet et être-utilisable du projet. L'essentiel de nos intérêts concerne le futur sous la forme d'anticipation ou projet (*Entwurf*). C'est ainsi que parmi les trois « extases » du temps, le futur nous occupe plus que les deux autres : le passé et le présent. En particulier,

> le *Dasein* doit s'insérer dans une quotidienneté faite des relations avec d'autres *Dasein*. Dans ces relations intersubjectives, le *Dasein* est, pour Heidegger, la mesure du sens et du nonsens à travers le discours et son (inévitable) interprétation.

Heidegger introduit aussi la distinction entre ontique et ontologique. L'existence des étants, indépendante de tout observateur, relève de l'ontique. C'est seulement au niveau de l'ontologie que, grâce à l'homme, l'être des étants est pensé.

> Heidegger est en un sens, si l'on veut, réaliste, car il y a des étants qui sont indépendants de nous : que nous ayons vu les astres ou que nous ne les ayons pas vus, ces astres en tant qu'étants sont. Mais pourtant, s'il n'y avait pas l'homme, il n'y aurait pas d'être. Ainsi l'ontique est indépendant de l'homme, mais l'ontologique n'en est pas indépendant, et l'ontique dans son être dépend de l'ontologique ; car ces étants ne peuvent être conçus comme étants que parce qu'il y a un étant qui pense l'être. Étant et être sont donc deux termes dont chacun est par son rapport à l'autre[320].

On voit donc que Heidegger ramène l'être de l'étant tout simplement à la compréhension qu'en a l'homme. Il se refuse à considérer l'être comme quelque chose qui appartienne de plein droit aux objets de l'expérience, de la sorte que cette appartenance permette à l'homme de leur prêter de l'attention. L'opposition importante pour Heidegger est ainsi celle entre les objets ou étants, qui sont tout simplement, et l'homme reconnaissant qu'il y a de l'être.

§ 74. Y a-t-il de vrais sceptiques ? Le « scepticisme » de Heidegger

L'Être-là (*Dasein*) et la vérité sont nécessairement présupposés. Personne ne peut en décider. Heidegger utilise le verbe *müssen* pour exprimer, dans ces cas, une nécessité absolue. Quand il vient à l'affirmation intellectuelle ou jugement, en tant que découverte de l'étant, il emploie le verbe *sollen*, qui offre une ouverture. L'alternative au jugement, qui « devrait » (au sens de *sollen*) advenir, est le scepticisme[321].

Le sceptique, dit Heidegger s'installe dans le « mode de négation de la vérité » et, de cette manière, il se rend imperméable aux arguments dialectico-formels qui visent à le convaincre de son erreur. Or, selon notre auteur, ceux qui essayent de réfuter le scepticisme supposent que le sceptique soit sensible à l'argumentation, autrement dit qu'il n'y ait pas de véritables sceptiques. Les sceptiques toutefois existent bel et bien, dit Heidegger : ils ont « dissout la vérité dans le désespoir du suicide ». Naturellement tout ceci ne peut être dit et argumenté avec vérité qu'en dehors de toute attitude sceptique. Le fait que le dialogue avec les sceptiques soit impossible ou inutile ne preuve naturellement pas que les sceptiques aient raison et surtout n'est pas une raison pour que les personnes qui cherchent pour trouver arrêtent leur enquête. Nous faisons un pas plus loin en disant que tout scepticisme représente une option éthique : le défi à la vérité au nom de la liberté. En fait, ce scepticisme représente la revendication d'autonomie la plus défiante qui soit.

Si dans l'antiquité le scepticisme constituait une option explicite, directe et facilement reconnaissable, dans la philosophie moderne il prend des formes plus sophistiquées, dont la prétention heideggérienne à trouver le sens de l'être. En fait, Heidegger souligne à juste titre que « la vérité, ne peut pas être démontrée dans sa nécessité parce que l'être, en tant que tel, ne peut pas être soumis à démonstration ». À notre point de vue, dans toute activité logique il faut un principe. Ramener la question toujours en arrière représente une excellente manière de faire l'économie de jugements définitifs. Tout jugement, sur le plan logique, présuppose la possibilité de la vérité, notamment les « vérités éternelles » du type du principe de contradiction, lesquelles règlent les connexions logiques et permettent aux affirmations d'avoir un sens. Or, en tant que fait de la vie, le jugement n'est pas le résultat d'une simple nécessité logique, mais il dépend aussi d'une option libre en faveur – ou contre – le fait de voir et de dire le vrai. Afin d'établir un scepticisme sophistiqué il suffit d'exiger des clarifications sur la nature du jugement et sur les vérités présupposées. Si tout cela n'était pas évident et ne se justifiait pas de soi-même, il y aurait un *regressus in infinitum*.

Dire que l'affirmation « il y a de l'être » peut être discutée seulement si le sens de l'être et les implications de la compréhension de l'être en général ont déjà été clarifiés est simplement faux, car nous savons depuis toujours ce que signifie « être », sans quoi il ne serait pas possible de dire en affirmant et niant ; il n'y aurait même pas le début d'une conversation. En fait, on peut savoir dès le départ que quelque chose est et qu'un fondement est nécessaire sans besoin de s'engager, comme le fait Heidegger dans son *Être et temps*, dans un renvoi perpétuel qui ne parviendra jamais à déterminer le sens de l'être. Or, Heidegger fait précisément partie de ceux qui trouvent *complètement obscur* :

- pourquoi les choses doivent en être ainsi et en quoi consiste le « fondement » ontologique de cette connexion nécessaire entre le jugement et la vérité ?
- la manière d'être de la vérité, c'est-à-dire le sens de sa présupposition et de son fondement ontologique dans le *Dasein*.

Il nous semble que se poser ce genre de questions équivaut à se demander pourquoi il existe quelque chose plutôt que le néant ; et essayer, comme le veut Heidegger, de se faire une idée de l'être équivaut à suggérer un scepticisme qui est seulement beaucoup plus élaboré que le scepticisme ancien.

§ 75. La « déconstruction » de la métaphysique et le néant sous l'angle ontologique

Les marxismes ne pouvaient constituer que l'aile gauche radicale de la philosophie bourgeoise [...], donc lutter sur le terrain imposé par le dernier avatar de la philosophie en voie de décomposition, en s'affrontant au nihilisme ambigu et réactionnaire de l'ultime représentant de la philosophie malade, l'interprète transcendant de la nouvelle misère allemande, Heidegger

ANDRÉ TOSEL[322]

S'opposant cette fois à Hegel, Heidegger voit la métaphysique comme une construction arbitraire, qui apparaît au cours de l'histoire de la pensée. Il reproche précisément à la métaphysique traditionnelle de s'occuper de la définition des êtres (possibles ou actuels) et de ne pas dédier assez d'attention à l'être en tant que tel. Considérant que sa propre philosophie se situe au terme d'une série de vains efforts pour dégager une réalité, une rationalité, une vérité, un Absolu, il se sent appelé à dénoncer toutes ces tentatives comme des cas d'occultation, d'oubli de l'Être.

Toutefois, il ne parvient lui non plus à le cerner, sans démontrer, pour autant quelle orientation aurait dû prendre cette recherche et en quoi l'oubli de l'Être est si pénalisant. En fait, il avait prévu une troisième partie de *Être et temps*, destinée à résoudre ces problèmes, mais il n'arriva jamais à l'écrire, soit qu'ait été mal posée la question, soit qu'elle n'ait pas de solution. Comme le montre le Tableau VI, Heidegger n'est pas le premier à s'engager dans l'œuvre gigantesque de déconstruction de la métaphysique édifiée par la culture occidentale à travers les siècles. Mais puisque la métaphysique est complétude et puisque des formes de déconstruction ou de démystification antérieures à Heidegger proposent un exclusivisme alternatif, il a beau jeu de les présenter comme autant d'expressions métaphysiques et de se proposer lui-même comme le premier vrai déconstructeur.

TABLEAU VI. CASCADE DE DÉMYSTIFICATIONS

	Infrastructure (noumène ?)	Preuve en faveur	Contrépreuve (et adversaires)
Marx	Besoins économiques	Prise de conscience, révolution	Défense de ses intérêts par la classe bourgeoise
Nietzsche	Volonté de puissance	Nihilisme, en tant que refus des valeurs courantes par la morale du maître	Nihilisme, en tant qu'effondrement des valeurs et morale abjecte de l'esclave
Freud	Inconscient	Pulsion de vie, analyse, transfert	Pulsion de mort, résistance à la psychanalyse
Heidegger	Souci (*die Sorge*)	Authenticité, être pour la mort	Inauthenticité, projets, courir vers la mort

L'exclusivisme des lois de la nature selon les scientistes, les infrastructures de Marx, l'inconscient de Freud et la priorité de certaines structures de base par rapport aux superstructures selon les structuralistes sont, en fait, autant d'alternatives à la métaphysique traditionnelle. Pour que la chose soit plus évidente, le marxisme et la psychanalyse – par exemple – se doivent de traiter comme « résistance » toute objection. Pour les marxistes cette résistance tient (inconsciemment ?) aux intérêts de classe, alors que pour le freudisme il s'agit de défendre (encore inconsciemment ?) un équilibre libidinal menacé. Il est clair que ces deux exemples ne sont pas à suivre dans l'histoire et la philosophie.

Or, Heidegger propose la thèse selon laquelle l'évolution de la métaphysique doit être achevée avant que la déconstruction ne soit possible. Et il identifie l'aboutissement ultime de la métaphysique occidentale dans la centralité de la volonté qui s'affirme de Fichte à Hegel à Schopenhauer jusqu'à son débordement (on dirait incontrôlé) chez Nietzsche. Heidegger analyse cette volonté comme « volonté qui se veut », « volonté de se dépasser », « volonté de volonté », et en fin de compte « volonté de dominer » les autres et aussi la nature à travers la technologie[323]. Cette ostentation de volonté, dépasserait le matérialisme le plus outré dans son projet de mise à l'écart de l'ontologie, laquelle – en opposition à l'ontique – tient tellement à cœur à Heidegger. En tout cas, Heidegger est-il moins métaphysicien que les auteurs qu'il combat ? Oui, si l'on considère qu'il ne conclut pas et donc qu'il lui manque cette complétude qui fait la métaphysique.

De plus, son souci du fait que la philosophie aurait « oublié » l'être depuis le temps de Parménide (Ve siècle av. J.-C.) semble mal fondé. Tout d'abord, l'« Un et immuable » de Parménide ne peut pas être participé à des essences afin qu'elles figurent dans la réalité. L'être de Parménide est la généralisation extrême métaphysiquement inerte, la forme vide relevant presque exclusivement de la logique, une abstraction insignifiante. Et si l'être fait abstraction de toute *qualité*, de toute détermination et de tout mode d'être particulier, c'est bien compréhensible que Hegel, Bergson[324] et d'autres philosophes le considèrent comme dépourvu d'intérêt. Même lorsque l'on passe de la considération des êtres finis – c'est-à-dire des êtres en état de dépendance – à l'Être éternel existant de soi-même, on tient compte des dépendances, des relations et des *qualités*.

Et puis Heidegger savait quand même qu'il y a des philosophes, des scientifiques et des révolutionnaires qui admettent la réalité du monde, mais pour lesquels la recherche d'un être non identifiable aux « étants qui existent de fait » (si on décide de les appeler ainsi) et flottant au-dessus des choses constitue l'exemple parfait du faux problème.

Enfin, il aurait fallu qu'en examinant le parcours de la métaphysique occidentale Heidegger ait porté une attention complète sur toutes ses différentes étapes. En vérité, conformément à la tradition philosophique des universités allemandes dans le sillon de la Réforme, Heidegger, devenu protestant, ne couvre pas le cadre complet de la métaphysique car il évite soigneusement de prendre en considération la pensée catholique médiévale, qui a préservé le cœur de la métaphysique ancienne. Puisque évidemment on ne peut pas attribuer à Heidegger une ignorance invincible ou une *nescientia*, ce manque d'attention à la philosophie catholique du Moyen Âge jusqu'à nos jours doit être volontaire. Cette négligence est parfois prise à la légère, comme allant de soi, mais elle a été très sérieuse et militante au sein de la Réforme, prototype de toutes les successives révolutions en Europe. On ne fait pas des révolutions sans quelques raccourcis philosophiques. Le lecteur ne nous en voudra pas si nous rappelons à cette occasion celle qui est un peu la thèse de fond de cet ouvrage.

*

Ayant établi la distinction ou la séparation entre l'étant d'une part, et d'autre part l'Être-là de l'homme, Heidegger, identifie avec le néant (*das Nichts*) l'horizon dans lequel nous situons les étants. Suivant une intuition de Hegel, il insiste sur la force de la négation : « *Le néant est la condition qui rend possible la révélation de l'existant comme tel pour la réalité humaine.* C'est dans l'*être* de l'existant que se produit le *néantir* du néant[325]. » Et il va jusqu'à affirmer : *« ex nihilo omne ens qua ens fit*[326] *»* (tout étant, en tant qu'étant, provient du Néant). Il reproche au nihilisme de Nietzsche le refus de penser le néant à propos de l'étant[327] Qu'en est-il donc du néant pour Heidegger ? Il jongle avec ce mot et l'on peut établir, à partir de textes apparemment contradictoires, ce profil du néant :

- il n'est pas la simple négation, « l'absolument nul », « le vide d'essence », mais le déni de l'étant (si l'on accepte l'étymologie *néant = non étant*) ;
- il « ne reste pas l'opposé indéterminé de l'existant mais se dévoile comme composant l'être de cet existant[328] » ;
- il ne forme pas simplement le concept antithétique de l'existant parce que l'essence de l'Être même comporte dès l'origine le Néant ;

- il n'existe pas, il est, il nullifie, il est l'être « obtenu » à partir de l'étant, il s'identifie à l'être ;
- il appartient à l'être, il égale l'être, et sa pensée est égale à la pensée de l'être (en fait, la forme extrême de nihilisme est celle qui s'applique à l'Être, c'est l'oubli de penser l'Être) ;
- il est le banc d'essai de toute philosophie car il permet les formes le plus diverses de négation, de nihilisme, mais la pensée du Néant est inaccessible à la science et en partie à la métaphysique.

Afin de se diriger vers l'Être, sans toutefois pouvoir l'atteindre, Heidegger s'engage sur le chemin de la négation de l'étant. Heidegger semble dire que, par un jeu de contraste, c'est bien le « non » qui, en néantifiant le néant, met sur la trace de l'être lui-même. Le néant vient ainsi à représenter une plus grande pureté, le rapport le plus *authentique* avec l'Être en tant que tel, avec cet Être dont Heidegger cherche le sens. Mais ses expressions ne sont jamais tranchées et ses définitions ne sont jamais limpides, de manière que lui-même et ses défenseurs ont toujours eu l'opportunité de dire que le maître n'a pas été compris. L'identification heideggérienne – et hégélienne en amont – de l'étant avec le néant naît de la tendance subjectiviste moderne, selon laquelle rien n'a de réalité hors de l'esprit (humain).

On peut ajouter l'équivoque (probablement voulue) selon laquelle le néant et l'étant ont la même origine dans l'abstraction ultime. Or, Bergson – jamais pris en considération par Heidegger – vide tout ce genre de discours en montrant que le néant résulte de la soustraction de ce qui est réel et positif. On ne saurait parler de la réalité du néant : le néant n'est donc qu'une idée vide, un mot[329]. Si l'on accepte cette interprétation proposée par Bergson, celui du néant est un autre faux problème, comme celui de l'être qui surplomberait les étants.

*

En conclusion, Heidegger refait l'histoire de la métaphysique pour la démanteler. Il analyse surtout sa dernière étape de Hegel à Nietzsche tout en s'évertuant à ramener au Néant « l'essence de l'Être même » dont il poursuit la recherche. Pour se maintenir sur ce chemin si étroit et si hasardeux Heidegger déclare la nécessité de se rendre maître du discours. C'est ainsi que, après les inévitables échecs successifs de la recherche du sens de l'être – à travers *Être et temps* (1927) – et de la vérité de l'être (1936-1946), la pensée heideggérienne, à partir de 1947, se tourne vers le langage, que Wittgenstein et les néopositivistes avaient analysé sous l'aspect formel. Dans une veine poétique, comme s'il désirait lever un voile qui cache un secret, il entreprend l'étude du langage en commençant par les présocratiques, censés être préservés de la dérive métaphysique. Comme la vérité de l'être est la liberté (mais liberté pour dire et faire quoi ?), le lieu de l'être (sa maison), dit Heidegger, est le langage.

Or, il est curieux que « Le sens de tout ce que Heidegger enseigne se transforme si on le discute dans un langage différent de celui qui a été créé pour cette doctrine[330] ». Si la déconstruction de la métaphysique fait partie du plus vaste programme de compréhension de l'être, il semble qu'au cours des différents stades de réalisation de ce programme, l'être ne parvienne jamais à être saisi. Le résultat est qu'au moins on en aura discuté, et il est probable que Heidegger ne se proposait pas davantage.

§ 76. Temporalisation et authenticité. La mort et le néant sous l'angle éthique

Heidegger dit que l'homme est « pour-la- mort » et parle d'inauthenticité à propos d'une vie dépensée dans l'élaboration de projets relatifs au temps qui passe : c'est là une critique de nature éthique de l'utilitarisme qui est souvent impliqué dans ces projets. Mais comment éviter cette (prétendue) dérive utilitariste si tout est immergé dans le temps ; si même le paradis est temporel, selon la description qu'en donne son ami le théologien protestant Oscar Culmann[331] (1902-1999) ? Par cette méconnaissance de l'éternité, c'est-à-dire de l'unité de notre vie hors du temps (*sine tempore*), notre humanité n'est-elle pas diminuée ?

XV. AUTHENTICITÉ ET INAUTHENTICITÉ

L'existence humaine, ainsi « temporalisée », est située entre deux « vides » : le néant d'avant la naissance et le néant d'après la mort. En fait, à travers tous nos soucis pour la survie et la satisfaction de nos exigences, nous nous dirigeons vers la mort, qui est la disparition de l'existence. Un acte intellectuel indispensable dans cette quête de l'être, poursuivie et préconisée par Heidegger, est la prise en compte de la mort, de la fin du sujet individuel, de sa sortie du temps, du retour au néant. C'est là pour Heidegger le rapport le plus authentique avec l'être. En dehors de cette forme d'attention au vide qui nous entoure, il y a le Moi inauthentique, la déchéance (*Verfallen*) de l'« Être-là », la dispersion qui le rend étranger à lui-même, l'absorption totale dans les soins quotidiens, le repli sur l'« on » impersonnel. Et comme, par superficialité, hors de toute véritable contemplation, le regard s'épuise dans la curiosité, de manière analogue, dans des relations factices avec les autres, le dialogue déchoit en bavardage ou commérage. Mais que signifie, pour Heidegger, reprocher à l'être humain de s'appliquer à la réalisation de ses possibilités temporelles et appeler « déchéance » la condition qui en résulte ? Le fait de rester en arrière par rapport à des potentialités non exploitées ne peut constituer une faute qu'en considération d'un programme positif, constructif, que Heidegger n'est certes pas en mesure de proposer. L'authenticité heideggérienne est un peu comme ces spiritualismes initiatiques qui ne demandent ni de plier la volonté à un comportement moral, ni l'intelligence à des convictions engageantes. Malheureusement, les élévations trop « légères » laissent l'esprit libre de flotter.

De manière peut-être surprenante, Heidegger appelle « expérience de sa propre mort » le fait de se rendre compte de se diriger vers la disparition dans le non-être : l'expérience de sa propre mort, dans ce sens, est accessible à tous. Considérée dans le même sens, la mort des autres n'est, par définition, pas expérimentable (quoique, vue de l'extérieur, elle nous donne des éclairages irremplaçables). Or, pour Heidegger, le fait brut de se diriger vers le néant n'est pas la chose importante : l'important c'est sa prise en compte. Mais il nous faut objecter immédiatement : si la vie n'avait pas de valeur, le fait de mourir ne serait pas aussi sérieux ; pourquoi alors s'en occuper ? Il n'y aurait dans toute l'affaire rien de vraiment intéressant, signalant un objectif éthique : ni la mort, ni son expérience, ni l'attention au néant final ne pourraient fournir une signification morale constructive.

Nous interprétons de cette manière les commentaires d'Edith Stein[332] aux arguments de Heidegger qui constituent effectivement le retournement de l'attente de l'éternité. Edith Stein observe également que, pour être authentique, la vie saine et normale a bien d'autres intérêts à valoriser que la *contemplatio mortis* (contemplation de la mort). S'arrêter à la considération du fait d'« être pour la mort » comme la profondeur ultime, la seule attitude authentique selon Heidegger, signifie confirmer la condamnation de la vie humaine à se perdre dans le néant, d'autant plus que pour Heidegger c'est à partir du temps que l'homme interprète quelque chose comme l'être[333]. Malgré son semblant de sérieux, cette *contemplatio mortis* constitue une forme de déni de la vie et de l'espérance, car elle voue l'être humain au néant.

Et comment se fait-il, d'ailleurs, que Heidegger s'occupe en premier lieu des soucis, de l'angoisse, de la mort et non pas de la joie, du bonheur, de l'espérance ? Husserl lui-même n'aurait pas accepté de limiter ses analyses au côté négatif ; et naturellement pour Edith Stein, il y a à prendre en considération toute l'unité de la vie et à assumer, dans sa pleine signification, le côté éternel de l'individu. Cette critique suppose une vision de l'homme plus vaste que celle qui le restreint à être pour la mort. Il faut enfin remarquer que *Être et temps*, l'un des ouvrages du XXe siècle les plus étudiés sur le sérieux de la mort, apparaît au moment où notre civilisation s'apprête à semer la mort de la manière la plus massive et la plus arbitraire et qu'il est rédigé par quelqu'un qui se situe assez près de l'un des principaux groupes de bourreaux. (Quid, donc, du sérieux des méditations éthiques qu'il propose ?)

Si l'on peut appliquer à Heidegger la qualification d'existentialiste, qu'il a généralement refusée, c'est dans le sens qu'il reste dans la temporalité, laquelle représente tout l'horizon de nos soucis (*Sorge*) et l'enjeu de notre liberté. Heidegger est en fait « existentialiste », un peu comme le serait Nietzsche, car les deux refusent toute raison atemporelle et accordent de l'importance à la seule vitalité du corps et de l'esprit, qui s'exprime dans le temps. Par contre, le plus ancien existentialisme de Kierkegaard voyait le vrai défi pour la liberté essentiellement dans l'appel à choisir entre la temporalité et l'éternité.

Aussi bien pour Kierkegaard que pour Heidegger, la peur correspond à quelque chose de concret, d'occasionnel, de contingent, qui nous trouble et nous menace dans notre anticipation du quotidien. L'angoisse, par contre, signale un état de tension dérivant de la condition fondamentale de l'être humain. Kierkegaard, ouvert sur un horizon plus étendu, attribue l'angoisse à la nécessité de choisir entre des satisfactions et succès temporaires, d'une part, et l'éternité en tant qu'unité de notre vie, de l'autre. Pour répondre à l'appel qui surgit du fond de l'âme, Heidegger, enfermé dans le circuit temporel, ne peut proposer que la prise en compte de la mort comme expression d'authenticité.

En stipulant que nos sollicitudes quotidiennes parviennent à nous distraire, à nous décentrer et à nous disperser dans des rapports inauthentiques avec les autres, Heidegger montre efficacement que nous sommes tout simplement jetés dans le monde. Certes, il reconnaît la part jouée par la naissance dans cette « parenthèse » qu'est le temps de notre vie, mais en choisissant la mort comme point de mire pour racheter sa vie de l'inauthenticité, Heidegger annule la qualité morale de la vie elle-même. En fait,

> la seule manière saine, noble, je veux ajouter expressément : *religieuse*, de considérer la mort est de la concevoir et de la ressentir comme part intégrante de la vie, mais *non pas* (chose qui serait le contraire du sain, noble raisonnable et religieux) de la scinder d'une certaine manière de la vie, de la mettre en contraste, d'en faire une chose qui lui répugne. Les anciens ornaient leurs sarcophages avec les symboles de la vie et de la procréation, en l'occurrence avec des symboles obscènes. Le sacré pour le sens religieux ancien était souvent une seule chose avec l'obscène. Ces gens savaient honorer la mort. La mort est digne de respect comme berceau de la vie, comme sein maternel de tout renouveau. Vue séparément de la vie, elle devient fantasme, masque, et même pire. Puisque la mort comme puissance spirituelle indépendante, est une puissance dont la force dissolue d'attraction est indubitablement très grande, mais sympathiser avec elle est, avec la même certitude, la plus effrayante aberration de l'esprit humain[334].

Malheureusement, la mort reste pour Heidegger un objet de contemplation, sans aucune signification morale positive. Sa morale, si on peut appeler ainsi son appel à l'authenticité, tend au néant (car c'est à cela que conduit la mort selon Heidegger), de la même manière que son être tend au néant. Sa philosophie ne nourrit pas vraiment l'attention sous l'angle éthique. Lui-même reste divisé entre l'attachement à sa petite patrie (*Heimat*) souabe – le pays de Hölderlin, Schelling et Hegel – et un certain sens de supériorité par rapport à son environnement nourricier ; entre le rêve d'une révolution populiste, nationaliste et conservatrice et des prétentions élitistes. Mais tout cela relève probablement de l'esthétique plus que de la morale. Certes, des errements éthico-politiques ne disent pas tout. Combien de naïfs – avisés peut-être dans d'autres secteurs – ne se sont-ils pas compromis à droite comme à gauche, croyant peut-être bien faire ? Et l'on se demande – au sujet de Heidegger, de même qu'à l'égard d'autres philosophes très attentifs au langage mais prolixes et ambigus – s'il ne s'agit de ce bavardage, de cette inauthenticité que Heidegger stigmatisme comme déchéance. Écoutons Henri Avron » :

> Le refus d'engagement et la liberté totale qui caractérisent sa pensée […] ne seraient-ils pas en fin de compte le reflet de l'impuissance de l'homme […] ? La gratuité de sa réflexion philosophique se retrouverait alors dans sa manière sophistiquée de jouer sur les mots en extrayant […] des significations philosophico-philologiques fantaisistes[335].

Et Ricœur de remarquer :

> Le type de philosophie qu'a développé Heidegger ne lui permettait pas d'avoir des critères moraux et politiques. C'est mon principal reproche. Sa philosophie le rendait aveugle à son propre temps, pour lequel il n'avait pas de règles de lecture, contrairement à Karl Jaspers[336].

§ 77. Bilan de l'œuvre de Heidegger sous l'angle « théologique »

Heidegger à beau dire : « Seul un Dieu peut nous sauver ». Le Dieu de Heidegger est absent, inutilisable.

Heidegger refuse le caractère d'étant ou de substance au sujet ouvert à l'être, au *Dasein* qu'est l'homme. Ceci va justement dans le sens de la « définition de l'être par la négation de tout étant[337] ». Il dresse ainsi, par ses exigences une série d'obstacles (arbitraires) sur le chemin de la compréhension de l'être et de ses implications, dont le refus de l'analogie de l'étant ou de l'être. Comme pour la plupart des philosophes modernes, il n'est plus question ni de Principe de toute raison, ni de Fin ultime, ni de Cause première : on est toujours au milieu du gué. Si le rappel de notre destin « pour-la-mort » constitue pour Heidegger une exigence éthique fondamentale, le rejet de la métaphysique n'est pas un aspect secondaire de sa pensée.

Heidegger condamne typiquement la démarche qu'il appelle « cercle métaphysique », à savoir[338] :

étant (existant de fait) → être de l'étant →
→ étant suprême ou fondement (Dieu).

Quant à la possibilité même de l'être éternel, Heidegger dresse contre elle un barrage préliminaire, avec son ton de suffisance envers la philosophie catholique du Moyen Âge. Ce ton prend la place de toute discussion, de toute argumentation. Pour Heidegger, l'Être-là, qui est pour la mort, est le paradigme ultime de la temporalité, et tout être doit être temporel : « par conséquent le temps, dans sa qualité d'affirmation pure, forme la structure essentielle de l'ipséité finie, assurant que le Soi-même soit auto-conscient[339] ». Si le Moi n'est pas dans le temps, dit Heidegger, c'est parce qu'il s'identifie avec le temps.

Plaçant définitivement au-delà de la discussion la survie de l'être humain, l'éternité et Dieu, Heidegger limite explicitement l'être auquel il s'intéresse.

Voilà une recherche qui, faute d'une réponse à la question de l'être en soi-même, se perd dans l'infini (quantitatif, potentiel) et amène au rejet implicite de Dieu. Et pourtant, le fait que dans la compréhension de l'être, l'homme (l'Être-là) doive se borner à considérer l'être-présent, l'être-utilisable, le souci (*die Sorge*), le projet (*Entwurf*), la temporalité et la situation d'être « pour-la-mort », signifie que, sous l'*angle ontologique*, au fond, non seulement l'étant, mais aussi l'homme et l'être en soi sont marqués par la finitude. Et s'il n'y a pas de transcendance au sens de la reconnaissance que toute limite implique un au-delà, il n'y a pas de Dieu en vue.

Ensuite, sous l'*angle éthique*, l'exigence de se libérer de la vérité comme adéquation équivaut à en vouloir à Dieu parce que la vérité – comme l'amour – nous lie. La religion (si on accepte l'étymologie de Servius, Lactance et Augustin : *religare*=relier) constitue un joug, aussi « suave » soit-il. Pour Heidegger il est déjà de trop.

Et, enfin, sous l'*angle gnoséologique*, l'exigence elle-même d'épuiser le sens de l'être est la source d'un scepticisme que nous avons qualifié de « sophistiqué ». En conclusion, on pourrait voir dans toutes ces tentatives de vider le fond de l'être au plan ontologique, éthique et gnoséologique, la même prétention (luciférienne et donc forcément vaine) d'atteindre, de capter, de saisir Dieu. Vouloir aller au fond de la recherche du sens de l'être correspond, en fait, à la quête de la compréhension de Dieu.

Être et temps (1927) est certainement très efficace dans la distinction entre l'être (qui demeure insondable) et les étants, objet des soucis quotidiens. Mais, au fond, cette distinction, utile s'il s'agit de ne pas nommer Dieu, à quoi peut-elle aboutir, à quoi engage-t-elle ? Nous avons vu qu'elle mène au néant ontologique (l'homme, pétri de finitude, est « pour-la-mort »), au néant éthique (le sens de l'être, en tant que valeur, n'est pas atteint) et gnoséologique (le « scepticisme » est évidemment lié à une recherche impossible).

D'une part, ce qui est commun aux êtres finis – la dépendance par rapport aux trois causes (efficiente, finale et formelle) – sans la considération de l'être éternel ne peut pas donner accès au sens de l'être.

D'autre part, l'atteindre équivaudrait à voir Dieu, et ici sur terre nous ne pouvons pas savoir comment est Dieu : nous pouvons seulement savoir qu'il est. Néanmoins nous ne perdons rien – pour le moment – à ignorer le sens de l'être en tant que tel car nous avons d'autres raisons de vivre qu'une recherche intellectuelle qui serait une fin en soi.

§ 78. Ambigüité de Heidegger et fascination pour sa pensée. Hannah Arendt (1906-1975) et Emmanuel Levinas (1906-1995)

Plus que ressentir avec peine l'emprise de la technologie sur le monde moderne, monde des moyens sans finalité précise, Heidegger y voit une dépossession, un non-sens, une inauthenticité. Avec l'expérience ultérieure de quelques décennies, nous pouvons confirmer que, dans le monde de la compétition globalisée, le développement technologique s'impose comme une logique industrielle au-delà de toute intention des acteurs : ils sont tout simplement obligés de rester à la pointe de l'innovation ou alternativement de sortir de la compétition. Le marketing répond également à la loi aveugle de la compétition.

Peu importe si le produit satisfait de vrais besoins : il suffit qu'il réponde à des besoins induits par des techniques promotionnelles. Dans la vie démocratique elle-même, la compétition électorale doit avoir recours à des méthodes qui s'inspirent de la publicité commerciale et se plient aux critères des médias. La croissance techno-capitaliste est tellement automatique et dépersonnalisée que même les antimondialistes les plus ardents ne pourraient pas désigner correctement des pouvoirs à abattre pour l'arrêter. Heidegger a su voir que cette course en avant est sans direction et a stigmatisé le leurre des héritiers des Lumières qui continuaient (et continuent encore) a parler génériquement de progrès sans autre précision et apparemment sans autre finalité que le progrès lui-même.

Quand il a voulu combattre cette tendance si bien identifiée, Heidegger s'est trompé dans ses affiliations et, par la suite, il s'est occupé très peu de politique. Au départ, il avait quelque raison d'opposer la logique technico-capitaliste moderne à l'enracinement historique d'un peuple dans son pays, à la singularité d'une communauté attachée à sa patrie locale (*Heimat*), aux valeurs du sang et du sol, à la simplicité de vie que lui-même menait, solitaire, dans son refuge de la Forêt-Noire. Cette vie simple n'est plus un modèle mais une fuite ou un privilège quand l'humanité devient si nombreuse et si exigeante dans ses besoins. L'apologie de l'enracinement local figure déjà dans *Être et temps*. En fait, Heidegger

> loin de partir de l'idéal d'une construction théorique, part toujours de situations concrètes pour remonter aux structures existentiales qui les sous-tendent. En 1927, cet enracinement est lui-même mis au jour comme structure constitutive du *Dasein*, à travers la « disposition » (*Befindlichkeit*), qui donne au *Dasein* sa tonalité (*Stimmung*) et qu'il faut assumer, à travers cette « possibilité héritée mais cependant choisie[340] » qu'est le devenir (*Geschehen*) ou « destin commun » (*Geschick*) de son peuple[341].

Ayant dégagé le terrain de tout principe éthique ou normatif supérieur, Heidegger est donc intellectuellement et moralement prêt à donner sa caution intellectuelle à un mouvement politique à caractère identitaire. La crise de 1929 et les misères de la République de Weimar confirmeront d'ailleurs à ses yeux la décadence et l'inauthenticité du mode de vie bourgeois et la faillite des démocraties libérales. L'inefficacité, voire l'impossibilité, de l'universalisme cautionne à ses yeux une idéologie comme le national-socialisme revendiquant un héritage, une appartenance, des prérogatives. Sur un autre front, on connaît quel attrait ambigu le radicalisme du mouvement national-socialiste a exercé sur des masses ouvrières pourtant acquises au socialisme.

Peu après la prise du pouvoir par Hitler, qui eut lieu le 30 janvier 1933, et précisément le 21 avril de la même année, Heidegger est élu recteur de l'université de Fribourg. En même temps, il adhère au parti national-socialiste, participe à de nombreuses manifestations officielles et prononce le *Discours du rectorat*, aussitôt édité, qui tente de justifier philosophiquement cette brusque entrée en politique et ce ralliement à un parti qui suscite pourtant de plus en plus l'opposition des intellectuels allemands. La période qui suit, trouble et complexe, fait l'objet, aujourd'hui encore, de débats passionnés qui ne pourront sans doute jamais être tranchés définitivement, la plupart des papiers privés du philosophe ayant été soustraits à la publication par décision familiale – fait qui constitue en soi un indice à sa défaveur. Mais faut-il en savoir davantage ? Car, sans entrer dans les détails, l'essentiel peut être établi. Tout d'abord, Heidegger revient assez vite sur ses positions, en constatant le désaccord entre l'idée qu'il se faisait du national-socialisme et sa réalité. S'il se révèle plus « incompétent » que d'autres observateurs dans son jugement politique, c'est qu'il se laisse conduire par ses fameuses analyses existentielles – et donc esthético-affectives – plutôt que par des critères éthiques.

Le mouvement hitlérien n'avait probablement pas le genre de dimension philosophique qu'il avait voulu y voir. Il démissionne de ses fonctions de recteur en février 1934 et reprend le fil de son enseignement sur Nietzsche, sur la technique, sur l'œuvre d'art. Il ne se prive pas – occasionnellement – de faire des critiques sur la politique du pouvoir en place. Sans consentir au biologisme et à la démagogie de Hitler, il conserve toutefois son adhésion au parti national-socialiste jusqu'à sa disparition à la fin de la guerre, et on peut voir dans ce fait, plutôt qu'une inertie peureuse, l'indication d'une communauté de pensée qui sera confirmée même après la guerre. En fait, malgré de nombreuses sollicitations, Heidegger ne formulera jamais une condamnation définitive de la politique hitlérienne – notamment de ses programmes d'extermination – et gardera toujours à ce propos un silence qui a été interprété très différemment (approbation ou indifférence pour les uns, conscience de l'énormité de la tâche requise pour cette critique selon les autres). Quoi qu'il en soit, pendant la guerre, Heidegger ne peut être confondu ni avec un opposant ni avec un pur et simple idéologue du régime. À la fin de la guerre, en 1945, les autorités alliées le suspendent de l'enseignement, mais cette interdiction sera finalement levée en 1951. Heidegger reprend alors son enseignement jusqu'en 1958. Après sa retraite, il dirige épisodiquement des séminaires[342].

*

Le destin de Hannah Arendt est lié à celui de Heidegger. Elle avait commencé à l'automne 1924 des études de théologie à l'Université de Marbourg avec Rudolf Bultmann (1884-1976), ce théologien protestant qui se consacrera à la « démythologisation » du Nouveau Testament par la suppression des éléments miraculeux. Elle fréquentait également, dans la même université, les cours du jeune professeur qu'était alors Martin Heidegger. C'est en 1925 que commença entre Hannah et Heidegger la fameuse histoire d'amour qui dura jusqu'en 1926, quand elle quitta Marbourg pour Fribourg, où elle suivra, durant un semestre, les cours de Husserl (1859-1938), à la chaire duquel Heidegger succéda en 1928.

Elle ira de déception en déception quand elle découvrira l'attitude politique de plusieurs de ses amis, y compris Heidegger. Toutefois elle défendit encore Heidegger après la guerre, lorsqu'il fit l'objet de sévères critiques pour ses sympathies nationales-socialistes. Ayant échappé de justesse aux nationaux-socialistes, et déjà installée depuis un moment aux États-Unis, en 1951, l'année même où elle devint américaine, Hannah Arendt fit paraître son premier ouvrage qui la rendit célèbre, *Les origines du totalitarisme*. Dans ce livre, elle ramène les tragiques événements suscités par l'hitlérisme au racisme – il suffirait même de dire « nationalisme » porteur de cruautés – des sociétés européennes de la fin du XIXe siècle. Toutefois le parallèle qu'elle établit entre le national-socialisme hitlérien et le communisme stalinien fut mal reçu par nombreux lecteurs gauchisants.

*

Emmanuel Levinas, né à Kaunas, installé en France dès 1923 et décédé à Paris, introduisit la phénoménologie husserlienne en France. Grand admirateur de Heidegger, son ton devint lyrique quand la chaire de Husserl passa à son ancien élève Martin Heidegger :

> Au séminaire, où seuls les privilégiés étaient admis, toutes les nations ont été représentées... En regardant cette brillante assemblée, j'ai compris cet étudiant allemand que j'avais rencontré dans le rapide Berlin-Bâle, lorsque je me rendais à Fribourg. Interrogé sur son lieu de destination, il me répondit sans sourciller : je vais chez le plus grand philosophe du monde[343].

Au fil du temps, les vue de Levinas sur Heidegger se clarifient. Il prend ses distances d'avec le penseur de la Forêt Noire. Si Heidegger voit l'homme sous l'angle spéculatif comme le « berger de l'être », Levinas le voit sous l'angle éthique comme le « gardien de son frère ». C'est que, pour Levinas, l'homme est aimable autant que menaçant (voir Hobbes). Pour Levinas, la liberté – où se joue l'éthique – n'est pas la simple autonomie, mais responsabilité. Au début, il est, certes, enthousiasmé quand il rencontre Heidegger, il a le sentiment de se trouver « face à un Platon ou à un Kant », et, au cours de la rencontre de Davos de 1929, où s'affrontent Martin Heidegger et Ernst Cassirer, il prend parti pour la philosophie de Heidegger. C'était avant Hitler et l'engagement pronazi de Heidegger. « Je m'en suis beaucoup voulu pendant les années hitlériennes d'avoir préféré Heidegger à Davos », regrettera Levinas, qui toutefois ne reniera jamais son admiration pour la puissance d'analyse des textes heideggériens[344].

Cet éblouissement pour Heidegger tient-il à sa capacité de communiquer – non pas dans la clarté, mais dans une lueur incertaine, dans les demi-tons ? Certains en sont fascinés. Mais cette fascination est-elle justifiée ? Heidegger, est-il un philosophe constructif, avec une morale solide ? Un penseur cohérent et lucide ? Certes non. D'ailleurs, combien de penseurs, de philosophes, de théologiens – Luther, Augustin et Platon lui-même, démocratique dans les dialogues dits socratiques, mais très autoritaires dans les derniers – ont-ils connu un revirement total ! Bien qu'une excessive compromission politique ne constitue pas un bon signe, nous laissons à d'autres d'explorer cette piste. Il vaut mieux examiner la quête heideggérienne de l'être sous l'angle de sa cohérence, de sa signification et des aboutissements possibles. Nous sommes tous appelés à faire la part des choses et à décider de manière responsable quelles parties de la pensée et de l'exemple de Heidegger méritent de nous inspirer. On peut au moins dire que – dans le cas d'un penseur tellement ambigu – certains égarements plus évidents incitent à mettre en question sa conception d'ensemble. Quelle signification attribuer au fait de n'avoir jamais manifesté des signes de regret notamment pour son passé politique ? Se faisait-il un devoir de projeter une opinion et image de lui-même au-delà de tout reproche possible ?

Et quand certains de ses admirateurs ont été ensorcelés dès leur jeunesse par ce charmeur, ont-ils vraiment le droit de se limiter à remuer la question de la séduction subie sans prendre position sur le fond ? Peut-être ce grand admirateur des analyses de Heidegger que fut Levinas donne-t-il une ébauche de réponse : « Je ne sais pas... c'est la partie la plus noire de mes pensées sur Heidegger, et sans oubli possible... » Ou encore : « Comment est-ce possible ? » Non seulement on ne peut pas oublier, mais on n'en a même pas le droit « Je n'oublierai certes jamais Heidegger dans ses rapports à Hitler. Même si ces rapports ne furent que de brève durée, ils sont à jamais. »

Chapitre XVI.
Popper (1902-1994) : la question du caractère scientifique des théories

Ayant reconnu les faits comme réels mais doutant de la crédibilité des théories interprétatives, Popper s'interroge sur les rapports entre les faits, les modèles et l'activité du chercheur, laquelle constitue la médiation évidente entre les faits et les modèles. Les principes de son épistémologie sont :

- en premier lieu la reconnaissance de la réalité des faits, ce qui permet en même temps une définition de la vérité ;
- la critique du principe d'induction et par là de la science elle-même, sur base de la procédure de « falsification », qui permet, en même temps, une « corroboration » des modèles pris en examen ;
- la distinction des « trois Mondes », montrant le rapport entre les faits, la recherche scientifique et les théories.

§ 79. Les faits, les modèles et la définition de la science à travers la notion de « falsification »

Les *faits* représentent tout ce qui n'est pas reconduit à autre chose par voie d'explication, de réduction ou de modélisation. Le seul doute consenti à ce niveau concerne la manière dont nous transférons en descriptions ou en mesures la saisie des données. Ces « mises en forme » sont-elles précises, exhaustives, sincères, pour autant qu'on en soit conscient et compte tenu des moyens techniques et des structures courantes du langage ? On sait que les mots, comme les chiffres, peuvent tous être corrigés, l'un après l'autre. On sait que ces *faits* on peut toujours les disséquer, les analyser, les réduire. D'une part, l'impossibilité du *regressus in infinitum* rend paradoxale la recherche indéfinie de « faits » toujours plus en amont. D'autre part, le « fait » représente un apport cognitif identifié – même provisoirement – comme indépendant des théories ou des modèles *consciemment* élaborés. Même si, par la suite, on essaye d'analyser les faits par des modèles, cette analyse est *chronologiquement et logiquement postérieure* et demeure en tout cas à l'intérieur de l'esprit humain. En conséquence, il n'y a pas de « vrais » faits en amont de ceux dont débute la recherche si ce n'est par une projection mentale, dans le cadre d'un procédé de modélisation. Mais il faut absolument retenir en principe l'opposition dialectique entre les faits et les modèles. Sans les faits, la notion de modèle en tant que « vue de l'esprit » n'aurait plus de contraste. Elle deviendrait vide car un modèle ne peut être qu'un modèle de faits. Les modèles commencent donc au moment de l'introduction, entre les données ou au-delà des données, de relations qui ne sont pas immédiatement proposées par l'expérience. Des formules conceptuelles ou des lois mathématiques, par exemple, ne sont pas directement expérimentales.

On appelle *modélisation*, rationalisation ou théorisation l'introduction – par voie d'interpolation ou d'extrapolation – d'éléments non empiriques, qu'ils soient logiques, mathématiques ou philosophiques. Il est clair que dans ce contexte les mots *modèle*, *théorie*, *schéma*, *paradigme* et en partie *hypothèse* sont considérés comme équivalents, se rapportant, tous à l'interprétation du réel par l'esprit du chercheur.

Le principe d'induction, essentiel à cette modélisation, va au-delà de la simple reconnaissance des faits car il permet d'établir des rapports constants (de causalité, c'est-à-dire de relation réciproque, sinon symétrique) entre ces mêmes faits. Il trouve son application dans l'élaboration des lois scientifiques. La faveur dont jouit la science moderne est, en grande partie, en fonction de son efficacité dans la solution des problèmes de la vie concrète. En d'autres termes, l'acceptation de la science dépend de la reconnaissance additionnelle de son utilité pratique. Mais selon Popper, la vérité ou validité des modèles scientifiques n'est jamais prouvée. Il est néanmoins stupéfiant, que par un détour théorique on parvienne souvent à des résultats confirmés dans la réalité et susceptibles d'applications pratiques. Le fait qu'une théorie fonctionne bien toutes les fois qu'elle est mise à l'épreuve n'en représente toutefois pas une vérification définitive, et d'ailleurs on ne peut pas être sûr de parvenir un jour à disposer d'un modèle global qui explique tout. Le théorème de Gödel montre que tout système hypothético-déductif *S* (qui contient les principes de la mathématique) est incomplet car il est possible de construire deux propositions contradictoires (*a* et *non-a*) indécidables. En fait, on fait recours à l'autoréférentialité et à la négation, qui sont la source des plus fameux paradoxes, en construisant (avec sa contradictoire) une proposition du type : « À l'intérieur du système *S* cette même proposition est indémontrable ». Si elle est démontrée – à l'intérieur du système, c'est-à-dire à partir de ses axiomes de base –, cela signifie qu'elle est indémontrable ; si on démontre qu'elle est indémontrable, c'est qu'elle est démontrée. En conclusion, on ne peut démontrer, ni la proposition elle-même ni son contraire. Ceci signifie qu'elle est indécidable et donc que *S* est incomplet.

XVI. LE PRINCIPE DE FALSIFICATION (OU FAILLIBILISME POPPÉRIEN)

La réflexion de Popper prend son départ des contradictions apparues au début de ce siècle entre la physique newtonienne d'une part et la théorie de la relativité et la mécanique des quanta de l'autre.

Popper voit les théories ou modèles liant les données entre elles comme des produits humains qui pourraient n'exister que dans la tête des scientifiques et ne pas correspondre à la réalité. Mais il affirme énergiquement (*emphatically*) la réalité des données de l'expérience.

Le *principe de falsification* de Popper dit qu'une hypothèse ou théorie physiques ou cosmologique n'est scientifique, c'est-à-dire crédible au sens de la science moderne, que s'il est possible de comparer ses explications ou ses prévisions avec l'expérience, c'est-à-dire avec des faits susceptibles de la démentir. Si une théorie résiste à plusieurs vérifications visant à la « falsifier » elle sort évidemment « corroborée ». Le critère avancé par Popper est donc une théorie générale de la connaissance scientifique permettant une évaluation critique des modèles cosmologiques qui décrivent les faits du monde. Popper propose un critère de scientificité qui, sauf à encourir dans un paradoxe, ne doit pas relever de cette même scientificité. Autrement dit, la démarche de Popper ne tient logiquement que si son analyse gnoséologique ou épistémologique des théories d'interprétation des faits ne représente pas une théorie ou modèle physique du monde appelé à son tour à être confronté aux faits, avec le risque d'être disqualifié. La distinction entre *critère gnoséologique* et *modèle physique du monde* s'impose. Russell dirait que le premier se situe à un niveau supérieur par rapport à celui des théories appelées à être vérifiées. Si des considérations épistémologiques relevaient, elles aussi, d'un modèle scientifique on encourrait le *cercle vicieux* du critère de vérification qui doit être vérifié. Il faut donc distinguer ce qui est méthodologique ou philosophique de la modélisation scientifique, bien que les deux choses se situent dans la tête de ceux qui les élaborent.

La définition de la science de Popper, selon laquelle rien n'est scientifique qui ne soit susceptible d'être confronté avec l'expérience, pour être éventuellement « falsifié », a fait l'objet de diverses critiques. On objecte, par exemple, qu'il n'est pas possible de vérifier directement la théorie de l'évolution en biologie ou la théorie du *big bang* en physique. Et pourtant comment dire que ces théories ne sont pas scientifiques ? Elles ne le sont que dans la mesure où elles représentent, pour ainsi dire, le passage à la limite de théories d'ailleurs susceptibles d'être confrontées avec l'expérience. Dans le cas du *big bang*, par exemple, la loi de Hubble (1889-1953) de 1929, concernant l'éloignement plus rapide des objets célestes plus lointains, et la découverte en 1964 de la radiation de fond à 3 degrés Kelvin par Penzias et Wilson[345] s'accordent de près avec l'hypothèse d'un univers en expansion et, moins directement avec l'hypothèse du *big bang*, qui toutefois reçoit de ce fait une corroboration fort significative. Bien sûr, on ne pourra jamais reproduire l'expérience du *big bang* dans un laboratoire. De même, le fait que les fossiles dans la coupe du Grand Canyon du Colorado se situent en ordre de complexité décroissante, au fur et à mesure que l'on descend vers des couches géologiques plus archaïques, signifie que la paléontologie et la géologie se confortent mutuellement.

La science moderne ne dit pas pourquoi, en définitive, les choses se passent de telle ou telle manière, mais uniquement comment elles se passent car toute explication renvoie à des présupposés. De plus, la validité de chaque loi est toujours en sursis car on ne sait pas si de nouvelles expériences (dues à de nouvelles technologies) ou des expériences dont on n'a pas sondé toutes les implications n'exigeront pas que l'on modifie les lois établies. Russell avait déjà observé que le principe d'induction sert à interpréter l'expérience mais ne peut pas relever de l'expérience, ni peut-il être justifié philosophiquement. Pour Popper, la science n'est pas supposée fournir des vérités définitives mais seulement des modèles concernant les corrélations entre les données empiriques. Et alors que les données sont en principe hors de discussion, les modèles sont évalués sur la base de leur capacité de connecter et de prévoir un maximum de faits pour un minimum de théorie (c'est-à-dire pour un minimum d'hypothèses et de formules mathématiques). Ceci signifie que les théories ou modèles sont appréciés sur base de critères d'économie et d'utilité (même pratique). Et qu'en cas de contradiction, il faut écarter les modèles, plutôt que les faits[346].

Or, l'impossibilité de vérifier des théories – apparemment soutenue par Popper – ne serait pas absolue si, par la raison, on parvenait à restreindre à un nombre *fini* les modèles concevables et si, à la preuve des faits, tous sauf un doivent être écarté : c'est la preuve *par l'absurde* de la validité de la seule hypothèse qui n'est pas contredite par l'expérience[347]. Tel était la manière d'argumenter des aristotéliciens, mais pareille méthode est très risquée car il est difficile d'établir que l'on n'a pas oublié des modèles tout à fait envisageables.

Feyerabend, de son côté, opte pour une définition de la science par l'histoire : « la science est ce que les intéressés considèrent telle à une époque donnée[348]. » Il s'agit, certes, d'une définition tentante, mais le passage de la science à la sociologie de la science débouche sur la question du rôle respectif des élites et des contre-élites. Qui, en premier lieu, a le droit de parler ? Sous Staline, par exemple, Lyssenko était considéré un grand savant, etc. Et les prétentions scientifiques du marxisme, doivent-elles être refusées uniquement parce que les ayants droit à l'appellation d'« hommes de science » ne les ont pas homologuées ?

Popper lui-même évoque la « sélection naturelle » favorable aux théories aptes à expliquer le plus grand nombre de faits, sélection qui n'est pas moins cruelle que la sélection des espèces, car elle peut entraîner la disparition pure et simple – avec leurs théories – de ceux qui ne prennent pas en considération les faits nouveaux. Ceci pour confirmer combien Popper est conscient de l'histoire dans sa compréhension du phénomène science.

§ 80. La rationalisation du monde Monde 1, qu'est le Monde 3 et qui passe par le Monde 2

Les facteurs qui entrent dans l'épistémologie poppérienne peuvent ainsi être rangés en trois mondes, ou si l'on préfère en trois sous-mondes. Le premier monde (Monde 1) est celui des *états physiques*, le deuxième (Monde 2) est celui des *états mentaux* du chercheur qui élabore ses modèles (noèse ou *species impressa* de la philosophie scolastique) et le troisième (Monde 3) est celui des *théories*, incluant les concepts (noème ou *species expressa*), leur structuration, leurs relations et les arguments pour ou contre les différentes thèses.

Le deuxième monde est le seul correspondant à une conscience subjective, les autres étant pour nous objet respectivement d'expérience (Monde 1) et de spéculation (Monde 3). Et alors que le deuxième monde peut interagir avec les deux autres, ces derniers, pour ce que nous en savons ou pour ce qui nous concerne, n'entrent en rapport entre eux qu'à travers le deuxième monde.

Il y a toujours de nouveaux faits, appartenant au Monde 1, qui viennent s'ajouter aux faits connus : ils peuvent être dans le rapport le plus incohérent avec les faits qui précèdent, et le vrai chercheur ne s'en scandalise pas. L'expérience nous met devant n'importe quelle suite de situations, dans le cas des rêves, du délire, de la folie, des accidents, des guerres ou des miracles, et seulement à grand-peine l'esprit parvient à y mettre un peu d'ordre logique, que ce soit dans le cabinet de travail de l'historien, dans le laboratoire du scientifique, sur le lit du psychanalyste, etc. L'opportunité offerte par les miracles en vue de la conversion est liée au fait que l'esprit ne se plie pas aux arguments simplement logiques. Rappelons une observation qui se trouve dans l'*Autobiographie scientifique* de Max Planck : « Je ne suis jamais parvenu à obtenir l'assentiment universel pour un résultat nouveau, dont je pouvais démontrer la vérité par une démonstration décisive qui fût simplement théorique. » Il est clair qu'un miracle nous bouleverse, tandis que la simple preuve de l'existence de Dieu peut susciter aussi bien des hésitations intellectuelles totalement honnêtes que des parades astucieuses, tordues ou méchantes. La raison de la crédibilité supérieure des faits est que chaque fait est donné de manière univoque et qu'on ne peut pas nier qu'une certaine expérience nous soit donnée fût-ce un rêve, un mirage, ou une illusion optique.

La connaissance du Monde 2 et du Monde 1, s'exprime par des propositions théoriques appartenant au Monde 3. Popper souligne ainsi que la compréhension des objets constituant le Monde 3 constitue le problème central aussi bien des sciences humaines que des sciences de la nature. En fait, même l'interprétation des états d'âme suppose une théorie de la conscience, par exemple le freudisme, qui est un objet du Monde 3. Peu importe qu'une théorie soit vraie ou fausse, plus au moins testée, rejetée ou corroborée : elle constitue en tout cas un objet appartenant au Monde 3.

Est-ce que la nature (Monde 1) doit avoir une structure pour être vraiment nature ? En tout cas, ce qui surprend dans les sciences est l'accord entre certains schémas logiques et mathématiques et l'expérience, avec la conséquence que certains phénomènes physiques peuvent être prévus en tant qu'implication des lois physiques acceptées. Il arrive même que des lois soient formulées mathématiquement avant que l'expérience ne vienne les confirmer. Par exemple, les équations de Maxwell (1831-1879) de 1864, gouvernant l'électromagnétisme, impliquent l'existence d'ondes électromagnétiques. Or celles-ci furent produites et reçues, par Hertz (1857-1894), beaucoup plus tard, en 1888. Tout scientifique, qui se donne la peine de réfléchir (Monde 2) est fort intrigué par cette correspondance entre l'expérience et des équations mathématiques, comme si l'expérience était d'une certaine manière « faite » pour être mise en formules mathématiques (Monde 3).

On se rend ainsi compte avec étonnement du *rapport entre la logique de l'esprit humain et les phénomènes de la nature*. Certains expliquent la chose en invoquant le principe anthropique[349] en sens strict, selon lequel l'esprit humain est capable de connaître les lois physiques parce qu'il en est le produit à travers l'évolution et la sélection naturelle. Il s'agit là d'une explication de la validité de la connaissance qui suppose la crédibilité de la science moderne comprenant la théorie de l'évolution. Cette explication de la connaissance supposerait – paradoxalement – les acquis de cette même connaissance. Ce principe anthropique en sens strict voit la conformité de l'homme avec son histoire et son milieu sous l'angle de la seule cause efficiente et, dans ses conclusions (inconsidérées), il met de côté toute valeur cognitive, au sens de prise en compte du réel. Ce principe – par implication – énoncerait l'incapacité, pour l'esprit humain, d'aller plus loin que ne le lui permettrait l'évolution qui l'a façonné. Et pourtant, ce même esprit, ouvert sur tout (*ad omnia*) s'élève au-dessous de l'histoire et de sa propre évolution, en la jugeant. Il y a aussi une version atténuée du principe anthropique, selon laquelle les lois physiques acceptées ou homologuées doivent être compatibles avec le fait de l'apparition de l'homme, ce qui à première vue est beaucoup plus logique.

L'importance du Monde 3, celui des idées objectives, inconnues à elles-mêmes (au sens psychologique d'une prise de conscience), mais connues à travers le Monde 2, est prouvée, par exemple, par les applications technologiques des découvertes scientifiques. Des théories élaborées par des scientifiques, ignares probablement au début de leur potentiel pratique, trouvent leur application quelque génération plus tard dans des réalisations qui modifient la société et même l'aspect physique de la planète. Ce monde des théories et de leurs implications et connexions est gouverné par des exigences logiques qui échappent à nos prévisions, mais qui se précisent en cours de route.

Une fois accepté le critère poppérien de falsification en vue de l'élaboration des théories scientifiques, on peut être tranquille que la science, si elle n'atteint pas la certitude absolue, fait quand même de son mieux pour limiter les erreurs. Popper affirme qu'avec toute son autonomie ce Monde 3 est le fruit de notre activité, qu'il est construit par l'homme[350] dans le respect, toutefois, de certaines exigences de cohérence qui nous contraignent, au sens que le Monde 3 a des règles à lui. Est-il donc simplement notre œuvre ?

En tant que monde des idées et de la logique, le Monde 3 est, en fait, le lieu de toutes les contradictions possibles et du doute, où le vrai et le faux peuvent cohabiter, contrairement au Monde 1 des faits qui sont chaque fois individuels et liés uniquement à travers l'espace et le temps. Mais cet indispensable Monde 3 se prête justement à des distinctions. Toute la partie du Monde 3 concernant les bonnes règles épistémologiques, jouit du plus haut niveau de certitude. Et une épistémologie complète tiendra compte de la sincérité et du désir de connaître. Finalement, le fait que le Monde 3 – tel qu'il se présente à nous – soit construit par l'homme ne constitue un problème que si cette construction ne s'effectue pas prudemment.

§ 81. L'épistémologie de Popper par rapport au scientisme. Nominalisme méthodologique et antihistoricisme

À mon point de vue, viser la simplicité et la transparence est une obligation morale de tous les intellectuels : le manque de clarté est un péché et être prétentieux est un crime[351].

Cette observation de Popper est un tribut à la rigueur et à l'honnêteté que l'on rencontre effectivement dans son œuvre. Tout d'abord, l'originalité de Popper consiste à avoir dissocié le problème de la connaissance des faits de celui de la connaissance des modèles, chose à laquelle ni les sceptiques, ni Kant, ni les tenants du réalisme de la science n'avaient pensé d'une manière aussi articulée. La position de Popper, qui consiste à donner un statut épistémologique différent aux données empiriques et aux modèles ou théories, est fortement logique et défendable, originale et créative.

On apprécie l'utilité et l'efficacité de l'œuvre de Popper, surtout en la situant dans son contexte historique. On pense aux changements bouleversants survenus au XXe siècle, tant dans les conceptions scientifiques que dans l'appréciation du rôle de la science[352]. L'héritage du positivisme ou scientisme du XIXe siècle était celui du refus arrogant de la légitimité de toute autre approche de la réalité, inexorablement condamnée comme « non-scientifiques ». Et voilà qu'au début de notre siècle, c'est du sein même de cette science que naissent la mécanique des quanta et la théorie de la relativité, mettant en question le déterminisme, le continuum, l'espace-temps infini et par là modifiant complètement les bases conceptuelles des sciences physiques.

En présumant que l'homme soit appelé à découvrir – ou à s'approcher asymptotiquement – de la connaissance des lois de la nature qui sont déjà là, le scientisme se prête à quelques critiques tant sur le plan gnoséologique que métaphysique. Tout d'abord si, selon l'analyse de Popper, l'homme ne peut jamais être sûr que les lois qu'il découvre soient justes, comment peut-il conclure qu'il y a d'autres lois – et des lois du même genre – à découvrir ? En comment peut-il présumer que les mathématiques, conçues par l'esprit humain, trouvent un parallèle dans la nature, c'est-à-dire que les lois de la nature soient écrites dans un langage mathématiquement cohérent[353] ? Ajoutons une question d'ordre ontologique à ces interrogations d'ordre gnoséologique. Lorsque l'on admet que des lois en elles-mêmes intelligibles existent indépendamment de leur découverte par les hommes, comment ne pas se poser la question de l'intelligence qui les conçoit et constitue ainsi le fondement de l'univers ? À la fin du XVIIIe siècle, la phase théiste ou déiste de la pensée dominante est révolue, les scientifiques ne sont plus censés se poser des questions métaphysiques et s'affirme le scientisme athée ou agnostique qui se contente des lois et des faits qui les confirment. En voulant exclure l'intelligence et surtout l'amour à la base de l'univers, le scientisme avance avec une immense assurance dans son programme de connaissance, et pourtant il s'arrête trop tôt dans sa curiosité de peur que la Pensée à la racine du réel se révèle être aussi un Amour exigeant.

*

Qu'il s'agisse des sciences de la nature, des sciences humaines, de physique, de chimie, de psychologie, de sociologie ou d'ethnologie, toute modélisation des événements appartient au Monde 3, celui des hypothèses ou théories qui, comme on vient de le dire, ne sont jamais définitivement vérifiées. Par son épistémologie Popper a contribué à limiter les prétentions des sciences, mais il a aussi combattu des approches de la réalité qui sont peu rigoureuses en même temps que prétentieuses. Il note que c'est trop facile de marquer comme insignifiant ce qui ne correspond pas à notre point de vue, juste dans le but échapper à toute possibilité de falsification[354]. C'est ainsi qu'un certain psychologisme tend à ramener les réserves à l'égard de la psychanalyse à des formes inconscientes de résistance de la part de névrotiques qui mériteraient seulement d'être soignés. Et, de leur côté, des marxistes voient dans les objections à leurs théories l'expression d'intérêts bassement économiques de la part d'une bourgeoisie destinée à disparaître.

L'épistémologie poppérienne considère en tout cas les théories scientifiques comme exprimant des lois de la nature qui ne peuvent être que vraies ou fausses. Des critiques ont objecté que les lois de la nature pourraient être affectées d'un *coefficient de probabilité*, de manière qu'il serait impossible de leur appliquer les critères de réfutation et de corroboration de Popper[355]. Il faut tout simplement observer que l'affirmation selon laquelle – en fonction des conditions concrètes – une certaine loi de la nature a une telle probabilité représente à son tour une loi bien définie laquelle ne peut être que vraie ou fausse (ou dépourvue de sens), même si elle ne se rapporte qu'à des probabilités. Par conséquent tous les raisonnements de Popper s'y s'appliquent. On voit donc que la critique adressée à Popper à ce propos est sans effet, sauf si l'on voulait appliquer un coefficient de probabilité à toute loi exprimant la probabilité d'une loi de probabilité, et ainsi à l'infini. Mais dans ce cas c'est tout le discours qui n'a plus de sens. Des objections sur des détails viennent parfois à propos, mais l'approche poppérienne des théories scientifiques par les critères de *falsification* et de *corroboration* ne semble pas avoir rencontré à ce jour de réfutation sérieuse.

*

Popper s'oppose aux *nominalistes* qui nient la validité des universaux, c'est-à-dire des termes valables pour plusieurs objet de la même espèce ou du même genre (comme pluie, mouche, abstraction). Sans cela, on ne pourrait pas décrire les comportements réguliers sur la base desquels – par l'application du principe d'induction – émerge la science. En même temps, Popper s'oppose à Aristote, qui vise la connaissance de l'essence des choses afin de les classer dans le bon ordre et de les utiliser à bon échéant. Pour Popper, la science moderne ne se demande pas : « qu'est-ce cette chose ? » mais simplement : « comment fonctionne-t-elle ? » En opposition à l'*essentialisme méthodologique* d'Aristote et de ses continuateurs, Popper définit sa position comme *nominalisme méthodologique*[356]. Ici, le terme *nominalisme* ne se rapporte pas au sens habituel du refus des universaux, mais indique simplement leur utilisation pour la description des manifestations ou apparences, en dehors de toute considération de la nature intrinsèque des choses. En situant le début de notre connaissance dans l'observation du comportement des personnes, de l'activité des vivants et du fonctionnement des choses Popper s'accorde donc avec Aristote, mais pour suivre Aristote jusqu'au but il faut concéder que ces opérations révèlent l'essence en tant que réalité, unité et vérité de toutes ce qui existe.

(En quoi étudier le fonctionnement des choses diffère d'en chercher la nature ou essence ?)

On ne peut pas conclure sur l'épistémologie poppérienne sans rappeler sa critique de l'*historicisme*, qu'il entend de trois manières. Tout d'abord l'historicisme c'est l'étude de la réalité sociopolitique à travers son évolution historique : là il n'y a rien à redire si cette approche n'est pas exclusive. En deuxième lieu, l'historicisme c'est la réduction des faits aux circonstances historiques, comme si les faits historiques devaient dériver de l'essence des choses selon des lois déterministes et comme si nous, les humains, étions au courant de ces lois. Or, si cette réduction naturaliste et déterminisme était possible, où s'en irait le libre arbitre ? La version la plus grave d'historicisme est toutefois la troisième qui consiste à justifier moralement tout événement sur base d'une prétendue éthicité du fait accompli, comme le veut Hegel, suivi par Marx sur ce point. Quand l'historicisme dans le deuxième sens s'applique à la connaissance, Popper parle plus précisément d'*historisme*[357]. C'est la réduction de la vérité à la situation sociale, à l'environnement culturel et aux circonstances politiques. L'*historisme* est une position évidemment paradoxale : pour s'en rendre compte il suffit d'appliquer à elle-même l'opinion exprimée par cette réduction.

Si la vérité est reconduite à ses conditions historiques, si la connaissance est l'un des faits divers, si notre engagement intellectuel ne représente qu'une opinion accidentelle et non pas la prise en compte du réel, voire la prise en charge de la situation, alors l'analyse réductive hégéliano-marxiste elle-même, par exemple, ne correspond plus qu'à un événement déterminé par les faits ; elle n'est pas l'adhésion à la vérité dictée par l'évidence et la conscience. Comme toujours il faut se répéter : « Sceptiques, soyez sceptiques avec beaucoup de scepticisme ! ».

§ 82. Popper exprime un souci éthique mais il ne propose pas de réflexion sur l'amour

En se confrontant avec Wittgenstein, lors d'une conférence à Cambridge, Popper soutint la thèse que les problèmes moraux[358] relèvent légitimement de la spéculation philosophique. Il tient donc au respect des vraies questions philosophiques ou éthiques et il le manifeste, par exemple, à travers sa disponibilité à accepter certaines règles fondamentales du comportement comme il accepte une certaine forme de réalisme. Par son engagement politique et moral – à l'appui d'arguments qui se veulent rationnels – Popper, en particulier, témoigne que les domaines de la philosophie, de la logique, de la vérité s'étendent au-delà du domaine scientifique et de la réflexion critique sur la science, au contraire de ce que voudrait un certain néopositivisme, inspiré en partie par Wittgenstein.

Popper observe qu'il serait paradoxal d'attribuer à la raison le principe selon lequel il faut *suivre la raison*[359] comme il serait absurde d'invoquer un critère de vérité ou des arguments rationnels limitant préalablement ce qui peut être dit, cru, étudié, considéré et pensé comme doté de sens. Si la raison est indispensable pour indiquer une finalité, afin de prendre une décision dans le sens de cette finalité, il faut encore un acte de la volonté, un engagement personnel. Pour suivre la raison – aussi bien dans les rapports avec les autres que dans l'organisation interne de sa pensée – il ne suffit pas une disposition naturelle, mais il faut aussi un engagement de la volonté.

La « société ouverte » que Popper préconise est une société de l'échange et de l'interaction, de la bonne entente réciproquement profitable et de l'autoréalisation. Certes, il serait absurde de demander partout la gratuité, mais sans gratuité, la moralité se réduit au respect de la loi, des convenances, des formes.

Rien ne peut se substituer à un principe d'amour : amour des siens, de la patrie, de la beauté, des hommes en général et de Dieu, principe de tout don.

Mais c'est avant ce dernier pas que s'arrête la pensée de Popper, car lui-même ne peut rien invoquer en faveur de ses idéaux moraux. De la même manière, Russell avoue ne pouvoir pas justifier rationnellement son engagement moral et politique (quelque forte qu'en soit la tentation).

Quant à ce qui se situe au-delà de la *science*, Popper est tout d'abord indigné envers ceux qui pratiquent « le refus hystérique de porter la croix de la civilisation[360] ». D'une part, il stigmatise la mode regrettable de certains intellectuels de son temps, dont Spengler et Heidegger, qui reviennent au mythe païen du paradis tribal perdu, déjà partagé par Héraclite. D'autre part, il reconnaît l'honnêteté des vrais mystiques et, certes, reconnaît au mystique le droit d'exprimer ses expériences. Le second Wittgenstein lui-même avait reconnu une fonction du langage en dehors de ce qui est strictement vérifiable. Mais Popper n'admet pas que les expériences mystiques puissent se traduire dans un discours rationnel[361] (ou scientifique) structuré, digne d'une considération publique, car ces expériences ne sont pas vérifiables (c'est-à-dire : elles ne peuvent pas être reproduite dans un laboratoire ou être observés par tous à condition de se trouver dans des situations reconnues publiquement comme comparables). Il en conclut que ces expériences n'ont aucun contenu de vérité d'intérêt général. D'un trait de plume il abolit le christianisme dans son caractère dogmatique, tout en lui attribuant un rôle historique positif dans l'ouverture de notre société[362] (par exemple à la démocratie et à la pensée critique à travers l'examen de conscience). Quelque chose d'essentiel est ainsi perdu, s'il est vrai que le catholicisme, par exemple à travers la philosophie scolastique, est aussi une réflexion sur l'amour fondé en Dieu comme, d'ailleurs, le sont aussi l'être et le vrai. Les réserves poppériennes constituent une expression ultérieure de ce *puritanisme intellectuel* par rapport au religieux qui empêche de compromettre pleinement l'intelligence dans une conviction plus élevée. Toutes ces réserves, au fond, appauvrissent l'esprit.

QUATRIEME PARTIE.

D'UNE EXIGENCE EXCESSIVE D'AUTONOMIE À LA DESTRUCTION MÊME DE LA LIBERTÉ. LA LIBERTÉ FACE À LA VÉRITÉ

Le style de la vie en commun a évolué dans notre monde occidental à un rythme très rapide non seulement en fonction du développement technique, mais aussi de la pensée philosophique, qui évidemment a dû tenir compte à son tour des conditions sociales et politiques. Au XVIIe siècle, des penseurs comme Grotius (1583-1645), Hobbes et Spinoza ont cru pouvoir ramener le droit, la politique et l'éthique à des principes de pure raison par l'étude abstraite de la nature humaine. Dans les faits, le système qui a fini pour s'imposer dans nos pays, au terme de bien des conflits, tend à confier la formulation des lois de la Cité aux strictes procédures démocratiques, indépendamment de tout critère juridique, stratégique, éthique établi. La rationalité du droit, de l'administration, de l'économie reste ainsi subordonnée aux charismes, aux passions et aux intérêts immédiats et particuliers qui animent et agitent la vie politique. Actuellement, il ne manque pas de philosophes qui écartent toute vérité prédéterminée régissant la vie sociale et qui vont jusqu'à proclamer le simple critère de la liberté pour la liberté, la liberté de chacun étant limitée par la liberté des autres. La liberté est certes une condition pour de grandes choses, mais elle nécessite un objectif. On voudrait connaître un critère intrinsèque pour son orientation, mais actuellement on s'en tient plutôt aux revendications, aux aléas des campagnes d'opinions et au charisme de ceux qui soutiennent l'une ou l'autre solution.

§ 83. Est-il encore possible, à l'âge de la suggestion médiatique, de s'intéresser à la vérité, notamment à la vérité religieuse ?

Rien ne me cause une plus grande allégresse que savoir que mes enfants marchent dans la lumière de la vérité [363].

De nos jours, la libre pensée signifie que la prise de position en matière religieuse est moralement indifférente. Chacun doit se sentir libre d'accueillir la foi ou de la refuser parce que chacun a le droit de choisir de manière indépendante ses opinions. Tel est le lieu commun de l'autonomie éthique à propos de l'engagement intellectuel. Et pourtant, n'est-il pas un signe du respect pour l'homme de lui attribuer la pleine responsabilité morale de ses opinions – en tant qu'elles pourraient relever des « bonnes raisons », plutôt que de les attribuer – systématiquement, en voie de principe – au caprice, à l'instinct, au conditionnement, au choix de la facilité ? Nous appartenons actuellement à la culture du « vécu », de l'éducation proposée dans un langage agréable, de la publicité séduisante, de la politique par les médias. Si la pensée elle-même doit passer par le conditionnement, la séduction, les suggestions captivantes, comment espérer amener, ne fût-ce qu'à la simple réflexion, au raisonnement, des générations accoutumées à la manipulation médiatique, acquises à la primauté des émotions, rompues à la pratique psychanalytique, persuadées que chacun a le droit de penser comme il lui semble bon, quelles que soient les bonnes raisons ? Comment éviter qu'au moment de la mise en question de nous-mêmes, indispensable à l'acte de foi, cette même foi ne soit, elle aussi, ressentie comme l'ultime autosuggestion ?

En fait, il n'est pas possible d'ériger la suggestion en norme partout et prétendre d'y échapper sans un effort exceptionnel, presque héroïque, lorsqu'il s'agit d'entrer dans la foi. Entre la suggestion et la foi il y a toute la contradiction qui existe entre l'enfantillage et la responsabilité, entre le jeu et la prise en main de soi-même, entre le transfert et la conclusion heureuse du traitement psychanalytique. L'homme a souvent peur de la vérité. Il répète inlassablement la question de Pilate à Jésus : « Qu'est-ce que la vérité[364] ? ». Il fuit l'engagement en faveur du vrai avec une telle hantise que parfois il ne peut même pas imaginer que dans la foi il y ait autre chose que l'hypocrisie ou au moins le jeu du conditionnement psychologique, sociologique, historique. Mais la foi commence précisément quand on sort du monde du subjectif et du relatif, quand on refuse l'hypothèse que tout soit manipulation, suggestion et influence, quand on reconnaît la valeur de fortes convictions personnelles, quand on accepte la confrontation avec la rude question du vrai et du faux, sans quoi il n'y a pas de Dieu, pas d'amour, pas de salut et pas de religion, tout au moins au sens catholique.

En regardant autour de nous, la logique qui anime les aspirations des masses, le discours médiatique et la vie politique moderne est précisément celle de l'antidogmatisme ou relativisme, de la liberté de conscience ou autonomie éthique, de la fausse tolérance ou permissivité. Ce sont là les principes du laïcisme ou de la franc-maçonnerie, qui s'opposent diamétralement à la vision catholique, à ses promesses, au bonheur que le Christ inspire. On pourrait objecter, à l'évaluation de la philosophie moderne comme essentiellement anticatholique, qu'il y a encore eu des philosophes croyants comme Maurice Blondel (1861 – 1949), Gabriel Marcel (1889 – 1973) et Emmanuel Mounier (1905 – 1950), pour ne pas mentionner les néo-scolastiques. Mais dans le contexte moderne, ils ne peuvent pas avoir l'originalité et la capacité innovatrice de ceux qui n'ont aucun souci de fidélité à un héritage quelconque et aspirent au défi, à la révolte ou à la déconstruction : c'est ainsi que les philosophes catholiques ne sont pas considérés importants dans le développement de la philosophie moderne. On ne peut pas les comparer, par leur impact, à leurs prédécesseurs comme Augustin ou Thomas. Les anciens devaient « baptiser » une tradition philosophique païenne assez candide, alors que plus récemment des philosophes catholiques ont cru devoir se confronter avec les dernières « découvertes » et rattraper les mouvements les plus audacieux afin d'y repérer quelques « éléments de vérité ». Dans cette opération, non seulement ils sont à la traîne, mais ils sont en porte-à-faux par rapport au christianisme lui-même, car les traits essentiels de la philosophie moderne sont dictés par l'exigence de se démarquer de la *philosophia perennis* (philosophie éternelle), qui était apte à servir de préambule à la foi. Plus que relever de l'incroyance purement matérielle ou de l'indifférence totalement étrangère à la foi, depuis quelques siècles la philosophie alimente consciemment et volontairement l'apostasie ou l'indifférentisme. C'est en fait la philosophie de l'absence des « bonnes raisons » pour accueillir la foi. Nous voudrions démontrer précisément qu'une grande partie de la philosophie moderne a cette « fonction » de rendre la religion inconcevable.

§ 84. À propos de « vérité éthique » et de tolérance

La lampe de ton corps, c'est l'œil. Quand ton œil est sain, ton corps tout entier est aussi dans la lumière, mais si ton œil est malade, ton corps aussi est dans les ténèbres. Examine donc si la lumière qui est en toi n'est pas ténèbres[365].

Il est question maintenant de « vérité éthique ». À la limite, il faudrait demander à ceux qui nient cette vérité s'ils sont pour ou contre la Shoa. Normalement ils devraient répondre qu'ils en sont absolument contre. Il faut encore demander si cette condamnation correspond à une vérité éthique ou à une simple opinion subjective. Il peut arriver qu'un militant humanitaire, anti-antiraciste et pacifiste vous réponde : « Je suis contre le racisme, mais c'est juste mon opinion ; Hitler en avait certainement une autre ». Ceci signifie que les bonnes et les mauvaises actions dérivent précisément des opinions. Mais faut-il s'arrêter là ?

La notion de « vérité éthique » est mise en échec par la revendication d'une totale autonomie en matière du choix des opinions : dans ce cas, la morale est rendue indépendante de la prise en compte du réel et la pensée se dégage de toute morale. Pour certains le fond de l'éthique équivaut précisément à ce désengagement intellectuel. Or, la liberté d'opinion, sans discrimination, s'oppose au principe de l'ouverture de l'intellect humain à tout, *ad omnia*. En raison de cette ouverture, l'intelligence humaine peut et donc doit s'occuper aussi de la « vérité éthique », sous le double aspect :

- des lois morales à respecter ;
- et des raisons de les respecter, c'est-à-dire des raisons qui animent nos décisions.

L'antidogmatisme franc-maçon inspire la tolérance la plus complète à l'égard de toutes les opinions religieuses, morales et philosophiques. Cette tolérance se base sur la conception dialectique de la vérité, qui est bien représentée par un célèbre apologue de Lessing. Cet éminent représentant allemand des Lumières disait que si Dieu, tenant dans une main la vérité et dans l'autre la recherche de la vérité, devait lui demander de choisir il se précipiterait à ses pieds en le suppliant : « Père, la vérité n'est que pour toi, pour moi la recherche indéfinie du vrai est suffisante ». Évidemment le vrai doit être hors du temps, mais Lessing est déjà un philosophe du mouvement qui anticipe la dialectique hégélienne. Le vrai cesse de l'intéresser dès qu'il est rejoint : ce qui compte est le processus qui trouve son accomplissement en soi-même.

Il y a donc lieu de se demander si l'affirmation de la tolérance en tant que valeur morale n'est pas une vérité, sinon à quoi bon insister là-dessus ? Si c'est ainsi, il y a au moins un cas qui échappe à la rigueur antidogmatique et donc à la tolérance vers la vérité de chacun. En fait, selon l'observation fort à propos de Wittgenstein, le doute n'est possible que sur base de la certitude. Un relativisme rigoureux demanderait en premier lieu une bonne logique. Même pour asseoir le doute, dit Wittgenstein il faut des certitudes, sinon on ne peut pas être sûr de douter, de quoi douter et de la signification des mots pour exprimer ce doute[366].

L'engagement antidogmatique cible la religion catholique, laquelle évidemment n'aurait plus aucun sens si elle devait abandonner des affirmations (des dogmes justement) concernant l'amour trinitaire et l'abaissement du Verbe dans l'Incarnation. Sans doute, le plus dérangeant n'est pas la forme dogmatique, mais l'idée véhiculée sous cette forme d'un Dieu qui nous aime d'un amour si fort et si indispensable que la seule alternative à son accueil sont le non-sens, le désespoir et la damnation éternelle. Une manière simple d'écarter tout souci de devoir rendre des comptes et toute préoccupation d'un éventuel jugement divin[367], consiste à ramener la vérité à l'opinion. Et pourtant les rapports avec Dieu sont des plus faciles, s'ils sont basés sur la confiance et la gratitude.

Aujourd'hui cette attitude antidogmatique est plus diffusée qu'au XIXe siècle parce que le scientisme de l'époque prétendait au moins que la science donne accès à la vérité. On combattait la religion de face, au nom de la vérité scientifique, sur une base discutable, mais dans le respect de la notion de vérité c'est-à-dire dans le respect de la logique. Aujourd'hui, l'attaque est oblique, paradoxale et apparemment détournée, mais en réalité elle frappe au cœur la religion, laquelle n'a de sens que dans la franchise, dans la sincérité et dans la vérité. Ainsi nous entendons souvent dire : « que Dieu nous garde de la vérité car elle produit l'Inquisition, les intégrismes[368], la chasse aux sorcières, l'intolérance religieuse, les guerres saintes, Staline, les pogroms, le national-socialisme et la Shoa ». Comme si les athées, voire les animaux, qui n'ont aucun égard pour la vérité, ne se battaient pas, avec une férocité digne des croyants. Et puis, celui qui fait de telles déclarations sur la vérité ne prétend-il pas d'exposer une vérité ? Et par quelle exception cette vérité ne serait-elle pas, à son tour, source de conflits et de violence ? N'y a-t-il pas eu des persécutions contre les chrétiens suscitées simplement par la haine contre la vérité de la foi ?

Un chrétien peut-il être gêné dans sa foi par le rappel de l'opposition qu'au cours du temps l'Église officielle a manifesté à l'égard des sciences naturelles, des études bibliques (à un certain moment beaucoup plus avancées en milieu protestant), de la démocratie et du libéralisme ? Oui, parce que il y a eu erreur d'évaluation – peut-être même de mauvaise foi dans le chef de certains – de sorte que des gens en ont souffert ; non si l'on considère que ce rappel est mal dirigé, voire malhonnête, lorsqu'il vise non pas la reconnaissance de certains torts historiques mais la foi elle-même. En fait, des souffrances infligées injustement par l'Église – en particulier à des croyants, voire à des saints – ne peuvent pas secouer la foi quand on sait qu'il faut souffrir pour l'Église *et par* l'Église, *si* Dieu nous appelle à ce sommet. Fonder l'hostilité à la vérité sur des conclusions erronées que l'on peut tirer de certains scandales tout à fait réels est une douloureuse expression de l'anti-vérité. Lorsqu'on ignore volontairement les différences de contenu et d'application entre les multiples opinions (religieuses ou autres) pour sélectionner, par exemple, des cas d'intolérance coupable, on fait un tort – dans l'intention – à l'Église, au Christ, à Dieu mais – en réalité – à soi-même en s'éloignant de cette école d'amour qu'est le christianisme. Et la pratique de l'amalgame idéologique est inséparable d'une attitude relativiste.

L'approche relativiste à la question de la vérité recèle aussi le risque du déni du libre arbitre, si l'implication est : « Chacun l'entend comme il le veut ». Ceci reviendrait, en fait, à ramener les opinions qui orientent l'action au caractère de l'individu ou à son appartenance culturelle, à ses goûts ou à ses pulsions aveugles, sur lesquelles justement il n'a pas de prise. Soumis au poids de la nature ou de la société, l'individu ne serait donc pas vraiment libre du choix de ses opinions. Mais des opinions au fondement inconscient, accidentel, libidinal, peuvent-elles être crédibles ? S'il y a liberté d'opinion c'est pour accueillir des vérités qui montrent au moins une certaine vraisemblance.

La tolérance, dont il est si souvent question dans la culture moderne, peut être la meilleure comme la plus mauvaise des choses : la meilleure lorsqu'elle s'appuie sur des convictions bien assurées ; la plus mauvaise lorsqu'elle n'est que l'expression d'une indifférence souveraine au vrai, seule base solide d'une éthique respectueuse de la liberté. La vraie tolérance s'étend en tout cas seulement aux personnes, jamais aux idées, car certaines idées peuvent être totalement mensongères, alors que l'homme – même corrompu, même menteur – est toujours susceptible de rachat.

Abordons maintenant un philosophe totalement étranger à l'esprit religieux et peut-être à cet esprit de vérité que nous avons discuté jusqu'ici.

Chapitre XVII.
Schopenhauer (1788-1860) : la volonté subie et le problème du mal

§ 85. La récupération de la catégorie de cause et la contemplation de l'idée

Les deux thèses fondamentales de Schopenhauer sont contenues dans le titre même de son ouvrage capital, *Le monde comme volonté et représentation*, dont il a retravaillé le texte tout au long de sa vie. L'inspiration première vient de l'enseignement de Kant, dont Schopenhauer retient les formes *a priori* de l'espace et du temps ainsi que – de toutes les catégories – la seule catégorie de cause. La notion de cause tient compte des rapports mutuels entre les objets de l'expérience, tels qu'ils se manifestent à travers cette même expérience, mais elle ne s'applique pas à la relation entre le sujet et l'objet de la connaissance parce que cette relation ne fait pas partie de l'expérience au même titre que les objets. S'il y avait quelque part un « objet », qui par son action causale se faisait connaître par des représentations on pourrait soulever, observe Schopenhauer, le doute sceptique selon lequel on ne connaîtrait jamais le véritable objet, qui est derrière, mais seulement sa représentation auprès du sujet[369]. Schopenhauer a parfaitement raison, mais – ajoutons-nous – si métaphysiquement on ne peut pas attribuer la connaissance à la simple action des objets sur les organes des sens, c'est-à-dire à la cause efficiente, on doit évoquer un rapport de tout autre nature que nous appelons cause formelle ou exemplaire.

Afin de fixer les limites du connaissable et du réel, Schopenhauer fait recours à une apparente tautologie qui dépasse quand même les limites d'une tautologie : « tout ce qui existe pour la connaissance, c'est-à-dire le monde dans son entièreté, n'est qu'objet à l'égard du sujet, perception par rapport au percevant, en un mot représentation »[370]. Cette phrase se présente à la fois comme une définition et comme une double thèse. Elle est évidente en tant que définition car si « le monde dans son entièreté » équivaut à « ce qui existe pour la connaissance », il en résulte qu'il est « objet à l'égard du sujet » connaissant. Mais elle affirme sans ambigüité ces deux principes :

- rien n'existe au monde sans être connu ;
- et, en tout cas, ce qui est connu n'est que représentation (donc on ne connaîtrait pas la réalité).

La fermeture face à la réalité est ainsi absolue.

Le critère d'existence « tout ce qui existe, etc. », si on peut l'appeler critère, n'est pas nécessairement faux, mais il est incomplet. Il n'est pas dit *qui* doit connaître et donc *qui* est le « sujet » figurant dans la conclusion : « ce monde dans son entièreté [...] n'est qu'objet par rapport au sujet ». La formule « ce qui existe pour la connaissance » ne précise pas non plus *ce* qu'il faut entendre par connaissance : la raison créatrice, celle d'un être doué de conscience qui observe et qui apprend ou la sensibilité de l'animal le plus imparfait[371] ? Schopenhauer ébauche, au passage, une sorte de théorie de l'évolution des espèces quand il déclare qu'il ne peut pas y avoir de monde sans un vivant qui en prenne connaissance :

> [...] tout état de la matière plus parfait a fait suite dans le temps à un état plus grossier ; [...] par conséquent la masse originaire a dû traverser une longue série de modifications avant que le premier œil puisse s'ouvrir. Néanmoins l'existence du monde tout entier demeure toujours dépendante de ce premier œil [...] – fût-il l'œil d'un insecte – en tant qu'intermédiaire indispensable de la conscience, à travers laquelle et dans laquelle seulement le monde existe et sans laquelle il ne peut même pas être pensé : puisque le monde est simple représentation, et en tant que tel il nécessite un sujet connaissant comme fondement de son existence[372].

Notre auteur ne semble pas disposé à admettre qu'il puisse y avoir autre chose que ce qui est connu par les hommes ou, à la limite, les animaux : les uns et les autres seraient-ils donc « la mesure de toutes les choses » ? Que le monde devienne réel au moment même où – après une longue évolution (!) – apparaît le premier insecte a du prodigieux ou mieux de l'invraisemblable. De plus, on peut imaginer que l'insecte n'ait aucune conscience de connaître. Mais, dans le fond, pour Schopenhauer, c'est l'homme l'observateur qui compte : il a un regard diachronique qui lui permet de scruter les âges géologiques les plus reculés, de la même manière qu'à travers de grandes distances il observe les structures sidérales dans leur devenir. Tout ce discours sert à Schopenhauer pour refuser la « chose en soi » ou noumène, que ce noumène soit dans une relation particulière avec le phénomène (tout en se distinguant de celui-ci, comme le veut Kant) ou que le noumène représente tout simplement ce qui est au-delà de notre connaissance, sans autre spécifications. En fait, dans l'un cas comme dans l'autre, la notion même de noumène est sans vérification et sans intérêt.

Et pourtant, si on oublie l'œil de l'insecte et si on élargit la vision en considérant l'unité de l'ontologie, de l'éthique et de la gnoséologie au sein d'une seule métaphysique, on peut encore donner raison à Schopenhauer dans son dessein de restreindre l'être au connu, sans doute au-delà de ce qu'il entend. En fait, selon une conception globale ou unitaire, rien ne peut exister qui ne soit pas également connaissable et désirable ; mieux, qui ne soit pas actuellement connu et voulu par des hommes, des monstres, des démons, des anges, ou des dieux. On peut – on doit – donc admettre qu'il existe et soit connu et voulu beaucoup plus que ce qui est connu par l'homme (et les animaux), et ceci non seulement en raison des inévitables lacunes de nos sciences et de l'évolution continue de notre savoir, mais essentiellement en raison de la nature de la connaissance humaine, qui est analogique, extensible, amendable.

On peut aussi donner raison – bien que très partiellement – à Schopenhauer lorsqu'il dit que le rapport entre le sujet connaissant et l'objet connu ne peut pas relever de la catégorie de cause, laquelle s'applique uniquement aux rapports entre les objets[373]. D'une part, si cause signifie relation ou rapport, il est clair qu'il y a rapport – donc cause – entre le sujet connaissant et l'objet connu, sinon il n'y aurait pas de connaissance. D'autre part, le rapport connaissant-connu n'est pas l'action physique relevant de la simple causalité efficiente selon les vues des atomistes anciens ou des matérialistes modernes. Si la connaissance dépendait d'une action physique de l'objet sur les sens – comme Schopenhauer observe justement – on devrait accepter l'objection sceptique (de Hume), selon laquelle la représentation, c'est-à-dire l'effet, ne peut pas rendre compte de la cause, la chose en soi. Or, la cause de la connaissance est la cause formelle ou exemplaire, qui assure au sujet une prise en compte directe, bien que partielle ou incomplète de l'objet et non pas la réception d'une image de celui-ci. Et pourquoi pour connaître cette image ne faudrait-il pas une image de l'image, et ainsi de suite à l'infini ? (Le refus de la distinction entre les causes est lié au mépris d'origine protestante des solutions du problème de la connaissance – c'est-à-dire du problème des universaux – que le Moyen Âge catholique avait en partie repris de l'Antiquité, en les adaptant et les amplifiant non sans difficultés et équivoques.)

*

Alors que, selon le point de vue courant, l'écolier, le chercheur, le croyant doivent en bonne partie[374] leur instruction, leurs découvertes, leur foi à un *acte de la volonté* qui les amène à apprendre, à chercher, à croire, selon Schopenhauer, afin de saisir les choses dans leur essence il faut abandonner le principe de raison (le principe de causalité), qui nous reconduit toujours à *notre volonté*, qui est volonté de vivre, c'est-à-dire de conserver notre individualité.

Le passage de la connaissance commune des choses

particulières à la connaissance de l'Idée [...] a lieu de manière improvise lorsque la connaissance se soustrait au service de la volonté et, en raison de cela, le sujet cesse d'être simplement individuel et devient sujet pur de la connaissance, dépourvu de volonté. Il ne s'occupe plus des relations conformément au principe de raison, mais se repose dans la ferme contemplation de l'objet donné, en dehors de sa connexion avec tous les autres et il se dissout en lui[375].

En fait, quelque page plus loin notre auteur précise que la volonté est l'« en-soi » :

- de l'Idée, qui rend parfaitement objective la volonté ;
- de l'objet particulier connu, qui la rend imparfaitement objective ;
- du sujet connaissant, qui la rend imparfaitement objective.

Et de compléter sa pensée par ces mots :

En tant que volonté, hors de la représentation et de toutes ses formes, elle [l'Idée] est une et identique dans l'objet contemplé et dans l'individu, qui en s'élevant à cette contemplation devient conscient de soi comme sujet pur ; objet et individu, par conséquent, ne sont pas distincts en eux-mêmes, puisqu'ils sont la volonté qui ici se connaît elle-même. Et la pluralité et la variété consistent uniquement dans la manière dont elle [l'Idée] acquiert pareille connaissance, c'est-à-dire uniquement dans le phénomène, en raison de sa forme, le principe de raison. De même que sans objet ni représentation je ne suis pas sujet connaissant, mais simple volonté aveugle ; de même, sans moi la chose connue ne peut pas être objet mais elle reste pure volonté, impulsion aveugle[376].

La *représentation* du phénomène implique la pluralité des sujets et des choses ; par contre, selon Schopenhauer, dans la forme suprême de *contemplation*, la réalité n'apparaît plus tissée de ces relations qui, en vue de la conservation et en application du principe de causalité, satisfaisaient notre quête utilitaire. À la place de la connaissance au sens classique – union intentionnelle entre le sujet et l'objet encore distincts – la contemplation implique leur *fusion* : en fait, ce qui disparaît n'est pas seulement l'individu – en tant que grumeau de volonté de vivre, séparé et opposée aux autres individus – mais le sujet opposé à l'objet, voire l'objet lui-même.

Ce qui survit est l'Idée – non pas l'idée au sens intellectuel de Platon mais plutôt l'Un au sens des religions orientales[377]. Si l'individualité, la pluralité, la volonté de survivre disparaissent, il ne s'agit toutefois pas d'un Nirvâna dans lequel tout est absorbé et rendu nul. En fait, dans cette unification ultime qu'est la contemplation de l'Idée, la volonté est parfaitement objectivée comme « impulsion aveugle ». Schopenhauer présente cette appréciation du rôle de la volonté non pas comme un fruit de l'expérience ou des principes de raison, mais de la plus pure contemplation.

Toutefois, puisque Schopenhauer dit que « la volonté est l'en-soi de l'idée, [...] de l'objet singulier et de l'individu qui le connaît[378] », on se demande s'il ne ressuscite pas la « chose en soi » de Kant, que pourtant il avait refusé. Il la ressusciterait de manière, quand même, plus pertinente ou moins vague parce que, au lieu de s'appeler à une causalité contradictoire au-delà de l'expérience, il se « fonde » sur une analyse des misères, des méchancetés, mais aussi des pulsions et des passions humaines. Selon Schopenhauer, cette volonté est en contradiction avec la contemplation, au sens de l'évasion de toutes les circonstances. Mais y échapper est-il possible à l'homme, fût-il un artiste, un poète, un ascète (en dehors bien sûr du surnaturel) ? Voyons donc plus en détail ce qu'est cette volonté qui, selon notre auteur, nous tient enchaînés à la vie dans un sort d'esclavage.

§ 86. La volonté subie et la « découverte » de la sexualité : la première raison du pessimisme de Schopenhauer

Nous avons tourné nos pas vers des prophètes de tristesse[379].

Le scientisme préside à toute explication psychologique trop facile. La solution donnée par Schopenhauer au *premier problème fondamental de l'éthique* – celui de la liberté – consiste à reconnaître la dominance du caractère dans notre comportement. Dans notre évolution personnelle, dit-il, nous ne faisons que développer des virtualités inhérentes à notre nature individuelle : nous « devenons » ce que nous sommes (ontologiquement)[380]. S'il s'agissait de la société ou de la politique, plutôt que de l'histoire personnelle, Karl Popper appellerait *historicisme* cette forme de déterminisme attribuant les opérations de l'individu à sa nature profonde[381].

En tant que solution du *second problème fondamental de l'éthique* – celui des motifs de notre comportement – Schopenhauer déclare que nous sommes bloqués au niveau du péché originel, sans rachat possible : il ne peut pas y avoir de volonté positive, bonne, qui nous permette de nous élever. Le seul résidu de liberté admis par Schopenhauer réside dans le fait qu'il est encore possible de se dérober aux phénomènes : la seule voie de sortie est ainsi l'*ascèse* par laquelle « la volonté est soustraite à l'action des motivations[382] ».

C'est, par conséquent, dans la doctrine de la prédominance d'un caractère, orienté d'ailleurs vers le pire, donc dans une forme de déterminisme, psychologiste ou scientiste, que prennent racine le pessimisme, la tristesse et l'ennui mortel de Schopenhauer.

Sauf à ne pas reconnaître le libre arbitre dans l'option fondamentale, la doctrine de la persistance du caractère est très proche de celle de l'unité de la personne face à son destin éternel. Nous serons, ou plutôt *nous sommes* jugés pour ce que nous sommes dans l'orientation générale de notre vie, plutôt que pour ce que nous avons fait et dont nous pouvons toujours nous repentir. Si l'on comprend bien ce que cela veut dire, toute chose soumise au seul jugement qui compte doit être quelque chose de permanent.

L'amour, en particulier, est vu par Schopenhauer selon le principe du plaisir. Pour reprendre ses propres mots : « Toute passion, en effet, quelque apparence éthérée qu'elle se donne, a sa racine dans l'instinct sexuel, ou même n'est pas autre chose qu'un instinct sexuel plus nettement déterminé, spécialisé ou, au sens exact du mot, individualisé[383] ». L'appétit sexuel est « le désir qui forme l'essence de l'homme », précise encore Schopenhauer, et « en conflit avec lui, aucun motif n'est assez solide pour se flatter d'une victoire certaine[384] ». La conclusion est donc que bien avant Freud, Schopenhauer avait vu dans la sexualité « le référent permettant d'expliquer l'ensemble des comportements[385] ». Il serait difficile d'affirmer plus explicitement un déterminisme psychologique. Le scientiste Freud reconnaîtra, en fait, la contribution fondamentale de Schopenhauer à la « découverte » de la sexualité[386]. En fait, tant Schopenhauer que Nietzsche anticipent des intuitions freudiennes. Selon Jean-Marie Vaysse,

> Schopenhauer découvre [...] la notion de refoulement, processus où la volonté s'oppose à ce qu'une représentation qui lui est contraire puisse entrer dans l'esprit. Loin d'être une perturbation de l'intellect, la folie est reliée à l'activité inconsciente de l'affectivité : atteignant la mémoire elle ne la supprime pas, mais en rompt le fil en rendant impossible tout souvenir coordonné du passé. [...] Certains événements ou traumatismes sont soustraits à l'intellect, parce que la volonté n'en peut supporter la représentation. Le fondement du refoulement ne réside pas dans la représentation, mais dans l'affectivité : la représentation n'est refoulée que parce qu'elle a une densité affective et est investie par un affect[387].

Il faut naturellement se demander de quelle volonté il s'agit, vu qu'elle doit, pour ainsi dire, échapper aux suggestions de l'intellect afin qu'une affectivité inconsciente prenne le dessus. Elle s'exprime notamment par la volonté non voulue – mais subie – de s'affirmer, de dominer, de copuler, de tout casser, mais aussi d'édifier pour sa propre gloire. Certes, en l'absence de « bonnes raisons », d'une vision élevée, liée d'ailleurs à l'exercice de la volonté, il ne peut pas y avoir de vision élevée ni de sublimation. Il est clair que pour Schopenhauer la volonté n'a qu'un faible rapport avec la connaissance. Mais en soulignant de telle manière son indépendance de l'intellect, notre auteur ne s'inspire-t-il pas de Kant qui détache l'éthique de l'activité spéculative ?

Sous un certain aspect, la volonté non voulue de Schopenhauer est encore le noumène de la philosophie transcendantale kantienne, sauf que Kant admet que le noumène continue à se trouver à la base de la réalité connue, tandis que le nôtre – tout en niant la possibilité du noumène kantien dans la sphère de la connaissance – invoque l'équivalent de ce noumène sous la forme d'une pulsion qui soutient la vie. En utilisant les individus et les espèces comme de simples instruments, cette volonté viserait à assurer l'expansion de la vie sous les formes les plus variées.

Bergson est en admiration, presqu'en contemplation de ce mystérieux élan vital auquel il attribue la riche variété des espèces. Schopenhauer, de son côté, élabore, développe et argumente à propos de l'intensité de la pulsion vitale, tout en amplifiant son aspect de volupté qui enchaîne l'homme. Et alors que Bergson, dans l'*Évolution créatrice*, nie toute finalité de l'élan vital, les philosophes du soupçon Marx, Nietzsche et Freud, qui sont des « généalogistes », prétendent ramener les affaires du monde à leur « chose en soi » respective : la classe sociale, l'inconscient, la Volonté de puissance. Est-ce que par rapport à eux, Schopenhauer montre-t-il plus de retenue ? Que non ! En fait, sous l'apparence d'une renonciation presque ascétique à toute théorie explicative, il attribue à la sexualité – pulsion dont il reconnaît lui-même le caractère aveugle – un objectif aussi vaste, déterminé et créatif, que l'évolution de la vie.

Ne s'avance-t-il un peu trop dans les explications pour quelqu'un qui fait de la connaissance une simple « représentation » ? Si la volonté est une pulsion aveugle, qui peut en connaître les procédés ? Or, l'introduction de l'affectivité ne constitue-t-elle pas le début d'une approche spontanéiste, psychologiste, scientiste, frontalement opposée à la rigueur transcendantale voulue par Kant ? Bref, cette incontrôlable affectivité, qui est en partie peur de la souffrance, remplace et le noumène et l'impératif moral kantien.

Carl Gustav Jung, qui eut à lire dans sa jeunesse l'œuvre maîtresse de Schopenhauer, en resta bouleversé : comment l'homme peut-il être si mauvais, son asservissement aux passions si complet et dégradant et sa vie si douloureuse[388] ? Évidemment Schopenhauer n'avait aucun concept de la sainteté, voire du caractère et de la puissance d'une véritable élévation. Thomas Mann[389], toutefois, voit un titre de noblesse dans le pessimisme de Schopenhauer inspiré par cet asservissement sans concessions de la volonté aux pulsions.

§ 87. La volonté subie et le manque de but : la raison centrale du pessimisme de Schopenhauer

« Si les penseurs classiques ont souvent reconnu la suprématie des passions, ce n'était jamais que pour montrer qu'il s'agissait d'une errance accidentelle ou d'une capitulation occasionnelle, d'un état contingent d'impuissance faisant de l'homme une victime soit de l'ignorance, soit du péché[390] ». Maintenant, avec Schopenhauer, la perspective est retournée :

> Tout ce qui s'exprime selon la forme de l'objectivité et de la rationalité renvoie à l'instance de l'inconscient : aucune démarche intellectuelle n'est susceptible de son auto-fondation et le mirage […] d'une instance purement théorétique se dissipe définitivement. S'ouvre alors ce que l'on peut appeler l'âge de la généalogie, dénominateur commun des pensées du soupçon et de la phénoménologie. Une telle démarche requiert la compréhension de l'affectivité comme détermination foncière de l'existence. Sa faiblesse tient alors à son dualisme tranché entre volonté et intellect, qui lui fait préférer le terme kantien de chose en soi à celui d'inconscient, de sorte que les mécanismes permettant l'intelligibilité de l'activité de ce dernier lui demeurent inaccessibles. Sa force est d'affirmer que la volonté est sans fond, *grundlos*, que ne se réduisant pas à une cause, elle ne saurait pas avoir un signifié transcendantal : la volonté n'est pas Dieu et on ne saurait diviniser l'inconscient. […] La volonté n'est ni cause ni fondement, mais ce qui est rebelle en sa facticité à toute causalité et fondation. Dès lors, l'absurde n'est point tant l'absence de sens que sa prolifération,

> l'abondance d'un sens dont on n'a que faire. […] En effet, le monde atteste, comme en témoigne notamment la biologie, la finalité. L'absurde n'est pas l'absence de fins, mais le fait que les fins n'ont pas de finalité : l'absurde ce n'est pas que le monde soit intelligible, mais que son intelligibilité soit inintelligible[391].

Le désir-volonté qui, selon Schopenhauer, nous contraint par la force de la nécessité manque d'une raison éthique, c'est-à-dire d'un terme où adresser notre liberté. Or, en refusant la finalité ultime, Schopenhauer nie précisément la liberté et la finalité. Leur évacuation peut avoir lieu également par la prolifération des fins indéfiniment subordonnées les unes aux autres. Le renvoi à l'infini, en tant que dépassement continu, se révèle ainsi un moyen pour exclure tout sens de la vie et « justifier » le pessimisme. Si, selon notre philosophe, nous vivons pour rien, le dégoût à l'égard de la situation humaine devient bien compréhensible.

Cette conclusion – fermement voulue par Schopenhauer – est donc construite par une épistémologie et une ontologie qui nient et la réalité et la liberté. Si, au contraire, par une réaction éthique, l'on décide de reconnaît le libre arbitre et de vivre dans des formes plus élevées que le simple vitalisme, on peut ressentir, vouloir et raisonner autrement : on ressent de la gratitude pour le fait d'exister, on confie que la vie ait un sens, et on se rend compte de l'incohérence foncière du renvoi continu à d'autres sens, à d'autres fins. Le pessimisme volontairement et savamment cultivé par Schopenhauer est donc lié au manque d'un vrai but, c'est-à-dire à la triste conclusion – volontairement cherchée – que l'on vit en vain. À un certain niveau, la souffrance de Schopenhauer est en rapport avec le fait de ne pas avoir reconnu la Cause finale ultime ou la preuve de l'existence de Dieu à travers la finalité. Mais plus radicalement, c'est à un défaut de la volonté qu'il doit le manque de clarté de la raison. Son pessimisme se base dans le manque de finalité du tout, et donc dans la conclusion que l'on vit pour rien.

§ 88. Comment le mal se diffuse partout dans le « pire des mondes possibles » : la raison ultime du pessimisme de Schopenhauer

A universe of death, which God by curse/ Created evil, for evil only good,/ Where all life dies, death lives, and nature breeds/ Perverse, all monstrous, all prodigious things,/ Abominable, innumerable, and worse/ Than fables yet have feigned, or fear conceived,/ Gorgons and hydras, and chimeras dire.

JOHN MILTON[392]

On peut se demander si notre auteur est « affligé » principalement par le fait que l'homme soit sous l'emprise d'une volonté qui n'est pas vraiment la sienne ou par le fait qu'en fin de compte soit le mal qui s'impose. Quelle que soit la raison profonde de son pessimisme, il reprend les thèses de Luther sur l'incapacité de l'homme à vouloir le bien. Sauf que Luther se limite à indiquer l'incapacité de parvenir au salut éternel par ses propres moyens, sans trop se soucier du degré de liberté de l'homme dans les affaires courantes, tandis que Schopenhauer généralise la situation de dépendance de notre volonté par rapport à une force obscure qui s'impose de l'intérieur à tout le monde sans qu'on le « veuille » vraiment.

Mais il y a une troisième raison pour le pessimisme de Schopenhauer : la souffrance, qui s'ajoute à l'esclavage de la volonté et à l'inclination à faire le mal. Nous savons qu'à l'approche de sa fin bien méritée, le Macbeth de Shakespeare déclare qu'il n'y a aucun sens au monde : « La vie, dit-il, est comme une ombre errante, un pauvre acteur qui se démène et joue son petit bout de rôle d'une heure, et dont on n'entend plus parler. C'est une histoire dite par un idiot, pleine de bruit et de fureur et qui ne signifie rien[393]. » Mais Macbeth est un scélérat, qui contribue à ce manque de sens général qu'il condamne. Il est compréhensible qu'il cherche à se convaincre du caractère transitoire et insignifiant du tout afin de se libérer du souci d'avoir à porter pour toute l'éternité le poids de ses crimes. Schopenhauer ne s'est pas chargé des crimes de Macbeth, et pourtant, en niant la possibilité du bien, il est lui aussi faiseur de mal, à travers l'intelligence, c'est-à-dire d'une manière particulièrement pernicieuse. Sa réflexion sur les maux du monde suscite une absolue « tristesse métaphysique » (ou, si l'on préfère, une tristesse antimétaphysique). On pourrait même dire qu'il cultive « une méchanceté faite de crainte et de secret désespoir, d'une défiance et d'une insatisfaction perpétuelle qui se tourne en aigreur contre [...] une création » trop lointaine de l'idéal qu'il s'est forgé au-delà de l'accessible. S'il est sincère, c'est à cause de la puissance insatisfaite de sa pensée qu'il devient « le tortionnaire de soi-même » (*heautontimóroumenos*). « Sa malignité et sa science de l'homme intérieur » ne consistent pas à donner le coup d'envoi aux souffrances humaines, mais à « leur communiquer [...] une exaspération muette et sombre qui les fera durer longtemps[394] ».

Si la philosophie de Schopenhauer invite à s'épargner le sacrifice intellectuel de l'acceptation du dogme religieux, elle demande d'accepter une autre conviction, celle de l'absence de sens, de bonté, de raisons de vie et même de réalité. Aux yeux de celui dont la compassion est sincère, la personne souffrante garde, a contrario, toute sa valeur (le bien est réel !) ; par sa souffrance cette personne acquiert même plus d'éclat. S'il est vrai que la pensée peut nous tarauder inutilement, la perspective d'un mieux trop lointain, la compassion, la souffrance pour les peines d'autrui, voire l'angoisse pour des maux qui pourraient nous tomber sur la tête, prouvent qu'il y quelque chose de mieux à espérer, quelque chose à sauver.

Schopenhauer, conseille – probablement sans la mettre en pratique – la dissolution de la volonté personnelle dans l'équivalent du Nirvâna. Exhibant des sympathies bouddhistes, il considère l'attachement à l'individualité la source pernicieuse de l'illusion du réel. Tout le monde peut se rendre compte du mal dans le monde : il ne faut pas être Schopenhauer ou Bouddha, l'Illuminé, qui ouvre ses yeux sur les pauvres, les malades et les vieillards en sortant de la douceur de son palais princier.

L'attrait du bouddhisme sur Schopenhauer se limite toutefois à des négations intellectuelles, car un vrai détachement ascétique n'est pas dans les goûts de notre philosophe. Alors que les « pessimistes » de son genre – plutôt bons vivants et dotés de moyens et de ressources de tout genre – peuvent se révéler actifs, engagés et attachés à la vie avec ses charmes indéniables et ses promesses parfois trompeuses, des bouddhistes, soucieux d'autonomie spirituelle, se montrent beaucoup plus détachés des biens mondains. Quelle que soit le style de vie de Schopenhauer, sa souffrance – non seulement pour le mal dans le monde, mais aussi pour la méchanceté qui domine en nous et pour la défaillance de notre volonté – est sincère, à son niveau. Toutefois sa philosophie n'admet pas de voie de sortie : elle se conclut dans la spirale de la soumission au mal !

*

S'il y avait moyen d'accomplir le bien, la philosophie de Schopenhauer n'encouragerait personne à le réaliser. S'il y avait quelque raison d'accomplir le bien, elle la détruirait. S'il y avait à remercier de tout cœur pour le bien reçu, à se confier en une puissance supérieure face aux terreurs qui hantent nos vies, à reconnaître intellectuellement l'amour à la base de toute réalité, Schopenhauer en détournerait le lecteur. En fait, la pensée de Schopenhauer, basée sur l'ingratitude et la défiance, correspond à son caractère.

Pour mettre dans le contexte sa pensée, sans vouloir la réduire à son histoire personnelle, rappelons que, fils d'un riche marchand de Dantzig mort par suicide, il révéla une attitude égocentrique, litigieuse et cynique dès sa jeunesse. Son caractère assez peu sociable le mit rapidement en conflit avec sa mère qui, veuve à trente neuve ans, tenait un brillant salon à Weimar. Elle finit pour le mettre à la porte, en âge relativement jeune. Mais il se montra arrogant dans bien d'autres occasions.

Professeur à l'université de Berlin, il prétendit entrer en compétition avec Hegel, choisissant pour son cours le même horaire que l'idole des étudiants. Il abandonna définitivement la capitale prussienne à l'occasion de l'épidémie de choléra de 1831 qui emporta Hegel, en décidant de renoncer à la carrière académique dans laquelle, grâce à la fortune laissée par son père, il n'avait pas besoin de s'engager sérieusement. Schopenhauer demeura toujours appréhensif : il dormait avec un pistolet à côté de lui par peur des agressions, il gardait toujours son verre personnel par peur des infections, il ne voulait que demeurer aux étages inférieurs par peur des incendies et il cachait soigneusement son argent. Il n'a probablement su trouver ni bonheur ni amour ou – tout au moins – la capacité de les exprimer.

S'il s'ennuie, c'est qu'au fond il n'a d'appréciation, voire du respect, pour aucune chose. S'il ne s'engage pas dans la valorisation de l'individualité (éternelle) – la sienne et celle d'autrui –, c'est que pour lui il n'y a rien qui en vaille l'effort. S'il n'est pas reconnaissant et enthousiaste pour tant de splendeurs, c'est qu'à ses yeux le monde existe sans raison. S'il ne peut qu'attendre sa disparition dans le néant, c'est qu'il attribue à la vie la signification métaphysique d'une course vers la mort. Il va jusqu'à opposer son ennui aux distractions offertes au croyant par ses pratiques religieuses[395], mais il devrait se demander quel est le ressort intérieur de celui qui croit. Ses derniers mots, « Eh bien, nous nous en sommes bien tirés », expriment précisément ce manque de raison d'être et son appel au néant que la mort devrait satisfaire.

En universalisant le mal, Schopenhauer tombe dans un paradoxe analogue à celui de la négation de la vérité. De la même manière qu'en niant la possibilité de la vérité on ne peut plus exprimer cette même négation, le *paradoxe éthique* de Schopenhauer est celui d'une souffrance, d'un mal qui existeraient par eux-mêmes, sans être la négation d'un bien, sans frapper quelque chose qui ait de la valeur. Si rien n'avait de la valeur, il n'y aurait pas de mal et il n'y aurait aucun droit de se plaindre en déclarant que notre monde est le « pire des mondes possibles ».

À notre point de vue, le désir d'un bilan négatif de la vie humaine – voire de la réalité en général – peut être aussi dévorant que le désir de vie : d'ailleurs c'est probablement l'orientation de ce désir (pour ou contre) qui qualifie au plan éthique l'homme et le philosophe. Ici, il n'est pas encore question de la joie que l'on ressent et que l'on cherche dans les maux des autres, dite en allemand *Schadenfreude*, mais d'un désir et d'une satisfaction plus générale de pouvoir proclamer la vanité, la souffrance et le mal de toute chose.

§ 89. L'athéisme de Schopenhauer comme capacité de réagir. Mais avec quelle religion se confronte-t-il ?

Bertrand Russell attribue à Schopenhauer l'honnêteté de ne pas se sentir obligé de donner des réponses conformes aux désirs du cœur[396]. Il propose une interprétation favorable du pessimisme de Schopenhauer, en le jugeant profitable à la vérité et à la dignité humaine car, sans forcer l'intelligence à croire en un destin providentiel, il donnerait la clarté et la force nécessaires pour faire face aux défis de la vie. Au contraire l'optimisme, notamment des croyants, les désarmerait et les affaiblirait en les poussant dans les bras de la Providence. Machiavel (1469-1527) opposait déjà les vertus actives des païens à celles passives des chrétiens[397].

Or, afin de déterminer si le « mysticisme » chrétien est plutôt passif qu'actif, il faudrait poser sur un plat de la balance cet argument faisant état d'une faiblesse structurelle des chrétiens – inhérente donc au christianisme – et sur l'autre plat de la balance non seulement l'exercice courant des vertus chrétiennes, mais aussi l'épopée des martyres, la résistance opposée par l'Église aux prétentions impériales du temps de Constantin à celui de Napoléon, sans négliger les excès des Croisades, de l'Inquisition et de la colonisation de l'Amérique Latine, que d'autres mettent au compte de l'intégrisme et du dogmatisme chrétiens.

Naturellement le soupçon est qu'en accusant le christianisme d'empêcher de profiter de la vie, des auteurs comme Machiavel, Schopenhauer et Nietzsche ont à l'esprit à toutes les mauvaises actions que la conscience chrétienne empêche d'accomplir. Il est évident que le prince chrétien ne peut pas, comme le conseille Machiavel, « prendre du renard et du lion », qu'il ne faut pas imiter Schopenhauer qui fit dégringoler dans l'escalier une voisine dérangeante, que le Surhomme de Nietzsche n'a aucun droit à la prévarication ni à se complaire dans l'arrogance. La morale chrétienne proscrit un certain chemin vers le succès, un certain genre de jouissance, la haine, la jalousie, la méchanceté. Or, ceux qui sont animés par une intense volonté de vivre, de réussir par tous les moyens ou qui simplement en rêvent, doivent ressentir tout obstacle sur leur chemin, comme une offense. Et s'ils accusent le chrétien individuel de paresse ou d'inefficacité (voir la parabole des talents) ou – à l'opposé – de profiter de la vie sans aucune conscience, ce n'est plus l'enseignement du Christ connu à travers l'Église qu'ils mettent en question, mais l'individu plus ou moins sincère. Mais ils révèlent surtout qu'ils cherchent à justifier leurs propres prétentions.

Or, comment Schopenhauer peut-il réintroduire cet élément positif que serait la capacité de faire face aux défis de l'existence sans compromettre la radicalité de son pessimisme ? Un pessimisme sans compromis, devrait prévoir que l'homme ne soit pas en mesure de réagir pour améliorer son sort. Pour Sartre, lui-même, l'homme qui se révolte au nom de la liberté, ne fait que resserrer ses liens. Sartre serait-il plus pessimiste que Schopenhauer ? Entre les deux il y a Nietzsche, qui retourne la perspective pessimiste de Schopenhauer en nihilisme exultant : il nie Dieu, non pas pour établir la domination finale du mal, mais pour se mettre à la place du Créateur dans la liesse d'un optimisme retrouvé. Et puis, en reprenant à son compte les dénis de Schopenhauer, Nietzsche conclut que rien n'a plus de sens, qu'il n'y a plus de Jugement et donc que l'on peut « faire ce que l'on veut », non pas au sens de « viser une finalité » mais au sens de « suivre ses pulsions » ou – mieux encore – d'exalter la liberté du Moi, cette liberté exaltante qui – pour toutes les misères qu'elle entraine transmet un frisson temporaire de bien-être, preuve définitive que le mal ne peut être ni universel ni originel.

*

On appelle *preuve cosmologique* de l'existence de Dieu celle qui, partant de la contingence du monde, parvient à Dieu comme Être non conditionné, non dépendant. On peut faire correspondre cette preuve aux premières trois voies de saint Thomas, qui établissent l'impossibilité d'une chaîne infinie de dépendances respectivement dans la transmission du mouvement, de la causalité et de l'être. Schopenhauer admet qu'une pareille chaîne infinie en acte, donnée « en entier », soit absurde et cite même Aristote[398] pour exclure qu'une pareille série infinie – avec ses éléments, tous réels – puisse exister en fait. Il soutient donc que l'étendue infinie dans l'espace, la durée infinie dans le temps et la série infinie des causes et effets ne sont ni concevables ni possibles *dans la réalité*, mais en même temps qu'il n'est pas possible de concevoir une limite dans chacun des trois domaines. Il s'inspire ici de la doctrine kantienne des antinomies.

Schopenhauer résout le dilemme en établissant que notre connaissance reste à l'intérieur des phénomènes et dans cette sphère, l'infini peut être proposé, mais seulement *en tant que représentation*. C'est ainsi qu'en tant que kantien des plus fidèles, il parvient à déjouer l'efficacité de l'argument qui prouve la nécessité du premier – ou du dernier – anneau, c'est-à-dire de l'inconditionnel que nous appelons Dieu. Kant à propos de sa deuxième antinomie de la raison pure (celle qui concerne la divisibilité à l'infini), avait dit :

> la multitude des parties dans un phénomène donné n'est en soi ni infinie, ni finie, puisque le phénomène n'est rien d'existant en soi, et que les parties sont données seulement par la

> régression [...], qui n'est jamais donnée tout entière, ni comme finie ni comme infinie. Il en est de même [...] de la série des existences conditionnées jusqu'à l'existence nécessaire et inconditionnée [...] puisque en tant que série des représentations subordonnées, elle ne réside que dans la régression dynamique, et qu'elle ne saurait exister en soi [...] comme une série de choses qui subsisterait par elle-même[399].

Rien n'empêche, en effet, le mathématicien de penser l'infini, la série infinie, l'infinitésimal, les infinis des divers ordres, puisqu'on n'est pas dans une réalité concrète mais dans un processus mental. Il est donc sur base du principe de l'opposition phénomène-noumène et donc de l'antiréalisme d'origine kantienne que Schopenhauer désamorce la preuve cosmologique de l'existence de Dieu. En reconnaissant l'impossibilité d'une série infinie en acte, il serait prêt à admettre que si le monde existait en soi, il serait fini. Mais si le monde relève des représentations, il peut être infini. Au vu de cette conclusion, on peut apprécier l'importance capitale dans la philosophie moderne de la thèse du « monde comme représentation » pour exclure la preuve de l'existence de Dieu.

XVII. PREUVE DE L'EXISTENCE DE DIEU À PARTIR DE LA DÉPENDANCE RÉCIPROQUE ENTRE LES CHOSES

L'infini quantitatif actuel est contradictoire, mais une meilleure preuve de l'existence de Dieu s'obtient en considérant que le temps, l'espace et tous les autres paramètres montrent que l'univers, envisagé dans sa complétude, est composé des parties qui sont en rapport de dépendance réciproque. Que se passe-t-il si le temps n'est plus considéré comme le « séparateur » entre ce qui est et ce qui n'est plus (ou n'est pas encore) ? Il en résulte que, dans le domaine de la relation entre la cause et l'effet, l'effet est indispensable à la cause de la même manière que la cause est nécessaire à l'effet. Par conséquent, chacune des parties de l'univers ne serait pas telle – et l'univers entier n'existerait pas – si tous ces éléments n'étaient pas en condition de dépendance réciproque et ne se limitaient pas les uns les autres. Aucune de ces parties n'a d'elle-même de quoi établir le premier contact avec le restant de l'univers, ce qui lui permet justement d'exister, c'est-à-dire de se trouver en rapport avec les autres parties de l'univers. (En fait rien n'est ce qu'il est, si ce n'est par rapport au restant du monde.) La dépendance universelle renvoie immédiatement (sans nécessité de passer pour la réfutation de l'hypothèse d'une chaîne infinie) à ce qui est indépendant, à ce qui existe sans être sujet à des relations extérieures, à ce qui possèdent toute vie, toute force et la capacité de mettre en relation entre elles les autres réalités, celle qui existent dans des conditions de dépendance réciproque.

Nous appelons Dieu cette réalité qui – sans dépendre d'autre chose – est à la base de tout, étant capable d'établir le premier contact entre les choses qui se définissent (en sens ontologique, éthique et gnoséologique) en se limitant réciproquement. À partir de l'existence de réalités dans des conditions de dépendance métaphysique, l'homme peut donc reconnaître, par les seuls moyens naturels, l'existence d'un Être qui est non seulement indépendant, mais qui a tout pouvoir sur l'étendue des êtres possibles et mutuellement limités. À partir de l'existence du monde, et à travers la notion de la cause efficiente comme corrélation, notre esprit voit la nécessité d'un Créateur, sans pouvoir toutefois s'en faire une idée précise. En particulier, puisque nous ne pouvons pas former un concept de Dieu, nous ne sommes pas en mesure de juger par notre intelligence si Dieu aurait pu ou dû exister ou, plus radicalement, si une réalité quelconque aurait pu ou dû exister.

La considération que la terre ne tombe pas dans le vide, bien qu'elle ne soit pas soutenue par Atlas, ou bien l'observation de Luther selon laquelle la voûte du ciel tient sans piliers, ne centrent pas le problème, qui dans ces images serait plutôt celui du rapport respectif entre la terre et Atlas et entre le ciel et la terre, piliers ou non. C'est l'existence des rapports au sein du monde qui – en tout cas – nous impose de remonter à l'origine de ces rapports, c'est-à-dire à Dieu et – au sein de la Trinité – à Dieu le Père.

§ 90. L'athéisme de Schopenhauer comme dévaluation foncière du réel : nihilisme.

Si l'athéisme implique la dévaluation du monde, la valorisation du monde doit impliquer l'acceptation intellectuelle de l'existence de Dieu. Les deux tendances – croire, ne pas croire – ne sont pas symétriques, parce l'athéisme s'inspire du nihilisme. En fait, même les plus amoureux de la vie parmi les athées, même les plus sanguins des bons vivants – paradoxalement – ne semblent se rassurer qu'à une seule pensée : que tout finisse à leur mort. L'athéisme est « nullifiant » dans les trois sphères de la métaphysique puisqu'il représente :

- en ontologie, la généralisation de l'écoulement du temps, considéré comme une rapide transition à travers l'être instant après instant (=temporalisation heideggérienne), jusqu'à la sortie définitive de l'être par la mort (=destruction finale de toute individualité), tandis que la matière prend toujours de nouvelles formes ;
- en éthique, l'absence d'une fin ultime et l'évacuation de la vraie liberté (=pessimisme schopenhauerien), avec en prime l'autorisation de faire n'importe quoi (=liberté sartrienne comme indétermination ou indifférence), puisqu'il n'y a rien qui en vaille vraiment la peine ;
- en gnoséologie, le refus de tout ce qui dépasse l'entendement, la raison, la spiritualité, l'intelligence de l'homme (=immanentisme hégélien, etc.), ce qui rend impossible l'ancrage de la pensée dans la vérité (=relativisme)[400].

Il s'agit donc d'irréalisme, d'irresponsabilité morale et de cette irrésolution intellectuelle, suprême exercice du libre arbitre dans notre culture, qui nourrit l'indifférentisme environnant volontaire et coupable. Le fait que l'athéisme de Nietzsche et Schopenhauer s'accompagne de cette soustraction de l'être, du bien et du vrai représente un hommage indirect à Dieu, équivalent à celui que lui rend la personne qui le blasphème encore [401].

Et pourtant, bien qu'ils aient opté pour le néant éthique (relatif), c'est-à-dire pour l'exclusion de Dieu, Fin ultime ou Bien ultime, tant de militants antireligieux prennent encore le monde, la vie et leur propre combat au sérieux. En fait, la vie a un charme indéniable, bien qu'indéchiffrable, et ceci indique une valeur qui demeure, mais celui qui rejette la religion – pour être ou paraître meilleur ou plus sage – se prive de ce qu'il y de mieux dans la vie : la paternité divine et une perspective d'éternité. Pour l'athée, la conclusion la plus cohérente semblerait vraiment celle de Schopenhauer, qui porte un regard ironique et désabusé sur tout ce qui l'entoure, jusqu'à accuser un ennui mortel.

Si Schopenhauer invoque la souffrance pour écarter le sens de la vie, le plus triste est qu'il voue la personne qui souffre au non-sens, à la honte, au désespoir, en lui retirant la confiance dans la prière, dans son destin éternel, dans un rapport personnel avec Dieu. Quand il dit qu'il faut rejeter le christianisme pour consolider la force de volonté dans la vie de tous les jours, il implique que les attraits de la vie – auxquels le christianisme impose une mesure – ont quelque chose d'absolu. On comprend le jeune homme hormonal ou le politicien obsédé ; on peut se reconnaître pétri de faiblesses, d'erreurs et de honte, mais il faut garder un résidu de liberté pour ne pas aligner la pensée sur les passions et les déceptions.

XVIII. LES ARGUMENTS CONTRE L'EXISTENCE DE DIEU

Les objections ou arguments les plus communément avancés contre l'existence de Dieu sont :

- la malhonnêteté occasionnelle ou, pire, structurelle des croyants ;
- le principe scientiste selon lequel il faut limiter la recherche aux causes immédiates ou secondes ;
- le mal dans le monde ;
- la revendication de l'autonomie ontologique, éthique et intellectuelle de l'homme, c'est-à-dire l'affirmation du Moi comme source de la morale et de la vérité ;
- et finalement – argument qui « explique » tous les autres – le refus de l'amour que Dieu nous porte, allant jusqu'à la volonté luciférienne de nier le fond positif de l'être.

La première, plus qu'une objection, est une excuse car on prend prétexte de la dérogation des règles, voire des trahisons du christianisme pour juger ce dernier sur le plan des principes. Il faut, toutefois, que la sainteté de l'Église demeure un argument clé en faveur de l'existence de Dieu et de la divinité de Jésus. Le christianisme est, en fait, la religion événementielle par excellence : son discours concerne des faits, ses mystiques contemplent essentiellement les mystères de la vie du Christ et – en suivant l'exemple du peuple juif – l'Église est pleinement impliquée dans l'histoire. Sa nature – à la fois historique et métahistorique – est attestée par des foules de convertis, de martyrs et de saints, sauf que pour le reconnaître il faut regarder dans la juste direction. Ceci est précisément ce que plusieurs observateurs s'interdisent.

Quant au fait de se limiter aux causes proches ou causes secondes, il s'agit de l'option philosophique propre au scientisme : elle peut stimuler les chercheurs, mais elle n'a pas d'autre raison d'être maintenue.

Derrière la troisième objection à l'existence de Dieu (le mal dans le monde), on voudrait trouver la peine sincère pour la souffrance, l'horreur des injustices et la difficulté d'accepter ce désordre immense qui trouble toute la création. La philosophie qui disqualifie la vie à la racine exprime toutefois une ingratitude profonde. C'est la méconnaissance de tous les biens dont nous jouissons, justifiée – en apparence – par le fait que d'autres manquent de ces biens. Une véritable expérience et compréhension, de l'intérieur, du mal dans le monde devrait nous amener à le considérer comme la corruption de quelque chose de bien, comme quelque chose qui porte atteinte à une valeur constitutive du réel, sinon quel mal y aurait-il ? Le mal ne peut pas être considéré comme une chose en soi, mais seulement négativement, comme une destruction. C'est ainsi que saint Thomas d'Aquin dit : « si le mal est, Dieu est ». Donc, s'il n'y a pas Dieu, le mal n'existe pas vraiment. En absolu, s'il n'y a pas de Dieu, il n'y a ni bien ni mal au sens moral.

La quatrième objection équivaut à un résumé de la philosophie moderne, qui – de Descartes, à Kant, à Husserl – perfectionne la fermeture rationaliste, transcendantale, phénoménologique du sujet sur soi-même.

L'objection la plus « efficace » contre l'existence de Dieu est toutefois la dernière, qui consiste à nier le besoin que l'homme a de Dieu, car toute preuve de l'existence de Dieu – en fait, tout acte de foi en Dieu – se base à la fois sur l'insuffisance de la nature humaine et sur quelque chose de positif. De la même manière que nous avons une certaine connaissance de l'être, ainsi la perception du sens de la vie nous situe au niveau de la valeur définitive de notre être et de l'être en général. Ce qu'il nous reste à clarifier c'est jusqu'à quel point on peut remonter dans la reconnaissance de cette positivité. Peut-on remonter jusqu'à la valeur absolue du fondement de tout être, c'est-à-dire jusqu'à Dieu ? Il se peut que des dispositions mystiques soient nécessaires pour prendre en compte le « besoin de Dieu », les raisons de vivre, une moralité sérieusement fondée, la finalité, la vie intérieure, l'amour. Inversement, si l'on s'établit dans le refus du divin, c'est que l'on ne donne pas de suite au désir[402] de Dieu, désir qui est, au fond, la raison essentielle pour croire. Ici se pose la question théologique de l'universalité de l'appel à la foi, donc de la prédestination. Probablement pour chacun il y a un temps... Après tout, le temps doit avoir été inventé pour quelque bonne raison.

Au vu de l'étendue du mal dans le monde, sur la trace de Schopenhauer et – comme on le verra – de Nietzsche, la solution la plus honnête semblerait celle qui exclut la valeur définitive et ultime de la réalité en tant que fondée sur la bonté du Créateur. Les cas de souffrance extrême étaient déjà jugés désespérés ou sans importance dans la grande tradition classique de l'éthique eudémonique (=éthique visant le bonheur). Aristote lui-même, ne voyait pas quel intérêt accorder aux pauvres, aux petits, à ceux qui sont privés de dons naturels ou manquent de chance, aux hommes tombés en disgrâce, aux morts. Ils sont toutefois pris en charge par la tradition judéo-chrétienne, qui détermine et la valeur des malheureux (voir le cas de Job) et la responsabilité concrète vers les malheureux : il n'est donc pas possible de méconnaître la force morale que donne la confiance en Dieu. En creusant un peu plus en profondeur, nous pouvons découvrir dans la souffrance la grande opportunité nous amenant à éprouver l'horreur du péché, la peur de l'enfer et la crainte de Dieu, c'est-à-dire le malheur d'être éloigné de l'amour de Dieu. En fait, il y a plus de gens qui reviennent à Dieu à cause des misères de leur vie qu'à cause du bien-être ou du succès, lesquels sont plutôt « distrayants ». Viktor Frankl (1905-1997), le psychiatre viennois qui initia la logothérapie, confirme la « fonction » de la souffrance dans la conversion. Ayant survécu aux camps de la mort nationaux-socialistes, il a observé la capacité de survie des gens qui voyaient un sens à leur vie. Et il n'hésite pas à déclarer :

> La vérité est que, parmi ceux qui passèrent à travers l'expérience d'Auschwitz, le nombre de ceux dont la vie religieuse s'est approfondie – en dépit de, pour ne pas dire à

cause de, cette expérience – est de loin plus grand du nombre de ceux qui abandonnèrent leur croyance[403].

La souffrance « sert » donc aux pécheurs pour se repentir et revenir à Dieu, aux justes pour qu'ils se confirment dans la crainte de Dieu, à Dieu – dans la souffrance du Christ – pour révéler sa peine pour tant d'hommes qui se perdent. Soulignons que celui qui s'incarne dans la personne de Jésus n'est pas une des divinités du paganisme à la généalogie complexe, mais Yahvé – JE SUIS[404] – le Dieu unique des Hébreux, créateur du Ciel et de la terre. Dans son ouvrage *Les raisons de croire*[405], écrit bien avant de devenir archevêque de Malines-Bruxelles, André Léonard soutient que seul le christianisme – par l'Incarnation du Verbe – permet de dire que le Créateur n'est pas un Dieu sadique. Si Dieu existe, dit André Léonard, sauf à souffrir lui-même en première personne afin de transformer la souffrance – la sienne et la nôtre – en une invitation au repentir et à l'accueil du pardon, il serait à condamner, à rejeter moralement. André Léonard affirme ainsi que la souffrance du Christ représente un formidable argument apologétique en faveur du christianisme.

*

Malgré l'opposition irréductible entre la croyance et la non croyance, on ne peut pas sonder les cœurs. Il suffit de prendre acte des déclarations pour ou contre Dieu, les comparer aux comportements et s'en tenir à ce qui apparaît. Et de la même manière qu'en principe on a pas le droit d'en vouloir aux croyants sincères (peut-être à ceux qui font seulement semblant de croire), on devrait surtout ne pas en vouloir à ceux qui font simplement semblant de ne pas croire, si leur déni de l'être, du bien et du vrai n'est pas radical, et s'ils ne se conforment pas, au fond de leur cœur, aux arguments du style de ceux de Kant et de Schopenhauer contre la preuve de l'existence de Dieu. Mais qui pourra jamais connaître tout cela ?

En conclusion, Schopenhauer prône un engagement à l'égard d'un monde qui, à ses yeux, est pure représentation – donc à l'égard d'une illusion – et au service d'une volonté qui n'est pas voulue, mais subie. Or, qu'il s'agisse d'anges, de démons, de déprimés, de violents, de gagnants, de perdants, de croyants ou d'athées – vertueux ou non – aucun ne peut assurer simplement par ses propres moyens un sens, une vérité et une vie heureuse, si le fond même de l'être n'est pas positif. En fait, s'il n'y a pas de sens ultime, que signifie créer le sens de sa propre vie ? Comment des athées, proposant la dialectique des contraires, le nihilisme ou la déstructuration, pourraient-ils écarter de leurs vies la misère de la métaphysique du non-sens, alors que l'athéisme est le déni de tout fondement du vrai, du bien et du réel? La réponse dépend de la bonne ou mauvaise foi, et la bonne ou la mauvaise foi ne se jugent que de l'intérieur.

Chapitre XVIII.
Nietzsche (1844-1900), moraliste inquiet et fourvoyé

Nietzsche est le contraire d'un philosophe systématique : il est plutôt un moraliste, un psychologue, un poète. Il renverse le pessimisme de Schopenhauer en niant que celui dans lequel nous vivons soit le « pire des mondes possibles ». Tout simplement, Nietzsche aime la vie, bien que notre vie soit fragile, souvent difficile et douloureuse et, à son point de vue, sans aucun fondement dans l'éternité. Dans son chef-d'œuvre, *Ainsi parlait Zarathoustra*, Nietzsche enseigne le « surhumain ». Avide de vivre, l'homme se fraie un chemin par la force de sa volonté et, dans sa convoitise, il met la terre à la place du ciel, le corps à la place de l'âme, l'amour de soi-même à la place de l'amour des autres, l'arrogance à la place de la compassion, la prévarication à la place de la charité, la Volonté de puissance à la place des principes moraux, le mal à la place du bien, le mensonge à la place de vérité.

§ 91. Les deux formes de morale et le Surhomme

L'homme n'aspire pas au bonheur ;
il n'y a que l'Anglais qui fasse cela[406].

Nietzsche admet, tout d'abord, qu'il y ait deux morales complémentaires mais intrinsèquement contradictoires, celle du maître et celle de l'esclave[407]. Ces deux formes de morale se précisent l'une par rapport à l'autre et sont à la base de la différenciation entre les hommes. La morale de l'esclave a la fonction d'assurer la survie des faibles, incapables d'avoir accès à l'autonomie morale, à l'air des sommets, à la pleine liberté qui les détruirait. Le maître est, par opposition, l'homme fort, qui rejette la morale du troupeau, car il se sent capable, sans aucune entrave, de faire monter la vie à un niveau supérieur. Le *Surhomme* nietzschéen est celui qui suit la morale du maître. Il rejette Dieu – ainsi que toute autre autorité – non pas par un souci de vérité mais par l'attitude de défi qu'il s'impose. Parfaitement autonome, il se prétend ainsi son propre donneur de sens, son seul législateur et juge. Nietzsche estime que l'esclave et le maître sont voués à la confrontation, ce dernier avec un supplément de cruauté, bien que l'esclave – en principe – soit aussi appelé à se révolter ou tout de moins à détruire tout ce qui plaît ou appartient au maître.

L'ardeur, la violence, la cruauté de l'éthique de Nietzsche montrent comment une éthique fondée sur la conscience individuelle ne possède pas pour cela l'universalité que Kant aurait prétendue. En délinéant deux éthiques alternatives, celle du maître et celle de l'esclave, Nietzsche ne revient pas sur le principe de l'autonomie éthique, cependant que la dualité des éthiques fait sauter l'universalité de l'éthique kantienne. De la sorte, Nietzsche révèle dans un langage clair, ce que Kant n'aurait jamais osé concevoir : la sublimation de l'autonomie éthique dans l'arrogance du Surhomme. En fait, Nietzsche tient de son maître Burckhardt (1818-1897) l'admiration de la personnalité puissante (*« das grosse Individuum »*), dont l'action énergique a pu se manifester, par exemple, dans la Renaissance, période que Burckhardt a étudiée avec passion. Toutefois,

> Burckhardt était un penseur trop épris d'esthétique pour créer un idéal moderne d'héroïsme pratique. Il était en même temps trop critique pour se prononcer en faveur de l'élément mythique culturel indissolublement lié à la notion d'héroïsme. Sur un point, toutefois, il a contribué à la conception moderne de l'idée, en reconnaissant au « grand individu » de sa vision une « dispense de fait » de la loi morale, sans toutefois interpréter philosophiquement cette dispense. Nietzsche [...] a développé sur la valeur suprême de l'homme des idées que l'esprit observateur si calme du maître n'avait jamais connues. [...] Il y a quelque chose de tragique dans le fait que la

> corruption de l'idéal héroïque que nous observons aujourd'hui doit son origine à la vague superficielle de la philosophie nietzschéenne qui vers 1890 atteignit des cercles très étendus. [...] De cette vulgarisation de la pensée de Nietzsche [...] sont nées sans le moindre doute les idées aujourd'hui en cours qui ont élevé l'héroïsme à la hauteur d'une devise et d'un programme[408].

Cette vision héroïque du Surhomme s'oppose diamétralement à la notion de tout homme comme une fin en soi proposée par Kant. Et pourtant le dualisme éthique de Nietzsche trouve son unité sur le droit fil de la pensée kantienne : la sienne c'est l'autonomie kantienne à la puissance deux[409]. Nietzsche maintient, en fait, la conception kantienne selon laquelle le sujet humain est la source exclusive de sa morale. Il *dépasse* ainsi l'éthique kantienne car – sur cette même base – il donne la possibilité de choisir entre deux éthiques opposées. Naturellement on peut élargir la brèche en « justifiant », sur base de l'autonomie morale , toute sorte d'éthique : le sadisme, le national-socialisme, la gauche freudienne, l'anarchisme, le terrorisme ainsi que le relativisme de l'éthique de la communication de Habermas et Apel. Cette dernière forme d'éthique rentre dans la panoplie des multiples éthiques proposables au nom de la liberté, au même titre que son contraire.

Le caractère postmoderne de Nietzsche se révèle dans sa critique de toute éthique humaniste inspirée à l'égalité, au progrès et à l'entente entre les hommes. Nietzsche rejette le « bruitage » des idéaux courants – nationalisme, socialisme, progrès, paix, cosmopolitisme – pour ne retenir que son objectif d'une morale aristocratique et arrogante. La déconstruction nietzschéenne donne une éthique cynique, ironique, qui « ruisselle de sexualité profanée[410] », car tout est considéré comme un objet de proie, rien comme un don pour lequel rendre grâce. L'*amor fati* (amour de destin) repris par Nietzsche, en tant qu'acceptation dionysiaque de la vie, nonobstant ses aspects tragiques, s'oppose à l'*amor intellectualis* (amour intellectuel) de Spinoza. Cet *amor intellectualis* spinozien, acquiescence au fait accompli n'est, au fond, qu'une anticipation du panlogisme, expression suprême de la philosophie moderne (de Leibniz, au dernier Kant, à Hegel lui-même).

Les deux formes d'éthique mises en opposition par Nietzsche auraient-elles alors la même force d'injonction ? En fait, selon notre auteur, elles ne sont pas choisies et pratiquées par un choix libre. La Volonté de puissance est un instinct vital qui s'impose à l'homme supérieur, au Surhomme, comme la soumission s'impose à l'esclave sans aucune responsabilité de la part d'aucune des deux parties. Le débordement de la vitalité du Surhomme ne peut pas se réduire à un simple désir velléitaire parce que « l'homme qui se contente de désirer offense le goût philosophique[411] ». C'est ainsi que même la morale du maître – jugée avec toute probabilité comme supérieure par Nietzsche – ne suppose pas une véritable responsabilité. Le discours de Nietzsche ne peut donc pas être considéré comme un sermon exhortatif. Nietzsche ne préconise rien, ne fait aucune recommandation. Il se limite à situer les deux sortes d'éthique « au-delà du bien et du mal » ; il dit également que « le mal est nécessaire pour qu'apparaisse le Surhomme[412] ». Et puisque, pour Nietzsche, il n'y a pas de vérité non plus, son discours doit rester pure esthétique, simple effusion littéraire.

§ 92. L'antichristianisme de Nietzsche. De la décadence de l'Occident

Son lent et sournois retour au christianisme [de Wagner] je l'ai ressenti comme une insulte personnelle à mon égard[413].

La crainte devant l'irruption du vitalisme naturel, sans mesure, avait poussé les Grecs à passer de la mythologie des *Premiers* – Gaïa, Ouranos, Rhéa, Chronos, les Titanes, etc. – aux dieux plus raisonnables de l'Olympe. Ceux-ci, au moins, seraient capables d'imposer quelques règles à un univers originairement à la merci de forces chaotiques. Selon Nietzsche, tout au cours de la civilisation, l'homme poursuit un parcours de réglementation d'un monde effrayant, en inventant littéralement principes moraux, vérités philosophiques et foi religieuse. *La généalogie de la morale* (1887) est le titre de l'œuvre nietzschéenne de démystification de toute construction normative, qui est tout simplement réduite à la crainte, à la recherche du plaisir et à l'orgueil. Voilà les forces à l'origine des prétendues valeurs. De la sorte, au point de vue intellectuel, il ne resterait plus que la *généalogie* décapante di Nietzsche. La morale chrétienne courante, en particulier, forme abjecte et exténuée de la *morale de l'esclave*, ne serait que l'expression du *ressentiment* des faibles contre les forts. Nietzsche va jusqu'à prophétiser l'apparition de guerres idéologiques ou de religion sans précédent, dirigées surtout contre le *christianisme*, responsable de la dévitalisation des peuples.

Ces guerres serviront à asseoir la vitalité du Surhomme. Il reste à voir si la plus grande liberté réclamée et promise par le modèle du Surhomme peut vraiment être atteinte, ou s'il ne s'agit pas plutôt d'un asservissement aux passions, ce vitalisme se réduisant à la simple expression de pulsions non maîtrisées – pulsion de vie et pulsion de mort – aussi bien dans la morale du maître que dans la morale de l'esclave. Ce chaos de sentiments et de pensées est probablement en rapport à la folie dans laquelle Nietzsche sombrera la dernière décennie de sa vie. Pour Nietzsche il ne s'agit pas d'abolir le christianisme et sa morale des esclaves. Il faut que les esclaves servent aux maîtres pour que les uns et les autres soient tels. De même, il n'y aurait pas de lions sans les gazelles. C'est précisément selon cette logique que dans le monde grec archaïque la notion de bon (ἀγαθός) s'applique essentiellement aux héros homériques[414] et si l'on remonte encore un peu plus loin, aux sociétés primitives, on peut l'appliquer aux chasseurs de tête et aux cannibales.

Le socialisme serait la dernière expression en date de l'inaptitude du christianisme à une existence vibrante. Le socialisme réactualise, en fait, le ressentiment, la rancune et les revendications de l'esclave. Nietzsche lui en veut aussi pour ses affinités religieuses. L'Antiquité grecque avait connu des mouvements intellectuels égalitaires, libertaires et cosmopolites, par exemple chez les sophistes. Et Rome de son côté, avait institutionnalisé les tribuns de la plèbe en faveur des prolétariens de l'époque. Or, il faut admettre que le christianisme a sensibilisé, bien plus en profondeur, l'être humain à une perception de son individualité, de sa responsabilité et donc de sa dignité. Tout ceci est inévitablement incompatible avec l'homologation morale de n'importe quel genre de situation sociale : pour soi-même et pour les autres. Toutefois, il est également vrai que jusqu'à la Réforme, qui représente le commencement de l'Âge des révolutions, la sagesse chrétienne – bien qu'elle ne possède pas une doctrine politique – a opté pour le respect de l'ordre existant[415] plutôt que pour la remise en ordre violente. Jésus, dans les Évangiles, ne s'adresse pas aux pauvres pour qu'ils se révoltent, mais au riches pour qu'ils partagent. Le pauvre révolté « sert » de masse de manœuvres pour une prise du pouvoir partisane et tendanciellement tyrannique. Il n'a pas de vrai rapport avec le pauvre des béatitudes évangéliques. Comme certains hérétiques, ayant abandonné la foi chrétienne, trouvaient encore opportun de se faire appeler chrétiens, des activistes socialistes ont assimilé Jésus à un socialiste, pour des raisons de propagande. Malgré cela, le socialisme a combattu l'Église, et les régimes dits du socialisme réel l'ont cruellement persécutée. Nietzsche ne pouvait pas prévoir tous ces développements mais, déjà en son temps, il aurait pu faire des distinctions.

Quant au christianisme que Nietzsche avait sous les yeux, il était fort influencé par la théologie libérale tendant à réduire la religion à une morale humanitaire sans dogmes et – en prenant à la lettre certains théologiens – à un culte sans raison d'être. Nietzsche jugeait donc le christianisme comme un facteur de *décadence*, probablement au vu du christianisme édulcorée de son époque et de son milieu. Et pourtant – à un certain stade – le monde protestant, en se libérant d'abord des œuvres de piété et ensuite en se sécularisant a été plus efficace sur le plan culturel, économique et militaire que le monde catholique.

Outre qu'à l'universalisme éthique de Kant et au christianisme, Nietzsche s'en prend à la religion de la morale ou du devoir proposée par Strauss (1808-1874), dans *L'Ancienne et la Nouvelle foi* (1872), en tant que pendant athée du christianisme libéral. Strauss entendait, en fait, substituer au christianisme un humanisme soucieux d'autrui. Nietzsche lui reproche crument de ne pas aller jusqu'au but de son athéisme, d'être resté « ambigu et pusillanime[416] ». En fait, Nietzsche est particulièrement écœuré du fait que, ayant refusé Dieu, son siècle garde encore une morale laquelle n'avait d'autre raison d'être que la foi chrétienne. Il voit dans cette situation un présage de décadence et de décomposition. S'il avait vécu jusqu'au siècle présent, il aurait vu que, sans la foi, cette morale ne pouvait pas tenir : l'éthique d'inspiration chrétienne en fait a été substituée, en bonne partie, par les lois du *correct thinking*, de la tolérance et de la consommation.

§ 93. Le nihilisme et la mort de Dieu

À quoi bon garder ses préceptes, mener une vie sans joie en présence du Seigneur de l'univers ? Nous en venons à déclarer heureux les arrogants ; même ceux qui font le mal sont prospères ; même s'il mettent Dieu à l'épreuve ils s'en tirent[417].

Ce serait magnifique si en se levant le matin, l'homme, réjoui par les bruits de la nature – ou de la ville – qui se réveille, pouvait se contenter de prendre son café en robe de chambre et écouter la radio ou lire son journal sans se soucier de gens affligés par toutes sortes de peines. Aussi sans jalousie, sans remords, sans crainte, sans le « sale espoir » dont parle Anouilh et surtout sans le sentiment de vivre en vain. Le fait est que nous ne pouvons plus revenir à l'insouciance animale ou à cette légèreté qu'à tort ou à raison on attribue aux païens ou aux sauvages. Nietzsche, en particulier, ne peut pas se contenter du simple bonheur qu'offre la vie de tous les jours sans se sentir engagé dans la lutte à mort du Surhomme contre Dieu.

XIX. NIHILISME

Comme il y a les deux morales du maître et de l'esclave, il y a ainsi deux sens du mot nihilisme. En fait, Nietzsche contemple dans la réalité un fond d'inanité, de peur et de tristesse qui monte inexorablement, surtout lorsque nous sommes confrontés à la vieillesse à la déchéance, à la souffrance, à l'échec, à la mort. Le nihilisme apparaît tout d'abord, dans la conclusion de sa *Petite Encyclopédie*, comme l'épuisement progressif des valeurs, la prise de conscience de la vacuité foncière de tout sens, de toute loi. Ce nihilisme est la négation même de la connaissance, de la morale et de l'être dans leur fondement, une « volonté anti-fondationnelle » et une « rupture du rapport intentionnel immédiat entre pensée et être[418] ». La conscience de cette vacuité s'accompagne d'une lassitude et d'un dégoût extrêmes. Schopenhauer, hyperconscient, est le témoin ultime de ce dégoût. Notre monde occidental souffre de ce syndrome.

Toutefois, à un stade successif, au sentiment attristant, angoissant, effrayant, engendré par des valeurs vides, succède le nihilisme en tant qu'état de jubilation pour l'affranchissement de l'humanité de la contrainte que lui faisait peser la loi divine. L'homme, ou plutôt le Surhomme, peut alors se situer au-delà du bien et du mal et proclamer la « mort de Dieu ». Dès que rien ne fait plus obstacle à sa Volonté de puissance, tout lui devient possible. Dans cette deuxième signification, bien distincte de la précédente, le mot nihilisme décrit une attitude philosophique exaltante, qui pourrait être appelée « divine ».

Quand on est capable de défier Dieu à la manière de Nietzsche, pour quelle raison faut-il encore ajouter que Dieu n'existe pas ? Pourquoi ne pas se limiter à déclarer avec Sartre : « Que Dieu existe ou non, je revendique ma liberté, sur laquelle l'autorité de Dieu fait peser la menace la plus grave » ? Une fois établi, comme Nietzsche l'a fait, que le christianisme casse la vigueur de la montée vers le Surhomme, tout est dit ; il semble inutile d'ajouter que le christianisme est mensonger. D'ailleurs, aux yeux de Nietzsche, ceci ne le disqualifierait pas parce qu'à diverses occasions il déclare que le mensonge – comme d'ailleurs la méchanceté – peut servir à accroître le ton vital. Cette question concernant la redondance de l'argumentation contre le christianisme est très pertinente, même au point de vue catholique, car les anges révoltés – les démons – n'ont pas eu besoin de dire que Dieu n'existait pas pour en refuser la seigneurie sur tout l'univers.

Les principales sources d'inspiration de Nietzsche sont l'égocentrisme de Fichte et la volonté non voulue selon Schopenhauer. Toutefois, en antithèse à ce dernier, Nietzsche affiche l'*optimisme* de celui qui vante le droit d'être Dieu à la place de Dieu[419]. Ceci constitue probablement le défi le plus audacieux à l'autorité divine. Il nous semble que le libre arbitre s'exerce essentiellement par rapport à Dieu, dès que l'on sait de quoi il s'agit. L'idée que Dieu nous aime n'exerce aucun attrait sur la personnalité grincheuse de Schopenhauer : il en fait même un argument contre la divine existence. Quant à Nietzsche, il est tout d'abord intéressé à l'affirmation du Moi : l'intérêt que Dieu pourrait lui porter serait de trop. Rappelons que, selon Nietzsche, la notion de péché fut « inventée, en même temps que l'instrument de torture qui le complète, la notion de libre arbitre, à seul fin d'égarer les instincts, de faire de la méfiance envers les instincts une seconde nature[420] ».

XX. TROIS TYPES D'ATHÉISME ET LES OBJECTIONS A LA FOI QU'ILS INSPIRENT

L'athéisme a, au fond, trois raisons d'être qui correspondent à des dispositions négatives respectivement de la sensibilité, de la volonté et de l'intelligence. La disposition négative de la sensibilité à l'égard de Dieu se manifeste à travers le découragement face aux misères qui touchent les autres ou qui menacent le sujet du découragement lui-même. La contrariété de la volonté admet des gradations : de l'égoïsme, à l'égotisme, à l'égocentrisme à l'égomanie, selon l'étroitesse plus ou moins étouffante de l'horizon autour du Moi. Mais la forme décisive d'occlusion au divin est celle qui porte atteinte à la possibilité même d'une réalité, voire de la vérité. Si Leibniz dans sa pensée secrète opte pour une logique universelle sans être et sans éthique, et si Kant dans son *Opus postumum* opte pour une éthique absolue (« [...] la loi morale en moi ») sans reconnaissance du réel et sans réalité (même sans un sujet), au moins les deux – Leibniz et Kant – respectent les principes de la logique (aristotélicienne). C'est Hegel qui, en « inventant » une nouvelle logique, habilite la cohabitation du vrai et de son opposé. Les déviations de la complétude dans chacune des trois sphères de l'ontologie, de l'éthique et de la logique s'aggravent lorsque l'unité même de la métaphysique est mise en échec. L'absence d'une seule de ces trois dimensions – la vérité, la motivation et l'action – est donc le mal. « Le bien résulte de la présence de toutes les composantes ; le mal du manque d'une seule d'entre elles », disaient déjà les anciens. Dans toute rupture de la complétude, que ce soit dans la manière de vivre, dans les objectifs éthiques ou dans les idées, il y a toujours une responsabilité morale qui s'aggrave dès que l'on passe de l'action à la pensée : le vice devient alors plus profond et la remise en question plus difficile.

De la sorte, au niveau de la sensibilité, on pourrait avoir l'impression que la foi en Dieu rende le croyant passif et inapte à la lutte pour la vie. Nietzsche le souligne, en reprenant un thème cher à Schopenhauer

Au niveau moral, il y a ce terrible procès que Job ose ouvrir contre Dieu lui-même. Comment se fait-il qu'un Dieu juste traite les bons de la même manière que les méchants, les croyants comme les non croyants, surtout s'il tient à convertir ces derniers en leur rappelant la crainte de Dieu ? Mais qu'est-elle la crainte de Dieu, si ce n'est pas la crainte d'être séparé éternellement de l'amour de Dieu ? Or, cette crainte doit être cultivée en particulier par celui qui croit afin que, confronté dans son for intérieur au questionnement de Job, il garde ce don précieux de la foi. La foi lui donne quand même quelques éclairages à travers l'appel à participer à la réelle souffrance de Dieu pour tant d'hommes qui se perdent définitivement[421]. Le Christ, homme-Dieu, agonisant sur la Croix, en donne la Révélation : cette image puissante s'imprime dans l'esprit de fidèles les assurant de l'amour illimité de Dieu.

Enfin, au niveau intellectuel, en dehors de l'inspiration venant de l'hébraïsme, il n'y a pas eu beaucoup de cultures reconnaissant Dieu à tous les effets : même la philosophie grecque – à son sommet – n'est pas parvenue à dégager la notion d'un Dieu Créateur et Provident, qui s'occupe non pas simplement du sort de l'univers et de l'humanité dans leur ensemble mais de chaque individu, même raté, sali, coupable, nul. Quant à l'athéisme dans notre milieu, il n'est pas du tout innocent s'il correspond au rejet lucide et conséquent de ce qui dépasse la sensibilité, la morale et l'intelligence humaine. Toutefois, le croyant peut s'abstenir sans scrupules de juger son voisin qui ne croit pas, car il ne peut pas savoir comment a été posée la question religieuse dans la vie de chacun[422]. La menace du Christ : « celui qui ne croira pas sera condamné[423] » s'adresse exclusivement à ceux qui n'ont pas cru après avoir été catéchisés convenablement.

§ 94. L'Éternel Retour

Il est indubitable que la vie soit fascinante : nos réactions en cas de nécessité, l'énergie suscitée par les contrariétés, les passions, l'art, la volonté de réaliser, de jouir, d'aimer le prouvent abondamment. Ceci devrait incliner à considérer que l'être mérite du respect et que le fond de la réalité est bon, ce qui revient pratiquement au même. Le culte que Schopenhauer et Nietzsche vouent à la volonté sous des angles opposés confirme que la vie est captivante, et pourtant les deux auteurs contredisent tout sentiment de sympathie envers l'existence. Schopenhauer est dégoûté par la souffrance et la misère morale qui l'entourent et Nietzsche prend la vie pour une volonté insensée de violence. Hitler n'avait pas besoin de Nietzsche pour tous ses excès, mais qu'il l'ait adopté comme philosophe de référence est très significatif.

En fait de passion fervente pour la vie Nietzsche ne la cède à personne : sa volupté de la torturer n'en est pas la moindre reconnaissance. On ne peut faire du mal qu'à ce qui est bon. A la différence d'un grand nombre de bons vivants, qui se contentent de dire qu'avec leur mort tout est fini (leur individualité en particulier), Nietzsche ne se résigne pas à la fin. De manière tout à fait arbitraire et inconséquente, il affirme le recommencement perpétuel, la réactivation des origines, le retour identique de l'égal. Il déclare : « Malheur à celui qui dit "disparais". Tout plaisir veut l'éternité ; il veut une éternité profonde, profonde. » Nous savons que Nietzsche eut l'intuition de l'« Éternel Retour du Même » dans la « révélation » du roc de Surlej près de Sils Maria en août 1881[424], mais interpréter ce que cela signifie pour Nietzsche semble une entreprise sans espoir de réussite.

Dire que « cette pensée oscille entre deux idées : le recommencement perpétuel de ce qui a été ; et le retour perpétuel à égalité, le retour au point zéro de la Volonté de puissance[425] » c'est rappeler le mythe du retour aux origines des primitifs, selon l'exégèse qu'en fait Mircea Eliade.

Selon une interprétation également possible, l'Éternel Retour serait une sorte d'oubli de tout événement, permettant à l'homme d'apprendre qu'il revient toujours à un instant crucial. L'homme « change et une fois de plus il veut oublier qu'il changerait éternellement [426] ». Le Retour aurait lieu dans l'inconscient du sujet (et de Dieu lui-même) comme perspective cosmique globale plus que comme structuration d'expériences réellement vécues : voilà une explication psychologique qui nous ramène au vitalisme de Nietzsche, à son intense désir de vie.

L'Éternel Retour peut être aussi compris comme une « catégorie esthétique », comme « un effort artistique » pour comprendre le monde, comme l'expression de la Volonté de puissance en tant que art, comme le jeu « que joue cet enfant qu'est le temps ; jeu où sans cesse et à nouveau s'unissent l'élément apollinien et l'élément dionysien[427] ».

Au point de vue logique, si rien n'était permanent et si tout devait revenir, on pourrait effacer la distinction entre les catégories modales (qui, pour Kant, sont la possibilité, l'existence contingente et la nécessité), laissant subsister le seul mode de la nécessité[428]. L'Éternel Retour serait donc d'une théorie de la modalité plus qu'une théorie du temps, de l'âme, de l'art. Nietzsche touche ici à un point nodal de la philosophie, celui de la conciliation du nécessaire avec le contingent . Il y a trois solutions à cela :

- la solution matérialiste, scientiste, utilitariste, niant que la nécessité soit à la racine des choses et n'admettant qu'une suite de faits radicalement contingents (le monde, ses lois, les « conditions initiales » de chaque problème, le caractère qui, selon Schopenhauer, détermine notre comportement sont tous là par hasard) ;
- la solution n'admettant que le nécessaire adoptée par le panthéisme de Spinoza, le panlogisme du « vrai Leibniz » et par l'éthique esthétisante de Nietzsche ;
- la solution conciliant la liberté de la création avec la nécessité de l'existence en Dieu, qui permet d'éviter le paradoxe de la dérivation de l'accidentel du nécessaire.

Niant une nécessité radicale, la première solution est confrontée à un monde de choses qui existent en tant qu'elles sont articulées entre elles, qui n'ont pas de consistance en dehors de leurs relations mutuelles et qui paradoxalement dépendraient indéfiniment les unes des autres. Quant à la deuxième solution, elle assure à Nietzsche « la totale innocence du devenir », avec en prime l'irresponsabilité et la déculpabilisation complète des acteurs. L'arrogance et la prévarication auraient droit de cité, alors que seraient abolis mérites, scrupules, regrets, remords, repentir, examens de conscience et libre arbitre[429], qui sont pour Nietzsche autant d'épouvantails.

En vérité, la coïncidence entre la liberté et la nécessité en raison de la *nature* elle-même appartient seulement à Dieu. Et pourtant, à l'instar des religions orientales qui proposent aux adeptes de devenir Dieu, Nietzsche voit la liberté comme « conformité à soi-même », en hommage au principe « sois toi-même ». En antithèse au subjectivisme nietzschéen, Simone Weil déclare : « Il ne faut pas être *moi*, mais il faut encore moins être *nous*[430]. » Seulement au prix de cette renonciation, la poussée d'en haut, qui nous transmet un supplément de vie au-delà de notre nature, pourra agir en nous. Mais comment Nietzsche pourrait-il comprendre que – au sein de la Trinité tout d'abord – « Dieu ne possède sa vie qu'en la communiquant » ? En fait, il faudrait être Dieu lui-même pour apprécier vraiment le sens de cette liberté-nécessité qui lui appartient en exclusivité et qui l'amène à donner à d'autres vies que la sienne de s'épanouir dans la relation réciproque, dans le don de soi. Nous, les hommes, nous ne pouvons qu'approche ce mystère par la foi.

Nietzsche en veut à l'accidentel qui, à travers ce monde plein de variété, rendrait compte de la liberté créatrice du vrai Dieu. Il en veut à l'accidentel et au contingent pour que advienne le Surhomme, de même que les religions orientales préconisent la libération de cette roue des choses en vue du passage au stade du divin. Mais pourquoi tant d'emphase chez Nietzsche à propos de la rencontre entre la nécessité et la liberté s'il n'y avait pas le risque de rater quelque chose ? La reconnaissance implicite d'un risque pareil équivaut à rétablir le *mode* de la *possibilité* ou de la contingence que Nietzsche avait rejeté de toute son énergie en faveur de la seule nécessité.

*

L'esprit poétique et moralisant de Nietzsche pourrait aussi voir, dans le Retour de l'Égal, l'unité et l'éternité de toutes les choses, presque dans le sens de l'*Apocalypse* qui évoque « le nouveau ciel et la nouvelle terre[431] ». Mais demander à Nietzsche une pareille vision ce serait aller trop loin.

Voulant « rationaliser » ce Retour dans un sens pour ainsi dire mécanique – opposé au précédent, mais qui se présente presque spontanément – on parlerait de *cycles éternels*. En approfondissant cette interprétation, il apparaîtrait que seulement en apparence le temps sacrifie continuellement toute existence pour la plonger dans le néant : il sera obligé tôt ou tard de rendre ses proies. Mais, à son tour, il récupérera rapidement son dû et le gardera longtemps avant de le rendre pendant un bref instant pour l'arracher à nouveau. Cet Éternel Retour est ainsi la figure de l'inéluctable, de l'inexorable, car il n'est question que d'une éphémère récupération de chaque expression de vie.

Certes, si toute la fantasmagorie des cycles faisait vraiment partie de la réalité, on devrait soulever la question logique de l'impossibilité de l'infini quantitatif en acte, mais Nietzsche n'est pas un penseur qui aborde la réalité sous l'angle logique : son approche est morale, psychologique, en fait affective. Est-il donc si effrayé par un temps qui représente la sortie définitive de toute expérience de vie ? Par cette herméneutique on risque de nouveau d'attribuer à Nietzsche une suite dans les idées qui probablement ne lui appartient pas. Tout d'abord, s'il y avait des cycles, vraiment identiques, il ne pourrait même pas y avoir un compteur de cycles, avec la conséquence qu'en fait il n'y aurait qu'un seul cycle avec retour au point de départ. Tel serait le cas d'une excursion complète du *big bang* au *big crunch*, et cela une fois pour toutes[432].

Schopenhauer, d'autre part, était angoissé par le retour d'expériences se représentant inlassablement presque à l'identique, avec l'ironie supplémentaire des petites variations pratiquement sans intérêt, équivalentes, d'ailleurs, à l'incrément de l'ennui engendré par la répétition.

§ 95. Nietzsche compromet toute connaissance

Je demandais à un ami : « Mais pourquoi sens-tu le besoin de m'offenser quand je ne fais qu'invoquer la raison ? ». Il me répondit : « Mais ne comprends-tu pas que la raison est la chose la plus offensive ? »

ANONYME

Nietzsche manifeste son rejet de la raison en méprisant Socrate, qu'il considère un corrupteur de la jeunesse à cause de son art de poser les questions et donc d'inviter à la réflexion[433]. En fait, Socrate aurait déjà introduit un facteur de décadence à travers ses questions sur la notion de vertu, mais ce sera le christianisme avec ses harassants examens de conscience, en prévalant sur la culture grecque, à installer dans la décadence toute la civilisation occidentale. Et alors qu'Aristote « justifiait » la connaissance sur base de l'expérience et des trois principes de raison – identité, (non) contradiction et tiers exclu – Locke, Kant, Hegel et les autres principaux auteurs que l'on rencontre sur ce chemin de croix de la connaissance que sont le subjectivisme et le relativisme moderne s'évertuent au moins à la rendre incohérente, contradictoire, inefficace.

Chaque philosophe procède de manière différente dans le démantèlement de la connaissance, mais chacun d'entre eux trouve sa manière de sauver ou de redéfinir la morale, qu'elle soit ramenée au plaisir, à l'impératif moral, ou au fait accompli. Quant à Nietzsche, il semblerait, à première vue, que dans sa pensée il y ait encore un rôle pour la connaissance, et ceci en fonction de sa morale. « Le besoin de savoir ce qui *doit être*, dit Nietzsche, suscite le besoin de savoir ce qui *est*[434]. » Et pourtant, Nietzsche n'est pas un auteur très cohérent : pour faire disparaître Dieu il parle de liquider non seulement les lois morales, mais aussi les lois de la nature, « ennuyeuses gardiennes de l'ordre », et même la grammaire[435]. En fait, la voie la plus sûre pour faire disparaître la démonstration de l'existence de Dieu et la notion même de Dieu, est d'éliminer l'analogie de l'être ou de l'étant.

Néanmoins, quelle que soit la « morale » que Nietzsche tire de ses réflexions, elle n'est jamais la conclusion finale, non pas pour la *bonne* raison que la vérité *complète* est hors d'atteinte pour les humains, mais pour une très *mauvaise* raison : son fameux *perspectivisme*. Cela revient à dire que derrière toute intuition, conception, argumentation on découvrirait d'autres aspects – non pas simplement complémentaires, mais opposés – si seulement on regardait les choses d'un autre point de vue.

Or, si Nietzsche parle de perspective c'est qu'il considère non pas simplement l'objet, mais aussi l'œil qui voit l'objet. Si donc il doute de la vérité de l'objet qu'il voit en premier lieu, il devrait douter, pour la même raison, de l'œil qui voit, de son positionnement et, à la fin, de ses propres doutes. La critique des prétendues « découvertes » propres à chaque philosophe en matière de connaissance est relativement facile : si la connaissance n'est pas la prise en compte du réel – immédiate et vraie du premier coup, sans besoin de médiation – elle ne sera pas plus vraie quand on y reviendra par la réflexion. En particulier, celui qui plonge dans le doute sur tout ce qu'il voit au nom de ce qu'il pourrait voir autrement s'engage dans la considération d'une *suite infinie* de perspective en perspective. En somme, quand Nietzsche déclare que tout est vu en perspective, dans quelle perspective se place-t-il ? Là se présente le paradoxe gnoséologique de l'infini, analogue à celui du temps infini.

Nietzsche efface le sens des mots et les concepts en invoquant non seulement le perspectivisme, mais aussi la polysémie[436] et les contiguïtés, les glissements, les déplacements, les ruptures d'identité[437]. Toute conceptualisation et le langage lui-même sont destinés, dit-il, à produire de fausses identités. Et *tout concept*, précise-t-il, naît de *l'identification du non-identique*.

Notre auteur met en question même la connaissance sensible, qui devrait être spontanée, instinctive et qui devrait être privilégiée dans une conception philosophique vouée au vitalisme corporel et sensuel[438]. Il considère en particulier comme illusoires les faits que les scientifiques estiment solidement établis, indéniables, irrécusables. Il déclare : « Il n'y a pas des faits, mais seulement des interprétations. » Le savant, comme d'ailleurs tout le restant de l'humanité, interprète et affirme en fonction d'un besoin instinctif de s'affirmer. Ce que nous appelons la cause formelle, c'est-à-dire la sphère gnoséologique, est ainsi ramenée à des exigences éthiques[439], ou pour mieux dire à une Volonté de puissance, quel que soit le jugement intellectuel et moral que l'on voudra appliquer à cette (prétendue) démystification.

Au nom d'une Volonté de puissance inspirée certes par le vitalisme mais dépourvue d'une fin ultime, Nietzsche sacrifie en particulier le savoir scientifique et toute connaissance visant la complétude. Nietzsche dit également que le mensonge élargit la vie. La connaissance du vrai est, d'ailleurs, compromise par Nietzsche de diverses manières. Si la connaissance est simplement l'expression d'une Volonté de puissance ou si on doit l'étouffer par le mensonge dans le but de sauver sa vie et affirmer sa liberté, elle n'est plus la prise en compte candide du réel. D'une part, Nietzsche déclare que l'erreur et le mensonge favorisent l'épanouissement de la vie (tel qu'il l'entend) et semble donc combattre la vérité mais, d'autre part, il s'en prend aux faux semblants, aux illusions, à l'hypocrisie, qui empêchent de profiter des plaisirs de l'existence, et sur cette lancée il déclare sa volonté de vérité. Il va jusqu'à étaler cette (apparente ?) contradiction dans un même livre, sur deux pages consécutives[440].

Il y a donc chez lui deux notions opposées de vérité :

- la vérité qui entrave la vitalité, à laquelle s'oppose le mensonge vivifiant ;
- la vérité ou sincérité du « véridique[441] » qui se refuse de croire en Dieu (dont il n'a plus peur) afin de garder sa liberté, voire sa puissance « créative ».

Cette « créativité » concerne en premier lieux la narration proposée : d'ailleurs Nietzsche n'a pas fait beaucoup plus que raconter des fables, sauf que certaines d'entre elles ont un effet d'entraînement qui peut se révéler formidable. Sa vérité est au fond le nihilisme, au sens de la libération des contraintes de la morale et de la rigueur intellectuelle, avec les conséquences de la démesure et de la perte de la concentration spirituelle. D'ailleurs, Nietzsche – lui-même foncièrement malade – n'a profité que peu de son existence. Il apparaît que son sport préféré consistait à jeter une balle dans le jeu de quilles pour en faire tomber le plus grand nombre. D'ailleurs, n'est-ce pas à un monde en *décadence*[442] qu'il s'en prend ? Autant vaut donc en accélérer la perte. Et il y contribue sérieusement, s'il est vrai qu'en proposant comme modèle l'arrogance, l'absence de freins et la démesure du Surhomme il apporte une « justification » préalable du national-socialisme. De vaines prétentions soutenues par la violence ne peuvent qu'approfondir la décadence d'une civilisation. De même, selon Toynbee, à la fin d'un cycle de civilisation, le militarisme est un signe et un facteur de son déclin.

§ 96. Les masques et le mensonge. Nietzsche partie prenante de la décadence de l'Occident

La dissolution définitive de toute cohérence logique a lieu avec la théorie des masques, selon laquelle toutes les plus nobles valeurs, les hauts idéaux, les critères philosophiques et les affirmations de Nietzsche lui-même ne sont que des masques, des expédients pour assurer sa propre survie physique et psychologique. Ceci peut être cohérent avec une Volonté de puissance – ou tout de moins de survie – mais annule tout discours, y compris celui qui annonce le recours aux masques. La thèse des masques ne serait-elle pas un autre masque ? Est-ce qu'en annonçant la théorie des masques Nietzsche se propose d'être intellectuellement honnête ? Cette question odieuse lui rappellerait les détestables examens de conscience et la préoccupation trop chrétienne de la vérité dogmatique ou morale. En somme, Nietzsche n'est pas prêt à désavouer ses incohérences :

son souci est éthique, d'une éthique déviée, si l'on veut. En fait, toute son œuvre vibre d'une inspiration volontariste, et c'est sous l'influence de cette inspiration que notre auteur non seulement refuse l'hypothèse d'une morale universelle, mais évacue aussi la possibilité de toute connaissance en tant que prise en compte de la réalité et correspondance entre la chose et l'idée. Quelle base peut-il offrir, avec son perspectivisme, sa polysémie, ses cycles éternels, sa réduction de la science à Volonté de puissance, sa reconnaissance de l'utilité du mensonge et ses masques, à n'importe quelle affirmation posée ? Compte tenu de sa position intellectuelle, son discours, ne peut être qu'inconsistant et paradoxal.

Il est difficile de trouver un raisonnement suivi chez un auteur comme Nietzsche, tout simplement parce qu'il est occupé à démanteler la logique. La vérité est qu'on peut s'attendre à une logique suivie, seulement lorsqu'on construit. Dans un travail de déstructuration comme le sien, on ne peut pas trouver une cohérence, une vision d'ensemble ; c'est un peu comme dans les crimes les plus sinistres, dans lesquels l'on peut certes reconstituer la suite logique des faits, mais on ne peut pas trouver un mobile doué d'un vrai sens donnant la raison du forfait. Submergeant le lecteur par des exagérations et des paradoxes, qui ne servent qu'à mettre en avant ses qualités littéraires (et sa personne), Nietzsche parvient à égarer tout le monde et à la fin lui-même.

Et pourtant, le souci de Nietzsche est moral car il considère immoral de trahir la Volonté de puissance qui « doit » animer le Surhomme et qui demeure l'essentiel pour notre philosophe. C'est justement sur le plan éthique, qui lui tient le plus à cœur, que Nietzsche « indiquait "étonné et extasié" cinq points en commun avec son grand "précurseur"[443] », Spinoza. Ces cinq points correspondent aux négations suivantes :

- du libre arbitre ;
- du finalisme ;
- du système moral du monde ;

- de l'altruisme ;
- du mal.

Nietzsche reconduit le « masque » rationaliste de Spinoza à sa timidité et à sa vulnérabilité. Si pour le philosophe d'Amsterdam le mal n'est qu'apparence, c'est qu'il n' aurait pas pu soutenir la vue, au-delà de ses abstractions, de ces êtres de chair capables vraiment de jouir et de souffrir, d'aimer et d'haïr. Mais cette observation ne s'applique-t-elle pas – au moins en partie – à Nietzsche lui-même[444] ?

*

Nietzsche, selon Karl Jaspers (1883-1969), est le témoin du naufrage et de la détresse face à l'absence de Dieu. Son « mérite » est celui d'exhiber l'inquiétude dérivant d'une Volonté de puissance dressée contre Dieu. Sa pensée, son attitude et son histoire ont la valeur de symptôme, montrant l'échec vital de son athéisme méprisant. Plus tard, l'échec des sociétés communistes révèlera l'échec vital de l'athéisme marxiste. L'œuvre de Nietzsche est toute une critique de notre civilisation occidentale, dont il prétend flairer la fausseté. Son talent naturel serait celui de détecter les moindres signes de mauvaise foi : « Mon génie, dit-il, est dans les narines ». Il sent l'odeur de la pourriture de la civilisation occidentale de son temps et, en tout cas, il contribue à cette même *décadence* qu'il stigmatise. Il sera suivi dans ce genre d'analyses par Oswald Spengler (1880-1936), qui considère les civilisations comme des organismes doués d'une certaine autonomie et parcourant un cycle complet de vie, de leur naissance jusqu'à leur mort. La thèse de Spengler est qu'en cultivant le mythe du progrès politique, social, économique, technique et scientifique, l'Occident s'épuise dans les formes extérieures de la civilisation (*Zivilisation*) et perd ainsi son ressort intime, sa culture (*Kultur*), son âme. Dans cette remarquable transfiguration de Nietzsche qu'est le *Doktor Faustus*, Thomas Mann (1875-1955), précise que Faustus « méprise de tout son cœur la positivité du monde, en raison de laquelle on voudrait le sauver, et le mensonge de sa béatitude en Dieu[445] ».

De son côté, Chesterton (1874-1936) oppose Nietzsche, blâmant la couardise de son temps, à Jeanne d'Arc, qui ne faisait pas l'apologie de la guerre mais se battait ; elle n'avait pas peur des armées ennemies, alors que l'on raconte que Nietzsche eut peur d'une vache. Et de conclure :

> Nietzsche avait un talent naturel pour le sarcasme : il pouvait tourner en dérision mais il ne pouvait pas rire. Il y a toujours quelque chose d'incorporel et sans poids dans sa satire, tout simplement parce qu'il n'a pas le poids de la morale commune derrière lui. Il est lui-même plus absurde que tout ce qu'il dénonce. En fait, Nietzsche représentera très bien le modèle de l'échec général de la violence abstraite. Le ramollissement du cerveau qui le frappa à la fin n'était pas un simple accident corporel. Si Nietzsche n'était pas sombré personnellement dans l'imbécillité, le nietzschéisme se serait conclu dans l'imbécillité. Penser en vase clos et avec fierté aboutit à être un idiot. Tout homme dont le cœur ne s'adoucit pas finit par souffrir d'un ramollissement du cerveau[446].

Si, par absurde, on pouvait comparer la démesure d'un Allemand à l'apparente ou réelle légèreté d'un Français, on dirait qu'il y a dans Nietzsche quelque chose qui rappelle Voltaire : le deux donnent la preuve d'un talent littéraire indiscutable, d'une grande agilité d'intelligence et d'une apparente liberté d'esprit. Nous voudrions insister seulement sur les deux points suivants de leur ressemblance en tant que philosophes :

- d'une part, ils ont souvent tort car les associations d'idées amusantes et paradoxales ne sont pas toujours fécondes, sages, vraies, mais, d'autre part, ils ont très souvent raison et – de plus – ils ont une bien meilleure écriture que tant de leurs savants adversaires ;
- et même s'ils ont tort, ils laissent transparaître les raisons de leur position, de manière que l'on puisse assez aisément les contredire, à l'opposé de nombreux philosophes dont on ne voit pas les vraies raisons. On comprend ainsi que Voltaire n'a pas besoin d'une religion qui entraverait son envol et que Nietzsche « devrait » être tout simplement Dieu à la place de Dieu.

Ils auraient été définitivement lucifériens s'ils avaient menti aussi sur ces points. Mais là ils ont été assez sincères et cette forme de droiture au moins les rend « utiles », sinon tout à fait exemplaires.

Chapitre XIX.
Freud (1856-1939), ses suivants et le jeu des différentes causes dans la vie psychique

Freud nous rappelle la cascade d'humiliations infligées à notre amour propre par Copernic, Darwin (1809-82) et lui-même, en déplaçant respectivement la terre du centre de l'univers, l'homme du centre de la vie animale et la conscience du centre de l'homme[447]. Il aurait pu rappeler également son rôle à côté des démystificateurs du XIXe siècle, Marx et Nietzsche. Le premier a démystifié l'efficacité bourgeoise en tant qu'économie capitaliste courant à sa propre perte, le deuxième la science occidentale en tant qu'expression de la Volonté de puissance. Freud lui-même a démystifié l'éthique (sur base religieuse) en tant que source de frustrations.

§ 97. Vienne et la naissance de la psychanalyse

La loyauté des peuples de l'Empire envers la maison de Habsbourg s'était consolidée dans la lutte séculaire contre les Ottomans, la religion catholique fournissant le soutien spirituel, affectif et idéologique. Mais à la fin du XIXe siècle la défense contre les Turcs n'est plus d'actualité et même Napoléon est oublié. Vienne, la capitale de l'Empire d'Autriche-Hongrie est désormais rejointe par la vague de tiédeur religieuse, qui a pris son essor ailleurs mais s'est diffusée rapidement en Europe avec le progrès de l'économie, des sciences, de la culture, de la participation politique, des idées libérales et sociales. L'abandon même de la religion n'est plus restreint à quelques libertins.

Actuellement, sous l'influence – au moins indirecte – de Kant et de tant d'autres penseurs, des non-croyant prônent le respect de la morale, même sans religion, et dans un contexte de solitude métaphysique croissante – les Cieux se vident – vantent la religion du devoir en alternative au devoir de la religion. Une exigence de dignité tout humaine – humaniste – se traduit par un surinvestissement dans l'autonomie éthique. La bourgeoisie s'accroche parfois à l'ostentation de la morale[448]. Mais quelles raisons se donne-t-elle cette moralité laïque et que propose-t-elle en termes de rachat des fautes, à supposer qu'elle les reconnaisse ? La notion de faute sans la notion de pardon (pardon aussi bien au sens d'être pardonné que de pardonner) représente un fardeau lourd à porter pour celui qui est capable de ressentir une responsabilité quelconque. Ce problème ne se pose certes pas à tout le monde, mais seulement à ceux qui « ont une conscience » : il s'agit de supporter la honte et le poids de la faute sans le soulagement apporté, par exemple, par le pardon divin.

Dans certains cas, la notion de responsabilité s'élargit indûment : on peut ainsi se sentir coupable d'une séduction ou des violences subies dans l'enfance. Freud devait bien connaître le problème sous l'angle médical, ayant pratiqué avec Charcot (1825-1893) à la Salpêtrière de Paris, où il aurait pu assister aux autopsies publiques pratiquées par Brouardel (1837-1906) sur des enfants victimes de violence sexuelle et physique[449]. À Vienne, il aborda sous l'angle de la séduction et de l'inceste ses premières études de l'hystérie d'avant 1897. Il vit combien la victime d'abus sexuels, salie et diminuée, se sent elle-même complice : telle est une face singulièrement douloureuse du viol.

Freud appartenait au peuple Juif, véritable peuple de l'Empire (*Reichsvolk*), s'affirmant alors comme médiateur, vecteur et bénéficiaire essentiel de l'unité étatique. Comme ses ancêtres avaient prêté de l'argent, lymphe vitale pour les personnes dans le besoin[450], dans cette fin de siècle viennoise, Freud et les membres de son école se proposent comme médiateurs entre le conscient et l'inconscient. Or, pour que s'instaure ce rapport symbiotique indispensable au fonctionnement de la psychanalyse, différentes conditions doivent être réunies.

Il faut d'abord qu'au sein d'une société suffisamment sophistiquée certaines valeurs conditionnant le bien-être mental soient à la fois appréciées et menacées. La société viennoise du temps de Freud était probablement moins capable que la parisienne, si l'expression est permise, d'« endurer » le discours sur le viol des enfants. Il lui fallait une équipe, un groupe humain, une communauté, un peuple aux grandes capacités de capitalisation non seulement financière, mais aussi morale et intellectuelle pour se faire prendre en charge. Il fallait également que ce groupe fût en condition d'opérer avec une certaine liberté et qu'il y gagnât en offrant ses services. Si les Juifs avaient été capables de prêter de l'argent quand ils étaient discriminés, ils devaient avoir une structure individuelle et communautaire bien solide. (Cette fonction n'a pas manqué de leur attirer des inimitiés, comme l'histoire l'a malheureusement prouvé à diverses occasions. Celui qui emprunte se met dans une position de dépendance à laquelle il est parfois tenté de se soustraire par n'importe quel moyen.)

*

Cette affaire de l'analyse de l'hystérie représente le point de départ de l'aventure psychanalytique, mais elle montre aussi des ambiguïtés dans la position de Freud. En 1896, il déclare avoir suivi dix-huit cas d'hystérie et d'être parvenu – bien qu'avec difficulté – dans chaque cas à faire avouer des abus sexuels subis dans l'enfance. Il se serait agi d'un souvenir refoulé ; la pénible reconnaissance des faits aurait toutefois mis les patients sur le chemin de la guérison. Voilà les affirmations rendues publiques par Freud à l'époque. Nous savons toutefois que pendant la même période il écrivait[451] à son ami Wilhelm Fliess (1858-1928) de n'avoir pas encore mené à bien un seul cas d'hystérie[452].

Freud a donc prétendu avoir efficacement soigné par la psychanalyse des malades qui en réalité ne se sont pas rétablis, et ceci laisse percer une certaine malhonnêteté. Ses déclarations publiques firent scandale dans une ville moralement frileuse, qui se souleva contre la révélation d'une pratique courante de la pédophilie qui donnait tant de travail au Docteur Freud. Quant au corps médical, il trouva un peu trop facile le dénouement d'un problème si grave. Le Docteur Richard Krafft-Ebing[453] (1840-1902), psychiatre austro-hongrois très estimé à l'époque, observait : « Cela ressemble à un conte de fée scientifique ». Freud n'eut pas le courage de défendre, face au corps médical viennois, le lien qu'il avait constaté entre l'hystérie développée en âge adulte et la séduction ou violence sexuelle subie pendant l'enfance. En fait, la mauvaise réception de ce constat l'amena à se rétracter, se repliant sur la thèse – fondamentale pour la psychanalyse – de l'affabulation de la part des patients.

Ayant attiré une certaine attention sur ses découvertes et personnellement incliné à créer son mythe et sa propre école, sinon sa cour, Freud poursuivit sa carrière en se disputant assez régulièrement avec ses disciples, collègues et amis qui ne se soumettaient pas à son autorité. Depuis lors, bien des esprits critiques se sont demandé par quel mécanisme psychique la simple révélation à soi-même d'un problème qu'on a préféré cacher longtemps doit en désamorcer les effets pénibles. Toujours est-il que déjà en 1897 Freud change sa version des faits : ce n'est pas que les hystériques aient vraiment subi des abus, mais ils – ou elles – fantasmaient tout simplement à ce sujet.

Dans une lettre de 1981 à Jeffrey Moussaieff Masson, qui demandait des renseignements sur le brusque changement d'opinion de Sigmund, Anne Freud (1895-1982) écrivit candidement : « S'arrêter à la théorie de la séduction [le viol des enfants] aurait signifié la renonciation au complexe d'Œdipe et donc à l'importance des fantasmes conscients ou inconscients. Je pense que dans ce cas il n'y aurait plus eu de psychanalyse[454]. » Indépendamment de toute évidence clinique et sur base de la simple interprétation, il fallait que naisse le discours détaché, abstrait et sophistiqué de la psychanalyse, de préférence à la reconnaissance du fait concret et brutal de la violence exercée sur les enfants et de ses conséquences dramatiques.

Avec tout ceci, il n'y a plus de problème moral : il n'y plus qu'un jeu de réflexes, de miroirs, de fantasmes.

Quelque importantes que soient les réserves à l'égard de la personnalité, des prétentions, des réticences et probablement des faux de Freud, cela n'empêche que la méthode psychanalytique – divan, expression libre, transfert – puisse soulager de réelles souffrances, remplir des solitudes, et donner un confort à ceux qui manquent de courage, de volonté, d'une vision élevée de l'existence. En fait, seule l'expérience des résultats obtenus par rapport aux symptômes permet de juger la valeur de la thérapie psychanalytique.

§ 98. Les trois niveaux de la psyché humaine et le jeu des causes

Car je sais qu'en moi – je veux dire dans ma chair – le bien n'habite pas : vouloir le bien est à ma portée, mais non pas l'accomplir, puisque le bien que je veux, je ne le fais pas et le mal que je ne veux pas je le fais. Or, [...] je découvre une autre loi qui combat contre la loi que ratifie mon intelligence : elle fait de moi le prisonnier de la loi du péché qui est dans mes membres.

SAINT PAUL[455]

La ville de Vienne avec ses inquiétudes, le Juif comme médiateurs et une nouvelle morale profane (lointainement kantienne, c'est-à-dire indépendante de tout savoir vérifié ou vérifiable) figurent dans l'aventure intellectuelle de Freud. Présentons donc les trois niveaux dans lesquels Freud partage la psyché humaine : le Ça (en allemand '*Es*'), le Moi et le Surmoi. Selon Karl Kraus (1874-1936), grand observateur et commentateur de la vie viennoise de la fin de l'Empire et du début de la République autrichienne, « le Ça de Freud était une masse frémissante de pulsions irrationnelles égocentriques et antisociales » et la psychanalyse « une manifestation supplémentaire du malaise [du monde viennois] qu'elle se proposait de soigner[456] ».

Il y a ainsi un infraconscient (ou inconscient) appelé l'*Es*, un supraconscient ou Surmoi et – entre les deux – la conscience, le Moi. Bien que Freud situe dans la psyché tant l'*Es* que le Surmoi, ce n'est pas que la personne soit divisée en Ça (ou *Es*), Moi et Surmoi comme les tranches d'une tarte. En fait, ce qui compte c'est le rapport dynamique entre des opérations mentales, car il n'est pas question d'avancer des hypothèses sur des réalités quelconques situées au-delà de la conscience, comme dans le cas de lois physiques, mais justement de reconnaître la conscience elle-même avec ses limites.

En introduisant cette tripartition entre le Ça, le Moi et le Surmoi, en tant qu'éléments de la structure de la psyché, Freud reprend une répartition kantienne[457], voire des répartitions antérieures, entre les passions ou chaos, l'entendement ou sagesse, et la loi ou impératif éthique[458].

Les trois niveaux proposés par Freud sont en rapport respectivement aux trois causes : efficiente ou déterminante, formelle ou exemplaire et finale ou motivante.

La *cause efficiente* lie notre sensibilité aux données ainsi que les données sensibles entre elles. Elle couvre, en fait, toute corrélation possible, notamment en dehors de notre expérience consciente.

> Le Ça est la partie obscure, imperméable, de notre personnalité, et le peu que nous en savons, nous l'avons appris en étudiant l'élaboration du rêve et la formation du symptôme névrotique. Il s'emplit d'énergie, à partir des pulsions, mais sans témoigner d'aucune organisation, d'aucune volonté générale ; il tend seulement à satisfaire les besoins pulsionnels, en se conformant au principe du plaisir. Les processus qui se déroulent dans le Ça n'obéissent pas aux lois logiques de la pensée.

Ces pulsions obéissent, selon le scientiste Freud, aux lois de l'économie des énergies psychiques, orientées vers la maximisation du plaisir. Même s'il exclut la conscience, le Ça de Freud fonctionne de manière moins irrationnelle que pouvait l'imaginer Karl Kraus.

Quant à la *cause formelle*, elle est le lien de base entre les éléments de toute rationalisation. Elle correspond à la lucidité du Moi qui maîtrise sa logique et gère consciemment ses ressources.

> Les tendances du Moi ne tardent pas à remplacer le principe de plaisir par une modification. La tâche d'écarter la peine s'impose à elle avec la même urgence que celle d'acquérir le plaisir ; le Moi apprend qu'il est indispensable de renoncer à la satisfaction immédiate, de différer l'acquisition du plaisir, de supporter certaines peines et de renoncer en général à certaines sources de plaisir.

La *cause finale*, enfin, couvre les raisons de vie qui orientent nos choix. Elle se rapporte à la totalité de notre existence : elle « sublime » même le principe du plaisir. C'est le Surmoi de Freud.

> Dans le Moi, une instance particulière s'est différenciée, que nous appelons le Surmoi. Ce Surmoi occupe une position spéciale entre le Moi et le Ça. Le Surmoi est dépositaire du phénomène que nous nommons conscience morale. Il importe fort à la santé psychique que le Surmoi soit développé normalement, c'est-à-dire qu'il soit devenu suffisamment impersonnel.

Le premier problème qui se pose est donc celui du rapport du Moi avec l'*Es*, c'est-à-dire du Moi avec ce qui, selon Freud, « agit » sur la conscience de manière obscure. Freud suit à sa manière la logique d'un courant dominant de la philosophie moderne qui, depuis les rationalistes (Descartes et Locke notamment), tend à considérer la connaissance non pas comme une prise en compte du réel mais comme un état ou une simple modification du sujet. Le paradoxe épistémologique de cette ligne de pensée s'enracine dans la prétention que l'on puisse sortir du sujet, lorsque l'on connaît uniquement les modifications de ce dernier.

Cette aporie fondamentale résulte d'une double distorsion de la cause efficiente :

- d'une part, la cause efficiente est vue comme une sorte de diablotin opérationnel, qui provoque des expériences ou des connaissances à partir d'un univers non connaissable – à supposer que cet univers existe indépendamment de la conscience – et probablement autre que ce nous connaissons (toutefois, selon une meilleure interprétation, la cause efficiente devrait être considérée comme la simple corrélation dans l'espace-temps des données multiples de l'expérience, telles qu'elles nous apparaissent) ;
- d'autre part, bien qu'elle soit un facteur opérationnel, la cause efficiente se voit attribuer le rôle de cause formelle (cause de la connaissance), avec la conséquence que cette prétendue connaissance ne peut être que représentation (comme dans un film) car la simple cause efficiente pourrait provoquer la représentation d'autre chose que de la réalité, qui, par hypothèse, serait la cause de ces représentations (c'est-à-dire tant du vrai que du faux).

*

En ce qui concerne les faits, la psychanalyse freudienne peut être interprétée et appliquée de manière à réduire la raison aux émotions, aux images, aux fantasmes, et le conscient à l'inconscient. Il s'agit, alors, d'expliquer par la cause efficiente les névroses, les psychoses et les perversions, d'une manière analogue à celle adoptée pour expliquer le comportement considéré – à tort, peut-être – parfaitement « rationnel » des personnes dites normales. Freud postule en principe

> l'absence de lacunes dans l'explicabilité pour les phénomènes humains conscients, c'est-à-dire la continuité des relations de causalité. Parce qu'il n'y a rien de tel dans la conscience, il doit inventer l'inconscient dans lequel se trouve l'absence de lacunes des relations causales. Le postulat est celui de l'explicabilité générale du psychique, où tout est identifié comme compréhensible et explicable[459].

Cette « continuité » de l'explication causale, qui n'est pas au niveau de la conscience individuelle, est ainsi postulée quelque part ailleurs. Pour Freud personne n'est jamais parfaitement normal (parfaitement conscient). De plus, au cours du travail explicatif, il estime détenir, par la notion d'inconscient, une clé interprétative de valeur universelle, utilisable au-delà du simple cas de la folie. On peut appeler psychologisme cette tendance scientiste-positiviste, qui revient à privilégier la cause efficiente dans un climat culturel fasciné par le déterminisme scientifique. Il soutient ainsi des thèses déterministes[460], par exemple :

- que les mêmes lois s'appliquent à l'esprit normal et à l'esprit morbide[461] ;
- qu'en dehors de la médecine, la psychanalyse s'applique aux « sciences de l'esprit[462] » ;
- que la psychanalyse est destinée à avoir plus d'importance en tant que science de l'inconscient qu'en tant que technique thérapeutique (c'est en fait là toute l'ambition de Freud)[463] ;
- que l'art, le droit et la religion peuvent être « réduits » à la psychanalyse[464].

En ce qui concerne la connaissance, le psychologisme consiste précisément dans cette réduction des expressions de l'esprit à une histoire, au vécu. Son moment le plus aigu, son « fer de lance », si on ose dire, est la réduction de la vérité à l'histoire affective individuelle et sociale, avec le risque de déboucher sur la conclusion que la vérité même de cette réduction n'est plus qu'historique. On rencontre ici une épistémologie relativiste bien paradoxale – analogue à la réduction marxiste du discours aux intérêts de classe – qui dans sa forme radicale liquiderait toute vérité. Des épistémologies de ce genre montrent que tout a été dit, même l'impensable : c'est une fin de parcours, un épuisement de la réflexion philosophique.

Toutefois, bien qu'en droit les opinions soient vraies ou fausses en fonction de la cause formelle, c'est-à-dire des bonnes raisons intellectuelles en leur faveur, il faut reconnaître que la psychanalyse a parfaitement raison de mettre en évidence qu'en pratique, le plus souvent, les gens prennent parti pour des raisons pulsionnelles qui relèvent de la cause efficiente. Pour qu'il n'en soit pas ainsi, il faudrait que les pulsions n'appartiennent pas à la sphère des sens internes mais à la sphère de l'intellect. (Mais ce n'est pas le cas.)

Même en ce qui concerne l'éthique, la psychanalyse déterministe ne peut concevoir le Surmoi que comme une autre forme de cause efficiente. Sa vulgarisation est bien représentée par des graffiti lus sur le mur d'une gare de province : « Tu fais partie de la pourriture humaine. Défoule-toi. ». Que l'homme soit « pourriture » ou non, il n'aurait plus qu'à suivre ses pulsions, c'est-à-dire à soumettre sa volonté à l'inconscient, chose d'autant plus préoccupante que l'inconscient n'est pas connaissable, sauf éventuellement à travers l'analyse. Toute forme d'extrémisme en la matière risque de nier la liberté en tant que conscience morale et libre arbitre, comme on le verra dans la section suivante, car la liberté est basée sur la raison : « La liberté est toute enracinée et fondée dans la raison[465]. »

§ 99. De la liberté et de l'attention

Donne à ton serviteur un cœur attentif[466].

La psychanalyse freudienne, tournée vers l'inconscient, n'aborde directement ni le côté logique ni le côté éthique de l'homme, mais en premier lieu ce qui est corporel, sensible, affectif, magmatique, obscur à la raison, attribuable aux pulsions et donc étranger à la liberté. C'est donc la liberté la victime principale de cette réduction à l'inconscient. En fait, comment parler de cause finale ou de liberté quand tout est ramené à la sphère du déterminisme propre à l'inconscient[467]?

En vérité la psychologie freudienne ramène à la cause efficiente l'essentiel de l'activité intérieure, c'est-à-dire le jeu des sens internes, un peu comme la science du temps de Freud reconduit les données des sens externes à un fondement physicochimique. Toutefois, à trop vouloir expliquer de la sorte, on tombe dans le psychologisme qui, en privilégiant la cause efficiente par rapport aux autres causes, conduit au déni du libre arbitre. « Agir librement, précise Vaysse, ne signifie pas avoir le choix, mais prendre une décision en étant mû par une nécessité qui est liberté, moment où l'on sent bien que l'on ne pouvait faire autrement[468]. »

Cette position est proche de celle de Simone Weil lorsqu'elle dit : « Agir, non *pour* un objet, mais *par* une nécessité[469]. » Elle reconnaît dans cette « nécessité » une poussée qui nous permet d'intégrer les raisons intellectuelles et morales de nos actions, mais nous pouvons l'accueillir ou la refuser. Simone Weil n'a pas à l'esprit des causes naturelles liées au caractère, mais l'action de la *grâce surnaturelle* qu'il revient à nous de laisser opérer ou de bloquer. Et c'est là que nous sommes confrontés au seul choix dans lequel nous sommes vraiment libres : celui pour ou contre Dieu. C'est la seule liberté que l'on peut vraiment prouver, et on la prouve par le seul argument qui vaut contre la prédestination : la paternité de Dieu.

Afin qu'il y ait liberté il faut, en premier lieu, que le sujet puisse évaluer intellectuellement les différentes options (cause formelle). Il lui sera possible, par la suite, de fixer l'attention sur l'un ou sur l'autre des choix possibles en fonction des « raisons de vie » (cause finale). Dans cette dernière étape, c'est encore la raison qui agit, par cette concentration de l'attention ; toutefois l'acte du choix est attribué à la volonté, qui fait un tri parmi toutes les propositions soumises à l'intelligence. En fait, c'est plus particulièrement au moment de l'attention que s'exerce la cause finale, et donc qu'entre en jeu notre liberté. Toutes les analyses intellectuelles et toute la force de volonté que l'on met à contribution pour choisir (décider), réaliser les décisions prises et éventuellement justifier l'une d'elles a posteriori (idéologie) relèvent, en fait, de la raison dans sa double capacité cognitive et décisionnelle.

L'application de la cause finale est la prise en compte des fins en tant que fins, et cela passe à travers l'attention plus ou moins grande prêtée aux diverses options en présence. C'est donc par une attention préférentielle que se joue le « tour » du choix volontaire. Or, cette attention qu'est la liberté à l'œuvre ne peut ni être réduite à la violence des pulsions (cause efficiente) ni à la connaissance (cause formelle) du rapport entre les moyens et les fins. La compréhension de l'exercice de la liberté comme attention vaut également dans le cas de la formation des opinions : c'est l'attention qui, en se fixant sur certains arguments, les transforme en « bonnes raisons » en faveur de l'opinion qui sera finalement adoptée. Sans évoquer l'équivalent d'une finalité on ne pourrait pas comprendre le libre arbitre. La racine ultime de la volonté est, en tout cas, le désir, disposition aux choix sans encore aucun intervention de la raison et de la volonté[470].

Des barrières immotivées risquent de faire obstacle à la saisie complète du fait humain. Tel serait le cas si la psychanalyse devait exclure ce qui est plus significatif et plus profond : le regard que nous portons au-delà du temps, l'aspiration à ne pas avoir vécu en vain.

Freud dit que l'inconscient, « au départ d'une hypothèse méthodologique au sens de la science expérimentale, tend à devenir une hypostase métaphysique, ultime *ratio essendi* de l'ensemble des phénomènes[471] ». Or, en autorisant une interprétation de la loi morale, et des efforts pour s'améliorer, comme une source d'hypocrisie ou d'inhibition[472], Freud fraye le chemin à la « gauche freudienne[473] » et à l' « antipsychiatrie ». Il s'agit là de mouvements qui mettent à contribution la psychanalyse pour une réforme de la société dans un sens qui, sans doute, n'est pas celui originairement prévu par Freud. Ce qui est abîmé, en tout cas, c'est le statut de l'homme et donc son droit de cultiver des ambitions élevées. Comment oserait-il viser trop haut ?

§ 100. Rapports de la psychanalyse avec la magie, les fantasmes et les hallucinations

Plus encore qu'une théorie d'interprétation du monde humain – sur laquelle on n'arrête pas de discuter – le grand apport de Freud a été une nouvelle méthode thérapeutique pour soulager la souffrance psychique. C'est ainsi que la psychanalyse est pratiquée avec succès – tant au point de vue de l'analyste que de l'analysant – grâce à un acte de volonté et sur base de raisons conscientes en quelque sorte. Au fond, la perspective psychanalytique est aussi celle de la rationalisation des pulsions, de ce qui est obscur, de la folie, des névroses, des psychoses et des perversions, qui souvent sont malheureusement des « cas de manuel » bien connus par les praticiens. Sous cet angle, le freudisme, en syntonie avec les procédures standard de la science, est à prendre ou à laisser en fonction des vérifications sur le terrain.

Quant à la notion d'inconscient, elle est présente depuis toujours dans la philosophie, bien que sous d'autres noms, mais les noms comptent, et combien ! Rêves, rêveries, passions et leurs fantasmes[474] ont attiré la plus vive attention depuis toujours. Les moralistes du Moyen Âge parlaient déjà d'*acedia*[475] (acédie), lorsque les études et le manque de distraction d'une vie religieuse bien réglée amenaient l'ennui, le manque de soin, la langueur, le découragement et même le dégoût de la routine monastique, en opposition à l'adage : *cella continuata dulcescit* (la permanence dans sa cellule la rend douce).

À l'époque de la Renaissance, la phénoménologie de la dépression psychique fait l'objet de descriptions soignées, par exemple par Marsile Ficin (1433-1499), qui en souffrait lui-même. On définissait alors quatre caractères dominants : le sanguin, le lunatique, le bilieux et le mélancolique (la mélancolie, en grec, est littéralement l'humeur noire). Or, Ficin, en s'inspirant des anciens – entre autre d'Aristote – et des scholastiques, distingue deux formes de mélancolie : la chaude, qui dispose simplement à l'étude et à la méditation et la froide qui entraîne le paroxysme de l'imagination, des hauts et bas d'humeur et des pensées obsessives comme l'*amor hereos*[476], qui est un fantasme ne laissant pas de trêve.

Ioan P. Couliano établit un parallèle entre la psychanalyse, quand elle dirige l'analysant, et le pouvoir qui revient à la magie, par exemple selon la conception de Giordano Bruno (1548-1600). Selon Bruno, en fait, le pouvoir magique est le conditionnement des autres et de soi-même par les fantasmes, c'est-à-dire par cette représentation du sens interne qui synthétise différentes expériences des sens externes dans un objet unitaire. Le médiateur ou manipulateur – psychanalyste ou magicien – peut conduire le jeu à l'avantage du patient – et dans ce cas la magie et la psychanalyse représentent des facteurs d'ordre – mais il doit surtout éviter de suivre son consultant et de se laisser entraîner dans ses détours, au risque de ne plus retrouver lui-même le rapport entre ses fantasmes et les données des sens externes. A la place du médiateur humain, des médicaments et des drogues peuvent réprimer ou évoquer des fantasmes qui prennent la maîtrise de la personne[477]. Les sorcières qui s'imaginaient fréquenter le diable utilisaient souvent des onguents préparés avec des herbes (notamment des solanacées) connues par les botanistes pour leurs effets hallucinogènes. Elles s'en aspergeaient le corps, les aisselles et le manche du balai sur lequel elles croyaient s'envoler le jour du sabbat. De ce fait elles étaient appelées *bacularíae* (du mot latin *baculus*, bâton). Leurs pratiques sont documentées au moins depuis le début du XIe siècle[478] : elles étaient tout simplement droguées. Ce n'est qu'à partir de la bulle *Summis desiderantes* d'Innocent VIII du 5 décembre 1484 que commence l'acharnement judiciaire contre la sorcellerie : ce serait comme si aujourd'hui on lançait la répression de la drogue. À un certain moment l'Église prend ses distances avec cette répression, alors que les autorités laïques – même dans les pays réformés – intensifient la chasse aux sorcières qui rejoint son paroxysme vers la fin du XVIe siècle[479].

§ 101. Psychanalyse et religion selon Freud et Jung (1875-1961)

Si l'on s'observe trop au miroir on voit apparaître le diable.

ANCIEN PROVERBE

Dans son ouvrage *L'avenir d'une illusion* (1927), en se référant aux pratiques du culte, Freud propose une vision très vague de la religion, car l'auteur semble la réduire à un ritualisme répétitif et obsessionnel. En fait Freud parvient à cette assimilation sous « l'impression de la totale concordance que l'on découvre entre les actes compulsifs de certains obsessionnels et les pratiques religieuses des gens pieux dans le monde entier[480] ». Il précise que le croyant pieux est remarquablement protégé contre le danger représenté par certaines maladies psychiques, l'acceptation de la névrose universelle (la religion) le dégageant de la tâche de se construire une névrose individuelle.

En 1913 Freud avait publié *Totem et tabou*. Il avait commencé cet ouvrage avec l'intention de prévenir un ouvrage sur le sens religieux transmis par la mythologie et l'archéologie[481], que son disciple Jung (1875-1961) avait en projet. Mais Freud ne maîtrisait pas ce sujet aussi bien que Jung et il lui déclara : « Pourquoi diable je vous ai suivi sur ce terrain[482] ? » De l'aveu de Freud à Ferenzi, « *Totem et tabou* est une cochonnerie[483] ». Freud ne publia qu'en 1913 ce feuilleton, inspiré peut-être seulement par le dépit de se voir défié par Jung et amené sur un terrain pour lui incertain. On y voit le chef de la horde sauvage, qui possède toutes les femmes du clan, tué par les hommes. Après le meurtre, ceux-ci sont frappés pas les remords et décident donc d'élever le parricide et l'inceste au rang de fautes suprêmes et le père assassiné au rang divin. Des brutes soumettant des hordes primitives ont certes existé, des parrains insupportables régissant des maffias existent encore, et leur meurtre tient souvent à des raisons bien compréhensibles. Dans sa perspective unilatérale, Freud fait de l'*homo religiosus* (l'homme religieux) un pauvre d'esprit dont l'incohérence foncière transformerait le sens de culpabilité en un droit à la protection de la part d'un père qui ne serait pas encore complètement mort. Ce modèle de père menaçant, inspiré par une certaine lecture rigoriste de l'Ancien Testament, « sert » aussi, dans le chef de Freud, à éloigner les fidèles et les croyants potentiels d'un Dieu qui – à vrai dire – est Père dans un tout autre sens.

Freud avance l'idée que la religion exprime le repentir des parricides, mais les religions sont trop complexes et différentes, voire opposées sur des points essentiels, pour être réduites au crime et au châtiment. L'incapacité de discerner parmi tant de variantes constitue une des « plus graves misères » de notre époque de voyages fréquents sur les longues distances et d'échanges culturels superficiels, peu importe que cela tienne à notre inertie spirituelle ou à la crainte de rencontrer le visage du diable derrière l'une ou l'autre des diverses spiritualités. Freud n'admet que des distinctions trop génériques entre les religions, en partageant à leur égard l'indifférence foncière (et peut-être l'ignorance coupable ?) d'une bonne partie de la culture moderne.

Il accuse une inquiétude particulière devant la tradition judéo-chrétienne – surtout face au christianisme, où la notion de Dieu en tant que Père est centrale – car lui-même n'était pas fort à l'aise dans ses rapports avec son propre père, modeste commerçant juif[484]. Quand, en 1901, Freud passe un mois à Rome, il est très impressionné par le *Moïse* de Michel-Ange, qu'il visite plusieurs fois dans l'église de Saint-Pierre-aux-Liens. Il s'identifie, peut-être, lors de ces visites, avec les Israélites infidèles, sur lesquels déborde la colère du prophète. Freud continuera à se confronter avec ce personnage[485], en s'interrogeant sur l'histoire d'Israël, sur sa « fidélité à une tradition qui, loin de rassurer, comporte des problèmes continuels, des insécurités, voire des persécutions[486] ».

Pour expliquer le monothéisme, Freud avait proposé en un premier temps le « renoncement pulsionnel », c'est-à-dire un sombre désir opposé à l'apaisement, à l'épanouissement et au bonheur. De cette manière, au moins, la religion ne serait plus vue simplement sous l'angle de la plus grande facilité. À notre point de vue, c'est bien plus significatif de prendre en considération les deux désirs opposés : respectivement « le désir naturel de voir Dieu », selon saint Thomas d'Aquin, et le désir d'écarter Dieu, « entrave principale à notre liberté », selon Schopenhauer,

Nietzsche et Sartre. En fait cette liberté, si âprement revendiquée, n'est que l'asservissement au Moi, voire aux pulsions et aux fantasmes qui conditionnent nos goûts, notre imagination, notre intelligence. Bien que l'homme ne puisse pas accéder à une liberté absolue, et bien que la fidélité et la chasteté religieuses entravent une liberté comprise de manière très superficielle, il y a toujours eu des témoins d'une qualité suffisante pour attester combien ce modèle de fidélité et de chasteté est précieux.

Quant au désir de voir Dieu et aux promesses offertes par les religions, Freud trouve « très étrange que tout cela soit vraiment comme nous ne pouvons pas éviter de désirer qu'il soit ». Cette correspondance le pousse à la méfiance et renforce à ses yeux cet argument bien connu contre la foi qui consiste à dire : « C'est trop beau pour être vrai ». Mais à bien y regarder, l'approche de Freud est très valorisante pour la foi, car si l'homme apprécie tellement les promesses de la foi, c'est que par nature il se situe déjà à leur niveau : l'homme révèle ainsi ce qu'il est vraiment au fond de lui-même.

À la fin, on pourrait aussi dire que si quelqu'un stigmatise le besoin de Dieu ou le désir de ne pas vivre en vain comme dépourvus de signification, c'est probablement qu'il ne les ressent pas vraiment. S'il est parvenu à les supprimer, il est le pécheur de Kierkegaard qui ne ressent même plus l'angoisse. En fait, l'argument positif et primaire en faveur de la religion chrétienne est celui du niveau de conscience que nous atteignons lorsque nous admettons une réalité qui nous dépasse, même sur le plan spirituel. L'argument négatif et secondaire est celui de la chute spirituelle de l'humanisme athée, se repliant sur les pauvres ressources purement humaines. Toutefois, pour le bénéfice du croyant et, afin que celui-ci ne juge pas le non-croyant, le premier peut toujours se dire, à propos du second, que son temps de grâce n'est pas encore venu.

En conclusion, l'adhésion à la foi relève, plus que de diverses pulsions, du désir fondamental de ne pas avoir vécu en vain, désir qui est aussi la principale occasion d'exercer notre liberté. Feuerbach, Marx, Nietzsche et Freud peuvent tous être appelés des généalogistes car ils voudraient expliquer les profondeurs spirituelles, notamment de la religion, par un facteur originaire – et si possible un seul pour chaque penseur – représentant la clé du problème humain. Sauf à vouloir donner à tout prix la réponse irréligieuse à la quête la plus profonde, est-ce que le désir en question devrait rester inconscient, c'est-à-dire au-delà de notre responsabilité et de la possibilité même de l'identifier ? Et la psychanalyse peut-elle, sans se dénaturer, reconnaître la vérité et la liberté indispensables à l'expression de ce désir ? Après tout, la réflexion psychanalytique assure que la « certitude » du désir s'impose avec une évidence qui ne cède en rien à la certitude historique ou scientifique, c'est-à-dire à la connaissance des faits et des modèles. Face au défi aujourd'hui pressant, celui d'un monde qui est ou qui est perçu comme trop plein, qui peut encore apprécier le rôle parental, si riche sous l'angle affectif et éthique et si strictement lié à la sensibilité religieuse ? (D'ailleurs, l'actuel acharnement législatif contre la famille traditionnelle dans certains pays s'explique-t-il uniquement en tant que programme d'élimination des « résidus » du christianisme ?)

*

Les rapports entre Freud et Jung méritent un bref approfondissement ultérieur. Jung, impressionné par les innovations freudiennes dans le traitement des maladies mentales, le 3 mars 1907 rendit sa première visite à Freud à Vienne avec sa femme Emma et un ami médecin. Quelques jours après le retour dans sa maison près de Zurich, Jung reçut – à son grand étonnement – une lettre par laquelle Freud lui conférait l'investiture pour lui succéder dans la direction et la continuation de son œuvre. Une différence fondamentale entre le maître et le disciple dérive du fait qu'au cours de sa carrière Jung eut des relations intimes avec certaines de ses analysantes, alors que Freud, plus prude, recommandait aux analystes de refouler leurs sentiments pour ne pas se compromettre[487] par un contre-transfert inopportun. Évidemment le maître viennois préconisait la continence pour réserver toutes ses énergies à la démonstration de la thèse selon laquelle la sexualité domine l'existence humaine.

Or, le pansexualisme n'était rien de moins, pour Freud, qu'un argument scientifique en faveur de l'athéisme. « Sa théorie de la sexualité, en partie diabolique, fait tourner la tête aux gens et j'ai combattu de toutes mes forces cet avilissement absolu de l'âme[488] » eut à dire Jung de Freud, tout en reconnaissant que « sans l'insistance de Freud sur la part sombre de l'homme », il n'aurait pas eu la clé de ses propres recherches. Ce pansexualisme ne pouvait pas s'accorder avec l'expérience intérieure de son successeur désigné, et en particulier avec son expérience personnelle de Dieu (expérience probablement assez vague et, en tout cas, notion très imprécise dans ce contexte).

Freud apparut à Jung très anxieux de repousser la « vase noire de l'occultisme », et particulièrement d'évacuer la religion. D'autres facteurs durent, sans doute, contribuer à la rupture entre Freud et Jung, qui se séparèrent de manière officielle et irréversible en 1914, sept ans à peine après leur première rencontre. Freud encourageait l'association libre, alors que Jung entendait diriger l'analyse. De plus, Freud limitait son attention à l'histoire personnelle du consultant, tandis que Jung mettait cette histoire en rapport avec l'évolution de l'humanité toute entière, à travers les archétypes. En fait, si l'inconscient est pour Freud individuel, il y a pour Jung un inconscient collectif, commun à l'humanité. Jung va jusqu'à identifier l'inconscient avec la divinité : ce fond numineux universel serait partagé entre le bien et le mal, et cette subdivision se refléterait dans l'inconscient humain. L'homme – même le plus petit des hommes – serait alors indispensable à Dieu pour que la création s'élève, à travers les différents degrés d'opacité de l'être, à la lumière de la conscience. Jung se rapproche ainsi de certaines thèses gnostiques, voire de la thèse hégélienne selon laquelle l'actuation de Dieu en tant qu'Esprit a lieu à travers l'évolution historique de l'humanité. (Rappelons que pour Hegel le mouvement de prise de conscience de la Nature à travers l'humanité fait suite à celui par lequel l'Esprit – Dieu – s'objective dans la Nature.)

À ce stade, Jung, cet homme religieux, n'est pas précisément un chrétien, car le christianisme suppose le rapport personnel avec un Dieu qui nous aime le premier, une aide d'en haut, la prière et le pardon des péchés, toutes des choses qu'aucune psychanalyse ne peut donner. Est-il possible qu'à un autre moment, à un autre stade de son approfondissement intime, à travers le Christ, Jung ait retrouvé ce rapport d'amour ?

Pour Jung, Dieu-le Père est un archétype comme le Soi, la Grande Mère, le Héros, l'Éternel-Enfant, l'Animus, l'Anima, le Fripon, l'Inceste, l'Ombre... Jung attribue la névrose au refoulement de ces archétypes universels et innés, plus qu'au refoulement des pulsions sexuelles. Par contre, les tenants de la plasticité indéfinie de la psyché sous l'effet de l'environnement familial, voire des conditions matérielles, ramènent de préférence les névroses et les psychoses aux expériences personnelles et sociales. Cette divergence d'attitudes se rapporte à l'opposition moderne entre la droite et la gauche, l'une privilégiant les valeurs héréditaires lointaines, l'autre l'acquis récent (comme l'aurait voulu Lyssenko).

*

Comme dans la brouille précédente avec Adler (1911), Freud révéla alors son incapacité à se mettre en question et à affronter une contestation – même savante – de sa théorie, laissant ainsi transparaître sa volonté de dominer sur la petite équipe des psychanalystes. S'attendant à une certaine déférence de la part de son fils adoptif, Freud tenta de faire valoir son autorité de père – lui, le philosophe du meurtre du père. Quand, à un certain moment, l'incompatibilité idéologique apparut clairement, Freud ne se montra soucieux que de conforter son Ego.

§ 102. La paternité selon Freud et Lacan (1901-1981). L'inconscient comme langage, selon Lacan

Freud respecte la morale traditionnelle dans les formes propres à la société bourgeoise de son temps, qu'il ne menace pas explicitement et qu'il ne se propose aucunement de détruire. Toutefois, il présente la figure paternelle comme la source ultime d'une autorité peu attrayante. Des notions comme la menace de castration que le père fait peser sur ceux qui défieraient son autorité et le complexe d'Œdipe assurent le conflit entre le père – redoutable garant de l'ordre – et le fils, prêt comme Œdipe à tuer son père pour s'accoupler avec sa mère. Ce drame aux teintes fortes, que Freud élève en paradigme de la situation humaine, assurerait en même temps la reconnaissance de la réalité des autres et les limites du Moi.

Or, la tragédie originale de Sophocle n'est pas strictement freudienne. Le « vrai » excès d'Œdipe c'est d'avoir répondu à un coup de bâton par un quadruple meurtre, ce qui l'a amené à se trouver dans la situation que nous connaissons. Mais il n'a pas eu la volonté de commettre ce parricide, dont Freud fait si grand cas. La suite n'accrédite pas non plus la thèse de la libido ou de la sexualité infantile parce que notre héros – déjà adulte – n'a pas reconnu sa mère. Et finalement, l'amour et la haine n'ont pas un vrai rôle dans toute l'affaire. La parade freudienne consiste à dire que rêves, mythes, associations verbales, lapsus et non-dits ont toujours une autre signification, mais alors il faudrait savoir où s'arrêter et qui est le maître de l'interprétation. Celui qui parle le premier ? Ou le dernier ? (Naturellement, dans les cas des névroses ou des psychoses classiques l'interprétation est plus aisée, car il est difficile d'inventer de nouvelles pathologies tout à fait personnelles.)

Les choses se passent autrement chez Lacan, qui – en premier lieu – rejette les critères essentiels pour être accepté en tant que psychologue freudien. Ces critères sont :

- acceptation de la réalité des processus psychiques inconscients ;

- interprétation de certains comportements comme résistances et refoulements ;
- reconnaissance de l'importance de la sexualité (des enfants);
- recours à la notion de complexe d'Œdipe.

Parfaitement arbitraire dans la conduite de ses analyses par rapport aux normes stipulées par Freud, Lacan défie le Père de la psychanalyse. L'école lacanienne connaîtra, dans la même logique du défi de l'autorité, une prolifération de subdivisions ultérieures. À la base de sa doctrine psychanalytique, Lacan pose que l'inconscient est structuré comme le langage et que l'individu équivaut à un croisement de discours. En tant que psychanalyste, Lacan s'attelle à réinventer les règles du langage, au grand dam des linguistes dont l'approche est tout autre. Dans les années 1955-1956, Lacan réagit aux critiques de Roland Jakobson en décrétant solennellement que tout psychanalyste « ne s'autorise que de soi-même ».

Dans une escalade d'exécration, on va du père réel au *père donneur de la loi*, au père incarnant l'interdiction (l'interdiction de l'inceste en premier lieu), au père castrateur, au père que l'on souhaite mort, au parricide. Dans la mesure où le vrai père est liquidé, une nouvelle société se dessine : la société des enfants qui grandissent sans discipline, sans limite, et qui risquent aussi de régresser dans la perversion suite à une profonde *crise de l'autorité*. Cette crise tend à rendre confuses ou conflictuelles aussi bien la transmission des règles que la définition des rôles dans la famille et dans une société qui se complexifie. Et c'est pour soulager ceux qui souffrent de cette crise que le psychanalyste doit donner un sens aux élucubrations de ses patients. Freud, lui-même, exprime l'inquiétude que lui procure toute régression vers des perversions. Il la découvre dans le

> résidu d'un culte sexuel ancestral, qui à un certain moment peut avoir représenté une religion dans l'Orient sémitique (Moloch, Astarté). [...] J'imagine donc, dit Freud, une religion ancestrale diabolique dont les rites sont pratiqués encore secrètement. Je comprends maintenant la thérapie sévère

pratiquée par les juges à l'égard des sorcières[489].

Thomas Mann reprend ces préoccupations dans son *Appel à la raison*, lorsqu'il dit :

> Si l'on pense ce qu'a coûté à l'humanité, dans l'histoire de la religion, de s'élever du culte de la nature, d'un gnosticisme barbarement raffiné et de la sensualité déréglée du culte de Moloch-Baal-Astarté, à un culte spirituel, on s'étonne de la légèreté avec laquelle on renie de tels dépassements et libérations.

Si l'on suit une tout autre piste, celle du *père objet du désir de la mère*, on aboutit au père absent, au nom du père, au père symbolique, dont on peut faire (presque) tout ce que l'on veut. La substitution du père effectif par le père symbolique, nominal, désigné par le désir de la mère, permet de transposer vers le monde virtuel ce qui relève de l'ordre affectif. Si la mise à mort de l'autorité selon la théorie freudienne du parricide couronne la modernité, Lacan, en transférant cette exécution dans le domaine symbolique, inaugure d'une certaine manière la postmodernité qui déclare : « ni vérité, ni règles ». Ce passage de l'extérieur à l'intérieur actualise aussi bien la dialectique de Fichte entre la liberté et la jouissance (ou le plaisir) que la dialectique entre la liberté et la loi de Hegel, mais ne peut pas résoudre d'autres formes de tension qui demeurent et représentent autant de causes de souffrance.

Dans l'ordre de l'être, de la finalité et de la connaissance, un sens profond de la paternité se situe, bien sûr, dans le fait de *donner la vie* à la génération suivante. Toutefois, on ne peut pas admettre que la seule valeur de la vie soit sa transmission, que sa signification soit due à quelque chose de toujours plus éloigné, que chaque génération reçoive son sens de la suivante (ou vice-versa). Ce n'est pas dans un renvoi (perpétuel) que se situe la paternité qui est, en premier lieu *don de soi*. Même l'activité sexuelle, coupée de la perspective de la paternité et de la maternité, lèse l'unité de l'homme pour lequel la vie est un don reçu et retransmis[490]. Dans ce sens accompli, la paternité humaine nous fait comprendre, mieux que toute autre chose, les intentions de Dieu lorsqu'il créait le monde. Le vif élan œdipo-freudien poussant à l'assassinat du père, la réduction lacanienne au père symbolique et, sur le terrain, la révolution sexuelle dont le sigle est l'an 1968, nient précisément cette paternité ultime.

*

Pour tenter de saisir la pensée de Jacques Lacan, son sens, sa valeur et ses limites, il faut quand même contempler un instant le personnage au sommet de sa gloire, attirant en masse l'intelligence parisienne à ses séminaires, qui se tenaient, à partir de 1963, à l'École Normale Supérieure, rue d'Ulm. Lacan est rapide, il possède, comme Hegel, la mémoire et la maîtrise des mots, il sait les associer, les dissocier, les manipuler, en faire des « jeux de mots » : cela suffit – peut-être – au succès académique[491]. Mais Hegel visait encore le concept, alors que Lacan vise « la vérité du désir » et reconduit ce désir aux structures du langage. Le désir de Freud est « dérivé » car il implique l'Autre. Non seulement parce que l'auto-reconnaissance du sujet passe par autrui, mais aussi et surtout parce que l'Autre représente le lieu symbolique essentiel, celui de la parole. Si tel est le cas, quel meilleur moyen d'aborder le désir que cette exubérance de la sonorité signifiante, ce foisonnement de jeux de mots, cette virtuosité qui donne à la parole des significations inattendues, ces 'étymologies' philologiquement impossibles, censées toutefois jeter une lumière aveuglante sur les symptômes que plusieurs de ses auditeurs, subjugués, se découvrent. Lacan prévient pourtant que le renoncement à « donner du sens » déclenche le vrai jeu du signifiant-signifié.

Que ce soit pour découvrir un sens à leur névrose personnelle ou pour parvenir à renoncer à cette découverte, les « demandeurs d'analyse » se bousculent à la porte de son cabinet, 5 rue de Lille, parfois faisant la queue dans les escaliers. Lacan, capricieux, peut recevoir en robe de chambre, laisser la porte ouverte durant la consultation ou renvoyer l'analysant après quelques minutes voire quelques secondes.

Si l'on admet avec Lacan que la psyché humaine est structurée selon les trois niveaux du *symbolique*, du *réel* et de *l'imaginaire*, on peut encore retrouver les trois causes (formelle, finale, efficiente, dans l'ordre), avec une (bonne ?) partie de leur prégnance. On pourrait, par exemple, distinguer les désirs purement instinctifs, pulsionnels, *imaginaires*, qui resteraient encore à l'intérieur de la cause efficiente, des passions qui se rapportent à des symboles et à des significations. La cause efficiente lie les données sensibles entre elles et celles-ci à notre sensibilité, alors que tout élément rationnel, cognitif, *symbolique* relève du langage et donc de la cause formelle ?

Or, si pour Lacan l'ordre du *langage* se situe dans l'inconscient, comment invoquer à son égard une cause formelle qui relève essentiellement de l'activité consciente de l'esprit ? Ce n'est pas une simple question de mots car, si l'on parle pour s'entendre, il faut que la cause formelle ouvre sur le vrai et le faux par l'évidence et la compréhension des choses. Dans le cas contraire on est renvoyé à la prédétermination par les infrastructures linguistiques, en fait au déterminisme des représentations en tout et pour tout équivalentes à une cause efficiente. Finalement Lacan ne critiquerait le psychologisme naturaliste freudien que pour proposer la détermination de la vie psychique par le langage. Si notre vie intérieure dépend radicalement du langage et si l'ordre symbolique imposé par le langage reste inconscient, on revient au déterminisme de la cause efficiente et la vérité n'a plus de place. Que l'on s'appelle explicitement au naturalisme, ou au langage, on revient toujours au déterminisme, qui semble être le vrai nom de l'inconscient. Le degré ultime de l'absurde consisterait sans doute à faire du langage le seul objet du langage. Enfin, sur le plan éthique (de la cause finale), où va le libre arbitre, s'il faut réduire le désir au langage, facteur inconscient et donc fatal ?

Quand Lacan propose la jouissance et la sublimation en tant que satisfaction des pulsions ou des passions, se situe-t-il à un niveau plus avancé de l'analyse du langage ou bien est-il déjà au niveau de la volonté ? Et celle-ci, est-elle libre de choisir (en fonction de la cause finale) ou bien est-elle encore entravée par le déterminisme linguistique ? Quand, à l'occasion du traitement psychanalytique, le consultant ou patient participe à l'entreprise au niveau de la conscience et de la volonté, met-il en œuvre uniquement la cause efficiente ? Les causes formelle et finale ne sont-elles pas mises également à contribution ? En se responsabilisant, autant qu'il le peut, le patient rachète une partie de son humanité, à laquelle il avait renoncé, et esquive ce que l'on appelle (certes, improprement) « une analyse infinie ».

Ceci étant dit, la prudence s'impose dans l'interprétation de Lacan parce qu'il choisit des approches toujours nouvelles. Il n'hésite pas à recourir aux mathématiques supérieures, bien que ses incursions dans la topologie laissent perplexes. Sa recherche suppose toujours une organisation sous-jacente à la conscience, organisation à découvrir, à décrire, à analyser. Toutefois, il ne donne ni des raisons ni des garanties pour ses théories : « la guérison vient de surcroît », dit-il. Sa conception de l'ordre symbolique structurant le langage se situe dans le courant du structuralisme, mais elle gêne ceux que l'on appellerait des poststructuralistes. Certains y voient une attitude conservatrice. En fait, si la psychanalyse fonctionne en tant que remède « bourgeois » à des maux individuels, elle risque de laisser passer des maladies plus profondes qui minent la société. Derrida (1930-2004), par exemple, trouve de trop cet ordre lacanien soumettant l'inconscient à des règles.

*

L'association des mots aux choses et aux idées a lieu à travers la mémoire, c'est-à-dire à travers la sphère sensible, affective et tout ce qui dans l'homme est obscur, souterrain, même physique et corporel. On comprend que Lacan ait choisi d'analyser ou, mieux, de psychanalyser le langage, nouveau nom de l'inconscient. Ceci, toutefois, ne signifie pas que la psychanalyse lacanienne se détache du déterminisme ou de l'application de la seule cause efficiente pour s'élever aux sphères respectivement de la logique (activité intellectuelle, utilisation des principes de raison, connaissance du vrai, affirmation de l'être) et de l'éthique (acte de la volonté, décision orientée par la fin, exercice du libre arbitre). En fait, la méthode lacanienne prend le langage obliquement, en le circonvenant, en l'attendant au passage, en étudiant ses pas faux, ses faiblesses, ses incohérences. L'analyse lacanienne ne s'occupe pas tellement du concept, mais de l'instrument linguistique, surtout lorsque il s'enraye. Il y a certainement des raisons pour s'occuper de ces défaillances ou chutes de sens dans le cas d'une thérapie, pour aider quelqu'un qui souffre, mais il ne faut pas que la méthode clinique soit généralisée et appliquée au-delà du strictement nécessaire. (Celle-ci était déjà la prétention ou la tentation de Freud).

§ 103. De l'« efficacité » de la psychanalyse au secours de nos faiblesses

Le traitement psychanalytique, de son côté, est souvent appelé à compenser le manque de volonté : volonté de mettre de l'ordre, de se donner un projet, de faire de la clarté. Sa fonction est comparable – sur le plan psychique – à celle de la physiothérapie sur le plan physique ? Comme les personnes qui ne peuvent exécuter certains mouvements physiques y sont amenées par des thérapeutes, ainsi l'analysant, souvent incapable par sa seule force de trouver un goût dans sa vie, de se donner un objectif et de décider, s'adresse au psychanalyste. Pour assurer ce rôle d'orientation dans l'incertitude, et de confort dans la souffrance, le psychanalyste ne doit ni juger ni se laisser entraîner par la détresse du consultant, au risque de se rendre inefficace et de se perdre lui-même. Il doit se défendre de juger les personnes, leur niveau de responsabilité et même la qualité morale de leurs actes. On va donc chez le psychanalyste pour défendre ses intérêts psychiques un peu comme on va chez l'avocat pour arranger ses affaires. Le psychanalyste peut ainsi être appelé à léser les intérêts (psychiques) des tiers. La faiblesse morale de celui qui recourt à la psychanalyse contre les intérêts affectifs de ses proches est bien représentée par la jeune mère du film de Robert Benton, *Kramer contre Kramer* (1979). Cette mère, interprétée avec une sensibilité nerveuse par Meryl Streep, demande un soutien psychologique aussi bien lorsqu'elle décide d'abandonner son fils et son mari (interprété par Dustin Hoffman), afin de se réaliser comme personne indépendante, que par la suite lorsqu'elle sent le besoin de récupérer son fils en l'enlevant au père : cette fois elle se « doit » de se réaliser en tant que mère. Tant pis, pour les parties… adverses.

Notre époque propose un discours qualifié sur l'Autre, mais cet Autre n'est le plus souvent qu'une projection, un miroir, une opportunité « servant » à asseoir le Moi. Ainsi dans l'hégélisme l'Autre sert à la réalisation d'un dieu à travers l'histoire humaine. Et dans l'éthique kantienne, fondée exclusivement sur le sujet, l'Autre – apparemment « servi » par la loi morale en tant que bénéficiaire des prescriptions de l'impératif catégorique – n'est toutefois qu'une représentation, une projection, et un prétexte permettant essentiellement au sujet d'exercer sa liberté et d'assurer ainsi son autoréalisation sur le plan éthique. Imaginer le « regard de l'Autre » sans reconnaître intellectuellement un sujet réel c'est instrumentaliser ce regard, le diminuer, et aussi « nous faire du tort », car en même temps que nous déshumanisons notre interlocuteur, nous plongeons dans la solitude métaphysique.

§ 104. « Résistances » à la psychanalyse et conclusions

La manière dont la psychanalyse met en œuvre le transfert, c'est-à-dire le rapport affectif indispensable entre l'analysant et le praticien, confirme l'importance de l'engagement personnel indispensable dans un parcours de libération. Pour l'individu seul, laissé à lui-même, l'effort de concentration, de volonté, d'attention peut demander un courage au-delà des moyens dont il dispose à un certain moment. Confrontés à des situations extrêmes ou à la nécessité de prendre des décisions difficiles, certains vont chez le psychanalyste pour se faire « assister » dans un *chemin de libération* comme d'autres rentrent dans une secte, au risque de se faire « manipuler » par des gourous dans un *chemin de conditionnement*. Il est très compréhensible que des gens aient recours à d'autres et qu'ils passent à travers une difficile analyse de leur façon d'être quand, laissés à eux-mêmes, le fait de prendre la moindre décision, de gérer leur vie, de se fixer sur l'une ou l'autre des opinions courantes, équivaudrait à déplacer des montagnes. Les patients des psychologues peuvent avoir besoin d'une aide extérieure pour un travail intérieur. Toutefois le traitement en psychanalyse devient impossible pour les sujets qui se trouvent dans l'une ou l'autre des situations suivantes :

- ils n'éprouvent aucune souffrance en conséquence de leur état psychologique (par exemple les « pervers » ne sentent pas le besoin d'aller chez le psychanalyste) ;
- ils jugent inadmissible, pour des raisons logiques, tout autre discours que celui qui s'adresse à la conscience (mais il y a certainement des moments où il est difficile de discerner en soi-même ou de discuter ouvertement, de même qu'avec certaines personnes il est pratiquement toujours impossible d'entretenir n'importe quelle discussion) ;
- ils manquent de confiance non seulement dans le savoir du psychanalyste mais aussi dans ses intentions et dans sa sensibilité (surtout quand on a connu des versions agressives – entre sadiques et terroristes – de la vulgate psychanalytique, utilisée trop souvent afin de démasquer de prétendues raisons occultes et de condamner ainsi au sentiment d'impuissance et à la perte de confiance en soi-même les victimes de ce type d'agression) ;
- ils considèrent peu convenable de parler d'eux-mêmes et de leur vie privée en dehors éventuellement de la confession des péchés (qui en plus de la contrition du cœur ne demande d'ailleurs qu'une énumération crue, sans trop de détails) ;
- ils refusent a priori, par exemple pour des raisons de style, le type de rapport prévu pour le transfert ;

- ils refusent toute hypothèse de dépendance par rapport au traitement ou à la personne de l'analyste ;
- au risque d'être considérés « radins », ils n'éprouvent aucune jouissance en payant les honoraires de l'analyste.

En conclusion, la pensée psychanalytique minimise l'engagement intellectuel et moral pour valoriser surtout la sensibilité, c'est-à-dire la *cause efficiente*, source de représentations, d'émotions, d'impressions et donc de craintes, d'angoisses et du « sale espoir ». La psychanalyse couronne, à sa manière, la démarche de la philosophie moderne qui déconnecte l'éthique de la prise en compte cognitive du réel (Kant) et qui, en tout cas, fait de la connaissance un aspect de l'action (Hegel, Marx). Elle « dépasserait » la philosophie transcendantale et la réduction de la connaissance à la conscience (propre à l'idéalisme subjectiviste moderne). La version philosophique freudienne serait même plus « précise » que la psychanalyse jungienne : en fait, elle réduit l'activité psychique non pas simplement à des représentations communes à l'espèce, mais à des déformations individuelles, au gré des histoires vécues par chacun : seule l'analyse freudienne serait en mesure de dénouer cet écheveau qu'est l'âme de chacun.

Chapitre XX.
Démocratisme : la pensée comme opinion et la récusation du fondement

Le discours politique en démocratie ne s'adresse pas simplement aux intérêts matériels des gens, mais à l'ensemble de leurs souhaits, avec la perspective d'une participation toujours plus grande et d'une liberté des comportements et des mœurs s'élargissant de jour en jour, au risque de la perte de tout repère. On peut appeler « démocratisme » la nouvelle tendance se réclamant du vécu et s'éloignant graduellement de ce qu'était la « rationalité » moderne. En fait, la modernité, refusant toute *autorité* liée concrètement à des personnes et à des traditions, avait opté pour l'établissement de règles et de codes représentant la « volonté générale ». Pour la reconnaître, les élus du peuple s'appuyaient – par exemple – sur la rationalité de l'utilitarisme britannique ou des Lumières françaises (au demeurant fort abstraites et éloignées de l'universalité). La nouvelle phase postmoderne est plus impatiente : elle ressent douloureusement toute contrainte – même imposée par la loi – et trouve suspecte toute *règle* : elle demande simplement aux élus d'interpréter des humeurs changeantes.

§ 105. Sur le terrain : de la démocratie moderne par délégation à la démocratie participative postmoderne

Dans un livre à la fois amusant et éclairant Joseph Epstein donne une description très concrète des États-Unis. L'Amérique, dit-il :

> est passée d'une économie industrielle, agricole, minière et forestière à une économie dans laquelle l'important ce sont les services et le spectacle. On pense que ceux qui s'en occupent

> [...] connaissent de l'intérieur le fonctionnement des choses, contrôlent la situation et ramassent brillamment de l'argent. [...] Les gens qui produisent des choses [...] en général ne sont pas les plus puissants. L'action est passée à ceux qui transfèrent, transmettent, mettent en contact[492].

Dans un monde surchauffé par la communication, la démocratie directe, participative, tend à s'imposer peut-être au-delà du bon sens, comme ce fut le cas en Californie. Cet État, qui est le plus peuplé de l'Union, a été aussi un champion de l'effondrement des finances publiques. En fait, surtout depuis la fin des années 1970, on y a introduit un système de démocratie par référendum, permettant aux citoyens de voter notamment sur les différents éléments de la fiscalité et des dépenses publiques. On en est arrivé ainsi à bloquer la presque totalité du budget de l'État, laissant au législateur une marge de manœuvre minime [493] . Les résultats, parfaitement prévisibles, ont été « l'aggravation des problèmes de transports, la montée de la criminalité, les troubles sociaux et les délocalisations[494] ». Tout cela est bien loin de la Californie mythique de la course à l'or, de Hollywood, de la Silicon Valley, et peut-être même des hippies, de Timothy Leary (1920-1996) et de Aldous Huxley (1894-1963), quand le LSD était une drogue réservée aux riches, « respectable » et « légale ». Toujours est-il qu'en 2009-2010, l'État de Californie s'est retrouvé avec un déficit budgétaire de 26,3 milliards de dollars. Toutefois, en Amérique on est aussi capable de réagir. C'est ainsi que, dès 2009, une nouvelle législation, moins attentive à la pression des lobbies et aux intérêts particuliers, a permis d'éliminer le déficit budgétaire, certes au prix d'une hausse des impôts et d'une diminution des dépenses publiques, incluant la réduction du nombre des fonctionnaires et de leur traitement.

Le cas de cet État américain est révélateur d'une situation qui se généralise, alors que la démocratie directe aurait dû rester le privilège de certains cantons suisses, où tout le monde est censé connaître les problèmes locaux. Passant de cet État aux États-Unis, on constate que le lourd endettement du pays est lié à l'étape de la « seconde démocratisation », débutée dans les années 1970, qui a rendu difficile l'augmentation des impôts et encore plus difficile la réduction des dépenses du gouvernement. Aujourd'hui, en Amérique, comme dans toutes les démocraties modernes, les subventions de l'État à des secteurs économiques, organismes, services, initiatives culturelles ou idéologiques tendent à devenir irrévocables. Une fois acceptées, ces subventions sont obstinément défendues par des lobbies très agressifs. Même cette forme de démocratisation qui donne à chaque député une plus grande autonomie par rapport à la discipline du parti, rend les élus plus fragiles face aux lobbies, aux sollicitations de l'argent et à la crainte de ne pas être réélus. Il arrive ainsi que les politiciens de nos jours puissent être personnellement bien meilleurs que les politiciens de l'âge d'or des partis et du financement par un patronat tout puissant. Le fait est que, actuellement les élus, toujours sous contrôle sinon sous menace, doivent tenir compte de trop d'intérêts discordants et finissent par être moins performants et par donner des résultats inférieurs[495]. Certains d'entre eux – à la conscience plus délicate – abandonnent. En fait, récemment seul un tiers des Américains exprimait sa confiance dans le système politique, alors qu'en 1960, la proportion était de deux tiers[496]. Et pourtant c'était l'époque où Galbraith préconisait une réaction contre la technostructure – notamment contre le complexe militaro-industriel – de la part du monde de la culture, des médias et du spectacle[497].

*

Si l'on insiste sur l'évolution – ou involution – du système politique d'Outre-Atlantique c'est un peu pour ne pas parler toujours de nos problèmes et un peu parce que la démocratie américaine reste toujours un cas exemplaire. En fait, cette phase plus avancée de la vie démocratique se révèle moins satisfaisante que le système classique des notables liés aux partis aussi bien en Europe qu'aux États-Unis). Et, en élargissant le regard, tant au passé de notre continent qu'au reste du monde, on constate que des élections libres et des plébiscites n'assurent pas nécessairement un pouvoir libéral, respectueux du droit et favorable à l'économie.

Afin de mettre dans une perspective historique l'évolution des démocraties modernes, rappelons une observation de Toynbee concernant le système parlementaire anglais, qui a été le modèle de divers systèmes politiques européens et qu'il appelle *the Westminster democracy*. Reprenant sa conception du défi (challenge) et de la réponse indispensable à la survie, Toynbee déclare :

> les mêmes caractéristiques qui inspirent secrètement l'amour et le respect de tout Anglais, sont peut-être autant d'obstacles sur le chemin qui transformerait cette vénérable institution anglaise dans la panacée politique pour le monde entier. Probablement [...] ceux qui répondent avec succès à un certain défi ne sont pas dans les meilleures conditions pour répondre favorablement au prochain défi. Le succès exceptionnel du Parlement de Westminster, qui a survécu au Moyen Âge en s'adaptant aux besoins de l'époque « moderne » – ou à celle qui a été telle, et qui maintenant a pris fin – rend moins probable la réussite d'une ultérieure métamorphose créative pour relever le défi de l'âge postmoderne qui s'ouvre devant nous. [...] Aujourd'hui, les liens de proximité ont perdu presque toute signification politique ou d'autre nature. [...] Les affinités significatives au point de vue électoral ne dépendent pas du lieu de résidence, mais de la profession. Cependant, la représentation parlementaire sur base professionnelle est *terra incognita* au point de vue constitutionnel, que « la Mère des Parlements » dans sa vieillesse confortable ne se sent pas poussée à explorer[498].

En ce qui concerne les principes du vieillissement et de l'adaptation aux nouveaux défis, il serait difficile de contester Toynbee, mais la question de la définition des circonscriptions électorales pourrait être, après tout, secondaire. Il est en tout cas remarquable que Toynbee, écrivant dans les années autour de la seconde guerre mondiale, ait déjà entrevu la fin de la modernité (et les germes de la postmodernité) avant la date symbolique de 1968. Il anticipe probablement de quelques décennies l'avènement de la postmodernité, parce que il semblerait juste de considérer comme encore « moderne » la période immédiatement après la seconde guerre mondiale, qui a vu la reconstruction, la barrière opposée à l'expansion du communisme par la guerre froide, la croissance économique et sociale, la démocratisation de pays comme l'Allemagne, l'Italie et le Japon. Tout ceci est, en fait, pleinement conforme à l'idée que l'on se fait de la modernité, caractérisée par l'absolutisation de la raison, la foi dans les lois de la science, l'optimisme du progrès, l'individualisme, la démocratie libérale, le capitalisme et même un certain déisme.

La post modernité exprime, par contre, l'empressement à déstructurer tout ce qui est ordre, rigueur, discipline et cohérence. Les valeurs « modernes » risquent aujourd'hui d'être sacrifiées à l'originalité de l'Ego s'exprimant par des prises de décision imprévisibles. Il n'y a pas de limite au mirage de la liberté, dans la forme la plus épurée du choix totalement indifférent à son objet, qu'il s'agisse des mœurs, de la famille, de la tolérance, des finances publiques, du processus de démocratisation. (Sartre avait déjà revendiqué la liberté comme indifférence à l'objet du choix.) La course à la postmodernité est encouragée par l'activisme de groupes minoritaires mais très visibles, auxquels les politiciens, les médias et des institutions internationales conciliantes donnent une chance disproportionnée à leur représentativité, à leurs raisons, à la clarté de leurs objectifs. L'argument clé – appelons-le argument plutôt que simple provocation – consiste à dire que tout doit être interprété afin que soient offerts le choix le plus vaste et les espaces de liberté les plus étendus (ce n'est jamais assez). Un autre moyen de séduction, très efficace sur les esprits est l'appel au consensus autour de critères énoncés le moins clairement possible, le postmoderne s'exprimant dans un langage rénové, qui rend les fondements mêmes du discours incertains et glissants[499]. Tout ceci équivaut à réaffirmer l'indifférence par rapport aux faits, à la vérité et à la morale : voilà des thèmes destinés à revenir dans ce chapitre.

§ 106. Du moderne au postmoderne : l'idéologie du « démocratisme » en général

Le type de désordre représenté par le budget californien, la forme démocratique sans des décisions méditées, la démission éthique postmoderne auront des effets au-delà de notre horizon immédiat. Après tout, nos systèmes démocratiques parviennent à survivre de manière encore assez acceptable. Cela est dû probablement au fait que nous puisons au capital moral accumulé par ceux qui nous ont précédés et qui ont construit certaines structures sur base d'une véritable vision éthique. Selon le *correct thinking* (pensée correcte) environnant, l'esprit pacifique, la solidarité sociale, les procédures démocratiques, la liberté d'expression, le respect des droits de l'homme, etc. font de notre culture politique une sorte de summum éthique. Toutefois, nos démocraties actuelles recèlent des éléments de faiblesse. Les plus significatifs sont probablement la surenchère démocratique et la perpétuelle remise en question des normes de la vie en commun au-delà de ce qui serait justifiée par l'évolution démographique, économique et culturelle.

Le *premier élément de faiblesse*, que nous appellerions *démocratisme*, est la poursuite de la démocratisation extrême, directe, participative, avec le minimum de délégation et de relais[500]. La démocratie actuelle est basée sur les médias, les sondages, la récolte de fonds pour les élections, les campagnes d'opinion et la participation par internet ou par la téléphonie mobile. Au plan idéologique, le démocratisme attribue une autojustification à toute expression et tout débat. C'est l'idéologie issue de l'École marxiste ou marxienne et en dernier ressort hégélienne de Francfort : dans le contexte actuel d'intense médiatisation de l'information et de la vie politique et sociale, cette idéologie prend la forme du *correct thinking* que nous connaissons. Notre démocratie médiatisée est en fait régie par ceux qui ont accès au discours, indépendamment non seulement de toute vérité, mais aussi de toute éthique. Par la manipulation de l'information et du discours on définit ce qui est éthique et ce qui ne l'est pas. Les thèses principales du démocratisme actuel pourraient être les suivantes :

- il n'y a pas de vérité de base (d'où les droits absolus de l'opinion);
- il n'y a pas d'impératif universel préétabli (tant l'individu que le législateur, moralement autonomes, ont le droit de revenir sur toute norme reçue);
- il ne reste que le respect des procédures sur base de la convention égalitaire (ceci constitue paradoxalement la dernière norme éthique qui se maintient, au moins formellement).

Sur le plan de la vie de tous les jours, si la morale est conventionnelle, il est inévitable que l'on s'écarte, petit à petit, de la morale reçue. Et pourquoi ne pas arriver à se dire qu'il n'y a pas de vraies raisons pour suivre une morale quelconque et que chacun n'a qu'à faire ce qu'il veut (ce qui se réduit souvent à suivre ses pulsions) ?

Quant à l'*autre élément de faiblesse* de notre système politique, d'ailleurs lié au précédent, il s'agit de l'(excessive) *incertitude des règles*. Aujourd'hui nos pouvoirs démocratiques, se donnent le droit de légiférer un peu sur tout, au risque de bouleverser continuellement l'environnement familial, naturel, urbain, culturel, économique (emploi, travail, fiscalité). Déjà les totalitarismes modernes, partant de conceptions égalitaires ou pseudo-égalitaires et s'appelant parfois démocratiques, n'ont mis aucune mesure dans leurs projets titanesques de créer un homme nouveau dans un environnement nouveau[501]. Nos systèmes démocratiques y parviendront-ils ? Rappelons, par contraste, que l'autorité attire le respect essentiellement en assurant la certitude et la stabilité du droit. Les rois du Moyen Âge, fondant leur autorité sur un principe de loyauté, se sentaient liés par des coutumes immémoriales. L'Islam a pour fondement ultime la croyance que Dieu seul peut donner une loi[502]. Quant à Aristote, il appelle *décrets* et *directives* les lois perpétuellement changées par des démagogues ou des tyrans, qui « portent chaque question devant le peuple », sur lequel ils exercent une influence spéciale[503]. Aujourd'hui on parlerait des médias.

*

L'antithèse essentielle au démocratisme n'est pas une dictature brutale, comme on le croirait, mais des principes moraux beaucoup plus engageants que la simple convention de faire ensemble les lois. En l'absence de pareils principes, qui pourrait jamais juger une assemblée élue démocratiquement, laquelle, par définition, ne peut faire que des lois plus ou moins bien balancées puisqu'elle offre à chaque communauté, groupe, classe et même à chaque individu de défendre politiquement ses intérêts ?

Les conceptions politiques et éthiques de l'École de Francfort rappellent la « volonté générale » de Rousseau et la « vertu civile » consistant à s'y conformer. Plus qu'une remise à l'honneur de l'équité, ce stade avancé de la démocratie qu'est le démocratisme est donc un pragmatisme, un activisme politique purement extérieur, se contentant des connaissances pratiques sur le terrain. Il peut ignorer, avec Kant, les vérités fondamentales qui permettraient de justifier une morale et il peut partager, avec Hegel, le déni de la finalité éthique ultime, lui suffisant le succès. Son canon culturel est la pensée *« liberal »*, couronnée aujourd'hui par le *correct thinking*, quel que soit leur avenir. Leur fond est le refus d'une vérité définitive assurant le vrai respect des personnes. Aujourd'hui, la qualité de la vie politique, et par conséquent de la vie tout court, dépend de plus en plus de la sphère de la communication, en particulier de la relation entre l'élite politique et économique et les médias. Face aux énormes moyens de manipulation de l'opinion publique, la survie même de nos sociétés ouvertes et démocratiques pourrait dépendre de la manière de poser la question de principe du vrai et du faux. En fait, si les opinions se valent et s'il n'y a pas de vérité, il ne reste plus que la pratique, la *praxis*, l'approche militante. C'est ainsi que par ses principes de base le démocratisme confère naturellement aux plus forts dans le discours le monopole de facto de la production de l'idéologie et de la proposition des modèles de comportement.

§ 107. Des sources de la pensée démocratique moderne

Ce n'est pas celui qui a la plus grosse bombe qui l'emportera dans les conflits de demain, mais celui qui racontera la meilleure histoire[504].

Faisons un pas en arrière pour situer l'appréciation actuelle du système démocratique et le débat concernant les opinions politiques dans un contexte historique et philosophique plus ample. Rappelons que depuis l'Antiquité la démocratie, l'aristocratie et la monarchie ont été considérées comme les trois formes fondamentales auxquelles on peut réduire tous les systèmes politiques. Aucune d'elles n'a été considérée comme parfaite : en fait la démocratie peut se corrompre en démagogie, l'aristocratie en oligarchie et la monarchie en tyrannie [505]. L'histoire nous présente différentes formes de démocratie : la démocratie tribale (quand elle existe) et celle de la *pólis* grecque, la démocratie monastique et celle des cantons suisses, la démocratie des cités marchandes du Moyen Âge et la démocratie de masse moderne. On a aussi discuté des mérites de l'une ou de l'autre forme de démocratie par rapport à l'idéal de la Monarchie Universelle (on pense à la *Monarchia* de Dante), mais il est clair – sans vouloir réduire les opinions aux infrastructures, comme le font les marxistes – qu'au cours des siècles ne disposant pas de moyens de communications faciles une démocratie étendue à toute une nation n'était pas concevable.

Ceux qui ont essayé de justifier le système démocratique se sont rendu compte que le système démocratique consiste largement dans le respect de certaines procédures. Cette conclusion suit une inspiration anglaise qui remonte au moins jusqu'à Locke (1632-1704). Et à la fin du XVIIIe siècle, la France, secouée par la Révolution, l'est aussi par le conflit entre le principe aristocrato-monarchique de légitimation du pouvoir et le principe démocratique[506].

Kant (1724-1804), de son côté, contribua aux développements idéologiques ultérieurs en énonçant ces postulats :

- il n'y a aucune vérité de base permettant de fonder une éthique ;
- toutefois le sujet, moralement autonome, est parfaitement capable de se donner une loi universellement valable (l'éthique kantienne se veut à la fois autonome et universaliste);
- l'impératif moral que notre conscience nous impose, traduit dans un langage simple, revient pratiquement à dire : « Faites pour les autres tout ce que vous voudriez qu'ils fassent pour vous[507] ».

Kant entendait simplement démontrer qu'il ne faut ni métaphysique ni religion pour affirmer et suivre une loi morale. Sa position trouverait même un appui dans ce passage de l'Évangile où il est dit que le jour du Jugement des justes s'étonneront d'être sauvés pour avoir été charitables, sans n'avoir aucunement pensé que dans les pauvres ils servaient le Christ[508]. En tout cas, Kant n'entendait aucunement défier l'ordre établi ou proposer des lois alternatives à celles issues d'une tradition chrétienne. Il entendait uniquement en changer le sens et la raison d'être, ce qui est beaucoup plus révolutionnaire.

Pour Kant, l'acte volontaire inspiré par la conscience morale exprime le pouvoir de la liberté, bien que Kant n'attribue aucune valeur normative à la finalité, de même qu'il ne conçoit aucun objectif ultime. D'une part, les principes actuellement en honneur de la libre pensée, de l'autonomie éthique, de la priorité du politique et de la morale laïque sont tout proches de certaines idées puisées chez Kant mais, d'autre part, il faut souligner l'incompatibilité entre l'universalité de l'éthique, essentielle pour Kant, et la conception des lois en tant qu'aboutissement de certaines procédures grâce auxquelles les lois, accueillies par convention, deviennent valables pour tous les citoyens. Alors que Kant propose un impératif sans raison d'être par *manque d'être*, si l'on ose dire, l'éthique « démocratiste » tend à rejeter l'universalisme éthique kantien et à revaloriser les convictions élaborées dans le contexte social concret, sur base toutefois du même refus kantien d'une vérité préétablie utilisable en éthique.

Enfin, sur le plan de la circulation de l'information, n'est-il pas paradoxal que l'autonomie éthique introduite par Kant pour sacraliser la morale, ait évolué jusqu'à devenir, d'une certaine manière, une justification du discours tenu par les médias ? Il est aussi certain que Kant n'aurait jamais voulu en arriver là, mais c'est bien ce qui s'est passé et les journalistes sont là pour nous rappeler quels sont le poids et le pouvoir de suggestion de ce qui est dit et répété. Certes, la décision concernant ce qui « passe » ou « ne passe pas » auprès du public ne revient pas exclusivement et immédiatement aux médias. Mais leur compétence professionnelle s'exprime précisément dans l'accompagnement et l'amplification des mouvements d'opinion de manière à obtenir le maximum de crédibilité (subjective) auprès des consommateurs de l'information. Il n'est pas toujours donné de lancer des nouvelles idées parce qu'il faut aussi tenir compte des précédents et des tendances. Les journalistes sont ainsi les victimes et, pour ainsi dire, les esclaves des tendances et du lieu commun qu'eux-mêmes ont contribué à imposer à l'information. Puisque le plus souvent cet « esclavage » est secondé par les journalistes eux-mêmes, on peut paraphraser Nietzsche lorsqu'il dit que, dans la mesure où ils ne se révoltent pas, ils méritent bien leurs chaînes.

*

Nietzsche lui-même se prévaut, comme Kant de l'impossibilité de donner une base cognitive à l'éthique mais, propose les deux éthiques réciproquement incompatibles du maître et de l'esclave. Au fond, toute forme de relativisme peut être considérée comme source de la gnoséologie et de l'éthique démocratiste.

Un bon exemple d'indécision sur le plan des idées est donné par l'ouvrage de Weischedel Le *Dieu des philosophes*[509], où il s'agit de démontrer que la « problématicité radicale » est la seule donnée de l'expérience. Par conséquent, conclut notre auteur, « ce qui précède » (le Dieu des philosophes, justement), l'*origine*, « d'où » vient la « problématicité », ne peut être ni personnelle, ni éternelle ni porteuse de sens, ni le contraire de tout ceci ; elle ne peut être conçue ni comme un être ni comme un non-être, mais elle se trouve en état d'oscillation (sic !) entre les deux. Aucune de ces situations ne peut être exclue. Et pourtant Weischedel parle d'une *origine*, d'un début, de ce qui précède, et de là il aurait pu tirer des conséquences. Que non ! Pour lui, l'intelligence humaine doit rester en état d'oscillation entre les différentes possibilités, sous peine de perdre sa liberté. Ses neuf-cent pages de la philosophie la plus pointue arrivent à la conclusion qu'il ne faut pas conclure, de peur de perdre sa liberté. Il laisse ainsi le lecteur « meurtri et défait ». Il y a lieu à se demander de quelle liberté il est question. Il est clair que derrière cette conclusion il y a un acte de volonté. La liberté se joue en tout cas, quelle que soit la décision prise. Le choix de la « pensée faible » c'est l'epoché (ἐποχή suspension du jugement), c'est-à-dire le fait de ne pas donner son assentiment, en alternative à l'engagement intellectuel en faveur de ce que l'on croit vrai. Ce serait comme si, face à une assiette de pâtes « trop bonnes pour être mangées », il fallait s'abstenir, de peur qu'en les mangeant on ne puisse plus ne pas les avoir mangés. Le mot de saint Grégoire de Nysse (vers 330-395) vient à l'esprit : « La sagesse profane est vraiment stérile, car elle est toujours dans les douleurs de l'accouchement, mais elle n'accouche jamais ».

§ 108. Le pragmatisme de Apel (1922-) et Habermas (1929-) : l'éthique comme simple communication

Le *pragmatisme transcendantal* est une théorisation et une application dans l'arène politique du principe d'autonomie éthique, en vue de la conciliation des volontés[510] souveraines. Il s'agit de la doctrine proposée par Karl Otto Apel selon laquelle la solution de la question éthico-politique est donnée par l'action, c'est-à-dire par l'adoption des procédures démocratiques : en conséquence sa philosophie est appelée *pragmatisme*. Selon Apel, cette solution est trouvée par la conscience à l'intérieur d'elle-même, sans besoin d'aucune fondation, autorité ou vérité extérieure. De la sorte, l'acceptation de la discussion constitue un principe éthique absolu, *a priori* d'où le qualificatif de *transcendantal* attribué au *pragmatisme* de Apel.

Jürgen Habermas s'accorde avec Apel dans le recours aux procédures démocratiques : sa philosophie est donc encore une forme de pragmatisme mais, selon Habermas, il n'y a pas de fondement gnoséologique, éthique ou ontologique, sur lequel on puisse appuyer une justification de la méthode démocratique. C'est tout simplement dans le débat politique, selon les procédures démocratiques, que se déterminent à la fois la ligne politique, les valeurs sociales et les lois. Et c'est dans le débat politique que s'exerce « l'action corrective de l'éthique de la communication[511] » et se forment ces convictions « bien pesées[512] » qui assurent le respect des lois.

S'il y a une norme éthique, elle se résume dans l'acceptation de l'échange des arguments sur base égalitaire. Pour Habermas, cette règle empirique est à son tour soumise à la discussion ; elle est révocable (éventuellement falsifiable, au sens de Popper, grâce à des expériences ultérieures) comme toute théorie scientifique. Pour lui, il n'y a d'universel que la discussion sans autre préalable (c'est elle le préalable, du reste arbitraire) et c'est ainsi que le *pragmatisme* de Habermas est appelé *universel*.

On reprend ici ces trois types d'objections à la généralisation du dialogue, en partie déjà proposées :

- l'échange d'opinions ou d'arguments n'est jamais égalitaire parce que, d'une part, le niveau de préparation des interlocuteurs et, d'autre part, les moyens dont ils disposent pour se faire valoir (journaux, chaînes de télévision, maisons d'édition, ressources financières, réseaux de relations, instruments de communication) diffèrent forcément ;

- le succès dans le débat signifie tout simplement que l'on parvient à diffuser une opinion, à gagner une élection, à faire passer une loi (et cela est un fait divers en rapport avec les procédures adoptées et avec le contexte), mais le succès ne garantit d'aucune manière la valeur esthétique, l'utilité, la viabilité et encore moins la moralité de la solution gagnante (peut-on encore appeler éthique la simple prise en compte du fait accompli ?) ;
- enfin, s'il n'y a pas de vérité, non seulement le débat d'idées perd son sens (quelle thèse peut-on encore défendre, pourquoi et par quelle suite d'arguments et par quelle organisation des arguments ?), mais il ne peut non plus y avoir un rapport discernable entre les intérêts que l'on prétend défendre et les moyens pour les servir efficacement (dans ce cas, comment construire un discours qui soit à propos ?).

L'assimilation la plus préoccupante est celle du processus (démocratique) d'institutionnalisation des normes au processus éthique : toute loi établie selon les procédures démocratiques serait moralement irréprochable. Non seulement une telle tendance apparaît chez des philosophes comme Habermas et Apel, mais elle est désormais proposée au grand public.

*

Et pourtant, en hommage à un certain rigorisme démocratique et en application du principe qu'il faut exclure toute conviction « soustraite aux exigences de l'argumentation », on pourrait aller jusqu'à reprocher à Habermas sa « présomption d'un monde commun [représentant...] l'idée régulatrice d'une communauté de communication » [513]. Et on pourrait également s'en prendre à Karl Otto Apel lorsqu'il parle d'abord l'anticipation « contrefactuelle » de la communauté idéale de communication et puis de la « survie de la communauté réelle de communication[514] », c'est-à-dire qu'on pourrait lui reprocher l'accueil de préalables incompatibles avec la netteté d'une éthique de la discussion strictement pragmatique.

Alors que selon la tradition kantienne, le sujet isolé peut toujours reconnaître un impératif en dehors de toute interaction sociale, pour Marc Maesschalck le paradigme de la subjectivité, qui « a fondé une éthique conventionnelle basée sur l'acceptation a priori d'un sens des normes », serait épuisé, alors que celui de la communication serait « en plein essor[515] ». Ce triomphalisme dans l'appréciation de certaines philosophies ou philosophes (Habermas par rapport à Kant) ne fait que tenir compte du succès, d'une durée plus ou moins longue, de certaines formes sociopolitiques et culturelles par rapport à d'autres. Quand on n'est pas intéressé aux principes, il ne reste, en fait, que l'observation attentive du type d'attitudes dominantes pour s'y aligner. Dans cette optique, l'impératif de la discussion peut être proposé, sans toutefois engager la « responsabilité à l'égard des conséquences, au sens d'une éthique de la responsabilité préoccupée par l'histoire[516] ». Habermas lui-même dit que « la discussion pratique n'est pas un procédé destiné à produire des normes légitimées, mais à tester la validité des normes qui sont examinées à titre hypothétique ».

Pour Habermas, en particulier, afin de garantir l'interaction pragmatique, il faut éviter l'erreur du fondamentalisme transcendantal consistant à s'engager dans le dialogue avec des présuppositions hypothétiquement universelles (autres que l'intérêt au dialogue indépendamment de son contenu et de ses résultats). À propos de ce dernier *caveat*, on peut se demander si pour notre auteur, l'erreur consistant à avancer des présuppositions universelles soit d'ordre spéculatif ou éthique.

À notre sens, toute déclaration concernant l'éthique – et indubitablement motivée par des raisons éthiques – engage également dans l'ordre spéculatif. Il est vrai, comme nous l'avons vu avec Wittgenstein, que le langage ne se limite pas aux propositions vraies ou fausses. Il peut aussi indiquer sans représenter : c'est le cas des mots de louange, des imprécations et des ordres, ainsi que de l'expression d'émotions, de désir, de choix. Mais à un stade successif, quand on précise quel ordre a été donné et ce que l'on a ressenti ou exprimé, le discours relève du vrai et du faux. Ainsi, quand on vient à théoriser sur l'éthique, toute déclaration qui ne soit susceptible d'être vraie ou fausse, est insignifiante. Et, comme toute autre opinion, elle engage moralement celui qui la soutient.

Si la connaissance est déconnectée de toute nature, de toute réalité, de toute vérité et, pour finir, de toute raison d'être, pourquoi ne pas établir, même sur le plan de la logique, du discours et des convictions, que l'on puisse s'exprimer, argumenter et penser comme l'on préfère, et tant mieux si le message, tout faux, pervers ou insignifiant qu'il soit, « passe » à travers les canaux médiatiques ? En fait, de toutes les expressions de la liberté pour la liberté, celle de la liberté par rapport à la vérité est la plus défiante et la plus transgressive car, elle empêche pendant un long temps de se donner un style de vie marchant dans le droit chemin.

*

Ayant exclu du camp de la discussion ceux qui n'acceptent pas la mort de Dieu – Dieu étant le garant d'un ordre supérieur à toute communication entre les hommes – à un certain moment Habermas s'est rendu compte que de cette manière il risquait de ne pas voir comparaître à la table des négociations des interlocuteurs très importants, comme les tenants d'un Islam radical, importants non pas pour ce qu'ils ont à dire, mais pour ce qu'ils peuvent faire.

Les mouvements – partis, sectes, religions – conduits par une vision qui implique la prise du pouvoir identifient la justice avec leur triomphe, que ce soit pour établir la *charî'a*, la propriété commune des biens de production ou la supériorité d'une classe, d'une ethnie, de certains mœurs. Bien qu'animés par une idéologie, ils n'acceptent pas de donner des raisons de leur action, ne s'exprimant que par la violence. Même Dieu peut être invoqué pour fomenter la haine.

Si Habermas et Apel ont établi leurs doctrines pour faciliter la recherche de la paix, probablement ont-ils mal compris l'homme, pour lequel non seulement la discussion – mais aussi la guerre peut être un objectif en soi. Nous tous avons intérêt à comprendre assez rapidement que la guerre peut être un but déguisé en moyen.

§ 109. Pourquoi la communication au nom de la liberté (de pensée, de parole) ne suffit pas pour satisfaire des exigences éthiques ?

Entre le fort et le faible, entre le riche et le pauvre, entre le maître et le serviteur, c'est la liberté qui opprime et la loi qui affranchit.

LACORDAIRE (1802-1861)

Comme il n'y a aucune raison pour que le relativisme engendre automatiquement une éthique du dialogue, il n'y a aucune raison non plus pour qu'il engendre une éthique de la solidarité. Si on n'est pas en mesure de tirer des conséquences fermes de notre propre désir de vie, pourquoi devrait-on apprécier le point de vue d'autrui ou respecter son désir de vie ? Il semblerait plutôt logique qu'un sceptique devienne cynique et que seulement une vision assurée du vrai et du faux puisse permettre de prendre en considération aussi son prochain. Toutefois, quand un relativiste est « engagé », comme l'était Russell, et tient fortement à ses projets sociaux, politiques, éthiques, on se demande en quoi il est encore relativiste, car du relativisme on devrait tirer le nihilisme plutôt qu'un heureux engagement.

En fait, le laïc, souvent relativiste, a une vision du politique très affirmée et montre dans son engagement public beaucoup plus de résolution que bien des croyants. S'il fait confiance à la méthode démocratique moderne, basée sur la liberté d'expression, c'est qu'il se sent fort dans l'emploi de la communication. Mais peut-on dire que les médias, la simple liberté d'expression, voire le consensus résolvent le problème de la communication, alors que l'on sait – si la comparaison est permise – que le libre marché ne peut pas assurer l'optimum économique ?

Que ce soit dans le domaine de la sociologie, de la politique, de l'éducation, de la psychologie, de la psychanalyse, de la philosophie morale ou de la religion, il faut toujours avoir à l'esprit la possibilité qu'à partir d'un certain moment le dialogue cesse d'être utile voire possible. Que font-ils ceux qui proclament les droits absolus du débat, censé représenter l'approche adéquate à tous les problèmes, la solution des tensions, l'instrument de la détente ? Lorsqu'un véritable dialogue ne s'amorce pas, par leur avis ils incitent à persévérer même sur de fausses pistes, et donc ils contribuent au malentendu et indirectement à un certain désordre. En fait, un dialogue qui n'est pas franc peut constituer une source positive de corruption pour des jeunes ou pour des gens prêts à apprendre par des exemples. Il donne aussi des opportunités au juridisme, à la politique politicienne, aux adulateurs, aux sectaires, aux activistes, aux nihilistes.

Il faut être prêt à arrêter le dialogue, non seulement parce que l'un ou l'autre des interlocuteurs pourrait refuser ou manipuler la communication, mais aussi parce qu'il y a des valeurs au-delà du dialogue, que le langage peut manifester, indiquer, exprimer, mais non pas représenter, au sens de Wittgenstein. Il y a une valeur du silence, du sous-entendu, du mystère, du rythme nécessaire à chacun pour clarifier son point de vue et pour décanter ses décisions. En matière de décision, en particulier, il faut se rappeler qu'au-delà de la sensibilité et de la raison, qui constituent le terrain le plus propre au dialogue, il y a l'esprit, l'attention à ce qui est éternel, le sens de la destinée, que le simple débat ne peut épuiser. Si la discussion peut disposer l'attention à ce qui a un sens plus profond que le simple échange verbal, il faut aussi que l'on sache quand cette discussion a rejoint ses limites et accompli son rôle.

*

La liberté est certes une condition pour de grandes choses, mais elle nécessite un objectif. D'ailleurs le critère de la liberté pour la liberté, avec la seule limite de ne pas empiéter sur la liberté des autres, dans notre société s'articule en deux grands principes :

- que l'homme nécessite pour son bien être – ou en tout cas doit viser – la plus grande *autonomie de décision*, sans autre objectif (à la limite il doit se laisser conduire par la volonté aveugle qui l'habite, au sens de Schopenhauer, volonté sur laquelle ou contre laquelle il ne peut rien) ;
- et que – probablement encore une fois pour son bien-être, sa satisfaction et son propre accomplissement –l'homme doit s'arrêter devant l'expression de la liberté des autres (comme si dans ces perspectives on pouvait encore *imposer une limite* à respecter).

Ces deux principes, au sein de notre culture médiatisée, figurent donc comme les principes suprêmes, même si leurs défenseurs les plus déterminés ne voudraient pas les appeler des vérités d'ordre éthique. Échapperaient-ils, de la sorte, à toute critique ? En fait, ces principes dérivent d'une culture protestante favorable dès le départ à la liberté religieuse et craignant que des développements métaphysiques interfèrent avec la foi. Le principe de la liberté pour la liberté est agrémenté actuellement par toutes les simplifications qu'apportent la culture *« liberal »*, les médias et les faiseurs d'opinion.

Que la liberté serve à l'homme, « pour son bien-être, sa satisfaction et son propre accomplissement », voilà une opinion qui n'a pas besoin d'être précisée, voire justifiée. Et ceci sans parler de vérité au sens universel. (Y aurait-il autre chose que la vérité propre à chacun ?!)

D'ailleurs, le fait de proposer – en tant qu'éthique citoyenne, démocratique et pluraliste – le critère du maximum de liberté individuelle, jusqu'à la limite de la liberté des autres entraîne de véritables paradoxes.

En premier lieu, dans une *optique pluraliste*, aucune finalité n'est définissable : la liberté devient alors simple indifférence au contenu du choix. Il n'est plus question d'éthique à proprement parler parce que, dans cette optique, rien n'est justifié par des principes.

En deuxième lieu, si l'on ne sent pas le besoin d'établir quelles sont les sphères de liberté réservées à l'individu on n'a plus aucun critère permettant de tracer la ligne de démarcation entre les libertés privées et publiques. L'esprit de permissivité se propage alors depuis l'ordre des idées jusqu'à la vie pratique (et vice-versa).

La simple règle de la plus grande liberté pour tout le monde n'offre ni limite, ni mesure, ni correctif pour qu'on arrête l'exercice de sa propre liberté personnelle là où devrait commencer la liberté des autres. On doit alors recourir à la formule démocratique, qui ne peut toutefois convaincre celui qui réfléchit sérieusement. Dire : « La majorité décide » c'est confier l'éthique aux *procédures* : que le meilleur gagne !

En fait, comment inviter à se limiter – devant la liberté des autres – l'individu dont on a exalté la liberté comme indétermination ? La chose est difficile parce que l'aspiration à la liberté est implacable et toute limite offense le sens même de sa quête : une fois la liberté établie comme critère éthique, on ne saurait plus déterminer où s'arrêtent ses revendications. L'individu pourra se soumettre par crainte de la loi, mais en tant qu'homme libre (privé de retenue), il ne se sentira tenu à rien. Il n'y aura alors qu'une solution pratique : *la force de la loi*.

Or, l'établissement des normes ne forme qu'un volet très partiel de l'éthique. L'autre volet est celui des raisons ou motivations – intérieures, naturellement – pour obéir à la loi morale (=sens de l'obligation morale).

Au nom de la seule liberté – si ce n'est que cela qui compte – chacun dans son for intérieur limitera la morale au droit. Si l'on doit se plier à la loi on se sentira encore en droit de la contourner, détourner et utiliser à des fins particulières. En juin 1978, dans son allocution à Harvard, Soljenitsyne stigmatisait notre prétendue *éthique citoyenne*, en concluant : « Le droit positif a englouti la morale[517] ».

Et, pourtant, la morale est proportion et il faudrait à chacun des critères autres que celui de la liberté pour la liberté, sans mesure. Toute la finesse consiste justement à réaffirmer, d'une part, le goût bien compréhensible de la liberté et, d'autre part, à fixer les limites de la liberté de chacun, en premier lieu par rapport à sa propre personne – corps, âme et esprit – et ceci, bien sûr, sur d'autres bases que la simple revendication de faire ce que l'on veut. Ce qu'il faut c'est un principe de proportionnalité permettant d'établir sur une base solide les règles régissant les rapports interpersonnels.

Dans le contexte de la postmodernité, faire ce que l'on veut signifie – de plus en plus – obéir aux charmes des médias et de la publicité (sublimés éventuellement sous le nom de démocratie pluraliste et de société de consommation), sinon des gourous et des sectes. Et ce n'est pas un hasard que les grands défenseurs de cette liberté soient souvent des journalistes, des politiques, des grandes compagnies aux intérêts douteux ou trop transparents, ainsi que des sectaires et même des criminels ou des terroristes qui savent comment en profiter. Où s'arrête donc le droit de s'exprimer et d'exercer éventuellement une influence ?

Après tout, il ne faut jamais oublier qu'en démocratie l'élu est là parce qu'il a su jouer de son charme ou de son charisme ! Sur base de cette considération, peut-on dire que le rapport élu-électeur basé sur les promesses électorales soit un contrat tout à fait rassurant ? D'un côté il y a des promesses sans un vrai engagement, de l'autre la méfiance substantielle et le manque de respect croissant envers toute autorité, tout pouvoir, toute représentativité.

La modernité – ou mieux la postmodernité – est définitivement la rupture du rapport entre l'éthique et la vérité, avec de gros problèmes pour les deux. Selon ce que l'on vient de développer, on peut conclure que cette rupture a eu lieu par une escalade du puritanisme de la liberté.

§ 110. Le critère du « vécu » et l'éthique contextualiste n'assurent pas pour autant une communication dans la vérité

Si tu es habile de tes mains, tu seras esclave ; si tu es habile de ta langue, tu seras roi.

PROVERBE ÉTHIOPIEN

La nouvelle éthique démocratique est essentiellement l'éthique de la discussion. Selon cette éthique, le dialogue n'est pas tel si les participants au dialogue admettent déjà un fondement de leurs opinions. La nouvelle rationalisation, par le dialogue, du monde vécu récuse donc un sens « pré-ordonné » : celui-ci doit être considéré comme quelque chose de parasitaire, d'arbitraire. Selon cette vision démocratique, on voudrait que les nouvelles convictions manifestent notre « rapport originaire à la vie », c'est-à-dire qu'elles soient des dispositions cognitives fondées sur nos vécus en fonction d'une fidélité à la vie qui nous décentre vers les autres. Ces convictions naîtraient ainsi en même temps que l'espace démocratique qui est leur site naturel. Par cette approche, on présuppose que toute l'éthique se récapitule dans le social.

À titre de première critique, il faut dire que l'approche par le « vécu » peut déboucher tant sur le communautarisme traditionnel que sur le cosmopolitisme, sur la tolérance que sur le rejet de l'autre, sur le vitalisme subjectiviste du Surhomme nietzschéen que sur l'ouverture d'esprit la plus démocratique, sur le défoulement des pulsions que sur la discipline des mœurs. Si l'attention se limite aux manifestations les plus visibles du vivant, on manque les questions de fond : le désir d'un sens, de ce qui demeure pour l'éternité.

Quelle est la proposition éthique à partir du vécu ? Si l'on s'en tient simplement à la notion du vécu on reste évidemment sur sa faim car, au fond de nous-mêmes il y a une béance, le besoin d'un sens. Cette recherche d'un sens peut nous ramener vers d'autres vécus. Et pourtant, si l'on se borne à la logique du vécu, tous les arguments en faveur des autres individus ou des différentes cultures sont ramenés à l'horizon culturel particulier de celui qui s'exprime[518]. Ils ne pourraient être « universalisés » qu'à l'aide d'une autre culture plus ouverte. Il est clair qu'une exigence de ce genre entraîne le paradoxe de la course à l'infini. C'est ainsi que, faute de pouvoir exprimer un sens valable en soi, la culture du simple vécu s'exprime par un art à la recherche de l'authenticité, mais risquant toujours d'aboutir à l'insignifiance.

En appliquant une logique semblable, on pourrait douter également de la valeur de vérité du contenu de nos convictions, qui forcement ont mûri dans l'espace renfermée de nos idéologies. Si elles sont tout simplement ramenées à leur genèse, au vécu au sens sociologique, voire psychologique, elles peuvent être vidées de leur vérité. Notre horizon sémantique[519] serait la limite mentale qui nous est imposée par notre vécu, nos expériences et notre culture. Sur cette lancée, on pourrait appliquer, de manière totalement inappropriée, la réduction généalogique aux croyances, toujours suspectes pour la culture moderne et surtout postmoderne. Comment réagir, au nom de l'ouverture à tout (*ad omnia*) de l'esprit humain ? On aurait envie de dire que l'on n'en sort que par la preuve de l'existence de Dieu dans l'ordre gnoséologique : Dieu en tant que principe de toute vérité.

*

La nouvelle éthique démocratique est contextualiste, c'est-à-dire elle se veut l'expression des circonstances variables. Pour l'éthique contextualiste il n'y a pas de fondement possible : ce n'est plus que le fait accompli qui compte. C'est donc la réduction de l'éthique à l'histoire, au fait accompli (Hegel), grâce à quoi tout (re)devient politique. Si l'aboutissement n'était que le système démocratique, il n'y aurait rien d'inquiétant en soi. Toutefois, une formulation possible du contextualisme est la suivante : « Pas de vérité (préétablie) concernant les autres, mais en même temps rien que les autres en éthique ». Si la politique n'est pas appelée à être une sorte de communion dans la vérité, comment empêcher qu'elle ne dévore l'éthique ? Le paradoxe de l'éthique contextualiste est, d'une part, de ne pouvoir rien dire sur la nature humaine, sur le destin de l'homme et sur la raison de lui prêter de l'attention mais, d'autre part, d'aspirer à lier l'individu par la communication avec d'autres personnes. Ne s'agit-il pas là d'une éthique contradictoire ? La seule voie exempte de paradoxes en la matière semble être celle qui présuppose :

- la connaissance immédiate (on voudrait dire candide !) du réel ;
- le jeu du libre arbitre, c'est-à-dire la pleine responsabilité lors de la formation de nos opinions ;
- une éthique basée sur l'amour (essentiellement sur l'amour que Dieu nous porte).

Pour dire tout cela, il faut que quelque part subsiste encore un grain de vérité, sans quoi il n'y aurait plus rien à dire. Dès que l'on parle, il y a une vérité en jeu, que ce soit la vérité des propositions par les quelles s'expriment les convictions ou la vérité de leur traitement par un métalangage. Ceux qui ne donnent pas assez d'importance au langage du premier niveau (ou essayent de le vider de son sens) pourraient-ils prendre au sérieux l'un ou l'autre des métalangages explicatifs plus loin dans la chaîne ? En fait, si le contextualisme démocratique est un métalangage qui considère les discours métaphysiques, éthiques ou religieux comme des langages d'un ordre inférieur, qu'il faut interpréter, il se peut – du point de vue purement formel – que ce métalangage demande à son tour un autre métalangage interprétatif et ainsi de suite. Certes, tous ces langages ou métalangages prétendent dire quelque chose – et quelque chose de vrai – sans besoin d'être interprétés à l'infini (parce que sinon ce ne serait pas la peine d'exprimer des convictions). Il est quand même intéressant que des branches apparemment si distantes de la philosophie moderne comme l'herméneutique, le néopositivisme et le freudisme risquent l'interprétation infinie.

On pourrait appliquer au critère démocratique lui-même le critère démocratique de la perfectibilité des convictions par la discussion sur base égalitaire. On verrait alors ce même critère réduit au rang de simple opinion. Comment, au fond, appeler vérité ce qui n'est qu'une convention à la base des procédures ?

Même le relativiste le plus résolu n'appliquerait jamais le relativisme à la plomberie de sa maison, à ses comptes en banque et à sa santé, car sans la vérité, rien n'est en ordre. Ceci est évident pour les plombiers, les comptables et les médecins, tout au moins dans l'exercice de leur profession. Mais il est moins clair pour ceux qui « spéculent » sur la relation entre la tolérance, le sens du relatif et les convictions nées de la discussion ; ou qui voient dans le doute un chemin de vie stimulant plus qu'une mesure de prudence et un instrument pour découvrir la vérité. Toutes ces élucubrations tombent à vide lorsqu'il n'y a pas de vérité, car sans elle on ne peut plus rien exprimer et il n'y a même plus de dialectique de la découverte.

L'abus des slogans du genre « l'orgueil de posséder la vérité », « la vérité en tant que source de violence », « la prétention de juger les convictions d'autrui » indique le manque de cette « sincère volonté de vérité » sans laquelle on ne la prendra jamais en considération. C'est à propos du goût de la vérité, de la rencontre dans son for intérieur entre « la charité et la vérité »[520], que se situe la différence entre un homme et un autre homme. L'attitude par rapport à la vérité est en fait suggérée par un désir de véritable vie, c'est-à-dire par une forme de charité (d'abord envers soi-même). Naturellement, ces affirmations valent seulement en tant que principes généraux, parce que nous ne pouvons pas discerner les dispositions des individus, peu importe le discours qu'ils tiennent sur la vérité. C'est déjà bien si nous entrevoyons où nous en sommes nous-mêmes.

CONCLUSION.

APOSTASIE PAR DÉFAUT DE COMPLÉTUDE (PAR LE REFUS DE L'AMOUR)

Voici des conclusions (et des questions) que nous présentons sans aucune prétention d'établir une hiérarchie :

- on peut faire des analyses brillantes, mais la synthèse peut être absente, insuffisante, désastreuse ou désespérante (Heidegger, Nietzsche, Marx, Schopenhauer, par exemple) ;
- il y aura toujours ceux qui verront le monde et l'humanité traîner d'une phase de progrès à une phase de corruption et de corruption en régénération sous la loi du hasard et de la nécessité, à travers une répétition infinie (plus ou moins précise, plus ou moins approximative) de ces alternances d'expansion et de chute, dans le grand et dans le petit, dans le lointain et dans le plus proche, sans autre but (Trimurti indienne, gnosticisme, panthéisme de Giordano Bruno, panlogisme de Spinoza, pessimisme de Schopenhauer, cycles éternels de Nietzsche) ;
- mais pour quelle raison tout doit être temporel (« temporalisation » de Heidegger), spatio-temporel (scientisme), et rien ne doit se trouver en dehors du temps, pour l'éternité (certes on ne voit rien de pareil, mais à quoi « servent » l'intelligence, la raison et l'esprit si ce n'est pour voir au-delà de l'espace-temps ?) ;
- est-il possible que la nature physique se renouvelle perpétuellement, selon le schéma du hasard et de la nécessité –

sans que rien ne soit créé ni détruit – mais que la personne humaine, l'identité individuelle, périsse à jamais ? N'y a-t-il pas une unité et unicité de la personne, grâce à une forme essentielle donnant, selon Edith Stein, l'individualité comme qualité singulière non reproductible de chaque individu ?

- avec l'encouragement démocratique, la liberté – expression suprême de la nature humaine – aujourd'hui est vue trop souvent comme la liberté de « faire ce que l'on veut », c'est-à-dire d'obéir aux pulsions, au nom de sa propre liberté, malgré l'appel – moralement injustifiable dans le contexte culturel du moment (voir Apel, Habermas) – au respect de la liberté des autres ;
- par contraste, il y a toujours un sursaut de liberté entendue comme « vouloir ce que l'on fait », avec des prises de décision en fonction d'un but – et parfois de la Fin ultime ;
- la raison occidentale, nourrie par quatre ou cinq siècles de revendications d'une liberté sans autre objectif, s'est manifestée dans les grandes révolutions européennes : contre l'utilisation de cette même raison en matière religieuse (Luther), contre l'autorité du prince en matière religieuse (puritanisme), contre la religion en matière morale (Lumières), contre toute morale hors de la politique et surtout sans aucune morale dans la politique (marxisme) ; cette même raison pourra-t-elle accepter à nouveau le gouvernement divin du monde, que l'iconographie chrétienne représente comme une sphère dans la main de Dieu ?
- en fait, bien que la physique moderne compte par des chiffres avec plusieurs zéros le nombre des particules dans l'univers ou, si l'on préfère, dans l'espace-temps en expansion, il faut que l'univers dans lequel évolue l'individu au destin éternel soit « petit et compact », c'est-à-dire qu'il soit fini, parce que dans l'infini on se perd (l'*univers infini* a été excogité pour qu'il perde son *sens éternel*).

§ 111. Dans ce contexte, quelle place pour la vérité ?

Truth broken into suitable pieces[521].

À la fin de cet ouvrage, comment nous apparaît-il ce monde intellectuel et éthique dans lequel nous vivons ? Depuis la Renaissance, la mutation, pour ainsi dire anthropologique, qui a réduit notre capacité imaginative, poétique, mystique, ne nous a pas rendus plus aptes ou mieux disposés à voir clair, malgré tant de prétentions rationalistes, scientifiques, utilitaristes. Si nous ne parvenons pas à voir l'essentiel par un regard d'ensemble, nous ne pourrons pas non plus reconstituer l'unité par la simple addition des détails. La notion même de vérité semble effrayer notre société et, en fait, on trouve aujourd'hui les raisons les plus extravagantes pour la combattre. Elles vont du pacifisme, au pluralisme, à l'appel à la lucidité. On dit que la vérité est la cause de (toute) arrogance, intolérance, violence. On se dit prêt à respecter les diverses opinions individuelles parce que, au stade où nous en sommes de relativisme, de consensus mou, de démocratie de la démission, on voudrait tout simplement la paix. Mais alors comment accepter réellement les opinions des autres en tant que convictions ? D'une part, cela reviendrait à les reconnaître comme des vérités et, d'autre part, elles seraient souvent logiquement incompatibles avec d'autres opinions que nous devrions respecter. C'est qu'il nous coûte excessivement d'engager notre intelligence dans l'affirmation d'une vérité quelle qu'elle soit. Une *Nouvelle petite philosophie* récemment publiée déclare que le souci, le service et le culte de la vérité sont contraires à la lucidité laïque, progressiste, scientifique. Cette lucidité ne peut admettre que des convictions problématiques, provisoires, à l'essai. La politique, la culture, la dignité même de l'homme réclameraient le règne du dialogue et du doute, auquel il faudrait disposer les esprits à partir de l'école. Mais quel est le sens de ce formidable programme, qui se situe au-delà de la vérité, et quelle responsabilité peut-il engager quand ses fondements intellectuels vacillent ?

Une toute autre tradition, notamment religieuse, voit l'adhésion à la vérité comme la confirmation et le couronnement – pour l'individu et pour la société – d'un effort de clarification intellectuelle, de purification éthique, de réalisation de son être. Et pourtant, dans un ouvrage récent, Chantal Delsol[522] montre que ce souci de vérité, caractéristique traditionnelle du monde occidental, non seulement tend à disparaître de notre culture, mais que le relativisme est, à travers le temps et l'espace, le caractère normal des civilisations parvenues à leur maturité. Notre société n'est plus tellement intéressée à la vérité, bien qu'elle y ait été éduquée à travers des siècles par la science moderne, la foi judéo-chrétienne, le droit romain et la philosophie grecque. Que des cultures pressées par les exigences de la survie soient utilitaristes, cela se comprend aisément, mais aujourd'hui nous avons dépassé même la phase de la réduction intellectuelle du vrai à l'utile (c'est-à-dire que nous sommes au-delà du pragmatisme gnoséologique). Nous tendons à la phase commune à d'autres civilisations – sophistiquées et brillantes à l'apparence mais décadentes – pour lesquelles une vraie autocritique, un tonus moral et un certain engagement constituent un effort, une aliénation et une perte de liberté insupportables. On dirait que la recherche scientifique est désormais en fonction de l'économie, qu'un juridisme procédurier tient lieu de la classique promotion de l'équitable et qu'un multiculturalisme enrichi des mythes du *correct thinking* remplace désormais l'Alliance traditionnelle entre Dieu et l'homme.

A l'heure actuelle, dans notre culture, certaines exigences de la vérité – notamment les exigences de prendre en compte les objections, d'appliquer toute la rigueur de la critique et de ne pas affirmer trop vite – en ont dévoré d'autres, telles l'univocité de la vérité, sa stabilité, la responsabilité morale d'y parvenir et de la respecter. Notre culture dévalue les capacités cognitives de l'homme au nom de la liberté d'opinion et l'on dirait que des inquiétudes artificiellement induites se reproduisent par mimétisme culturel, exactement comme les inerties, les redondances et les parasitismes dans les phénomènes physiques.

Bref, l'épistémologie que sous-tend cet ouvrage équivaut à une réfutation du relativisme. On y chercherait en vain l'originalité d'une nouvelle logique. La nouveauté n'est que celle des défis qu'il faut prendre en considération en essayant d'y réagir. À la fin, la réaction doit s'articuler autour de deux axes :

- sur le plan des clarifications, la question de la vérité comme souci de sincérité prendra tout son sens face à la surinformation et parfois à la désinformation par les médias, lesquels dominent notre vie sociale et influencent plus particulièrement la sélection de nos élites politiques ;
- sur le plan des principes, cette conclusion essayera de dégager le style du catholique qui absorbe le scandale de ses propres fautes, des horreurs de l'histoire et de la corruption de l'Église.

C'est bien la spiritualité de la Croix, à laquelle il est difficile – ou trop facile – de se soustraire en déclarant avoir pris les distances de tout ceci

*

Le chrétien ne croit pas en Dieu par la force de tous ces raisonnements philosophiques, mais il croit en la personne de Jésus : par le témoignage constant qu'en donne l'Église dans la puissance comme dans la persécution, par les miracles, par l'exemple des saints et par la promesse d'une éternité de bonheur qui, dès à présent, nous immerge dans la joie. Naturellement, certains disent que les gens se convertissent en fonction d'une aide financière ou de l'assistance dans la carrière, comme c'est fréquemment le cas pour l'adhésion à la franc-maçonnerie. Peu importe qu'une véritable conversion soit due à des faits concrets, touchant aux intérêts, aux sentiments ou à la raison, pourvu qu'apparaisse le même Jésus-Christ déclarant: « Celui qui m'a vu, a vu le Père[523]. » Ce témoignage « est épuisant et réclame de se mettre soi-même en jeu ».

Quant à l'efficacité de la philosophie, on dit couramment qu'elle ne sert à rien parce qu'elle n'arrive à aucune conclusion partagée, alors que tout le monde est d'accord sur la science. C'est un peu comme dire que depuis des millénaires on se plaint de la corruption de son temps. En fait, on peut trouver dans le passé le plus reculé des périodes de décadence, où cette plainte non seulement était formulée, mais elle était aussi bien fondée. Dans d'autres périodes, par contre, cette plainte n'avait pas les mêmes justifications et, lorsqu'elle était exprimée, relevait simplement d'un esprit chagrin. La thèse centrale de cet ouvrage est qu'un courant de la philosophie moderne, voué à la liquidation des preuves de l'existence de Dieu, c'est-à-dire à l'élimination de tout discours rationnel concernant le fondement du vrai, du bien et de l'être, est parvenu à s'imposer. Mais l'effet collatéral a été la mise en échec de la logique (aristotélicienne), de la morale (chrétienne) et – dans le cas extrême – même de la reconnaissance de réalité (de l'être). C'est en ramenant tout à la conscience humaine qu'une partie de la philosophie moderne a posé le plus grave défi à la foi et c'est surtout par l'inspiration protestante qu'à travers les siècles les penseurs occidentaux ont développé une certaine intransigeance de l'intériorité ou de la conscience.

Rappelons, par contraste l'intériorité selon saint Augustin, qui a inspirée l'essentiel de la pensée du Moyen Âge jusqu'au seuil du XIIIe siècle, et plus tard la « résistance » de l'Église catholique à la science moderne dans le but de garder à l'intériorité ses dimensions naturelle et surnaturelle dans le respect des distinctions et des possibilités de conciliation. Par contraste, le protestantisme a établi une barrière entre les deux dimensions du naturel et du surnaturel.

Même au point de vue catholique il est clair que Dieu seul donne la foi, par grâce, mais la grâce n'exclut pas l'emploi de la raison, même à propos de ce don. Le programme, d'abord protestant, d'exclure la raison dans les questions religieuses et de principe a ouvert le chemin à la fois à l'*irrationalisme* substantiel de la logique de la négation ou des contraires de Hegel, à l'*opportunisme* des tenants de cette dialectique, à la *violence* de Nietzsche et au travail de *déstructuration* de la part d'auteurs comme Derrida.

Comme quoi la question religieuse – abordée sous l'angle protestant, laïque ou antireligieux – a conditionné l'évolution de notre philosophie sur cinq siècles. Une fois abandonné l'emploi de la raison dans les questions de fond, tout devient possible pour l'intelligence humaine. Le relativisme dans les sphères médiatique, politique et morale n'en est qu'un épiphénomène d'une tendance séculaire. Tendanciellement, tout discours est désormais considéré valable, pourvu qu'il « passe » à travers les médias, parvienne à convaincre l'électorat, et se traduise dans l'assentiment du corps législatif à travers des procédures démocratiques. Nous avons vu comment Habermas défend ce résultat. Le relativisme s'appuyant sur les procédures démocratiques est la dernière étape du processus intellectuel moderne débutant avec la crise du rapport entre la connaissance et les raisons de vie.

Selon G.K. Chesterton, le monde moderne aurait subi un effondrement intellectuel, encore plus grave que le naufrage moral. Mais, comme nous le croyons, les deux sphères s'influencent réciproquement. Ce serait de l'intellectualisme éthique ou pire du panlogisme d'imaginer que la lucidité suffise à garantir la morale, bien qu'un comportement éthique suppose un objectif, qui doit quand même être présenté à l'intelligence de manière convenable.

Quand l'homme aboutit, comme dans la philosophie la plus récente, à conclure tristement à sa solitude dans un univers sans aucun fondement dans l'amour, cette conclusion révèle sa force destructive en privant l'homme de tout sens ; ou alors il doit prétendre d'être en mesure de se donner un sens par lui-même. C'est ainsi qu'a pu se développer cette apostasie de la *méconnaissance de l'Amour*. Bien qu'il ne soit pas connaissance, l'amour doit être connu, ou mieux, reconnu. Mais peut-il y avoir reconnaissance de cet amour sans auto-implication ? Au point où nous en sommes, les chrétiens, parfois égarés, auraient besoin de redécouvrir la nécessité de l'apologétique et surtout les bases de toute apologétique vraiment catholique, à savoir le caractère incomplet de l'homme et du monde, la perception de nos insuffisances avec la préoccupation salutaire de ne pas avoir vécu en vain. Ce besoin de sens est tout ce qui en l'homme appelle au divin. Il nous permet de comprendre et d'accepter une Alliance entre le Dieu infiniment parfait et l'homme, tel qu'il est, dans le monde.

§ 112. La spécialisation en philosophie et ses paradoxes : la rupture du rapport entre les trois causes au sein d'une seule métaphysique

Nous reprenons dans le Tableau VII certains des lieux communs de la philosophie, surtout moderne : leur choix est forcément arbitraire. Les différentes cases du tableau montrent des négations, des restrictions, des élargissements et des réinterprétations de la signification.

Les colonnes numérotées de 1. à 3. correspondent aux trois causes en jeu et les cinq lignes de a. à e. représentent respectivement :

a. l'élimination d'une seule des trois causes dans toutes ses significations et applications (une cause par colonne) ;
b. l'élimination d'une seule cause à la fois, seulement en ce qui concerne la divinité (une cause par colonne) ;
c. l'élimination, dans ce qui est divin et dans ce qui est naturel, de deux des trois causes à la fois ;
d. la contraction de toute forme de causalité dans la causalité divine (une cause par colonne) ;
e. la mise en évidence des oppositions et des gradations au sein de chaque cause (une cause par colonne).

TABLEAU VII. RESTRICTION ET DÉTOURNEMENT DE L'ATTENTION

	1. **Cause exemplaire** : unité par l'intuition, la compréhension, la formulation des modèles	2. **Finalité** : la réalisation des modèles comme complétude, accomplissement, but	3. **Cause efficiente** : la forme la plus générale de corrélation et d'unité
a. Négation, radicale, totale, définitive de l'une des trois causes à la fois	Il n'y a ni Vérité première (relativisme, dialectique des contraires), ni principe de raison, ni cohérence du vrai	Il n'y a ni Amour à la base de l'être, ni fin ultime, ni finalité dans la nature ou dans l'histoire	Il n'y a ni Unité à la base du réel, ni structuration des événements (univers parallèles improbables, autogénération, acosmisme, nihilisme)
b. Négation, d'une cause à la fois, uniquement en ce qui concerne la divinité	Dieu est non connaissable (théologie libérale, théologie apophatique, agnosticisme, libre pensée, Kant) ou inconscient (il serait une projection de nos pensées) : **l'anti-Fils**	Dieu n'est ni aimant, ni Providence, ni législateur ni juge (autonomie éthique) : **l'anti-Esprit**	Dieu n'est pas Créateur mais au plus Moteur immobile (°), démiurge, Grand architecte, ou bien il évolue (théogonie) ou s'identifie à la nature (panthéisme) : **l'anti-Père**
c. Absorption des autres causes par l'une d'elles, aussi bien en ce qui est divin qu'en ce qui est naturel	Dieu est simplement intelligible et source de vérité (Platon, gnosticisme, négation du « Filioque »). L'éthique et la *praxis* sont réduites au savoir (le Socrate de Platon)	Dieu est simple source de la loi (légalisme judaïque, Islam) ou du salut (sectes des élus de Dieu). La *praxis* et le savoir sont réduits à l'éthique (kantisme)	Dieu peut être seulement Créateur indifférent ou Moteur immobile ou Grand architecte (déisme, libre pensée). Le savoir et l'éthique sont réduits à la *praxis* (marxisme)
d. Absorption des autres niveaux par celui de Dieu	Tout est pure puissance intellectuelle divine : aspects de l'hégélianisme (°°) et du *New Age*	Tout est amour divin : salut assuré à tous, millénarisme, apocatastase ou refus de l'éternité de l'enfer	Tout est Dieu, au sens ontologique : déni de la réalité séparée du monde (religion hindoue, panthéisme)
e. Oppositions ou contrastes	Faux – vrai ; représentation – connaissance ; doute – certitude	Mal – bien ; déterminisme – liberté ; autonomie éthique – loi exogène	Néant – être ; nihilisme – création ; tolérance – ordre

NOTES À PROPOS DU TABLEAU VII :

(°) Le Moteur immobile d'Aristote n'est pas cause de l'être du monde, mais seulement de son mouvement. En fait, en dehors de l'hypothèse de la création, Dieu n'est plus la cause efficiente de tout.

(°°) Selon Hegel, la philosophie est la compréhension du vrai dans le concept, alors que la religion rejoint la vérité seulement dans les représentations (des récits magnifiques, des symboles, des images, le culte, les chants, la liturgie, les sacrements[524]*) et l'art atteint la vérité à travers la beauté. De la sorte, Hegel n'est pas hostile à la religion, mais – considérant sa propre pensée de loin supérieure – vide, en fait, la religion de sa vérité, de son sel. Il conduit aux extrêmes conséquences des analyses antimétaphysiques et anti-apologétiques engagées par la Réforme. Voilà une conséquence qui probablement n'étaient ni voulue, ni envisagée au départ.*

*

Avec un retard de quelques siècles, historiquement compréhensible, l'absolutisation protestante de la conscience (« la foi qui, seule, sauve ») a inspiré à la philosophie allemande la substitution de la réalité (des œuvres) par la réalité à caractère moral d'une raison repliée sur elle-même. On doit probablement à Nietzsche la plus terrible invective à la fois contre la notion chrétienne de réalité et contre la conception protestante de la moralité :

> Parmi des Allemands on comprend immédiatement quand je dis que la philosophie est corrompue par le sang théologique. Le pasteur protestant est le père de la philosophie allemande, le protestantisme lui-même est son *peccatum originale* [péché originel]. Définition du protestantisme : hémiplégie du christianisme – *et* de la raison. ... On n'a qu'à prononcer les mots : « université de Tübingen » pour comprendre *ce qu'est* à la racine la philosophie allemande – une théologie *insidieuse*. ... Les Souabes sont le meilleur des menteurs en Allemagne, ils mentent innocemment. ... Pourquoi l'exaltation qui se fit entendre partout dans le monde académique allemand – composé à trois-quarts de fils de pasteurs et de professeurs – à

l'apparition de *Kant* ? Pourquoi cette conviction des Allemands, qui trouve encore son écho de nos jours, qu'avec Kant les choses prenaient une tournure pour le *mieux* ? L'instinct théologique des savants allemands a deviné *ce qui* était maintenant une fois de plus possible. ... Un chemin secret vers le vieil idéal se révélait, le concept d'un « monde *réel* », le concept de la moralité comme l'*essence* du monde (– ces deux erreurs les plus virulentes qui soient !) étaient encore, grâce à un scepticisme astucieux, sinon démontrables, au moins non plus *réfutables*. ... La raison, la *prérogative* de la raison, ne va pas jusque-là. ... On avait fait une « apparence » de la réalité, on avait fait une réalité d'un monde complètement *fabriqué*, celui de l'être. ... Le succès de Kant est simplement un succès de théologien : l'intégrité allemande était mal assurée et Kant, comme Luther, comme Leibniz, a été pour elle une entrave additionnelle[525].

Kant a rejoint le sublime dans son programme d'élimination de la « vraie réalité » en la transposant dans la sphère strictement morale. En s'attaquant à Kant – bien que Kant soit prussien et non pas souabe – Nietzsche choisit sa cible avec exactitude. C'est, en fait, deux siècles et demi après la Réforme, que – pour la première fois dans l'histoire de la pensée occidentale (nous ne parlons ni de la pensée cachée de Leibniz ni des philosophies orientales) – le monde sensible est officiellement réduit à une représentation de l'esprit humain. Il ne s'agit plus du scepticisme classique, qui prétendait ne rien savoir de ce dont il était question, mais d'un criticisme très précis dans l'explication de la manière dont l'intellect humain élabore ses représentations. Kant propose la « libération » de l'illusion de la réalité, au nom de l'éthique, analogue à la libération par rapport à la raison proposée par Luther, au nom de l'attestation intérieure de l'Esprit (c'est là la valorisation protestante de la conscience). La philosophie allemande moderne d'inspiration protestante, avec sa surestimation de la conscience subjective, est irrécupérable au point de vue catholique, malgré les tentatives généreuses de théologiens naïfs, au contraire de ce qui a été le cas pour certains éléments de la philosophie païenne, car cette dernière ne s'appuyait pas tellement sur la conscience subjective, mais se rapportait plutôt à un monde bien réel et même – avec Platon – à un monde des Idée, toujours extérieur à l'individu.

*

D'où vient-elle la gêne que procure la religion catholique à celui qui veut penser librement ? Elle vient du fait que la religion catholique vise l'entièreté et appelle à prendre des distances envers toute explication particulière, alors que le philosophe profane prend très au sérieux ses découvertes et les considère comme une clé pour la compréhension du monde. Il s'agit, certes, d'une clé, mais d'une clé qui n'explique pas tout, voire d'une clé qui exclut bon nombre d'autres explications et surtout d'une clé qui exclut des réalités, notamment religieuses, auxquelles ces découvertes particulières ferment l'accès. La pensée catholique, comme son nom l'indique, vise la complétude dans l'appréciation de l'univers – et en particulier de l'homme – dans leurs relations avec Dieu, peu importent les explications que l'on donne tour à tour. (En fait, il vaut mieux entendre le mot *catholique* – en grec καθολικός – comme *complet*, plutôt que comme *général* ou *universel*.)

Certaines explications tournent rapidement au paradoxe : paradoxe de l'infini quantitatif, de l'infinitésimal et du continu (voici des notions définies par des processus ouverts qui ne peuvent en même temps être considérés comme conclus), paradoxe des univers multiples séparés (comment comprendre ces univers dans une seule proposition, s'ils n'ont aucun rapport dans la réalité ?), paradoxe de l'autoréférentialité dans les propositions négatives, paradoxe des explications universelles par le déterminisme ou par la probabilité (la raison même serait réduite à d'autres facteurs et cette même affirmation serait ainsi annulée : c'est là le paradoxe gnoséologique). L'ensemble des découvertes scientifiques est un bon exemple d'explications qui ne peuvent jamais être prises pour complètes, exhaustives et définitives.

Quels sont donc dans la philosophie moderne les facteurs principaux qui servent de support à l'athéisme ? Signalons trois enchaînements particulièrement efficaces à cet effet :

- le refus de la considération du rapport complet entre les trois causes au sein d'une seule métaphysique, considération qui, permettant de passer au-delà des causes secondes, conduit à la Cause première ;
- le recours à l'infini, véritable « anti-preuve » de l'existence de ce fondement ultime qu'est Dieu ;
- le repli du sujet sur soi-même qui, en faisant fi du réel, élimine à la fois toute base pour un engagement intellectuel et pour la preuve de l'existence de Dieu.

En somme, on peut considérer comme des formes de spécialisation inopportunes dans la philosophie moderne aussi bien la rupture du rapport entre les trois causes au sein d'une seule métaphysique que le blocage sur les causes secondes, qui empêche justement la remontée jusqu'à la Cause première.

APPENDICE.

Notes sur des penseurs français de la période étudiée (et sur l'influence allemande dans la pensée française)

Dans cet ouvrage le rôle d'initiateur de la philosophie subjectiviste moderne a été attribué à Descartes. Il a été question de Montaigne en rapport au doute de Descartes. Il a été également fait mention d'Auguste Comte à propos de la méthode scientifique, ainsi que des structuralistes visant à réduire la réalité humaine à des mécanismes matériels, sociaux, inconscients, analysables toutefois par les sciences naturelles et humaines. Parmi les structuralistes, Lacan, en particulier, a été étudié dans le sillon de Freud. On a parlé de Levinas à propos de Heidegger et on en reparlera en tant qu'ami de Ricœur. Dans cet appendice figurent quelques détails sur d'autres penseurs français, des différentes tendances, postérieurs à Descartes.

§ 113. Pascal (1623-1662)

Nous savons que Blaise Pascal fut un génie des mathématiques. Il se révéla à seize ans avec un *Traité des sections coniques* qui fit la stupeur des savants. Par la suite, il publia des travaux sur la pression dans les gaz et dans les liquides. Toutefois, l'étude des phénomènes naturels ne lui suffit pas : « La géométrie, dit-il, [...] n'est qu'un métier, [...] elle est bonne pour faire l'essai mais non pas l'emploi de nos forces[526]. »

Malade et souffrant continuellement, sa nature même le conduisit à *douter* :

> Il est assez évident que le scepticisme de Pascal est plus proche de celui de Montaigne – à qui il a beaucoup emprunté d'ailleurs – que du doute de Descartes qui n'est qu'une méthode. Il est aussi certain qu'alors que Montaigne est peu à peu envahi et noyé par le doute, Pascal lui ne s'y résigne pas et le dépasse. La crise pour lui se dénoue mais, à la différence de Descartes qui s'embarque à tout jamais dans la certitude mathématique, Pascal ne s'éprouvera en sécurité que lorsqu'il aura atteint une certitude qui n'est pas celle des philosophes et des savants[527].

Il y a aussi l'*angoisse* de Pascal devant la liberté[528]. Ce n'est pas le dégoût de Nietzsche, homme aux prétentions démesurées, qui considérait le libre arbitre comme un instrument de torture. L'angoisse de Pascal, qui le rapproche plutôt de Kierkegaard, c'est l'angoisse de l'homme qui se sait libre, mais qui est confronté à la prédestination divine, véritable souci tant pour Kierkegaard protestant que pour Pascal janséniste. Cette angoisse n'est pas précisément catholique, ainsi Jeanne d'Arc, à ses inquisiteurs qui lui demandaient comment elle pouvait être sûre d'aller au paradis, répondait tout simplement : « parce que Dieu est bon ». Un Dieu qui dispose de la prédestination contre ses créatures n'est pas un Dieu bon.

Ce fut un événement précis qui rapprocha définitivement Pascal de la religion. Il eut l'expérience d'un Dieu personnel, source de joie, et se soumit parfaitement à Jésus-Christ. On sait, en fait, que quelques jours après la mort de Pascal, son valet trouva, cousues dans ses vêtements, deux feuilles contenant cette déclaration de foi : « L'an de grâce 1654, Lundi 23 novembre, jour de saint Clément pape et martyr et autres au Martyrologe. Veille de saint Chrysogène martyr et autres. Depuis environ dix heures et demie du soir jusques environ minuit et demie. Feu, Dieu d'Abraham, Dieu d'Isaac, Dieu de Jacob, non des philosophes et des savants. Certitude, certitude, sentiment, joie, paix. Dieu de Jésus-Christ. »

Deux ans plus tard survint une autre grâce avec la guérison instantanée d'une fistule lacrymale de sa nièce Marguerite

Périer au contact avec la Couronne d'épines, qui était alors conservée dans la Sainte Chapelle de Paris.

En tout cas, Pascal se rallia aux jansénistes de Port Royal, où sa sœur Jacqueline avait pris le voile en décembre 1651. C'est dans la « résistance » à l'autorité de l'Église et de l'État, justifiée peut-être par l'ascèse, la vertu et la rigueur des jansénistes, que Pascal écrivit *Les Provinciales*. Ces lettres ouvertes, adressées à un provincial des jésuites et publiées en entier en 1657, révèlent « toute l'ironie, la passion et l'éloquence » dont est capable un génie dans la polémique la plus acerbe. C'est là :

> le péché mortel de Pascal, que n'excuse [...] aucune circonstance atténuante. [...] Son sens de l'absolu, le refus de toute compromission s'y retrouvent, mais mélangés à [...] la vanité littéraire qui s'étale dans la recherche de formule à effet [...et à] l'orgueil plus coupable d'un dogmatisme dénoué de nuances comme, oserais-je le dire, de sensibilité et même de scrupules[529].

*

Dans la nuit de son illumination, Pascal s'adresse au Dieu des Écritures, et pourtant, il n'y a rien de plus métaphysique que le Dieu de la Bible. Constamment et de manière cohérente la Bible – à travers le riche symbolisme de la Révélation divine et des récits historiques, c'est-à-dire en référant des faits – présente Dieu au-dessus du sensible, du contingent, des conceptions humaines. Bien que la culture juive ne s'exprime pas dans les modes de la philosophie grecque, la notion de Dieu qui émerge de la Bible est chargée de métaphysique[530], à commencer par le nom que Dieu se donne lorsque du boisson ardent il annonce à Moïse sa mission : « Dis aux Israélites : "Je suis [Yahvé, en hébreu] m'a envoyé." [...] Ceci est mon nom pour toujours, ceci est mon titre pour toutes les générations[531]. »

Quant aux preuves de l'existence de Dieu, en reprenant le texte de la *Sagesse*[532], saint Paul, qui a longuement vécu en contact avec la culture hellénistique, affirme la responsabilité morale de l'homme appelé à diriger son intelligence vers la reconnaissance de l'existence de Dieu[533].

Saint Pierre, de son côté, adresse aux croyants l'invitation à se tenir « toujours prêts à répondre à n'importe qui [...] demande la raison de votre espérance[534] ». La reconnaissance de l'existence de Dieu est accessible en principe à tout homme – cultivé ou non, bien que de manière différente – pourvu qu'une culture dévoyée ne le détourne. Quelles que soient en théorie les capacités métaphysiques de l'homme, les faits nous montrent que la révélation judéo-chrétienne a été toutefois nécessaire pour préciser la notion de Dieu (et même le monothéisme islamique s'en prévaut à travers de claires influences culturelles). La grâce ne peut pas être absente d'un cheminement de foi, mais il ne s'agit pas pour cela de laisser tomber l'aspect raisonnable de la religion. C'est précisément cette approche métaphysique que le protestantisme a nié dès le début en tant qu'attitude blasphème, et que la pensée dominante nie aujourd'hui comme absurde.

Pascal ne montre que peu d'intérêt pour les preuves de l'existence de Dieu. Il dit : « Les preuves de Dieu métaphysiques sont si éloignées du raisonnement des hommes, et si embrouillées, qu'elles frappent peu ; et quand cela servirait à quelques-uns, cela ne servirait que pendant l'instant qu'ils voient cette démonstration, mais une heure après ils craignent de s'être trompés[535]. » Il oppose aux discours métaphysiques ce que l'on appelle le « pari de Pascal ». Dans sa version la plus élémentaire, ceci revient à dire qu'en vivant comme si Dieu existait on risque moins qu'en vivant comme s'il n'existait pas[536]. Cette manière de raisonner n'a évidemment aucun rapport avec la fermeté de la foi qui sauve. Mais on pourrait aussi comprendre l'approche de Pascal en se disant : « Au fond, ce qui compte c'est l'éternité. » Car c'est à partir de la question de fond que l'on commence à méditer, que ce soit pour croire ou, au contraire, pour exclure avec dédain toute dépendance de Dieu.

Quel cœur doivent avoir ceux qui, à la suite de Schopenhauer et de Freud, ne peuvent voir dans une quête supérieure ou dans la sublimation des instincts et des désirs, rien qu'illusion et hypocrisie ! Qu'il faille croire d'abord pour chercher, trouver et accepter les bonnes raisons en faveur de la foi, ne doit pas étonner. Pascal cite M. de Roannez : « Les raisons me viennent après, mais d'abord la chose m'agrée ou me choque sans en savoir la raison, et cependant cela me choque par cette raison que je découvre ensuite. » Ceci correspond à l'expérience de (la plus part de) ceux qui croient : ils doivent d'abord accepter la foi, pour comprendre qu'ils avaient raison de le faire. En fait, Pascal ajoute immédiatement : « Mais je crois [...] qu'on ne trouve ces raisons que parce que cela choque[537]. » Cette mise au point renforce l'argument qu'un certain goût attire le croyant – et un certain dégoût repousse le non croyant – sans rien préjuger des raisons que l'un et l'autre trouveront.

Le Pascal qui nous touche le plus est celui qui dit que la raison est bien faible si elle ne va pas jusqu'à connaître « qu'il y a une infinité de choses qui la surpassent[538] ». L'athée, en fait, exalte le Moi parce qu'il n'admet pas qu'un autre esprit soit supérieur au sien. Et, pourtant, on sait que, selon les mystiques chrétiens, il n'y a pas de personnes humbles en enfer. Le Moi combattu par Pascal est précisément celui qui ramène tout à soi-même : c'est l'amour propre hypostasié, un Moi imaginaire, l'homme qui se prend lui-même pour le terme de référence essentiel.

Pascal mourut pieusement dans l'esprit du pardon et du détachement à seulement trente-neuf ans.

§ 114. Malebranche (1638-1715) : l'ontologisme et l'occasionalisme

Philosophe dans le sillon de Descartes, Malebranche se rend compte que nous pouvons ouvrir les yeux et nous rendre compte de la réalité du monde. Nous pouvons donc faire l'économie du doute cartésien portant sur l'être, c'est-à-dire sur l'existence des choses. Mais, pour Malebranche, plus que directement sur le monde, nous ouvrons les yeux sur les idées *in mente Dei* (dans l'esprit de Dieu). Cet auteur, en fait, est connu pour son *ontologisme*[539], doctrine gnoséologique qui reconduit à leur exemplarité notre connaissance des essences : nous verrions ces essences en tant qu'objets de l'intelligence divine. Et avec les essences nous verrions directement en Dieu les connexions logiquement nécessaires entre elles[540]. Toute notre connaissance intellectuelle serait ainsi pétrie d'infini : infini de l'étendue, de l'universel, de l'être, de la perfection, de Dieu. Et afin que nous ne connaissions pas seulement l'essence des objets, mais aussi leur existence, nous devons voir aussi les décisions de Dieu (de créer ceci plutôt que cela). Naturellement nous ne connaissons pas le tout de Dieu, qui accueille dans sa pensée toutes les vérités : l'homme voit en Dieu seulement certaines vérités.

L'intention profonde de Malebranche est, en tout cas, de détourner le cartésianisme de ses implications idéalistes, c'est-à-dire de la fermeture définitive sur le sujet qui, en fait, sera consommée avec Kant un siècle et demi plus tard. Il voyait bien que, ayant fermé la porte des sens, son maître Descartes avait interdit l'accès naturel à l'objet de la connaissance. C'est ainsi que, plutôt que d'admettre l'impossibilité d'atteindre le réel, Malebranche prend le risque de dire que l'homme connaît les choses à leur source, qu'est la pensée divine.

Si tous les hommes voient l'exemplarité des choses en Dieu, dit Malebranche, ceci doit valoir pour les Européens comme pour les Chinois. Cette intuition lui permet d'introduire la notion de « monde commun ». Il ne faut pas interviewer des Chinois pour être sûr que tous les Chinois partagent les mêmes principes moraux et logiques que nous. La reconnaissance de cette communauté du regard est connaturelle et ne dépend pas de dispositions plus ou moins cosmopolites ou bienveillantes. Le partage de la même « humanité » justifie notre intérêt pour d'autres structures sociales que celles de notre milieu culturel, afin que celui-ci ne devienne pas pour nous une prison mentale. Cette observation s'applique en particulier à ceux d'entre nous qui, trop désireux d'être modernes, branchés, « de notre temps », comme l'on dit, ne s'intéressent ni aux chocs des peuples, ni à la succession des siècles qui ont façonné notre actualité sociale, mentale, spirituelle. Par conséquent, ils ne peuvent pas se préparer aux inévitables surprises que les temps à venir nous réservent.

*

Évidemment, Malebranche, prêtre de l'Oratoire de France, ne pouvait pas dire que nous avons l'intuition de la nature de Dieu ; toutefois il soutenait que, même sans connaître directement Dieu *dans son essence*, nous le verrions *dans son exemplarité* par rapport aux créatures. Dieu, pour Malebranche, demeure le Bien Indéterminé et l'Être Indéterminé. Est-ce que ces restrictions permettent d'exclure la connaissance de Dieu lui-même dans son essence ? En fait, on ne peut pas distinguer Dieu de son activité, notamment de sa pensée, c'est-à-dire de ses idées[541] ? Donc, conduite à ses ultimes conséquences, la doctrine de la connaissance des choses dans l'exemplarité divine impliquerait l'évidence pour l'esprit humain de la conception que Dieu a de soi-même comme Être nécessaire. Il ne s'agirait plus simplement de la preuve ontologique, mais de l'affirmation que Dieu serait *directement* accessible à l'intelligence humaine, malgré son immense majesté.

Malebranche lui-même n'a pas été frappé par des sanctions ecclésiastiques mais des doctrines analogues aux siennes, avancées avec maintes précautions par d'autres auteurs, l'ont bien été. Ainsi des propos d'Antonio Rosmini (1797-1855), béatifié en 2007 par Benoît XVI, avaient été condamnés par le Saint-Office[542], car ils impliquaient une saisie directe, naturelle et immédiate de la grandeur de Dieu de la part de l'homme. L'objection essentielle à l'ontologisme, et à la preuve ontologique, consiste à dire que la conscience humaine – vide en elle-même de toute information – ne produit rien si elle n'est pas alimentée par l'expérience sensible. Comme un moulin ne fournit de la farine qu'à partir du moment où on y amène du blé, ainsi l'esprit humain ne peut « produire » la vérité qu'en réaction aux sensations, grâce à son aptitude à apercevoir[543] l'être dans les choses et à leur appliquer les implications de la conception qu'il a de l'être (les principes de raison).

*

Selon Malebranche, Dieu agit directement dans la nature, comme cause efficiente, à travers des lois d'une admirable simplicité et, à cause de cela, la science est possible. De leur côté, les créatures se trouveraient dans la condition d'instruments passifs dans les mains de Dieu[544]. Cette doctrine, selon laquelle les créatures sont seulement une occasion pour que Dieu exerce son action, s'appelle occasionalisme. Elle se rapproche de la conception de la monadologie leibnizienne puisque ce qui est exclu, si ce n'est pas la réalité, c'est au moins l'activité réelle des créatures.

Pour nous, l'attribution directement à Dieu de toute action est un fait purement verbal : si les choses sont limitées, elles doivent être en rapport réciproque, et nous pouvons appeler interactions ou actions réciproques – généralement asymétriques – leurs rapports réels. Certes, à la fin, dans le monde tout dépend de Dieu Créateur, y compris ces relations réciproques entre les choses qui leur permettent de se distinguer de Dieu, du néant et entre elles. Mais ce sont précisément ces relations qui constituent l'être et l'action de tous les éléments du monde soumis, chacun selon sa nature, à ces régularités que sont les lois physiques.

Pour Malebranche, comme pour Leibniz, notre monde doit être le meilleur des mondes, au moins si l'on considère l'ampleur, la variété et la splendeur de ses résultats, toutefois, cette conception laisse de côté le drame de la souffrance et, en tout cas, le rôle de la souffrance dans la conversion des cœurs.

§ 115. Charles de Secondat, baron de la Brède et de Montesquieu (1689-1755)

Dans les *Lettres persanes*, sorties anonymes en 1721, Montesquieu critique les coutumes et les institutions françaises de son temps et ridiculise des dogmes comme ceux de la Trinité et de la Transsubstantiation.

L'écrit le plus important de Montesquieu est toutefois *L'esprit des lois*, de 1748, œuvre beaucoup moins agressive en matière de religion. L'auteur se propose – de manière bien discrète – de sauvegarder la monarchie française des dérives absolutistes. Il fait appel à l'histoire évoquant les lois des Francs et les lois féodales en tant que rempart contre le despotisme[545]. Le rappel historique fait par Montesquieu montre le rôle politique, ancien et toujours nécessaire, de la noblesse dans la protection du pouvoir royal contre l'absolutisme et l'anarchie. « Le pouvoir intermédiaire subordonné le plus naturel est celui de la noblesse, dit-il. Elle entre d'une certaine façon dans l'essence de la monarchie, dont la maxime fondamentale est : « point de monarque, point de noblesse ; point de noblesse, point de monarque ; mais on a un despote[546]. »

L'esprit des lois propose aussi un véritable déterminisme géographique, en faisant des îles et des zones montagneuses (la Grèce en ceci est doublement favorisée) un facteur de liberté, à l'opposé des plaines chaudes traversées par des fleuves, aptes à la concentration de la force de travail ainsi qu'à la création de structures d'asservissement. Il anticipe en quelque sorte les thèses du *Despotisme oriental* (1957) de Karl A. Wittfogel (1896-1988), selon lequel de vastes surfaces irrigables permettent des récoltes abondantes et l'incrément de la population, à condition d'assurer l'entretien d'importants travaux d'irrigation. Cela n'est possible – dans un contexte primitif, bien avant l'apparition des rétributions monétaires – que par des corvées et donc par un système despotique. Tel a été les cas des civilisations que Wittfogel appelle *hydrauliques* : Égypte, Mésopotamie, vallées de l'Indus et du Gange, plaines de la Chine du

Nord, Amérique précolombienne. Cette situation ne permet même pas l'apparition d'une aristocratie indépendante, comme celle de la Grèce des temps héroïques ou de l'Europe féodale, qui a constitué, malgré tout, un germe de liberté.

Pour Montesquieu, les lois réglant les sociétés humaines « sont des rapports nécessaires qui dérivent de la nature des choses ». Plus que de la volonté du législateur, elles dépendent des circonstances physiques, qui conditionnent toute la vie des peuples. Ce qui joue en premier lieu est le climat rendant la sensibilité plus ou moins excitable[547]. Dans les pays chauds les peuples ont une sensibilité plus tendue, mais ils peuvent plus facilement être assujettis, tandis que les peuples nordiques seraient plus enclins à la liberté. (Il ne faut pas oublier, toutefois, le cas contraire de la Russie !) Après le climat et la sensibilité, Montesquieu prend en considération la morphologie des différents pays, la qualité de la terre, le genre de vie des peuples, leurs mœurs, leur histoire et leur religion. (Il traite néanmoins ce dernier sujet sous l'angle purement sociologique.) Enfin, selon Montesquieu, chez les peuples civilisés, un « esprit général » réagit à tout conditionnement lors de la formulation des lois, alors que les sauvages restent plus strictement soumis au déterminisme géographique.

Jared Diamond attribue également le développement de la démographie, de l'agrégation politique et en fin de compte de la puissance aux circonstances environnementales, comprenant la disposition géographique, le climat, la flore, la faune, la domestication des plantes et des animaux, les obstacles à la communication[548]. Diamond, qui prend en considération les derniers 13.000 ans, va dans le sens du déterminisme de Montesquieu alors que Raymond Aron, qui se concentre sur des périodes historiques plus courtes, reconnaît le rôle des fortes personnalités avec leurs inventions, leurs réalisations, leur détermination à gagner un combat ainsi que l'importance de la cohésion des masses – parfois seulement momentanée – face à des situations critiques.

> Que l'on prenne une situation naturelle aussi précisément définie que l'on voudra, on ne pourra pas conclure qu'elle ne permettait pas aux hommes de vivre autrement qu'ils y vivent. Si la situation est singulière, unique, comment démontrera-t-on que la réaction des hommes n'y aurait pas pu être autre qu'elle n'a été ? La régularité constitue la seule preuve de la nécessité de la concomitance. [...] Même quand la contrainte de la nature est la plus pressante, par exemple dans le cas des Esquimaux, nous somme enclins à admirer l'intelligence avec laquelle ces sociétés archaïques se sont adaptées à des circonstances ingrates, c'est-à-dire ont survécu, nous n'en concluons pas que ce mode d'adaptation était le seul possible[549].

Combien de facteurs ne jouent-ils pas ? Une mutation environnementale relativement rapide, la première utilisation d'une nouvelle arme ou technique de combat, la décision prise par un clan nomade de partir le long d'un méridien plutôt que d'un parallèle font et défont des empires. Et que dire des effets imprévisibles des lois que les communautés se donnent, en un premier temps oralement et puis par écrit ?

*

Dans le même ouvrage, Montesquieu établit la séparation – mais on devrait plus plutôt parler de distinction – entre les pouvoirs exécutif, législatif et judiciaire. En se limitant réciproquement, selon le principe des *checks and balances* (contrôles et équilibres) d'inspiration anglaise, ces trois pouvoirs laissent aux citoyens une marge de liberté. L'influence anglaise est aussi évidente dans la notion d'*impeachment* (la suspension du souverain pour cause grave et par décision du parlement). Les idées de Montesquieu seront ultérieurement développées par Alexis de Tocqueville (1805-1859). Aujourd'hui, il faudrait ajouter aux trois pouvoirs indiqués par Montesquieu le pouvoir d'émettre la monnaie, qui fut jadis un privilège royal. Ce pouvoir devient un facteur relativement autonome dans le jeu toujours plus complexe des équilibres sociaux et économiques, surtout dans le contexte de monnaies totalement conventionnelles sans couverture-or.

Dans les régimes démocratiques modernes, la presse et les médias – le *quatrième pouvoir* – auxquels il faut ajouter la culture, les arts et les spectacles, restent en principe en dehors du contrôle de l'État, de même que le pouvoir économique. L'actuelle aspiration des media et d'une certaine magistrature à une indépendance presque absolue serait justifiée respectivement par l'obligation :

- de la part des médias de garantir le droit reconnu au public d'être informé ;
- de la part de la magistrature de garantir l'égalité des citoyens devant la loi.

Naturellement ces nobles arguments peuvent cacher tout simplement la volonté de se soustraire à d'autres obligations, respectivement à l'égard de la vérité et de l'équité. Dans un système démocratique, les différents pouvoirs (trois, quatre ou plus) doivent rester distincts et coordonnés mais non pas complètement autonomes ou, pire, hostiles. De même, un excessif désir d'autonomie des pouvoirs locaux compromet les synergies et l'efficacité du système, mais il faut également qu'il y ait contrôle réciproque entre le centre et la périphérie.

Au Moyen Âge, en absence d'une distinction très rigoureuse entre les pouvoirs civils, l'Église représentait le pôle alternatif au pouvoir de l'État, et en ce sens la proposition de distinguer les pouvoirs peut-elle être considérée d'inspiration chrétienne. Le rôle qui fut jadis de l'Église de combattre l'éternelle tendance de l'État de se faire Léviathan est aujourd'hui laïcisé. L'Église peut dès lors mieux se concentrer sur sa vocation surnaturelle.

Le fait est que, lorsque la société n'est plus chrétienne, elle rejette le rôle public de l'Église, laquelle peut ainsi être continuellement stigmatisée dans la culture, dans les médias, dans le spectacle, dans l'enseignement, dans la propagande politique et, à la limite, peut subir une véritable persécution. D'habitude Staline disqualifiait par la propagande un groupe humain avant d'en initier la persécution. Hitler n'a pas agi différemment contre les Juifs et même les génocidaires du Rwanda (1994) ont dû déshumaniser leurs victimes par une campagne médiatique haineuse, avant de les écraser comme chose immonde.

§ 116. Voltaire (1694-1778), la religion et le paradoxe de la raison « retrouvée » par les Lumières

Il avait été question d'inscrire les Lumières dans le projet du *Traité constitutionnel européen* de 2003[550], parmi les éléments constitutifs de l'identité de notre continent. Le « Préambule » de ce *Traité* s'est limité à mentionner « l'humanisme, l'égalité des êtres, la liberté, le respect de la raison » et les « héritages culturels, religieux et humanistes de l'Europe ». En tout cas, on n'aurait pas pu mettre ensemble la religion et les Lumières car pour ces dernières – parlant en général – la religion n'est qu'irrationalité, superstition et fanatisme. Plus précisément, selon Voltaire, elle est la rencontre de l'imbécile et du malfaiteur.

Dans son combat, qu'il dirige essentiellement contre l'Église catholique, « l'Infâme », Voltaire reste le plus souvent nuancé. Comme des hérétiques en d'autres temps, il n'en combat pas la corruption ou les facteurs de corruption, mais la substance de la doctrine et l'autorité morale. La technique que l'on rencontre notamment dans ses extraordinaires contes philosophiques (son théâtre, qui le rendit célèbre en son temps, est aujourd'hui moins lu) est relativement simple, mais l'habilité dans son maniement est immense. Il s'agit de faire ressortir indirectement l'absurdité de l'enseignement ou de la pratique de l'Église, tout en prétendant de présenter les faits les plus révoltants comme allant de soi.

Voltaire, qui est l'un des représentants le plus brillants des Lumières combat la religion catholique par l'ironie et – comme l'observe Chateaubriand (1778-1848) au début de son *Génie du christianisme* – il y a une parade contre les attaques par la raison ou par le scepticisme, mais non pas contre le ridicule. En fait, rire de la religion est la chose la plus absurde, car si la religion (catholique) est vraie il faudrait plutôt craindre les foudres de Dieu, si par contre elle est fausse, il faudrait plutôt s'attrister, car alors on perd tout le sens que donne à la vie l'amour du Père. En l'absence du sens de la vie dérivant de ce rapport de filiation, il faudrait que nous soyons capable nous-mêmes de nous donner un sens. Mais le plus souvent cela se réduit à l'affirmation d'un Moi individuel ou collectif sans dimension d'éternité et, par conséquent, décomposé à l'infini.

*

Les Lumières sont parcourues par une veine déiste représentée par Voltaire, mais elles incluent également un courant athée plus tardif, représenté par La Mettrie (1709-1751), Diderot (1713-1784), Helvétius (1715-1771), d'Holbach (1723-1789). Naturellement il faut admettre que dans les objections de la part des savants à la foi religieuse – et plus particulièrement à l'égard d'une religion révélée – puissent jouer d'excellentes dispositions morales. On croit généralement que l'athéisme ou tout au moins une sorte de minimalisme religieux représentent la meilleure formule pour assurer la paix. Nous devons, toutefois, mettre bien en évidence le paradoxe fondamental de la philosophie des Lumières qui consiste à ignorer que la raison est tiraillée entre deux extrêmes : tirer la morale de l'intérieur de soi-même (autonomie éthique) ou prendre de Dieu le sens de l'être. Et il y a toujours une option préalable, concernant l'emploi que l'on compte en faire.

Bien que celui des Lumières soit probablement un seul et unique paradoxe, on peut le présenter, sous des angles différents, comme l'oubli de ces principes de base :

1) Il n'y a pas moyen de racheter la raison une fois pour toutes. Il faut imaginer que, si la raison s'est égarée dans le passé, elle est toujours prête à se perdre à nouveau. Malgré l'éclairage reçu par les Lumières, et sans évoquer l'énormité de la Shoah et l'absurde crédit accordé au communisme pendant des décennies par nos intellectuels,

aujourd'hui nous sommes prisonniers d'analyses hâtives dans les domaines de la science, de la liberté, de l'économie et des droits, qui forment le *correct thinking* du moment.

2) Même si la raison pouvait proposer des solutions irréfragables en vue de la paix (voir Kant avec son *Projet de paix perpétuelle*, publié en 1795, la même année du troisième partage de la Pologne), comment croire que les responsables y adhéreront ? Après tout, il suffit qu'une partie veuille la guerre pour qu'elle puisse l'imposer à tous, et ce ne seront pas le pacifisme et la tolérance à l'arrêter.

3) Enfin, aussi libre et repu qu'il soit, l'homme demeure ouvert à la spiritualité et sa quête se renouvelle continuellement. Même si, auprès du plus grand nombre, le divin est subordonné à la religion civile de Rousseau, ou accommodé au « bel esprit[551] » voltairien, il lui reste toujours des témoins, d'autant plus irritants et mal vus qu'ils rappellent une alternative trop exigeante.

*

L'optimisme inspiré par les Lumières persiste en partie à ce jour et contribue, dans le monde occidental, à faire avancer les choses. Sur le plan des principes, en schématisant, on peut dire que les philosophes rationalistes, historicistes et matérialistes des Lumières ont réduit l'humain aux deux dimensions de la raison et du sentiment. La raison – notamment scientifique – assurerait la compréhension du réel et le sentiment suffirait à soutenir la morale. Tout rentre donc dans un horizon clos sur ce que l'homme domine par ses facultés. Faute probablement d'autre tradition ou inspiration, en Occident la *morale affichée* est restée longtemps – jusqu'il y a quelque décennie – la morale héritée des siècles chrétiens, même sans Dieu.

Le projet des Lumières a été celui de faire disparaître la religion, notamment catholique, en tant que soutien de la morale. Mais une morale suspendue, pour ainsi dire, dans le vide ne peut pas tenir. Il ne fallut pas attendre longtemps pour voir l'idéologie en support de la morale trouver des formes alternatives allant du sadisme du divin marquis aux deux éthiques opposées du maître et de l'esclave de Nietzsche ; de la domination de l'inconscient de Freud au relativisme de la culture dominante ; de la « médiatisation » de la vie politique à l'actuelle désinvolture dans les rapports interpersonnels. Les Lumières ont considéré le souci de donner à la morale des raisons éternelles comme un dédoublement superflu des facteurs considérés essentiels : la raison et le sentiment. Mais l'éclatement de la morale à laquelle nous assistons montre que sans des raisons de vie, qui sont aussi des raisons de la morale, celle-ci disparaît : restent toutefois la raison raisonnante et le sentiment pour orienter l'existence mais aussi pour ressentir la contrainte des pulsions (inconscientes) et les coups du destin.

L'optimisme de la raison propre aux Lumières est partisan, militant et au fond paradoxal, car les mêmes philosophes qui stigmatisent les déviations de la raison dans le passé, sont incapable d'imaginer que la raison est toujours soumise au risque de corruption. Les horreurs de la Révolution ainsi que des guerres révolutionnaires et napoléoniennes ne représentèrent pas les pires exemples d'égarement, bien qu'ils survinrent très rapidement. L'histoire devait nous réserver bien pire, alors même que l'éclat de ces Lumières aurait dû éliminer les racines de la haine. Quelque extraordinaire qu'ait été le développement des sciences et des techniques modernes, de l'économie, de la démocratie parlementaire, de la liberté d'expression de la culture, de l'instruction publique et de l'état de santé des masses à partir des Lumières en France et ailleurs, il y eut trop de mépris pour le passé et de fausse assurance, donc de partialité, pour que le nouvel esprit d'indépendance ne fût à son tour, une source de malentendus, de rancunes, et, à la fin, de conflits.

§ 117. Jean-Jacques Rousseau (1712-1778), romantisme ou gauchisme ?

Le programme pédagogique de Rousseau se rapproche sous des aspects particuliers mais significatifs de celui de Platon. Pour Platon, il s'agit explicitement de proposer aux citoyens, et surtout aux jeunes, des mensonges royaux, c'est-à-dire sublimes et bienfaisants, dans l'intérêt du bon fonctionnement de la République. Aussi Jean-Jacques prévoit un conditionnement dans une bonne intention, et son application doit être extrêmement agréable car il faut guider l'élève ainsi que le citoyen, sans leur faire sentir aucune pression.

Le conditionnement, dans l'éducation en particulier, doit se faire de manière à donner l'impression que l'élève avance librement. Rousseau dit dans l'*Émile* :

> Il n'y a point d'assujettissement si parfait que celui qui garde l'apparence de la liberté ; on captive ainsi la volonté même. Le pauvre enfant qui ne sait rien, qui ne peut rien, qui ne connaît rien, n'est-il pas à votre merci ? Ne disposez-vous pas, par rapport à lui, de tout ce qui l'environne ? N'êtes-vous pas le maître de l'affecter comme il vous plaît ? Ses travaux, ses jeux, ses plaisirs, ses peines, tout n'est-il pas dans vos mains sans qu'il le sache ? Sans doute il ne doit faire que ce qu'il veut ; mais il ne doit vouloir que ce que vous voulez qu'il fasse ; il ne doit pas faire un pas que vous ne l'ayez prévu ; il ne doit pas ouvrir la bouche que vous ne sachiez ce qu'il va dire[552].

Les deux philosophes, Platon et Rousseau, s'inspirent d'un modèle absolu : Platon du monde des Idées, Rousseau de la nature mais, dans les deux cas, rien n'est moins bien défini. Alors que Platon attribue l'éloignement du modèle hyperuranien à une chute primordiale de l'humanité tout entière dans la sphère matérielle, pour Rousseau l'homme serait naturellement bon mais il serait *corrompu par la société*. Ceci est en nette contradiction avec Hobbes selon lequel, dans l'état de nature, « l'homme est un loup pour tout autre homme ». Et, en tout cas, on peut trouver paradoxal que des hommes naturellement bons créent des sociétés mauvaises, mauvaises au moins dans le sens qu'elles rendent l'homme méchant.

De plus, si sortant de l'état de nature, l'homme a créé des sociétés corruptrices, pour quelle raison le type de société proposée par Rousseau ou par tout autre réformateur optimiste, utopiste, radical, devrait-elle se préserver de la corruption ? Quelque réforme ou révolution que l'on fasse, le poids de la société corruptrice, considérant les prémisses, devrait avoir toujours raison des efforts humains : il faudrait donc abandonner l'espoir des « lendemains qui chantent » et rester gentiment dans l'état de nature.

Enfin, ayant à faire avec un philosophe bien intentionné, il ne faut pas trop s'attarder sur les implications de ce qu'il dit. D'une part, si le principe selon lequel la société est corruptrice est absolu, les meilleurs réformateurs sociaux ne pourront rien y faire : ils n'auront qu'à sortir de la société, mais alors ils ne seront plus des réformateurs. D'autre part, il faudrait que ce principe ne soit que presqu'absolu, pour que l'on se fasse révolutionnaire, mais du genre dur, qui s'attaque à la nature humaine elle-même pour casser ce mécanisme qui crée des sociétés corruptrices. On retrouve l'incohérence centrale des Lumières dans cette double thèse : « Jusqu'à ce moment la nature, la raison, la religion ne pouvaient qu'engendrer une société corruptrice ainsi que des formes de superstition et de fanatisme mais, à partir de maintenant, nature, raison et religion s'expriment comme il faut. » Afin de forcer un changement de fond, il ne faut rien de moins qu'une révolution – 1789 le prouve – et celui qui voudrait sortir d'une nature qui crée des sociétés corrompues un autre genre de société est, en fait, le plus révolutionnaire de tous car il s'en prend à la nature humaine.

Il s'avère que Rousseau n'est pas le révolutionnaire à l'air menaçant de Marx, mais l'homme au sourire que nous retrouvons dans le portrait qu'en fit Quentin de La Tour. Le peintre l'offrit en hommage à Jean-Jacques en 1764. Et pourtant le destinataire de ce don contribue à ce mépris révolutionnaire à l'égard du passé et donc de l'être social, culturel et moral de bien de ses lecteurs. S'il s'agit de refuser ce que l'histoire a fait de nous au nom du « contrefactuel » – c'est-à-dire de ce que nous devrions être au moment où se lèvera le soleil de l'avenir – on a là une source bien évidente du malaise dans la civilisation. De Hegel à Nietzsche on a cru, d'ailleurs, pouvoir attribuer ce malaise au christianisme, sous les noms de « conscience malheureuse » ou de « morale de l'esclave ».

Pour Rousseau tout est politique : comme pour l'Islam avant lui et pour Marx après lui. Il abolit en pratique la distinction entre Dieu et César. Et alors que Locke pose dans la propriété privée et dans la liberté religieuse les fondements de la société moderne, il y a chez Rousseau les prémisses de l'État éthique et donc du totalitarisme à travers la doctrine du conditionnement du citoyen dès l'enfance, afin qu'il suive la « volonté générale » (ou ceux qui la représentent). Cette « volonté générale » n'est pas nécessairement la volonté de la majorité, mais elle est « toujours droite et tend toujours à l'utilité publique[553] ».

XXI. « CHECKS AND BALANCES » OU « CONTRAT SOCIAL » ?

La conception du bon sauvage de Rousseau est romantique : elle peut servir pour abattre mais non pas pour construire. Le penseur politique constructif est Montesquieu, qui voit clairement que l'État, par sa nature, dépossède les individus. Il faut donc que face à l'État se dressent des contrepouvoirs. Dans la Cité chrétienne cette fonction revenait traditionnellement à l'Église qui ne pouvait ni supplanter l'État, ni être éliminée. Dans les démocraties modernes il y a toute l'articulation d'une « société civile » complexe, qui assure la même fonction : monde économique, médias, instruction. Montesquieu, qui entend se détacher d'un passé de fanatisme, de superstition et d'oppression, propose une solution constructive sur le plan institutionnel, avec la division des pouvoirs. L'indépendance réciproque (quoique relative) du législatif, de l'exécutif et du judiciaire offre automatiquement des moyens de contrôle (les *checks and balances* des anglo-saxons) : « Il a vu plus clair que Rousseau », conclura Ricœur.

Rousseau dans son contrat social prévoit que tous les citoyens participent sur un pied d'égalité à la vie politique mais il exclut les corps intermédiaires comme les associations religieuses, culturelles ou de catégorie. Seulement une masse d'individus avec des droits égaux sans aucun pouvoir organisé face à la toute-puissance de l'État. La Révolution de 1789 ira dans ce sens : il a été dit que le citoyen idéal de l'État centralisé d'inspiration jacobine naît orphelin et meurt célibataire. Le citoyen sera politiquement nu devant l'État, qui n'offre d'autre garantie que celle de traiter tout le monde de manière égalitaire (mais sans filet de sauvetage). En fait, selon le contrat de Rousseau, les citoyens établissent les lois de commun accord, de manière qu'en obéissant aux lois, ils ne sont pas obligés à cet acte, inadmissible pour Rousseau, de plier la tête devant autrui. Ils observent, en fait, des normes qu'eux-mêmes se sont données.

Probablement, une certaine inefficacité morale de la conception de la gauche moderne trouve-t-elle une explication dans la notion abstraite et exclusive de ce contrat. En fait, il reste suspendu dans le vide éthique. Quelles sont les raisons éthiques qui nous obligent à maintenir les pactes ? L'amour ou au moins la crainte de Dieu ne sont plus là : le Dieu de Rousseau est trop lié à une sensibilité superficielle, au goût du temps, pour avoir une réelle signification.

La notion de contrat social en tout cas n'est pas nouvelle. Hobbes, théoricien de l'absolutisme, voit deux parties au contrat : d'un côté la masse du peuple et de l'autre côté le roi. Le peuple accorde tous les pouvoirs au roi pour sortir de l'état de nature qui est celui de la guerre de tous contre tous (*« bellum omnium contra omnes »*). En échange, le roi s'engage à garantir la vie de ses sujets, rien de plus.

La notion de contrat social est reprise par John Rawls (1921-2002). Cet Américain s'inspire de Rousseau dans sa *Théorie de la justice*. Son contrat suppose, certes, l'égalité des droits politiques parmi les hommes, selon les principes anglo-saxons, mais il s'inspire également à un autre principe de justice, celui de l'inégalité.

En fait, Rawls soutient que les parties au contrat établissent de commun accord l'égal droit de chaque personne aux libertés politiques fondamentales, tout en admettant des inégalités sociales et économiques, en rapport avec des positions et des fonctions d'utilité commune, y compris le soutien des membres les moins avantagés de la société. Ces positions et ces fonctions restent en principe ouvertes à tous.

Rousseau est si régressif qu'il aimerait voir l'abolition de l'argent, avec le remplacement des services publics par des corvées (acceptées, bien sûr, avec enthousiasme). Il voudrait l'abolition de toute démocratie représentative (rien que la démocratie directe) et, en fait, il est contraire aux corps intermédiaires – corporations, école indépendante, Église, etc. – que les jacobins ont combattu passionnément, mais qui évitent au citoyen de se trouver nu face à l'État. De plus, la vision du « bon sauvage », si chère à Rousseau, est contredite par les ethnologues, vérifiant sur le terrain que l'assassinat est la principale cause de mort des primitifs. Ceux-ci sont constamment exposés à des violences, rivalités et vengeances au sein de leur propre clan ainsi qu'aux affrontements sanglants avec leurs voisins[554]. En l'absence de structures politiques, ce qui prévaut est la guerre hobbesienne de tous contre tous.

Faute de discipline mentale, Rousseau n'est pas en mesure de concilier son amour – certes sincère – pour la nature avec son projet d'une nouvelle socialisation de l'homme, qui se révèle tout à fait antinaturelle.

Il sépare nettement la société de la nature et finit, par

conséquent, par avancer deux propositions incompatibles. Dans le *Contrat social*, il propose une complète socialisation de l'homme, sur le modèle de Sparte et prélude aux projets totalitaires. Dans l'*Émile*, par contre, prévaut la proposition d'émanciper l'homme de la société, en se rapportant, de manière ambigüe, à la découverte chrétienne de l'intériorité. Cette ambivalence de Rousseau – une nature dépourvue de spiritualité et une spiritualité antinaturelle – s'est traduite dans les deux tendances prédominantes de la modernité. D'un côté la réduction totale de l'homme à la science, qui en définit la nature, et, de l'autre, la prétention d'une émancipation de l'individualité, qui la prive de règles et même de fins. Dans ce sens Rousseau, bien que philosophe des Lumières, est le premier critique radical de la « dialectique des Lumières », dont il révèle l'aboutissement nihiliste, qu'il s'agisse d'une nature sans homme ou d'un homme sans nature. D'un côté le totalitarisme politique et la société de l'assistanat, de l'autre, l'émancipation ludique des radicalismes[555].

Les réformateurs qui, suivant Rousseau de près ou de loin, ont essayé soit d'éloigner l'homme de la société au nom de la nature, soit de le resocialiser de cette manière antinaturelle – ont abouti à la déstructuration de la société sinon de l'homme lui-même. S'ils avaient eu la prétention de corriger les dérapages de la raison antérieurement à leur arrivée sur la scène, ils ont démontré ce que toute personne de bon sens savait déjà : que la raison peut toujours se corrompre mais que l'humanité s'offre toujours des occasions pour essayer de remettre la raison sur le bon chemin.

*

De son vivant, Rousseau ne connut pas la gloire de Voltaire et, malgré une aspiration probablement sincère à la justice, en diverses circonstances il fut amené à profiter de la société de manière assez ignoble. Né à Genève dans le calvinisme, il se convertit (temporairement) au catholicisme à Turin pour être hébergé dans une maison religieuse. Par la suite il obtint un emploi comme domestique. Étant au service d'une riche famille, comme il raconte lui-même dans ses *Confessions*, il accusa froidement une autre servante du vol d'un ruban qu'il avait lui-même commis. Il relate également d'avoir confié à l'Assistance Publique les cinq enfants nés de Thérèse Levasseur, dont il aurait été le père. Est-il médiocre mais sincère ou affecte-t-il une désarmante sincérité pour cacher autre chose[556], ou enfin pour être cru quand il parle en philosophe ?

Ses griefs contre la société ne seraient-ils que l'expression d'une ambition frustrée ? Cet homme qui se propose d'éduquer, de conseiller, de pacifier se brouille constamment avec ses patrons, ses protecteurs, ses amis. Et l'homme bon, rendu mauvais par la société, ne serait-il pas Rousseau lui-même que les circonstances pénibles de la vie obligent à des comportements répugnants à ses propres yeux ? Ses *Confession* ne seraient-elles pas une exhibition narcissiste mais sincère, de cette sincérité autopunitive qui effacerait la faute ? En tout cas, elles ne peuvent pas être comparées aux *Confessions* de saint Augustin, véritable dialogue avec ce Dieu de le Révélation, tellement confus aux yeux de Rousseau qu'il ne faudrait pas en parler aux enfants avant l'âge de quinze, voire de dix-huit ans[557]. Même à ce propos la pédagogie actuelle suit Rousseau d'assez près.

Alors que, dans le cas de Rousseau, on ne peut pas parler de succès immédiat, son influence a été énorme. Sa veine romantique, ses revendications sociales, son appel à une justice plus haute, même son spiritualisme – vague et sans précision dogmatique – étaient destinés à rencontrer les aspirations d'un monde abandonnant les amarres de la tradition, inquiet et prêt à se révolter. Chez Rousseau se trouvent, avant tout autre penseur d'une si grande influence, les racines de ce qu'on appelle aujourd'hui socialisme, gauchisme, égalitarisme, progressisme, *correct thinking*, et même cette réduction des valeurs morales à leur expression démocratique que l'on pourrait appeler *démocratisme*. L'éthique de la communication et de la participation démocratique à l'élaboration des normes et des convictions, selon l'École de Francfort, rappelle la « volonté générale » de

Rousseau et la « vertu civile » de la conformité, qui permet d'appartenir intimement à son temps, à sa communauté.

De son côté Bertrand Russell observe [558] que, depuis l'époque de Rousseau, les réformateurs suivent l'une ou autre de ces deux tendances :

- celle de Rousseau lui-même, qui privilégie l'égalité, avec le risque que, malgré l'aspiration libertaire, la liberté soit sacrifiée à l'égalité, apparemment mieux garantie sous le joug d'un tyran (Russell nomme Hitler, mais on pourrait ajouter les totalitarismes communistes) ;
- celle de Locke, qui privilégie la liberté par rapport à l'égalité et établit dans les deux principes fondamentaux de la propriété privée et de la liberté d'association les plus sûres garanties contre la tyrannie.

Toujours à propos d'influences sur la longue période, selon Paul Veyne : « S'il fallait absolument nous trouver des pères spirituels, notre modernité pourrait nommer Kant ou Spinoza[559]. » Il évite de mentionner Marx et Freud qui représentèrent un mélange explosif du temps de sa jeunesse, jugeant peut-être que l'imagination de mai 1968 s'éteint lentement avec ses derniers acteurs. Mais en régime de politique médiatisée, Veyne a surtout oublié Rousseau, le théoricien du conditionnement au nom de la « volonté générale ». Si les mégaphones politico-culturels proposent la revendication d'une liberté toujours plus grande en tant que critère fondant la vie sociale, Rousseau lui-même donne la clé de l'équilibre précaire entre les diverses libertés : il suffit tout simplement qu'il s'agisse d'une illusion de liberté.

Aujourd'hui il semblerait qu'aucune pédagogie ne soit plus possible parce que nous ne voyons plus que de l'indiscipline scolaire, allant jusqu'aux menaces, au harcèlement, à la violence, aux persécutions entre élèves, avec des risques même pour les enseignants. Le laisser-aller qui permet tout ceci entraine justement à cette fausse liberté qui prépare les masses à accueillir le discours politique le plus facile, c'est-à-dire le *correct thinking* contemporain. La situation actuelle représente la réalisation d'un programme que Rousseau lui-même aurait inspiré, poussé simplement par son sentiment et sans autre arrière-pensée. Mais serait-il satisfait des ultimes applications de ses préceptes ou, par contre, appelé à juger la situation actuelle, conclurait-il encore une fois que l'homme est bon, et que la société le corrompt ? À la fin de sa vie, cet homme qui aura marqué de manière si profondes les siècles à venir, se retrouve seul, dans la pauvreté, convaincu d'être persécuté, souffrant de manies, d'angoisse, des délires intermittents et du terrible mal de la pierre.

§ 118. Bergson (1859-1941)

Bergson propose une philosophie de l'action, selon laquelle, les choses qui comptent sont l'individualité, la mobilité, l'évolution : elles disparaissent si elles sont figées, et elles se figent lorsque l'on essaie de les couler dans un moule rationnel. Elles ne peuvent pas être comprises par une approche statique.

Ainsi, dans une phase avancée de sa pensée, notre auteur reconnaîtra comme mysticisme « complet » le seul mysticisme chrétien, héritier du mysticisme « agissant » des prophètes d'Israël[560], et ceci à cause de sa spontanéité, de sa dynamique, de son efficacité. En fait, Bergson fait essentiellement la distinction entre la connaissance intuitive et la connaissance intellectuelle. Il ne nie pas la valeur de la seconde, mais il déclare que l'*intelligence* ne peut connaître que par des cadres fixes, c'est-à-dire par le « rétrécissement » dans des « noyaux[561] » solidifiés d'une réalité bien plus étendue, qui est toujours mouvante. L'intelligence s'est développée en vue de la solution de certains problèmes pratiques : d'abord à travers l'utilisation de ce que la nature offre spontanément et puis à travers la fabrication d'instruments toujours plus performants, des machines qui les produisent et enfin des machines pour la fabrication de ces machines. Il faut quand même apprécier le fait que la réalité – pour certains aspects et dans certaines limites – se prête à un encadrement rationnel. Toute la science en découle : les scientifiques s'en étonnent mais personne ne peut expliquer pourquoi et comment cela se fait.

Toutefois, la réalité dans sa complétude, ne peut plus être « reconstituée » dans son entièreté à partir de ces morceaux, bien que replacés en bon ordre, pas plus qu'une ligne courbe n'est faite de minuscules traits de ligne droite[562].

Certes Bergson ne peut pas objecter à l'utilisation discrète des morceaux de vérité dont nous disposons. Ils se révèlent fort opportuns dans l'une ou l'autre circonstance, pourvu que l'on sache qu'ils ne nous avancent pas dans la contemplation d'une plus vaste unité. Mais il s'oppose aux courants scientistes et rationalistes pour lesquels la réalité aurait déjà la structure d'une vérité adaptée à l'intelligence humaine. Dans cette perspective les savants n'auraient qu'à intégrer graduellement dans leur esprit des fragments d'un savoir préconstitué en attente de découverte, comme l'Amérique aurait attendu Christophe Colomb[563].

Pour Bergson, « l'intelligence est caractérisée par une incompréhension naturelle de la vie »[564]. L'appréciation de la vie en tant qu'instinct, émotion, tension, volition, évolution, élan vital, mouvement auto-créatif échappe à quiconque prétend lui attribuer ou imposer une nécessité ou une finalité. Non seulement une approche purement scientifique, rationnelle, intellectuelle rend impossible la compréhension de la vie mais compromet également l'actualisation ou autoréalisation de ce que nous sommes, de ce que nous sommes appelés à être physiquement, mentalement, spirituellement. Bergson semble reprendre le principe de Nietzsche et Schopenhauer selon lequel nous « devenons » ce que nous sommes (ontologiquement ?), mais il écarte le déterminisme propre à la science du XIXe siècle et à ces deux antécesseurs.

> Notre intelligence, telle que l'évolution de la vie l'a modelée, a pour fonction essentielle d'éclairer notre conduite, de préparer notre action sur les choses, de prévoir, pour une situation donnée, les événements favorables ou défavorables qui

> pourront s'ensuivre. Elle isole donc instinctivement, dans une situation, ce qui ressemble au déjà connu ; elle cherche le même, afin de pouvoir appliquer son principe que « le même produit le même ». En cela consiste la prévision de l'avenir pour le sens commun. La science porte cette opération au plus haut degré possible d'exactitude et de précision, mais elle [...] ne retient des choses que l'aspect répétition[565].

Bref, la connaissance rationnelle, instrument indispensable de la science, est inapte à comprendre la vie, mais pour Bergson, en alternative à la connaissance intellectuelle, il y a l'autre manière de connaître, par l'*intuition.* Seule l'intuition permet de saisir une évolution – celle de la vie – poussée par un élan intime. Or, afin d'être connaissance – contemplation désintéressée, consciente de soi, réflexive et extensible[566] – cette intuition doit se distancier, pour peu que ce soit, de la réalité elle-même. Mais, alors, comment la distinguer de la réalité si elle doit en même temps s'assimiler à une réalité que Bergson décrit par des facteurs d'instinct et de mouvement ? L'essentiel de la réponse de Bergson ne semble aller beaucoup plus loin que les arguments qui suivent (assez solides d'ailleurs) :

- il y a identification ou coïncidence de l'objet de la connaissance et du connu, c'est-à-dire que ce que nous percevons est déjà la chose perçue ;
- pour assurer cette coïncidence de l'intuition avec la chose il faut que la réalité ne soit pas un double, un ailleurs ;
- qu'il n'y ait pas d'intermédiaire ou de processus intermédiaire, tel le voilement et le dévoilement de Heidegger ;
- en particulier que l'espace et le temps (la distance et la durée[567]) entrant dans l'intuition ne soient pas pris pour des formes *a priori* de la sensation, c'est-à-dire comme quelque chose d'inexistant (Kant) ;
- que la scission entre la connaissance et le connu – si scission il y a – s'opère après la perception quand nous interrompons consciemment *la continuité matérielle* pour n'importe quelle raison ;
- et que la vérité et la réalité ne soient pas dissociées *sur le*

plan métaphysique, la première étant encore la seconde en tant qu'elle est prise en compte intentionnelle de la seconde ;
- en fait, le phénomène ou représentation ne s'oppose pas à la chose comme l'apparence à la réalité, mais comme la partie à la totalité (le rêve, l'illusion, les troubles psychologiques appartiennent aussi à la réalité à laquelle donne accès l'intuition)[568].

Or, si l'intuition est la base de toute connaissance empirique, il faut l'accepter sans réserve quand elle concerne des faits élémentaires à notre échelle de l'espace et du temps, non réductibles à d'autres faits élémentaires, mais il faut s'en méfier en tant que guide pour des extrapolations audaces dans la compréhension de la nature.

Bergson ne prône aucunement l'irrationalisme : il juge qu'à partir de la même exigence de résoudre des problèmes vitaux, la pensée logique, structurée, mathématisante, d'une part, et, d'autre part, l'expérience, l'intuition, l'instinct, représentent deux chemins évolutifs divergents [569] . L'une procède en s'extériorisant, l'autre s'intériorisant. Radicaliser leur opposition donnerait lieu à des contresens. Bergson lui-même, dans sa vie quotidienne au sein d'une société évoluée, ne se prévaut absolument pas du simple instinct : combien de finesse n'y a-t-il pas dans tout ce qu'il fait ? Même l'exposition de sa pensée, si captivante et pour maints aspects si juste, ne se prévaut-elle pas d'une langue aux structures complexes comme le français, avec ses strictes règles grammaticale et syntactiques ?

Et puis, outre l'approche rationnelle et l'approche intuitive, en troisième lieu, il y l'approche méthodologique, critique ou gnoséologique concernant la limite et la validité de la connaissance avec – par exemple dans le cas de Bergson – la distinction entre ces différents types de connaissance. En principe et selon proportion, disons-nous, toute énigme ou tout mystère doit intéresser l'esprit humain, qui est apte à tout (*ad omnia*), c'est-à-dire à tout aborder, sinon à tout éclaircir, résoudre ou épuiser. S'il n'en était pas ainsi, Bergson lui-même ne pourrait pas aborder le volet cognitif de sa philosophie de l'action-intuition.

*

À ce propos, la critique bergsonienne touche un nerf vif de la philosophie. En fait, la philosophie naît – en même temps que la science – comme un certain« retour » sur la réalité sinon comme un « dédoublement » de la réalité. Quand Thalès de Milet dit que tout est fait d'eau, il accomplit un premier « geste philosophique » en distinguant la réalité intelligible de la réalité brute. Ce qui fait l'objet de l'intelligence recevra un à un ou tous ensemble les noms des quatre éléments (eau, air, terre, feu) ou bien sera désigné comme indéterminé, nombre, Discorde (Éris) et devenir, Un immuable, homéomérie, atome, Idée, qualité primaire mathématisable, « pour-soi », « ce monde ». Au-delà de l'intelligible, les philosophes distingueront le purement sensible – phénomènes, représentations, qualités secondaires susceptibles d'étude sinon de pleine intelligibilité et, en Orient, illusion ou voile de Maya – de ce qui hypothétiquement agit à notre insu. Ce qui échappe à l'intelligence humaine, mais qui peut encore la conditionner, sera appelé tour à tour matière, noumène, « en-soi », volonté de vivre, Volonté de puissance, inconscient

D'une part, les divergences de tant d'écoles de pensée encouragent le grand public à imaginer que les philosophes parlent pour se faire remarquer et, de ce fait, le public s'écarte de la philosophie. D'autre part, bien des philosophes tendent à soumettre l'évolution universelle à une logique absolue et cette suprême rationalisation est précisément l'opposé de ce que Bergson entend prouver.

> Kant a pris pour une réalité ce rêve de quelques philosophes modernes : bien plus, il a cru que toute connaissance scientifique n'était qu'un fragment détaché, ou plutôt une pierre d'attente de la mathématique universelle. Dès lors la principale tâche de la Critique était de fonder cette mathématique. [...] *Mais toute la Critique de la Raison pure repose aussi sur ce postulat que notre pensée est incapable*

> *d'autre chose que de platoniser*, c'est-à-dire de couler toute expérience possible dans des moules préexistants. Là est toute la question. Si la connaissance scientifique est bien ce qu'a voulu Kant, il y a une science simple, préformée, et même préformulée dans la nature, ainsi que le croyait Aristote : de cette logique immanente aux choses les grandes découvertes ne font qu'illuminer point par point la ligne tracée d'avance [...][570]

En amont, c'est à Platon que Bergson s'oppose de la manière la plus radicale dès le début de sa réflexion. Il lui reproche de ne voir dans la réalité sensible que l'effet de la chute des Idées appartenant au monde hyperuranien (=au-delà du ciel) dans le monde de la matière (appelée χώρα). Notre réalité terrestre ne pourrait s'éloigner sans dégénérer de ces Idées parfaites, immobiles, immortelles, suprêmement intelligibles, dont l'esprit humain lui-même serait éclairé. La mathématique universelle, c'est ce que devient le monde des Idées quand on suppose que l'idée consiste dans une relation ou dans une loi, et non plus dans une chose. Bergson voit, dans le monde des Idées et dans la théorie platonicienne de la chute, la double illusion de l'immuable et du néant. Et ce sera de cette double illusion de l'idéalisme platonicien que s'inspirerait tout système philosophique au cours des siècles à venir, y compris celui de Kant lorsqu'il admet que la science soit là depuis toujours, immuable, juste à découvrir.

*

Pour défendre la notion intuitive du temps, et en particulier de la durée, contre la théorie de la relativité (corroborée toutefois par des expériences multiples), Bergson prétend qu'en passant d'un système de référence (=système des coordonnées) spatio-temporel inertiel *O* à un autre système inertiel *O'* il n'y a pas de véritable transformation de la coordonnée temporelle : il s'agirait simplement de l'idée que l'observateur en *O* se fait de la mesure du temps selon l'observateur en *O'*, mesure qui, selon Bergson, ne pourrait pas différer de la mesure faite en en *O*.

Par conséquent, Bergson mésinterprète le paradoxe dit des jumeaux[571] : appelons-les Pierre et Paul. Selon les vues einsteiniennes, si Paul, après un voyage interplanétaire à une vitesse proche de la lumière revient s'asseoir auprès de son frère Pierre, il se retrouve plus jeune que lui. Or, Bergson dit qu'au nom de la relativité l'inverse devrait être également vrai[572]. Or, la réciprocité vaut exclusivement entre des systèmes inertiels, non plus quand entre deux systèmes interviennent des accélérations et des décélérations : ces accélérations et décélérations ont été indispensables à Paul pour se détacher de Pierre, rebrousser chemin et réintégrer le système de référence de son frère.

L'évidence expérimentale de ce rajeunissement n'a certes pas été obtenue avec des jumeaux mais avec des particules radioactives dont la teneur d'émission mesure le vieillissement.

Et pourtant l'erreur de Bergson, a été repris par Prigogine et Stengers (1988), qui proposent de nouveau le « devenir universel défendu par Bergson », ainsi que par Gilles Deleuze (1968), Merleau-Ponty[573] (1956-1957) et Jankélévitch (1931).

La théorie de la relativité restreinte prévoit que les distances spatio-temporelles entre *le même couple d'événements* puissent différer quand on passe d'un *système de référence inertiel* à un autre. Il est même possible qu'elles changent de signe, toutefois avec une importante restriction, représentée dans le Tableau VIII.

TABLEAU VIII. FUTUR ET PASSÉ DU POINT *P* SELON LA THÉORIE DE LA RELATIVITÉ (AVEC $c=1$)

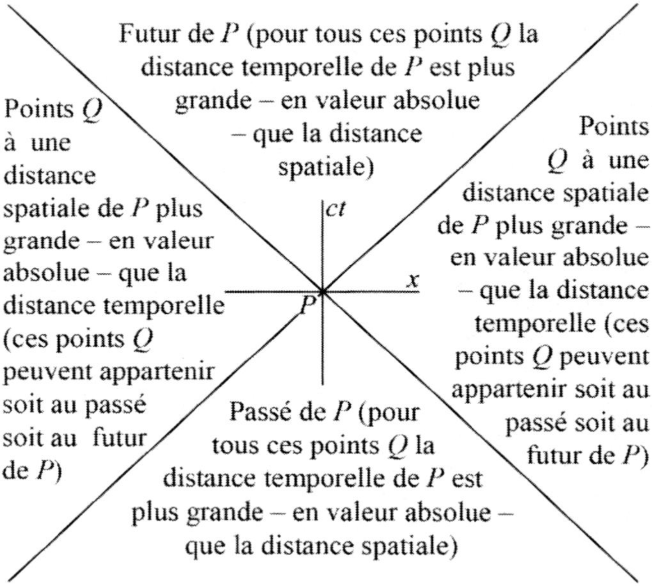

L'événement *P* est le centre d'un système de référence (=d'un système des coordonnées) où *x* est la variable spatiale, *t* la variable temporelle et *c* la vitesse de la lumière (dans le tableau $c=1$). Des événements *Q* qui peuvent être en communication avec *P* par des signaux allant à une vitesse inférieure à la vitesse *c* de la lumière (visualisés en haut et en bas par rapport à l'événement central *P*) appartiendront toujours respectivement au futur ou au passé de P, quel que soit le système de référence dans lequel on effectue les mesures d'espace et de temps. Par contre, si pour communiquer entre *P* et des événements *Q* (visualisés à droite et à gauche de *P* dans le tableau) il fallait un signal allant plus vite que la lumière, ces mêmes événements *Q* pourraient, dans un autre système de référence, appartenir soit au passé soit au futur de P, et ceci en fonction de la vitesse relative v entre le nouveau système et le système centré en P.

Le temps dans lequel il faut encadrer la généralité des phénomènes physiques est donc un temps contre-intuitif. Par contre, le temps de l'intuition, qui est aussi celui de Kant et de Bergson, est un temps qui coulerait indéfiniment, identique pour tout le monde et identique à soi-même, même si rien ne se passait. Il est appelé *ævum* par Severin Boèce qui, l'oppose à l'éternité, laquelle est vécue, par un seul acte, dans son entièreté.

Certes l'évolution biologique, l'évolution historique, même les cycles célestes observés depuis l'Antiquité, se situent aisément dans cet *ævum*, le temps de l'intuition, apparemment égal pour tous. Mais il suffit, par exemple, d'installer dans son auto un système de repérage GPS (*Global Positioning System*) pour avoir déjà besoin de la théorie de la relativité, sans laquelle la précision de la localisation de son véhicule serait de l'ordre du kilomètre, c'est-à-dire sans aucune utilité pour retrouver son chemin. Ceci signifie que le temps de l'intuition n'est pas apte à encadrer des faits plus précis.

Quant à l'« évolution de l'univers », il faut se rappeler qu'il ne s'agit pas d'une évolution à l'intérieur d'un espace-temps donné mais de l'expansion de l'espace-temps lui-même à partir du *big bang* jusqu'à à la dispersion finale de l'univers (ou jusqu'au *big crunch*, selon une hypothèse moins probable). Il s'agit donc de la « réalisation » du cadre spatio-temporel à l'intérieur duquel peut avoir lieu tout autre évolution (qualitative, quantitative ?) ou différentiation : des individus, des sociétés, de la vie, des éléments chimiques, des états de la matière. Or, selon les conceptions relativistes, si l'accélération de l'expansion de l'univers est indéfinie, la vitesse de cette expansion rejoint une valeur limite au-delà de laquelle toute action-réaction devient impossible. Et cette valeur limite est identique pour tous les systèmes de référence inertiels parce qu'elle se rapporte à la vitesse de la lumière et à d'autres paramètres universels qui ne changent pas avec le système de référence choisi[574]. Par contre, tout observateur, dans son système de référence, mesure différemment l'espace et le temps de manière que toute évolution particulière possède un rythme propre au système de référence adopté : cette évolution n'a pas nécessairement le même sens pour tout le monde. De la sorte, en dehors de cette expansion de l'espace-temps, toute évolution qualitative globale de l'univers, telle qu'elle est proposée par Teilhard de Chardin (comme nous le verrons), est incompatible avec les conceptions relativistes.

§ 119. Blondel (1861-1949)

Une thèse centrale de Blondel est que l'accueil de la foi suppose des « dispositions morales », ce qui représente toute une manière non seulement de vivre mais aussi de vouloir et de penser. Nous avons vu au chapitre XI que Kierkegaard attribue à une décision – et non pas à la raison – la position religieuse de l'individu. Et nous verrons, en déplaçant encore un peu le cœur de la question, que Maritain et Gilson vont jusqu'à considérer la foi comme un présupposé indispensable pour raisonner utilement à propos de Dieu.

C'est dans cette perspective de l'unité de l'orientation personnelle que Blondel voit la conscience comme étant située au-delà de la dispersion spatio-temporelle. Elle est totalement transparente à elle-même : c'est le renversement du freudisme. Pour affirmer cela, Blondel doit faire la distinction entre l'être profond et l'être qui se réalise en surface (l'être qui veut et l'être qui est « voulu »). Le seconde adopte l'éthique de l'imperturbabilité de l'amateur, qui n'est jamais prêt à participer et survole la vie en tâteur plus qu'en observateur, en jouisseur blasé plus qu'en acteur impliqué.

Blondel insiste sur la *contradiction implicite* dans le comportement de celui qui veut tout essayer sans jamais rien prendre au sérieux[575]. Le dilettante, l'amateur, en effet, prétend expérimenter toutes les attitudes face à la vie sauf une, celle justement qui suppose le don de soi-même dans le culte d'une vérité absolue. Or, celui qui se donne à l'expérience avec tant d'intensité mais sans engagement, plutôt que reconnaître implicitement la valeur de la vie, court vraiment vers la mort. Il lui manque probablement – pour reprendre ici une analyse de Bergson[576] – cette *tension* entre la mort, la mémoire et la volonté qui lie l'appréciation de son passé et l'attention à son avenir. Blondel rappelle Renan, à la pensée ondoyante et Gide, humaniste qui ne veut jamais se compromettre afin de pouvoir tout essayer. Mais le goût de tout expérimenter devient souvent destructif et amène à ce qu'il y a de plus *préjudiciable au bien-être moral* : le scepticisme et le pessimisme. C'est le triste résultat de l'effondrement du rêve de l'autonomie du Moi : on le croyait capable de se donner un sens et de tout obtenir.

Or, l'individu devient personne responsable en se dépouillant de la prétention de représenter la totalité de ce qui compte, en renonçant à ce mirage de liberté pour la liberté, qui n'est autre chose que le repli sur soi-même. Si la liberté ultime se joue dans l'option concernant Dieu[577], Dieu présente le défi inévitable. C'est probablement là le meilleur sens du « pari de Pascal », qui serait insatisfaisant s'il devait être interprété en sens utilitariste. Avec ses critiques rigoureuses et bien visées Blondel anticipe probablement l'existentialisme et la phénoménologie de Sartre et de Heidegger. Il qualifie comme erreurs au même titre[578] :

- celui de Leibniz, qui fait du surnaturel un développement de la nature humaine profonde (comme plus tard Teilhard de Chardin) ;
- et celui de Descartes, qui établit une dichotomie (presque dans le sens de Luther) entre la nature et la grâce.

L'*exigentialisme* est la doctrine attribuée à Blondel selon laquelle, au moins sur le plan gnoséologique, l'homme serait naturellement capable de reconnaître la nécessité du surnaturel. Blondel dit en fait :

> Il s'agit de considérer [...] les prétentions et les ingérences de ce surnaturel, dont il faut reconnaître la possibilité et dont on veut discerner la réalité [...] ; on peut se rendre compte alors

> que ses exigences au début déconcertantes correspondent intelligiblement aux demandes spontanées de cette philosophie autonome et ouverte que j'ai décrite. [...] Il s'agit encore d'une simple possibilité intelligible, d'une réalité idéale, pour ainsi dire, inhérente à l'esprit lui-même. Mais la philosophie chrétienne ne peut aller plus loin que ce point du départ[579].

Tout irait bien si Blondel se référait simplement à la preuve de l'existence de Dieu fondée sur l'analogie de l'étant qui, en même temps, justifie la similitude entre l'homme et Dieu, sans entrer dans la discussion du plan divin d'élever l'homme à la vie surnaturelle par le don de la grâce.

Cette question appartient à la Révélation bien historique, qui ne peut être prédite par la raison naturelle. Si on pouvait prévoir ce plan divin, cela voudrait dire qu'il ne s'agit plus de l'œuvre de la grâce mais de la nature. Selon ses détracteurs, « Blondel pose, entre la grâce et la nature, une relation de droit que la raison philosophique est capable de découvrir[580]. » Cette distorsion de l'ordre des choses n'est ni de la philosophie chrétienne (au sens de Maritain et Gilson) ni de la théologie chrétienne, mais de la philosophie religieuse, comme celles de Hegel et Schelling.

§ 120. Teilhard de Chardin (1881-1955)

Le Père jésuite Pierre Teilhard de Chardin propose une évolution globale de toute la réalité observable vers le point Omega de l'unité la plus intime du tout et de la plus haute spiritualisation. La méthode pour mettre en évidence ce mouvement serait celle de l'observation purement scientifique des phénomènes. Claude Tresmontant décrit en ces termes la démarche de Teilhard :

> Toute l'œuvre scientifique de Teilhard peut être caractérisée comme un effort pour lire, dans la réalité elle-même, et sans faire appel à aucun présupposé métaphysique, le *sens* de l'Évolution, pour élucider son intentionnalité immanente, dans l'ordre même du phénomène, par la seule méthode scientifique, généralisant ainsi, au domaine du Phénomène spatio-temporel

total une démarche reconnue légitime dans d'autres régions du savoir, en psychologie par exemple [...][581]

Le même auteur cite de suite ce passage du Père Teilhard lui-même : « Nous nous trouvons en face d'un problème de la Nature : découvrir, s'il existe le sens de l'évolution. Il s'agit de le résoudre sans quitter le domaine des faits scientifiques. Voilà ce que je vais essayer de faire ici[582]. »

Or, on ne peut contester ni l'évolution sociale et politique de l'humanité, qu'Aristote lui-même avait déjà décrite dans sa *Politique*, ni l'évolution des espèces, en particulier la différenciation et la complexification de la substance nerveuse, processus qui Teilhard appelle la *céfalisation*.

> Dès l'instant [...] où la mesure (ou paramètre) du phénomène évolutif est cherchée dans l'élaboration du système nerveux, non seulement la multitude des genres et des espèces tombe dans l'ordre ; mais le réseau entier de leurs verticilles, de leurs nappes, de leurs branches, s'enlève comme une gerbe frémissante. [...] Tant de cohérence [...] ne saurait être un effet du hasard. Parmi les infinies modalités où se disperse la complication vitale, la différenciation de la substance nerveuse se détache [...] comme une transformation significative. *Elle donne un sens, – et par suite elle prouve qu'il y a un sens à l'évolution.*[583].

Teilhard précise qu'en tant qu'étape successive à celle de l'intégration sociale actuelle, il reste à réaliser un Corps « mystique » solidaire.

Ayant lu *L'évolution créatrice*, Teilhard comparait l'évolution selon Bergson au mouvement respiratoire d'émission de l'air, c'est-à-dire à un processus d'expiration, centrifuge, divergeant de l'un vers le multiple[584]. Pour Teilhard, au contraire, l'évolution correspond au mouvement d'inspiration, c'est-à-dire à la convergence du multiple vers l'Un. Ce mouvement centripète rappelle – certes, seulement de loin – l'*apocatastase* ou *redintegratio* de Plotin, qui est le rétablissement, l'accomplissement, la restauration du plérôme ou d'une plénitude (peut-être originaire, mais perdue). Naturellement nous nous demandons, à propos de la vision de Plotin et de Teilhard, si le tout ne doit pas être déjà lié par un facteur unifiant intrinsèque ou par une sorte de connaturalité radicale afin que cette convergence soit possible.

Or, selon l'interprétation darwinienne de l'évolution biologique – tendance à la préservation du patrimoine génétique acquis, variations casuelles de celui-ci et sélection par l'environnement – tout est soumis à la probabilité. Par les lois du hasard, comme il y a évolution, de même il peut y avoir des extinctions, telles les cinq grandes extinctions que la Terre a déjà connues, et dont la dernière a eu lieu à la fin du Crétacé, il y a 65 millions d'années[585]. D'ailleurs, même si après chaque extinction on constate un progrès des formes de vie, Popper déclare que tout progrès doit être accepté comme un simple fait et non pas comme quelque chose qui soit imposé par une loi de la nature[586]. Les lois de la nature permettent des phases de progrès, mais ne les garantissent pas.

*

Qu'il soit permis à ce point de soulever à la vision évolutive de Teilhard de Chardin vers le point Omega une objection peut-être seulement technique mais fort à propos. En concluant la brève note sur Bergson, nous avons observé que la conception intuitive d'un temps unique, commun à tout l'univers est contredite par la théorie de la relativité, selon laquelle l'intervalle temporel entre deux événement dépend du système de référence (=système des coordonnées) inertiel adopté. On ne peut même pas ranger les événements dans un ordre spatial et temporel univoque. (Par exemple, pour un observateur sur un rayon de lumière l'espace et le temps n'auraient pas d'étendue.) Or, si *l'ordre temporel des événements peut être partiellement bouleversé* par un changement du système de référence, comment parler encore d'évolution ? Et d'évolution dans quel sens ?

Si l'on décide de suivre la voie de l'expérience, selon le propos de Teilhard, il faut replacer toute évolution à l'intérieur d'un contexte dans lequel la flèche du temps soit bien établie, c'est-à-dire à l'intérieur d'un système de coordonnées donné. Par exemple, dans le cas de l'évolution des vivants sur la Terre, les écarts de vitesse entre un système de référence et un autre n'affectent pas significativement la détermination du temps. Mais, quand on considère la globalité de l'univers, on se demande – faute d'un temps commun – quel sens peut avoir la convergence vers ce point Omega que Teilhard de Chardin propose comme loi cosmique générale.

Si l'on en vient à l'évolution globale de l'univers selon la théorie de la relativité générale, il n'est plus simplement question de l'expansion quantitative (ou qualitative) de la matière à l'intérieur d'un espace-temps donné, mais de l'expansion de l'espace-temps lui-même. L'univers a un destin commun s'il va du *big bang* au *big crunch* ou, alternativement, si son expansion devient trop rapide comme nous l'avons vu au chapitre XII. La communication entre ses parties résulte alors impossible et s'en suit la « mort froide » de l'univers et l'extinction effective de tout l'espace-temps[587]. Il est vrai que la théorie de la relativité (relativité restreinte et relativité générale) n'est qu'un modèle scientifique soumis aux critères du faillibilisme poppérien, mais au moins sa considération nous vaudra d'éviter l'arbitre d'une extrapolation métaphysique du temps de l'intuition au prétendu temps absolu d'une évolution globale.

La vision évolutive de Teilhard de Chardin reprend en forme moderne l'immanentisme des gnostiques[588], l'idéologie du progrès spirituel proposée par Joachim de Flore (+1202)[589] et la théogonie hégélienne, selon laquelle plus qu'être le Créateur, Dieu représente le processus évolutif lui-même sinon l'achèvement d'une évolution cosmique, probablement encore inconsciente au départ. L'évolutionnisme spiritualiste situe le plérôme (la plénitude, l'accomplissement) non pas derrière nous mais devant nous. Dans la cosmogénèse-christogenèse teilhardienne disparaissent les distinctions entre la création et la grâce, entre le naturel et le surnaturel, entre le temps et l'éternité. Cette inclusion du surnaturel dans un ordre naturel rappelle aussi l'*exigentialisme* de Blondel.

Et pourtant le Père Garrigou-Lagrange (1877-1964), qui avait lu des travaux de Teilhard de Chardin lorsque ceux-ci étaient encore en circulation restreinte, les commentait avec enthousiasme. Il affirmait y trouver des vues extrêmes sur l'évolution avec des applications « fantastiques » en matière d'apologétique, de théologie dogmatique, de philosophie[590]. En fait, la conception évolutive de notre auteur couvre non seulement la formation des corps célestes, dont une planète habitable comme la Terre accueille de la vie, mais aussi la différenciation graduelle des espèces et l'émergence de l'esprit, jusqu'à inclure dans ce processus de croissance cosmique la manifestation du Christ à la fin des temps, quand il récapitulera en soi le mouvement tout entier d'épanouissement de la vie.

En tant que reflet dans l'esprit des hommes de la prise de conscience cette évolution, Teilhard de Chardin voit se manifester : « Une convergence générale des religions sur un Christ Universel qui au fond les satisfait toutes ; telle me paraît être la convergence possible du Monde, et la seule imaginable pour une religion de l'avenir[591] ». Il s'agirait d'une nouvelle religion, d'un néo-christianisme plus avancé que l'actuel, proposant un Christ pour ainsi dire agrandi. Mais, « c'est encore le Christ des Évangiles ? », se demande Teilhard de Chardin lui-même[592]. Car, quel est le rapport entre un Christ évoluant avec le cosmos et Jésus, homme-Dieu, avec son enseignement, sa passion, sa mort et sa Résurrection ?

*

> Dans une nature normalement constituée le mal, en tant que souffrance, « sert » à signaler que quelque chose ne va pas ; pourquoi en serait-il autrement dans la sphère surnaturelle ? En fait, selon la tradition catholique, la logique de la miséricorde divine prévaut sur la punition des fautes (punition qui, d'ailleurs, est en dernière instance la séparation de Dieu). La souffrance – avec au

sommet la souffrance des innocents – est l'avertissement le plus efficace du désordre du péché afin que le pécheur se repentisse, obtienne le pardon et vive. Sans compter que Dieu lui-même vient partager la souffrance humaine à travers l'incarnation du Verbe.

À propos du mal dans le monde, à la fin de son ouvrage *Le phénomène humain*, Teilhard de Chardin identifie trois sources de souffrance[593] : l'insuccès ou l'échec, la décomposition ou la mort et l'effort pénible avec au sommet les douleurs de l'enfantement d'une décision difficile (c'est le cas de la vraie liberté comme source d'angoisse selon Kierkegaard). Sauf à avancer dans ces dernières pages l'hypothèse de « *l'effet extraordinaire* de quelque catastrophe ou déviation primordiale », Teilhard laisse entrevoir la souffrance « essentiellement » comme un signe de la finitude et un instrument de l'évolution, donc comme une réalité assez éloignée de la souffrance chrétienne. Dans une optique purement évolutive, le Créateur aurait organisé une sorte de course aux obstacles ou un combat de fauves, assez angoissante, nonobstant la perspective d'une récompense future de l'individu ou de l'espèce. Ce serait un Dieu cruel, digne d'être adoré par effet d'une terreur panique mais, en fait, indigne d'être un vrai Dieu.

Certes, une vision de l'« âge d'or » situé dans le passé est considérée pessimiste surtout si, comme le veut Platon, la situation ne peut que se dégrader : on se complaît alors dans l'évocation d'un passé glorieux, mais cette contemplation risque d'alimenter un certain dédain du présent. Que des personnes certainement valables, comme Platon, Isidore de Séville ou Dante – pour faire des exemples disparates – cultivent ce genre de pessimisme n'est pas simplement le signe d'un caractère porté à l'amertume, si ces auteurs ont la perception d'un déclin en vue ou en cours. Platon se situe à la fin de l'âge d'or d'Athènes, saint Isidore au temps des invasions barbares et Dante (1265-1321) à la veille de l'épidémie de la peste noire (1347-1350), qui, avec un tiers de la (sur)population européenne, liquide aussi la civilisation médiévale. (Dans les trois cas il y aura, bien sûr, un renouveau.) Pareillement, placer tout espoir dans des « lendemains qui chantent » c'est du mauvais optimisme (même en dehors de l'hypothèse révolutionnaire) si, à la réprobation du présent, ne s'accompagne pas le respect des temps dans lesquels on est appelé à vivre. Le véritable optimisme est celui d'un présent fait d'amour, de reconnaissance et de confiance.

§ 121. Jacques Maritain (1882-1973)

Jacques Maritain entend montrer aux croyants et aux non croyants que le christianisme peut s'incarner dans les formes sociales les plus diverses[594]. Le pôle d'attention est le Christ homme-Dieu, selon l'enseignement de l'Église, qui se renouvelle perpétuellement, par fidélité[595]. Les faiblesses, les scandales, les défections des hommes ne peuvent servir que de vain prétexte à notre inertie intellectuelle avant même que spirituelle.

Or, Maritain nait à Paris le 18 novembre 1882, à l'époque de la peinture impressionniste et de la littérature réaliste, mais aussi de l'exécution des décrets du radicalisme le plus sectaire contre l'enseignement catholique. L'atmosphère de sa jeunesse est imprégnée de la « culture laïque ». Et pourtant le 11 juin 1906 lui, sa femme Raïssa, immigrée ukrainienne d'origine juive, et leur fille Véra reçoivent le baptême dans la nouvelle église Saint-Jean-l'Évangéliste de Montmartre sous le parrainage de Léon Bloy. Maritain suivra son parrain, catholique antidémocrate et antirépublicain, s'associant à l'Action Française. En 1925, dans son ouvrage *Trois réformateurs : Luther, Descartes, Rousseau* il montre qu'en séparant de Dieu les sphères essentielles de l'humain (que sont le savoir, l'aimer et le ressentir), ces grands « réformateurs » ont préparé cette exaltation de l'humain dans sa séparation de Dieu, cet « humanisme inhumain » contemporain qui viole à la racine la dignité, le sens et la vérité de la personne.

Certainement ébranlé par la condamnation de l'Action Française par Pie XI[596], Maritain sut obéir et entreprendre un nouvel itinéraire qui l'amena à « désolidariser » le christianisme du pouvoir (tout en continuant à les voir en rapport). D'ailleurs, contrairement à des soupçons gratuits,

> les neuf dixièmes des adhérents catholiques de l'Action Française n'étaient pas seulement de doctrine irréprochable, ils étaient des hommes « religieux », souvent parmi les meilleurs chrétiens de leur paroisse, parmi les plus fervents, parmi les plus zélés. Et c'est précisément leur zèle politique et religieux qu'à la fois craignait et voulait récupérer Pie XI. On connaît le gâchis qui s'ensuivit[597].

Selon, Yves Floucat c'est une des grandeurs du catholicisme intransigeant « d'avoir pu engendrer ainsi, dans un esprit comme celui de Maritain, et en dehors de tout ralliement, une vision de la démocratie qui demeure, en fait d'universalité et de transcendance de ses fondements[598] », dans la ligne du Magistère romain. Selon un autre auteur :

> Précisément la fidélité de Maritain a été fidélité à la vérité dans toute son amplitude et ses articulations ; elle a été fidélité à son baptême et à l'Évangile qui remet constamment en question l'homme quand il risque de confondre les choses de César et celles de Dieu. Si au temps de sa sympathie pour l'Action Française, recommandée par son directeur spirituel, il n'a pas réussi à maintenir ces distinctions fondamentales, il s'en est suffisamment accusé et repenti pour qu'on admette un revirement profond ou une réorientation correcte de sa pensée politique parce que précisément il n'a pas renoncé aux principes essentiels de la vie de l'intelligence[599].

Plus tard, dans le but de décourager l'ouverture à gauche en cours en Italie, le 1er septembre 1956 « La Civiltà Cattolica » publia l'article *L'umanesimo integrale* du Père Messineo (Bronte, 1897 – Rome, 1978) contre l'ouvrage de Maritain qui porte le même titre. Et Maritain de souligner :

> Si vive que soit ma critique de l'idéologie courante des gens de gauche, il est indéniable, à parler sans ambages, que par mes réflexes pratiques comme par mon horreur des gens de droite

mes options politiques sont à gauche, et que ma philosophie politique elle-même, par son insistance sur l'« exister avec le peuple », est résolument anti-droite. Par rapport aux positions (immatures) des années de la « Revue Universelle » [Paris, 1920-1944], il y a là un changement réellement « substantiel »[600].

Il voit la liberté de conscience non pas comme l'absence de responsabilité face à la vérité, mais il refuse le contrôle politique sur les consciences. Son approfondissement de la doctrine sociale de l'Église se révèle même dans le *Gaudium et spes* et d'autres documents du Concile du Vatican II. Et pourtant, Maritain a toujours refusé de passer pour un « maître à penser » du Concile ; il a précisé que c'était lui qui essayait d'être fidèle à la doctrine de l'Église et non le contraire : « Gardons-nous d'imaginer que les philosophes puissent avoir quelque influence sur la pensée des papes. Celle du Saint-Esprit est certainement meilleure[601]. » Toujours est-il que le 8 décembre 1965, à la clôture du concile Vatican II, son ami le pape Paul VI lui remet le message destiné aux intellectuels.

Son épouse Raïssa meurt le 4 novembre 1960 et au début de l'année suivante Jacques se retire à Toulouse près des Petits Frères de Jésus, où il meurt le 28 avril 1973.

*

Sur le terrain plus strictement philosophique, en 1930 Maritain déclare :

> Pour que les noms que nous employons répondent aux réalités, nous devons appeler philosophie chrétienne une philosophie proprement dite, une sagesse qui se définisse comme l'œuvre parfaite de la raison. Mais parce que de fait le sujet humain ne peut pas parvenir à l'intégrité des suprêmes vérités naturellement connaissables s'il n'est aidé d'en haut, cette philosophie demande à se développer, dans le sujet, en connexion vitale avec la foi, qui, sans entrer dans sa texture ni lui servir de critère positif, joue à son égard le rôle de principe régulateur extrinsèque, *veluti stella rectrix* [comme étoile régulatrice], avec la théologie, qui usant d'elle comme instrument, la corrobore, et avec la sagesse du Saint-Esprit, qui,

surnaturellement, la conforte aussi dans l'âme du chrétien[602].

§ 122. Étienne Gilson (1884-1978)

Étienne Gilson prend également position sur ce thème :

> Pour qu'une philosophie mérite vraiment le titre de « chrétienne », il faut que le surnaturel descende, à titre d'élément constitutif [...] dans l'œuvre de sa constitution. J'appelle donc philosophie chrétienne toute philosophie qui, bien que distinguant formellement les deux ordres, considère la révélation chrétienne comme un auxiliaire indispensable de la raison[603].

Gilson, incliné plus que Maritain à l'analyse méthodique de la structure portante de l'œuvre de saint Thomas d'Aquin, lui avait reproché, au cours d'échanges d'ailleurs très amicaux, de ne pas faire œuvre de véritable historien de la philosophie. Et pourtant, Gilson, dans une lettre du 18 mars 1974 au Père Armand Maurer (1915-2008), évoquait en ces termes son ami Maritain, décédé l'année précédente :

> [...] je n'avais jamais compris sa vraie position. J'avais naïvement soutenu qu'on ne peut se considérer comme thomiste sans d'abord s'assurer de l'esprit authentique de la doctrine de St Thomas, ce que seule l'histoire peut faire ; pendant tout ce temps, il s'était considéré lui-même comme un vrai disciple de St Thomas parce qu'il continuait sa pensée. [...] Malheureusement, sur tous les points sur lesquels il se vante lui-même d'améliorer, de compléter Thomas d'Aquin, mon propre sentiment est qu'il est en train de fausser la vraie pensée du Docteur Angélique. En bref, Maritain a été un penseur original beaucoup plus qu'il aurait été possible de l'être pour un vrai historien. Ce que Thomas lui-même aurait pensé de cette sorte de disciple, je ne sais. Ils peuvent maintenant discuter le problème entre eux. Encore un peu de temps, et, comme je l'espère vivement, je serai moi-même informé du résultat de la discussion.

*

La vision d'ensemble propre à la culture catholique – si catégorique et si cohérente – n'est pas évidente pour d'autres cultures. La *notion de Trinité*, qui rend compte d'un Dieu d'amour, est fort éloignée de toute conception alternative de la divinité, qu'il s'agisse du paganisme, de l'hindouisme ou du bouddhisme *mahayana*. L'idée du *salut éternel* et des moyens pour y parvenir diverge également de ce que l'on pense par exemple dans le protestantisme, dans l'Islam ou dans le bouddhisme *hinayana*. La conception catholique de l'*éternité*, en tant qu'unité de nos expériences au-delà des divisions spatio-temporelles, n'a rien à voir avec les spéculations scientifiques modernes ou la temporalité, selon Heidegger. Étant si différente de ce qu'on aurait pu imaginer (normalement), la foi catholique a suscité à travers les siècles toute une philosophie, qui a eu besoin de s'appuyer sur le *prophétisme juif* et sur la *pensée grecque*.

Or, si des non-croyants jugent que la foi empêche un véritable pensée philosophique parce que le croyant sait déjà ce qu'il doit trouver, Maritain[604] et Gilson affirment que la *foi* élargit l'horizon et donne une meilleure compréhension des arguments en faveur de la foi elle-même. Outre à représenter un éclaircissement et une structuration de la pensée, cette même foi fonde solidement le sentiment de ne pas vivre en vain (l'*espérance*) et soutient la morale (*charité*). La foi soutient la morale au sens où elle donne une solide raison d'être bon, solidaire, chaste, etc., toutes choses que probablement on voulait dès le départ. On est ramené ainsi au besoin humain de se donner une raisons de vie, dont tout développement spirituel prend son envol. Car, si la foi est un acte de l'intellect, le mouvement est initialement sollicité par la volonté ; la foi, en cours de route, reconnaît la poussée surnaturelle qui alimente tout le processus et que l'on nomme la grâce. Quant au fait que la philosophie chrétienne suppose la foi, Gilson précise :

> La spéculation métaphysique n'est facile pour personne [...]. Si la parole divine se fait entendre et tranche d'avance pour la raison un certain nombre de problèmes obscurs avec lesquels elle se bat, dira-t-on que, pour venir elle-même du dehors, [...] en disant à une raison qui n'est pas encore sûre : ceci es vrai,

> elle ne lui rend pas plus facile de voir pourquoi cela est vrai ? Les arguments qui jouent contre les semi-traditionalistes, selon qui une démonstration purement rationnelle de l'existence de Dieu est impossible, se retournent ici contre ce que l'on pourrait nommer le semi-rationalisme, selon lequel, pour qu'une telle démonstration soit purement rationnelle, il faut que l'assistance offerte par la Révélation n'agisse que sur ce qui est extrinsèque à la raison. [...] Est-ce ôter les difficultés extrinsèques qui bloquent la solution d'un problème que d'en donner la réponse ? Certes, il reste toujours à le résoudre, mais la raison qui s'y efforce, si elle demeure intrinsèquement la même, se trouve dans une situation autre depuis qu'elle sait au moins de quoi elle cherche la démonstration[605].

Ceci confirme des vues communes à Maritain, à Gilson et aux athées les plus déterminés : la pensée catholique – ses thèses, son apologétique, ses démonstrations – sont finalement guidées par la foi. En fait, sans la Révélation judéo-chrétienne, probablement on ne serait jamais parvenu à de tels résultats. Sans la venue du Christ – et la préparation de sa venue par l'hébraïsme et le judaïsme – la philosophie aurait été moins riche (même le combat contre la religion aurait été moins acharné). Cette situation permet en particulier de souligner l'importance du rôle culturel de l'Église catholique en tant que gardienne de la foi. En sanctionnant tout écart philosophique qui risquerait d'être en même temps un écart dans la foi, elle contribue à l'orientation de la philosophie. La philosophie inspirée par la foi peut même être plus audacieuse, elle peut viser plus loin : au point de vue philosophique il importe seulement que les vérifications, les arguments et la logique soient justifiés.

Entretemps, suite au tour d'horizon que nous nous sommes accordés jusqu'ici, il faut bien dire que les entorses à l'ampleur du réel (le scientisme), à l'éthique (Nietzsche et Schopenhauer), à la logique (Hegel), voire à la notion même de vérité (considérée source de conflits) ont été particulièrement importantes dans le camp profane, non sans l'influence protestante de la réduction à la conscience.

Il en résulte que nous ne pouvons pas discuter sérieusement de Dieu avant d'y croire, car si nous ne croyons pas, nous sommes pour ainsi dire empêchés de sortir de la sphère du quotidien, du sensible, du plaisir ; nous ne percevons plus nos limites et nous restons dans l'illusion d'une autonomie qui est, en fait, la soumission à toute sorte de conditionnement. Le dogme catholique, disait Romano Guardini, nous libère de la tyrannie de l'Ego. Si nous ne croyons pas, c'est que nous ne sommes pas disposés à avoir un rapport avec Quelqu'un qui est plus grand que nous, même si ce rapport est source de bonheur. Mais si nous acceptons le principe – éthique et spirituel – que nous ne sommes pas plongés dans la solitude au sein d'un univers dépourvu de sens, alors nous trouvons aisément les raisons morales et métaphysiques pour défendre ce choix, avant tout à nos propres yeux.

§ 123. Sartre (1905-1980) et la liberté

Sartre à la fin déclare de s'être moqué de tout le monde.

Si le névrosé et le psychotique ne savent pas se mettre en perspectives, et le plus souvent ils en souffrent, le pervers ne se met jamais en question, ne connaît pas d'examen de conscience. Satisfait de son Moi, il n'a aucune raison de souffrir de son irresponsabilité, qui peut aller très loin. Or, « Sartre avoue ne s'être jamais senti coupable de rien durant toute sa vie », lui qui n'avait pas compris le national-socialisme, alors qu'il avait vécu à Berlin durant l'année universitaire 1933-1934. Et son engagement à gauche n'a rien de particulièrement héroïque s'il déclare lui-même avoir « défendu l'intervention en Espagne pourvu qu'on ne lui demande pas d'y participer concrètement ». Cohérent avec ses idées communistes, il « célèbre l'illégalisme révolutionnaire et fait l'éloge du "bain de sang" pour des raisons politiques ». Il va jusqu'à défendre Kim-Il-Sung, le dictateur nord-coréen[606]. Sartre s'est embourbé dans une impasse en se proclamant proche des communistes. Travaillant pour réaliser un Homme nouveau, quoique pas encore défini dans les dernier détails, ses compagnons de route communistes ne pouvaient pas s'encombrer – on les comprend – de sa conception « bourgeoise » de la liberté. Ils l'ont mis à l'écart, et ce désaveu démontre encore une fois que notre philosophe ne s'est pas révélé clairvoyant. Toutefois, son analyse de la réaction des uns et des autres à la révolte hongroise de 1956 a été assez significative.

Sartre propose la liberté comme *indétermination*, en alternative à la liberté comme *libre arbitre* orienté par la finalité, de manière à rendre également arbitraires toutes les options. Il dénonce en particulier la *comédie de la délibération* qui se joue dans notre conscience, devant notre intelligence, informée tant bien que mal de ce qui se passe au fond de nous-mêmes. La décision, dit-il, revient en tout cas à nos motivations vitales, à notre réalité effective, à notre caractère[607]. C'est précisément par le déni de la finalité – c'est-à-dire des raisons de vie qui pourraient orienter le sujet – que celui-ci peut se déclarer *souverain*. Le modèle sartrien de liberté pose donc *le problème* politique fondamental de notre temps : « comment gouverner des volontés qui se veulent souveraines[608] ? » Il n'est pas facile de construire une éthique politique sur base du caractère souverain des volontés individuelles, sur la liberté pour la liberté, sur la liberté indéterminée manquant de raison d'être.

En fait, au temps de l'occupation allemande, un jeune homme demande son avis à Sartre : est-ce que le maître lui conseillerait de rejoindre la Résistance ou de s'occuper de sa mère qui autrement serait abandonnée à elle-même dans une situation fort difficile ? Sartre saisit cette magnifique occasion pour appliquer sa philosophie vide et froide en renvoyant le jeune homme à sa liberté sans autre raison. Aux yeux de Sartre la liberté se situe dans l'instant suprême où l'individu met en jeu sa volonté souveraine : par la suite, la liberté se résout en impuissance ; elle est même l'instrument de notre asservissement.

Il semblerait contradictoire que Sartre, d'une part, exalte la liberté comme indétermination, et que, d'autre part, par son refus du libre arbitre, il définisse la liberté comme impossible, comme non-solution, comme illusion de liberté. L'explication est simple : Sartre « doit » rendre impraticable l'itinéraire vers Dieu, Fin ultime, et le moyen le plus approprié est le déni de la finalité : la finalité représente, en fait, la clé du libre arbitre. Mais il lui reste un autre pas à faire. Si, par la définition de la liberté comme *indétermination*, il évacue la finalité, Sartre, *glauque*, propose un dernier usage de la liberté : la production du *non-sens* et du *doute*. Il s'agit d'évacuer toute vérité qui pourrait nous lier. Même si Dieu existe, dit-il, le choix de douter de son existence est l'expression suprême de notre liberté. Par conséquent, au nom de la liberté, il n'est plus nécessaire de nier l'existence de Dieu, il suffit de n'en tenir plus aucun compte.

XXII. L'ATHÉISME, COMME LA CROYANCE, A DES RAISONS D'ABORD VITALES (ET ENSUITE RATIONNELLES)

Le vrai athéisme devrait être celui de Lucifer, qui – lucide – ne peut pas se dire que Dieu n'existe pas. Il ne peut pas non plus l'anéantir. Il ne lui reste qu'à refuser Dieu sur le plan des fins, c'est à dire sur le plan moral, là où il peut faire jouer sa liberté absolue. Probablement, Lucifer n'est pas révolté, en premier lieu, par un *déficit* d'initiative assimilable à l'ennui de Schopenhauer. Et il n'est pas horrifié, comme le serait Nietzsche, par l'incommensurable supériorité Dieu. Sartre, établissant tout simplement que l'acceptation de Dieu est antithétique à l'exercice de la liberté, met en lumière un aspect essentiel de l'athéisme, qui germe dans le cœur, avant même que dans l'intellect, et qui ne se traduit pas nécessairement dans l'action. Selon la vision mystique du combat primordial dans les airs, Lucifer *refuse essentiellement l'amour* que Dieu lui offre. Il méprise le « besoin » que Dieu ressent de l'amour de toutes ses créatures rationnelles et rejette surtout l'expression la plus haute de cet amour, l'Incarnation par laquelle Dieu se fait homme.

Or, quand on a de si « bonnes » raisons morales de refuser Dieu, pourquoi chercher encore des arguments ontologiques ou logiques contre son existence ? Se donner de soi-même des raisons de vivre c'est passer au-delà des preuves de l'existence de Dieu. Sartre, comme Lucifer, ne nie pas ces preuves, mais il nie toute raison de vie : c'est le nihilisme. En fait, la liberté sartrienne est pur exercice du choix, simple indétermination ou indifférence. Trop souvent celui qui se définit « un homme libre » correspond à ce schéma. À quoi bon évoquer encore les scandales dans l'Église ou argumenter contre la vérité des religions en général, en les réduisant à fanatisme et superstition ?

Il fallait, toutefois, prendre des précautions sur le plan intellectuel afin d'écarter tout soupçon de preuve de l'existence de Dieu. C'est ainsi que la philosophie moderne a dû transformer l'être en phénomène, le bien moral en autonomie éthique et la vérité en opinion. « Althusser a maintenu en philosophie, pendant que d'autres, comme Lacan, le maintenaient dans l'antiphilosophie, le présupposé radical de l'athéisme qui tient en une seule phrase : les vérités n'ont aucun sens[609] ». Le puritanisme protestant qui refuse la raison dans l'argumentation religieuse se métamorphose dans l'assurance laïque du subjectivisme, du relativisme, de la déconstruction et de la pensée faible. À l'opposé de la philosophie classique, le courant dominat de la philosophie moderne est inutilisable au point de vue catholique, car il lui a fallu, pour ainsi dire, rendre glissant le terrain du réel sous les pieds du penseur.

Toutefois, sur le plan des raisons de vie, il ne faut pas croire que le refus de Dieu relève toujours des motivations sublimées de l'*athée « supérieur »* : la *liberté pour la liberté* sartrienne, le *narcissisme* du Surhomme de Nietzsche, le *pessimisme* de Schopenhauer jugeant l'amour de Dieu trop beau pour être vrai ou trop haut pour être moralement acceptable. Le plus souvent, les raisons du refus de Dieu sont beaucoup plus terre à terre : on comprend que, dans le cas d'une existence vécue dans l'égoïsme et entièrement gaspillée au pont de vie affectif, face à la salutaire mais préoccupante crainte de la justice divine, l'athéisme puisse apparaître préférable à la perspective de devoir rendre des comptes. Dans l'ensemble, confronté à la souffrance et à la mort, l'*athée « ordinaire »* ressent Dieu plutôt comme une force hostile et une source de contrainte, alors que pour le croyant Dieu représente un réconfort.

L'impie interprète comme un blasphème le cri de Jésus sur la Croix, « *Eli, Eli, lama sabachthani*[610] ? » (Mon Dieu, pourquoi m'as-tu abandonné ?) Le non-croyant y voit le désespoir de l'homme Jésus, son refus du projet du Père qui comptait faire de la souffrance l'occasion du salut. Pour le croyant, au contraire ce cri est l'expression suprême de la souffrance divine pour les hommes qui se perdent. (Serait-il le cri du damné repris par Jésus pour montrer quelle est la raison profonde de sa souffrance, de toute souffrance ?) Pour remettre les choses dans leur contexte, rappelons qu'il s'agit du début du *Psaume* 21 (22), qui outre à être prophétique, exprime la plus complète confiance en Dieu :

> Ils ont percé mes mains et mes pieds, ils ont disloqué tous mes os. Ils me regardent et ils se réjouissent. Mes hardes ils se partagent. Au sort et au hasard disputent ma tunique. Or vous, Seigneur, n'éloignez plus longtemps votre assistance, empressez-vous à me défendre. De l'épée, délivrez mon âme, ô Mon Dieu ; cette âme délivrez-la de la fureur des chiens. Sauvez-moi de la gueule du lion et – dans ma détresse – des cornes des buffles. A tous mes frères, je redirai votre nom, je publierai vos louanges en pleine assemblée. Vous qui craignez le Seigneur, louez-le ; vous tous, race de Jacob, glorifiez-le. Que toute la postérité d'Israël le craigne, car il n'a point méprisé ni dédaigné la supplication du pauvre. Il n'a point détourné de moi son visage et quand vers lui j'ai crié, il m'a exaucé[611].

Les Juifs au pied de la Croix étaient en mesure de comprendre à quoi Jésus faisait référence. Et – sinon à l'instant même – au vu des phénomènes qui ont suivi la mort de Jésus[612].

Est-ce qu'à l'instar du croyant, qui essaie de se donner des raisons de croire, le non-croyant cherche lui aussi des raisons pour ne pas croire. Ou, plutôt, préfère-t-il renvoyer comme insignifiante toute la problématique religieuse ? Probablement, les non croyants – comme les croyants – optent en fonction d'un désir du cœur et c'est seulement par après que les uns et les autres cherchent leurs raisons. A-t-on le droit de conclure philosophiquement : « Donc, match nul » ? Pas vraiment, car dans l'arène se confrontent, d'un côté, cette pensée qui évolue dans le doute – par un certain défaut de la volonté, tout au moins dans cette question, selon un schéma d'analyse repris par Bergson[613] – et, de l'autre côté, la continuité du témoignage de l'Église et de ses saints. Mais qui se soucie encore du témoignage de l'Église et des saints dans notre civilisation surprotégée, surconsommatrice, surmédiatisée, surinformée, mais branchée sur l'immédiat et déconnectée des fondements – de peur, peut-être, de rencontrer Dieu ? D'ailleurs, peut-elle, cette société distraite, envisager lucidement les défis bien concrets de la démographie, du chômage, des inégalités à travers la planète, de l'islamisme, de la paix et de la guerre ?

Bien qu'il prenne toute la liberté de douter, Descartes n'exprime pas de manière très claire la notion que le doute est une expression de liberté. C'est à Sartre qu'il revient de clarifier ce point essentiel de la position cartésienne. Dieu n'est pas à son aise dans la philosophie cartésienne et Sartre dit pourquoi : c'est parce que Dieu anéantit la liberté humaine[614], ou toute au moins cette liberté sur laquelle se fonde le doute.

Sartre, selon Cornelio Fabro,

> trouve déjà en Descartes, sous l'apparence d'une doctrine unitaire, au moins deux doctrines très différentes de la liberté ; l'une qui est considérée comme la faculté de comprendre et de juger, l'autre qui exprime l'autonomie de l'homme face à la vérité. C'est cette autonomie qui constitue l'essence du *cogito* et qui atteste que la vérité est une chose humaine, par le fait

que je dois la mettre en œuvre pour qu'elle existe ; de là vient que, pour Descartes, le jugement consiste dans l'adhésion de la volonté et dans l'engagement libre de mon être. Alors, pour Descartes comme pour Heidegger, observe Sartre, l'homme est l'être par lequel la vérité apparaît dans le monde[615].

La liberté comme indétermination, dépourvue de toute raison, c'est la liberté pour la liberté de Sartre. Elle représente, d'une certaine manière la « note supérieure » de Heidegger, qui dans *Être et temps* analyse à la perfection comment on se distrait dans une vie sans authenticité, mais ne donne à l'art de rentrer en soi et de se recueillir que la perspective d'être « pour la mort », comme si cela représentait une forme de rachat. Sartre est plus radical dans l'abandon de toute ambition spirituelle.

*

Un des personnages de Sartre, Antoine Roquentin, assis sur le banc d'un parc public à six heures de l'après-midi ressent le dégoût, la honte, le vide de l'existence contingente, qui n'a ni but ni raison d'être. À la pensée que l'on naît sans motif, l'on vit par faiblesse et l'on meurt par hasard, tout lui apparaît fluide, flottant et visqueux. Ses sentiments sont de colère, d'impuissance et de peur face à pareil absurde[616]. Or, Sartre admet qu'une attitude préliminaire d'athéisme conduit à l'absurde, mais il précise aussi qu'il n'y aucune raison pour que le tout ne soit pas absurde. Pour quelle raison ne pas s'installer dans un athéisme qui exclut tout autre questionnement ou jugement ? Mais il faut quand même savoir qu'une joie de vivre constante est difficile sans la foi en Dieu. Pour revenir à ce fondement, il faudrait déjouer le mécanisme pervers qui sacrifie tout à la liberté pour la liberté c'est-à-dire au Moi. Ce Moi, limité de tous les côtés, n'admet ses limites qu'avec la plus grande difficulté.

§ 124. Lévi-Strauss (1908-2009) : de l'individu au sein d'une société et de l'incommunicabilité entre les cultures

Il n'y a pas si longtemps, le *structuralisme* a représenté en France une tentative de reconduire certaines activités humaines à des mécanismes inconscients indépendants de la libre volonté, donc automatiques et déterministes sur le modèle des sciences de la nature. Des intellectuels ambitieux se sont attelés à la besogne en prenant comme sujet de leurs recherches des pratiques culturelles telles la langue, les rites, les récits mythiques, les coutumes alimentaires et vestimentaires ainsi que les relations familiales dans leur extrême variabilité. Les analyses des structuralistes tendent à laisser dans l'ombre la liberté c'est-à-dire ce qui constitue le cœur de l'individualité.

Bien que le mot *structuralisme* ne figure pas dans les travaux du linguiste suisse Ferdinand de Saussure (1857-1913) et que cet auteur ne fasse pas part du mouvement, tel qu'il s'est articulé par la suite[617], on situe à l'origine du structuralisme son *Cours de linguistique générale* (1916). Saussure y étudie la langue comme un système dans lequel chaque élément n'est définissable que par les relations d'équivalence ou d'opposition (plus ou moins marquées) qu'il entretient avec les autres éléments. Cet ensemble de relations constitue une structure. Ce qui échappe en tout cas au jeu de corrélations est la notion même de *signification*, qui est présupposé à toute relation entre les mots, au discours sur la linguistique, en fait à tout discours en général afin qu'il garde son sens.

L'ethnologue Claude Lévi-Strauss, le politologue Louis Althusser, le psychanalyste Jacques Lacan (1901-1981), l'historien de la société Michel Foucault et l'historien de la culture Jacques Derrida sont parmi les structuralistes les plus connus. Ce dernier peut même être considéré comme poststructuraliste. Nous donnons quelques détails sur l'une ou l'autre de ces figures de la culture françaises du XXe siècle.

Le structuralisme relève encore de la logique du scientisme, sauf qu'au lieu de réduire les phénomènes humains à la base physico-chimique, dont ils ne seraient que des épiphénomènes, les structuralistes se rapportent à d'autres mécanismes inconscients appartenant aux « sciences humaines ». Bien sûr, chaque représentant de ce courant choisit un domaine d'application différent, mais les mécanismes inconscients, quels qu'ils soient, doivent agir de manière tendanciellement déterministe. Pour Lacan, psychanalyste, c'est le langage qui accomplit le travail de l'inconscient : il voit l'individu comme le croisement de certains discours, c'est-à-dire comme un produit du langage.

Claude Lévi-Strauss, en anthropologue, considère l'individu, comme le lieu d'intersection des mythes, interdictions et archétypes propres à la société à laquelle il appartient. Le procédé est donc analogue à celui de Lacan : il s'agit de ramener le sujet à un certain environnement qui le façonne, le configure et sans lequel il ne serait pas ce qu'il est.

Lévi-Strauss analyse la « pensée sauvage » selon une logique d'oppositions en cascade, dont un modèle est fourni par le Tableau IX. Toute classification, par exemple des espèces vivantes – plus ou moins scientifique, plus ou moins bien ficelée et plus ou moins utile – doit suivre la logique des oppositions. Si les alternatives figurant dans chaque accolade ne couvrent pas toutes les possibilités et si elles ne sont pas réciproquement exclusives (c'est-à-dire, si elles laissent dehors un résidu ou si elles impliquent une superposition, même partielle, des termes que l'on prétend opposés), le schéma et déficient et son application donne des mauvais résultats.

TABLEAU IX. EXEMPLE DE CLASSIFICATION « SAUVAGE » DES OISEAUX SELON LÉVI-STRAUSS

Oiseau ciel-terre	carnivore	rapace	diurne (aigle)
			nocturne (hibou)
		charognard	corbeau
			autre
	non-carnivore	A	
		non-A	
Oiseau ciel-eau	canard	B	
		non-B	
	autre	C	
		non-C	

Lévi-Strauss s'inspire explicitement du rapport entre structure et superstructure prévu par Marx, mais il semble reconnaître l'importance de la médiation des superstructures entre les infrastructures et les comportements :

> Le marxisme — sinon Marx lui-même — a trop souvent raisonné comme si les pratiques découlaient immédiatement de la praxis. Sans mettre en cause l'incontestable primat des infrastructures nous croyons qu'entre praxis et pratiques s'intercale toujours un médiateur, qui est le schème conceptuel par l'opération duquel une matière et une forme, dépourvues l'une et l'autre d'existence indépendante, s'accomplissent comme structures, c'est-à-dire comme êtres à la fois empiriques et intelligibles. C'est à cette théorie des superstructures, à peine esquissée par Marx, que nous souhaitons contribuer, réservant à l'histoire — assistée par la démographie, la technologie, la géographie historique et l'ethnographie — le soin de développer l'étude des infrastructures proprement dites, qui ne peut être

principalement la nôtre, parce que l'ethnologie est d'abord une psychologie[618].

Il y a lieu de comparer également la position des structuralistes avec l'apriorisme kantien, vu que Kant admet que nos concepts se forment à partir d'une structure sous-jacente, de manière que l'objet est une *construction du sujet* dérivant de son intérieur. Or, la structure formelle *a priori* selon Kant n'est pas propre à l'homme en tant qu'individu ou en tant que membre d'une société déterminée, mais elle est commune à l'espèce humaine. Par contre, pour Lévi-Strauss, le sujet est, pour ainsi dire, construit par la société qui l'entoure à travers les différents mythes, traditions et lois qui lui sont inculquées dès sa naissance. Donc, à l'inverse de ce que dit Kant, l'ordre humain de notre science et de notre culture dériverait de situations concrètes particulières. Il dépendrait d'un ordre naturel *externe au sujet*, et pour les derniers détails à sa société d'appartenance.

Or, si Lévi- Strauss a cru pouvoir établir des lois qui règlent la vie mentale de l'homme civilisé à partir de l'étude de la pensée sauvage, c'est en premier lieu sur base de l'hypothèse que les structures rationnelles et les fondements de l'éthique sont communs à tous les hommes. Il faut aussi croire que la pensée sauvage se prête plus facilement à la compréhension de l'anthropologue, à cause de sa relative transparence, simplicité, fixité, résistance au changement, goût de la classification et de l'ordre, en un mot, à cause de sa puissante structuration. L'intérêt, voire le goût et l'amour de Lévi-Strauss pour les cultures primitives, comme s'il se penchait sur le berceau de l'humanité, le poussent à « sauver » la magie, le totémisme, le mythe au nom du principe de causalité[619]. Cette attitude d'empathie rend également compte du succès de son œuvre.

*

Or, parmi les tendances communes à tous les hommes, Lévi-Strauss souligne le manque d'intérêt, le soupçon, voire le mépris et l'hostilité à l'égard des autres cultures. La tribu sauvage qui accompagne avec toutes ses larmes l'anthropologue qui retourne à la civilisation exprime de la peine sincère pour un être auquel elle s'était prise en affection, mais qui est censé retomber dans un monde de souffrance. En fait, Lévi-Strauss observe que des peuples primitifs ne possèdent pas notre concept universel de l'homme et que dans leurs langues respectives l'appellatif « homme » est réservé aux membres de leur propre tribu ou ethnie.

Quel est donc le nom pour les autres hommes? Et nous-mêmes, qui possédons le terme « humanité », quel sens lui donnons-nous effectivement ? Carl Schmitt nie que la notion d'humanité puisse avoir un sens politique. Dans le meilleur des cas, s'il y a une entente entre les États, c'est qu'ils ont rejoint un équilibre temporaire par des accords, des compensations, voire des menaces restées en suspens. Dans le processus de globalisation en cours les échanges, notamment commerciaux, favorisent une situation de coopération. L'histoire nous enseigne, néanmoins, que la forme prise par la communauté internationale, avec son « droit des gens », résulte souvent de situations d'hégémonie consolidées, de traités inégaux souscrits à l'issue de guerres, de capitulations, d'entreprises de colonisation, de l'imposition de tributs, bref de l'impérialisme sous ses différentes formes. Et dans le pire des cas l'histoire de l'humanité est celle des guerres.

C'est sur base de ce genre de considérations que notre auteur compare le contact entre les cultures à des trains qui se croisent sans que les passagers respectifs puissent échanger le moindre dialogue. Il a exprimé cette incommunicabilité dans une célèbre conférence[620] organisée par l'Unesco à Paris en 1971. Cette thèse ne fut pas du goût des organisateurs qui se proposaient de démontrer tout le contraire. Lévi-Strauss précise que cette fermeture entre les cultures peut-être nécessaire pour sauvegarder la diversité culturelle. Probablement, comme c'est le cas dans l'évolution des vivants, la disponibilité d'un large éventail de solutions est indispensable pour assurer la survie de l'espèce[621].

*

Dans la mesure où Lévi-Strauss défend l'évacuation du sujet à l'avantage des lois de la nature, il annule de fait – et par des arguments issus d'un nouveau répertoire – la possibilité même de la religion. En fait, en l'absence d'un véritable sujet humain, il n'y aurait plus rien dans l'homme qui puisse rendre un véritable culte à la divinité. Ceci forme la base pour une apparente modestie et pour un solide pessimisme, particulièrement amer lorsque Lévi-Strauss juge que les gens cherchent de pauvres consolations dans des illusions. Dans *L'homme nu* (1971) il écrit :

> La philosophie a trop longtemps réussi à tenir les sciences humaines emprisonnées dans un cercle, en ne leur permettant d'apercevoir pour la conscience d'autre objet d'étude que la conscience elle-même. [...] Ce qu'après Rousseau, Marx, Durkheim, Saussure et Freud cherche à accomplir le structuralisme, c'est dévoiler à la conscience un objet autre : donc la mettre, vis-à-vis des phénomènes humains, dans une position comparable à celle dont les sciences physiques et naturelles ont fait preuve qu'elle seule pouvait permettre à la connaissance de s'exercer.

Ce passage de Lévi-Strauss révèle le programme des structuralistes de faire de la conscience un objet d'étude pour les sciences humaines, voire de réduire la conscience à un phénomène, en parallèle avec la réduction de la nature physique au phénomène dans le scientisme. Toutefois, les découvertes dans le domaine des *sciences humaines* concernant ce qui soutient et alimente la conscience n'ont ni les garanties de crédibilité ni les impressionnantes applications des *sciences naturelles*, qui suffisent à leur concilier la considération du grand public.

§ 125. Ricœur (1913-2005), ses opposants et ses amis. Levinas ou de l'interprétation de l'histoire

Pour apprécier l'engagement de ce philosophe il faut rappeler quelques expériences marquantes de sa vie. Issu de la gauche socialiste et pacifiste, enrôlé et fait prisonnier en 1940,

Paul Ricœur a dans les camps allemands tout le loisir de méditer sur le rapport entre ses précédentes convictions politiques et la débâcle subie par sa patrie. Il tient alors des conférences à ses camarades prisonniers, prônant les valeurs de caractère contre la morale du bien-être, de la facilité, du bonheur et contre l'esprit critique dissolvant. Certains de ses propos sont même publiés dans la France occupée[622]. C'est la preuve d'un revirement, et bien qu'il n'y ait rien de compromettant dans ce qu'il a dit, il en fera amende honorable après la libération. Même les esprits les plus élevés subissent les influences de l'ambiance morale dominante. Au cours des années soixante, Ricœur est marginalisé dans la France de l'idéologie militante proclamée par le parti détenteur de l'hégémonie culturelle dans la France des maîtres oraculaires, dont Sartre et Lacan sont des modèles. En 1965, ce même Lacan, soutenu par son école, va jusqu'à accuser Ricœur de plagiat, suite à la publication de l'ouvrage sur Freud, *De l'interprétation*.

Nommé en 1969 doyen de la jeune faculté des Lettres de Nanterre, Ricœur ne parvient pas à contrôler la situation. Lors des désordres qui éclatent sur le campus dans les premiers mois de 1970, il est agressé et, n'ayant pas des appuis politiques, il est astreint à démissionner. Confronté aux élucubrations sur l'Homme nouveau, sur l'« indétermination démocratique » et sur la liberté comme indétermination selon le modèle de Sartre, il retiendra que chercher à reconfigurer un réel que l'on suppose radicalement aliéné, équivaut à le défigurer. Il ne reviendra à Nanterre que trois ans plus tard, mais entretemps il aura « découvert » les États-Unis et pendant plusieurs années il sera invité tous les hivers pour enseigner à Chicago. Il rencontre un style de dialogue plus respectueux, la philosophie analytique ou critique du langage et un vif intérêt pour les bases morales et politiques de la justice (par exemple dans l'œuvre de John Rawls).

Notre philosophe aura aussi des amis en France, dont l'historien des religions Mircea Eliade et le philosophe Emmanuel Levinas.

*

Grâce à l'influence d'Eliade (1907-1986), Ricœur – en herméneute – se rend attentif à l'inépuisable richesse des interprétations des symboles, notamment religieux, au sein desquels vit l'être humain. Il s'oppose à leur réduction aux automatismes et déterminismes linguistiques, psychiques, sociologiques, tant de la part des structuralistes que de la philosophie analytique. Il aborde avec le même respect et la même finesse l'histoire : nous sommes notre passé, le passé nous appartient et nous lui appartenons aussi longtemps que nous œuvrons dans la continuité d'une action créative.

Et pourtant, il y a les maladies de la mémoire historique, qui font obstacle à une communion utile avec le passé. Nous rappelons sans ordre : l'excès de mémoire des anciennes victimes qui deviennent bourreaux (c'est le cas de la mémoire ulcérée des Serbes, par exemple, que Milosevič a exploité cyniquement), la mémoire d'atrocités non reconnues (par les Turcs, par les Japonais), l'auto-flagellation des civilisations n'ayant plus de projet (peut-être c'est notre cas), l'indignation à sens unique (de ceux qui châtient les nationaux-socialistes en oubliant les crimes des communistes), la mémoire saturée[623] de l'identitarisme, c'est-à-dire la revendication identitaire le plus souvent insensée, parfois meurtrière[624].

*

Selon Levinas (1906-1995), la vérité du réel, de chaque être, de l'être en général, est en fait la guerre : nous commençons tous dans la guerre, voilà ce que nous sommes obligés à reconnaître comme un fait avéré. Le pacifiste qui refuse la guerre en tant que loi de l'être, confirme trop souvent cette loi précisément par l'agressivité de son militantisme. D'ailleurs, il ne pourra jamais combattre la tendance humaine à la guerre parce qu'il n'est pas capable d'évaluer la force immense contre laquelle il entend lutter. Pour avancer vers la paix chacun de nous doit pouvoir dire : « Moi-même, en tant qu'appartenant à la loi de l'être puisque, en vivant et en existant, je fais la guerre, je suis une menace pour les autres, pour tous les autres, pour chaque chose autour de moi. » Cette simple constatation marque la fin des utopies politiques et ouvre non pas sur le Millénaire de Paix, mais sur une évaluation consciente des risques et des responsabilités.

Ricœur ne peut, malheureusement, qu'accepter ces analyses. Et il précise que non seulement la paix est une utopie, mais que le recours à la parole, que certains invoquent sous la forme de dialogue pour la solution des conflits, peut être à son tour source de violence. Sous la forme d'invective et de menace ou simplement de mensonge et de négociation déloyale, elle peut exciter la haine et préparer la guerre. Toutefois, alors que l'on doit constater avec amertume dans quelle mesure la haine et la guerre représentent une défaite de la morale, on ne peut pas concéder, de droit ou de fait, que même dans les situations extrêmes la morale, et en particulier la confiance en Dieu, soient abandonnées. Bien au contraire ! Un résidu d'esprit religieux nous permet de reconnaître et supporter le fait de l'universalité de la guerre, mais il nous permet également de discerner au milieu de ses horreurs des manifestations de la plus haute humanité.

§ 126. Althusser (1918-1990) suit Marx

Louis Althusser vise à rendre acceptable le marxisme dans l'environnement politique et culturel d'après la seconde guerre mondiale. Il partage cette tâche avec et Lukács (1885-1971), Adorno (1903-1969), Sartre (1905-1980) et tant d'autres. Il y parviendra, peut-être, en essayant de contourner la notion de matérialisme dialectique, qui est un reflet du caractère (arbitraire ?) de la dialectique hégélienne afin de faire accepter le matérialisme historique qui, au moins, est immédiatement utilisable pour les luttes ouvrières (il faut se resituer dans la période). Sauf que, selon Marx, le matérialisme historique, qui *étudie* sur le terrain le conflit des classes, doit être situé au sein de la conception plus vaste du matérialisme dialectique. Or, le matérialisme dialectique n'est pas une sorte de théogonie hégélienne qui assure l'actuation de l'Esprit, mais c'est l'évolution de la matière. La matière est économie, domaine d'un perpétuel conflit, et dans la ligne de l'épistémologie rigoureuse de Marx, il n'y a pas de compréhension effective de ce conflit qui ne surgisse du cœur de la lutte (c'est-à-dire de la *praxis*).

Confronté à cette ligne de pensée sans faille, Althusser essaye de préciser qu'une politique et une idéologie indépendantes trouvent encore leur place à l'intérieur de la théorie car il y aurait *rétroaction* de la part des superstructures éthiques, politique, intellectuelles sur l'économie[625]. Mais à quoi bon introduire ce greffon dans le corps de la théorie, s'il faut admettre que c'est l'économie – et la lutte pour des intérêts économiques – à déterminer *en dernière instance* les autres facteurs ? Si l'individu est réduit à un nœud de rapports de production qui le conditionnent, le déterminent, le façonnent, ne devient-il pas insignifiant, et avec lui toutes les superstructures bourgeoises ? C'est qu'au fond Althusser s'associe à l'antihumanisme marxiste porteur des excès du communisme. (Naturellement ce ne sont pas les vexations et les atrocités accomplies au nom d'une idéologie qui permettent de la juger, sauf lorsque l'idéologie elle-même les implique comme moyens indispensables ou tout au moins indifférents.)

§ 127. Foucault (1926-1984) suit Nietzsche dans l'interprétation du rapport entre le savoir et le pouvoir

Un historien de la société, qui sait de quoi il parle, est toujours du plus grand intérêt. Il est vrai que Foucault aborde des sujets non seulement inhabituels, mais aussi inclassables, insupportables, intolérables, insolubles et à la fin intraitables, comme les témoignages des fous, qu'ils soient recueillis par d'autres, notamment les psychiatres, ou rédigés par les aliénés eux-mêmes. Ces tentatives d'expression des fous sont loin d'être rares. Le « murmure de la folie », comme l'appelle Foucault,

> ruisselle, vous en avez partout, il n'y a pas de psychiatre qui n'ait des tonnes de cahiers, de lettres, de manuscrits envoyés par les fous. Aux archives de la Bastille, vous trouvez encore ce murmure de la folie, par liasses entières, intact depuis le XVIIIe siècle. Mais cette masse demeure sans pouvoir. Elle n'a que la force du cri, sa violence, à quoi répondra la violence du psychiatre qui fera taire le cri, en mettant le gars dans un sous-sol pour que personne ne l'entende. Pour que ce murmure devienne un discours, le discours de la folie, [...] il faut qu'il puisse obéir à un certain nombre de règles [...] de l'acceptabilité d'un discours dans un contexte donné[626].

Eh bien, c'est à l'intellectuel qu'il revient de fournir une forme non seulement au discours des fous, mais aussi au discours des détenus, qui forment une autre classe de personnes incapables de faire entendre ce qui les travaille. Porter à la surface, rendre audibles, répercuter les propos des marginaux, voilà une nouvelle tâche pour les intellectuels, dont le discours est souvent autoréférentiel et en partie redondant. Ces intellectuels à l'écoute sont-ils poussés par la solidarité avec des frères en souffrances ou manquent-il désespérément de nouveaux sujets à défricher ? Sentent-ils le besoin de tourner la page après l'envoûtement marxiste ou ne font-ils qu'ouvrir un nouveau front de lutte contre la société telle qu'elle est organisée ? Tout en préservant leur rôle de « maîtres de la parole » et de « préposés aux discours », sans lequel le silence perdurerait, les intellectuels, en ouvrant ces nouveaux fronts, peuvent :

- renouveler le traditionnel discours académique universaliste, prétentieux, prescriptif et prédictif ;
- se libérer de l'emprise du marxisme en travaillant sur un terrain vierge des prédéterminations idéologiques ;
- faire parler justement des exclus du discours habituel qui pourraient quand même nous instruire.

De telle manière, le programme est fort bien défini et Foucault, maître de la parole et de l'art de faire parler, s'en tire honorablement dans plusieurs ouvrages. Son *Histoire de la sexualité* est un survol du discours interminable entretenu sur ce sujet depuis l'Antiquité. Il découvre des ruptures, à propos de la sexualité, de la folie, de la détention (ou de la punition en général) et du contrôle. En fait, à l'Âge Classique (ou Âge de la Raison), a lieu la transition du contrôle du corps au règlement de la vie des gens. L'enfermement est généralisé à travers l'atelier, le pensionnat, la maison close, l'asile des fous, la prison, la caserne. Même l'urbanisme devient « rationnel », par rapport au dédale des ruelles des villes du Moyen Âge. Comme l'histoire, la pensée des philosophes avance par rupture. Ce concept très fécond s'applique évidemment à d'autres domaines, tels l'économie, la politique, la religion et même l'évolution des espèces.

Foucault se définit *sceptique*. En fait, ayant étudié la matière, il déclare qu'en soi il n'y a pas de folie, de délinquance, de sexe : il y a simplement un regard historiquement et géographiquement situé sur ce que l'on appelle par ces noms. (La dénomination évolue aussi parce que les langues elles-mêmes changent au fil du temps). Certes, un sceptique ne peut faire qu'une chose : refuser la possibilité même du vrai, mais lorsque il affirme que le regard change et qu'il précise – page après page – comment il change, peut-il encore s'appeler *sceptique* ? Si la réalité est le labyrinthe du Minotaure et la raison est le fil d'Ariane, Foucault joue à celui qui, en profitant de l'obscurité, coupe ce fil. Mais il le coupe dans le rôle du Minotaure ou d'Ariane ? Et le coupe-t-il vraiment ou il fait seulement semblant de le couper ?

Foucault récapitule son combat contre le savoir institutionnalisé dans cet appel à la généalogie :

> Il s'agit, en fait, de faire jouer des savoirs locaux, discontinus, disqualifiés, non légitimés, contre l'instance théorique unitaire qui prétendrait les filtrer, les hiérarchiser, les ordonner au nom d'une connaissance vraie, au nom des droits d'une science qui serait détenue par quelques-uns. Les généalogies ne sont donc pas des retours positivistes à une forme de science plus attentive ou plus exacte. Les généalogies ce sont, très

exactement, des antisciences. Non pas qu'elles revendiquent le droit lyrique à l'ignorance et au non-savoir, non pas qu'il s'agisse du refus du savoir ou de la mise en jeu, de la mise en exergue des prestiges d'une expérience immédiate, non encore captée par le savoir. Ce n'est pas de cela qu'il s'agit. Il s'agit de l'insurrection des savoirs. Non pas tellement contre les contenus, les méthodes ou les concepts d'une science, mais d'une insurrection d'abord et avant tout contre les effets de pouvoir centralisateur qui sont liés à l'institution et au fonctionnement d'un discours scientifique organisé à l'intérieur d'une société comme la nôtre. Et, que cette institutionnalisation du discours scientifique prenne corps dans une université ou, d'une façon générale, dans un appareil pédagogique, que cette institutionnalisation des discours scientifiques prenne corps dans un réseau théorico-commercial comme la psychanalyse ou dans un appareil politique, avec toutes ses afférences, comme dans le cas du marxisme, au fond peu importe. C'est bien contre les effets de pouvoir propres à un discours considéré comme scientifique, que la généalogie doit mener le combat[627].

C'est dans cette vision de la science comme instrument du pouvoir, que Foucault suit Nietzsche, quelles que soient les conclusions ultimes respectives des deux auteurs. En fait, si le savoir est de telle nature à admettre un contre-savoir – le savoir généalogique, en l'occurrence – qui le démystifie, le contraint, le limite, ce contre-savoir ne serait-il pas un contre-pouvoir ? Mais avec cela pouvoir et savoir tendraient à se confondre ou, plus précisément, le savoir serait simplement un aspect du pouvoir. Il faudrait alors un savoir d'ordre supérieur, platonique, contemplatif qui se limiterait à enregistrer le conflit entre deux formes de savoir d'un genre plus pragmatique. Comment éviter que ce nouveau savoir ne rentre, à son tour, dans la sphère du pouvoir ?

*

Dans son examen du pouvoir lié à la connaissance, Foucault ne se limite pas aux savoirs techniques qui, dans l'ancien régime, appartenaient à des corps et métiers fermés, jaloux et secrets. Déjà Turgot (1727-1781), Contrôleur général des finances, considérait le caractère exclusiviste des corporations comme une plaie pour l'économie française. Mais le savoir-faire des anciens artisans se limitait à leur assurer une certaine aisance économique. Le système de contrôle que le pouvoir exerce sur la société va beaucoup plus loin. Ce contrôle représentait même l'idéal pour les réformateurs sociaux éclairés et progressistes de l'« Âge de la Raison ».

En 1791 Jeremy Bentham avait proposé le Panopticon, une prison aux cellules distribuées en cercle autour d'un point central d'observation. Ceci représente le condensé de sa conception du contrôle global, en vue de la maximalisation du bonheur du plus grand nombre. Pour atteindre ce bonheur, selon les très louables intentions de Bentham, il aurait fallu encadrer, surveiller, punir, former, réformer, éduquer, instruire, soigner. Encore aujourd'hui, dans la perspective du politiquement correct et de la « médicalisation de la déviance », on va jusqu'à dire : « Cela se soigne. »

Au siècle suivant, Herbert Spencer (1820-1903) déplorait la *dégradation des conditions physiques* de la population[628], telle qu'elle résultait de l'augmentation du nombre des personnes inaptes au travail et au service militaire. Il fallut redresser cet état de choses, aussi bien pour des raisons humanitaires que pour lancer la seconde phase de l'industrialisation, celle de l'électricité, de l'automobile et de l'aviation. L'articulation de casernes, usines, asiles, maisons de redressement, prisons, orphelinats, sanatoriums a continué à se perfectionner en régime démocratique, quand cette démocratie relevait d'un engagement réciproque suffisamment solide entre le pouvoir et la société. Chacun craignait ce qui sortait de la norme et craignait de sortir soi-même de la norme. Sélection, normalisation, hiérarchisation, centralisation représentent, selon Foucault, la quadruple intervention de l'État moderne, les instruments de plus en plus efficaces d'un pouvoir fondé sur des savoirs techniques.

Foucault explore surtout le potentiel associé aux connaissances historiques sous les formes du *nationalisme*, de la *cons-*

cience de classe et du *racisme*. Le premier se fait fort d'une reconstruction des mouvements des peuples et de la diffusion des langues, la seconde d'une interprétation militante de rapports économiques (de production, de rétribution, de distribution) et le troisième d'un biologisme et d'un darwinisme tendancieux[629]. La culture identitaire dans les formes modernes du nationalisme et de la conscience de sa classe sociale a entretenu la fièvre en Europe pendant un bon moment : des guerres révolutionnaires (20 septembre 1792 : « Valmy c'est la nation ! ») et napoléoniennes à la première guerre mondiale, des luttes sociales pour la prise du pouvoir bolchévique à la seconde guerre mondiale avec la Shoa.

Déclarer que dans certains campus américains les idées de Foucault ont eu une réception militante ce n'est pas dire grand' chose car il y a deux mille collèges universitaires aux États-Unis et plus de cent universités qui font de la recherche. D'ailleurs, dans la profusion des institutions académiques américaines, les exemples de mécanismes de « contrôle social » extrêmement efficaces sont en nombre incalculable. Des cas bien choisis pourraient montrer l'opportunité, l'utilité, l'inévitabilité de ces systèmes de contrôle par son propre milieu de travail ou d'étude : ce n'est pas une question de droite ou de gauche.

Dans les sciences sociales l'attention aux détails historiques est de rigueur. Dans le contexte américain, le courant *liberal* a adopté « l'herméneutique du soupçon » et la « rhétorique de la dénonciation » pour vilipender la discipline des comportements et la régulation de la vie. Mais précisément à travers ses luttes libertaires il peut induire un genre de contrôle alternatif. Quant à Foucault lui-même, il s'est explicitement distancié de la stigmatisation unilatérale du fonctionnement de nos sociétés, car on risque toujours de produire un nouveau conformisme

*

Les conditions actuelles ont encore évolué par rapport au temps de Foucault. Certes, notre population demeure physiquement saine pour l'essentiel, sauf évidemment lorsqu'il s'agit des personnes âgées ou de groupes à risque. Les économistes, la classe politique, les médias évoquent la crainte que nous ne puissions pas maintenir notre rythme de croissance (avec l'impact douloureux que nous connaissons sur l'emploi, sur la capacité d'absorber les immigrés et sur la sécurité), mais ils ne peuvent pas revenir sur le principe de la démocratie médiatisée assurant encore le plus haut niveau de consommation et la plus grande liberté dans les modes de vie.

La diffusion de la liberté sexuelle, de la reproduction humaine assistée, du divorce, de l'avortement, de l'homosexualité, voire de l'euthanasie sous le nom de questions morales, répond au mode d'opérer par la séduction propre aux régimes démocratiques. L'incitation *soft* à ces pratiques avec l'argument ou le prétexte de la liberté, de la dignité ou de la qualité de vie – rappelle, en version démocratique l'eugénisme autrefois imposé par la force ou prescrit par une prétendue autorité scientifique. L'actuelle sollicitation, pour douce qu'elle soit, va précisément dans le sens de l'évolution des pouvoirs en démocratie, pouvoirs que Foucault avait vu se déployer à travers diverses structures sociales : la psychiatrie, l'administration, les médias, l'école, sans exclure l'appareil répressif.

Notre historien, qui avait subi l'attraction du marxisme, s'en détache graduellement, à partir du milieu des années 1950 (événements de Hongrie de 1956 ; « découverte » du fait que – contrairement aux thèses marxistes – le pouvoir n'est pas seulement étatique, mais multiforme ; rejet par le parti de Sartre, maître à penser pourtant bien disposé envers les communistes).

Foucault a pris la parole, et il l'a aussi donnée – avec intelligence, générosité et passion – à ceux qui en étaient exclus. Il l'a fait sans juger, laissant parler surtout les témoins et suscitant ainsi la plus forte impression. On peut conclure à son propos, en y mettant, bien sûr, des nuances, par cette observation :

Pour lui, comme pour Althusser ou pour Derrida, l'activité philosophique ne visait pas la vérité ou la communication, elle était de nature stratégique, le principal souci du philosophe étant, dès lors, de s'installer dans une position imprenable, inaccessible à la critique, voire à la simple discussion[630].

Ce sera, en fait, avec Derrida qu'apparaît en pleine lumière l'intention profonde mais parfois cachée des plus importants philosophes modernes de déstructurer la pensée. Descartes ne disait-il pas : « *Prodeo celatus*[631] » (j'avance masqué) ?

§ 128. Derrida (1930-2004) suit Heidegger

Plus encore que Foucault, Derrida est un philosophe qui se soustrait à toute interprétation, car une interprétation reconstruit un sens, tandis que pour Derrida il est question précisément de déconstruire. C'est par la déconstruction qu'il s'oppose « à la cruauté de l'interprétation traditionnelle c'est-à-dire à l'arraisonnement philosophique, métaphysique, idéaliste, dialectique même, et capitalistique[632] ». La déconstruction de Derrida équivaut en tout cas à une interprétation infinie : elle ne peut avoir de cohérence, de complétude, de conclusion, sinon ce serait encore de la métaphysique. Il ne faut pas essayer de définir cette *déconstruction*, art personnel que Derrida manie avec la plus grande désinvolture. On n'en connaît pas les règles, mais on sait qu'elle s'applique aux textes – de n'importe quelle nature – et que « critiquer ce procédé de déconstruction serait comme essayer de boxer contre le brouillard[633] ». Inattaquable en elle-même, l'opération de déconstruction s'attaque aux textes qui, d'après notre auteur, forment le support indispensable de la métaphysique. (Socrate dialoguant sans jamais reccurir à l'écrit, ne serait donc pas un métaphysicien ?)

Nietzsche avait déjà démystifié la morale traditionnelle en disqualifiant son origine : le cœur de son message est la dissolution de la signification à laquelle survit seulement la Volonté de puissance. Ce sauvetage suffit, apparemment, pour que

Heidegger voie dans l'œuvre de Nietzsche l'accomplissement de la métaphysique.

Or Derrida s'inspire de Heidegger. En fait il traduit par *déconstruction* le terme *Destruktion* figurant dans le programme du philosophe de la Forêt-Noire : « destruction phénoménologique de l'histoire de l'ontologie sur base de la temporalité[634] ». Heidegger a cru y réussir restant parfaitement évasif. Derrida, héritier du programme et de la méthode de Heidegger, reprend avec la plus grande détermination ce combat en essayant de renverser diamétralement les critères de la métaphysique. Tout système, tout principe d'ordre, toute signification, toute structure est mise en pièces : on peut bien appeler cela poststructuralisme. Derrida ne s'arrête pas devant la déconstruction des écrits de Heidegger, sauf qu'il s'y applique avec sympathie, comme dans le cas des œuvres littéraires qui l'intéressent. Par contre, il se montre très agressif envers des penseurs américains du courant de la philosophie analytique ou du langage qui voudraient voir plus clair précisément dans cette pratique de déconstruction[635]. Comme son inspirateur, Heidegger, Derrida ne se sent jamais bien compris.

Si Derrida se prive d'établir une nouvelle herméneutique, il lui reste quand même à jouer la carte de l'*éthique* et, à partir de la fin des années 1980, il donne un ton nettement politique à son engagement. Naturellement, il doit s'adapter au ton prévalent, au risque de se retrouver seul à manifester dans la rue. Lui qui, dans sa jeunesse algérienne, avait subi des discriminations à cause de son origine juive, dénonce tout pouvoir comme répressif de l'altérité. (Il inclut dans sa dénonciation *les pouvoirs diffusés à travers le corps social* que Foucault avait déjà mis en évidence.)

Par le cri : « Viens ! », il invoque la venue de l'hôte, c'est-à-dire de l'immigré sans discriminations, conditions préalables, calculs d'assimilation [636]. La portée politique, voire militante, voire déstabilisante, de ce geste n'échappe à personne, mais il faut savoir que la pratique de la déconstruction, c'est-à-dire une lecture non métaphysique des textes, « instigue la subversion de tout royaume ».

Compromettre la métaphysique, c'est aussi secouer les certitudes sur lesquelles se basent les acquis sociaux (au sens global du bien commun et non pas seulement de la défense d'intérêts corporatifs). En fait, sans métaphysique, toute éthique est possible : l'éthique élevée de Kant, les deux morales du maître et de l'esclave rencontrées chez Nietzsche et les deux éthiques des révolutionnaires : démocratique pendant la lutte pour la prise du pouvoir et totalitaire après le succès, pourvu que ce soit toujours sous la conduite du parti-guide du prolétariat.

Trois ans avant sa mort, Derrida déclare[637] son propos de rompre l'« unanimité » des philosophes des Lumières qui excluent le rêve. En fait, il nous arrive souvent de sortir du rêve un peu déçus, comme si nous retombions dans un niveau de vie plus bas. Si Foucault a essayé de donner une voix à l'indicible, Derrida voudrait donner la possibilité à l'impossible. Il pense que son procédé de déconstruction, en tant que lecture dans les interstices, pourrait trouver – même dans un texte apparemment blindé – une faille qui soit une ouverture vers quelque chose d'impossible, d'onirique, de meilleur... Mais, justement, peut-on parler sérieusement de rêves sans réfléchir qu'il y a aussi des cauchemars et que des vendeurs de rêves – commerciaux, démocratiques, religieux – il faut surtout se méfier ?

NOTES

1 Ludwig Wittgenstein, *Tractatus logico-philosophicus*, n° 6.45.

2 *Phédon*, XLVI, 97^b – XLVII, 98e.

3 Luc Ferry, *Apprendre à vivre*, Plon, 2006, ch. 4, pp. 113-117.

4 Ioan P. Couliano, *Éros et magie à la Renaissance, 1484*, Paris, Flammarion, 1984, IX, 1, pp. 257-58 (*Eros and Magic in the Renaissance*, The University of Chicago Press, 1987, pp. 193-94). Voir également, IX, 6, pp. 269-70 (p. 204 de l'édit. angl.)

5 Voir : Léo Moulin, *La face obscure de la renaissance*, dans « La Revue générale », novembre 1995, passim.

6 Edmund Husserl, *La crise des sciences européennes et la phénoménologie transcendantale*, § 10.

7 L'autonomie éthique correspond à l'aspiration très humaine de se donner par soi-même une loi morale, comme on le voit chez Kant, Nietzsche et bien d'autres, avec des modalités si différentes que la loi morale en perd toute universalité.

8 Saint Thomas va jusqu'à dire que l'on cesse de croire et l'on commence à savoir dès que la chose est prouvée. L'esprit moderne hésite, même après la démonstration ou au vu des miracles. Cette observation de saint Thomas est rappelée par Étienne Gilson dans *Christianisme et philosophie*, Paris, Vrin, 1981 (orig. 1949), II, pp. 50-51.

9 L'être humain « *erga Deum, vel in rebus, quæ pertinent ad salutem vel damnationem, non habet liberum arbitrium, sed captivus, subjectus et servus est voluntatis Dei vel voluntatis Satanæ* » (ne dispose pas du libre arbitre à l'égard de Dieu ou dans toutes les choses qui concernent le salut et la damnation, mais il est prisonnier soit de la volonté de Dieu, soit de la volonté de Satan). *D. Martin Luthers Werke. Kritische Gesamtausgabe*, Weimar, H. Böhlau & Nachfolger, 1883 (cité dans la suite comme WA), vol. 18, 1908, *De servo arbitrio*, p. 638, lignes 9-11.

10 Selon ce qu'en dit *Romains*, 1, 20. Voir : Étienne Gilson, *op. cit.*, II, p. 51.

11 *Ibidem*, pp. 60-62.

12 *Ibidem*, p. 66 et p. 121.

13 « L'occlusion barthienne » c'est précisément le titre du chapitre 3 de l'ouvrage de Pierre Chaunu, *Histoire et foi. Deux mille ans de plaidoyer pour la foi*, Paris, Édit. France-Empire, 1980, pp. 38-43.

14 Voir : Jean Guitton, *Le Christ écartelé*, Paris, Perrin, 1963, Préface, p. 19 et ch. VI, pp. 230-31.

15 On doit à Edith Stein la notion de *forme essentielle* ou pleine essence – impliquant l'individualité – en opposition à la notion de *forme spécifique* qui donne seulement les caractères communs à l'espèce. Comme nous le verrons dans notre chapitre XIII dédié à Husserl, l'individuation par une forme propre à l'individu, selon Edith Stein, est antithétique à l'individuation par la matière selon Aristote et saint Thomas.

16 « L'œuvre de Dieu c'est de croire en celui qu'il a envoyé. » *Jean*, 6, 29.

17 *Genèse*, 1, 26-27.

18 On retrouve cette expression chez Marcel Gauchet, *Le désenchantement du monde*, Gallimard, 1985.

19 Funk Brentano, *Luther*, Paris, Grasset, 1934, p. 299.

20 *Contre la papauté fondée par le diable*. Voir l'article « Luther » dans : *The Oxford Dictionary of Christian Church*, Oxford University Press, 1983.

21 *Matthieu*, 5, 44.

22 Le Père Denifle insiste sur les sophismes et les mystifications de Luther dans la présentation de doctrine catholique, que pourtant il avait défendu dans ses écrits antérieurs à 1517. Voir Henri Denifle, O. P., *Luther et le luthéranisme*, Paris, Alphonse Picard, 1910 (orig. *Luther und Luthertum usw.*, Mainz 1904-6, complété et publié par X.A.L. Weiss, O.P.), vol. I, pp. 83, 105, 125-26, 130, 136-37, 253, 282-84, 314, 358, ainsi que vol. II, pp. 52-54, 147, etc. Dans une lettre à Melanchthon, Luther admet lui-même avoir recouru à des manœuvres captieuses. Voir *Dr. Martin Luther's sämtliche Werke*, Erlangen-Frankfurter, 1826-1857, 25, p. 43.

23 « À quoi vous sert-il, mes frères, prétendre d'avoir la foi si vous n'avez pas les œuvres ? » *Jacques*, 2, 14-26. Il se peut que saint Jacques ait été en polémique avec saint Paul quant à la Loi, mais les précisions qui accompagnent ce texte ne laissent pas de doute qu'il s'agit ici des œuvres de la justice et de la charité.

24 *Psaumes*, 61(62), 12 ; *Proverbes*, 24, 12 ; *Jérémie*, 17, 10 ; *Ecclésiastique* (*Livre de Ben Sirach*), 16, 15 ; *Mathieu*, 16, 27 ; 25, 31-46 ; *Actes*, 17, 31 ; *Romains*, 2, 6 ; *Apocalypse*, 2, 3. Et puis il y a le passage de l'*Apocalypse*, 20, 12-13: « les morts furent jugés selon leurs œuvres ».

25 *Romains*, 3, 28. De même pour *Rom.*, 3,20 et *Rom.*, 4, 15.

26 « C'est cela que je veux, c'est cela que je commande ; que la volonté soit à la place de la raison. » *Lettre de M. Luther sur l'interprétation et sur l'intercession des saints* (1530), WA, 30, II, pp. 632-suivantes ; *Dr. Martin Luther's sämtliche Werke*, Erlangen-Frankfurter, 1826-1857, 65, pp. 102-suivantes. Citations d'après Hartmann Grisar, S.J., *Martin Luther. Sa vie et son œuvre*, Paris, Lethielleux, 1931 (orig. *Luther*, Freiburg, Herder, 1911-12, avec suppléments des années 1924-1925), XIV, 4, pp. 251-52.

27 *Deutéronome*, 7, 1-2 et 20, 16-18.

28 Hegel, *Vorlesungen über die Philosophie der Religion*, hrsg. von G. Lasson, Leipzig, 1925, I, 38. Cette image avait déjà été appliquée par Alain de Lille (vers 1214-vers 1202) aux « autorités » ou citations et par Luther à la Bible elle-même. Voir : Dominique-Marie Chenu, *Toward Understanding Saint Thomas*, Chicago, Regnery, 1964, p. 207.

29 « *Ego vere Evangelio non crederem nisi me catholicæ Ecclesiæ commoveret auctoritas.* » (Je ne croirais pas à l'Évangile si ce n'était pas par l'autorité de l'Église). Augustin, *Contra Epistolam Manichæi quam vocant Fundamenti*, V, 6 (Migne, *Patrologia Latina*, vol. XLII, p. 176).

30 Pierre Chaunu, *Le Temps des Réformes*, Fayard, 1975, ch.VI, pp. 409-12.

31 La Parole (*Verbum*, *Logos*) de Dieu est Jésus lui-même, et dans ce sens prégnant on ne peut l'identifier avec rien d'autre, même pas avec les Écritures. Voir : Robert McAfee Brown, *The Spirit of Protestantism*, Oxford University Press, 1965, 6, p. 73. L'auteur suggère d'étudier la Bible – capable de s'authentifier d'elle-même (*Ibidem*, p. 79) – par les même méthodes que l'on appliquerait à tout autre ouvrage (*Ibidem*, p. 71), programme austère qui se conforme avec les principes de la relation directe avec Dieu (mais non pas avec l'intégrisme biblique d'autres courants protestants).

32 Quelque malhonnête qu'ait pu être la gestion du « trésor des indulgences » à travers les siècles, son principe est évangélique :

« Ce que vous délierez sur la terre sera délié dans le ciel » (*Matthieu*, 18, 18). La réaction de saints fut tout autre qu'une dénonciation haineuse des abus ou le refus du principe même des indulgences. Saint François, désirant que les pauvres aussi puissent bénéficier de l'indulgence plénière, obtint en 1216 du pape Honorius III une indulgence sans oblation, célébrée du 1er au 2 août et étendue actuellement à toute l'Église sous le nom du « pardon d'Assisi ».

33 H. Heine, *À propos de l'histoire de la religion et de la philosophie en Allemagne* (ca. 1835), dans *De l'Allemagne*, Paris, La Presse d'Aujourd'hui, 1979, III, p. 177. Né dans une riche famille de banquiers juifs, Heine se révéla incapable de suivre avec succès la carrière des affaires à laquelle il était destiné, mais il s'affirma comme poète dans la phase de transition entre le romantisme et le réalisme. Il se convertit au protestantisme, resta toujours intéressé aux questions religieuses, philosophiques, sociales et politiques et concilia dans son esprit ses sympathies révolutionnaires avec le protestantisme dans lequel il vit l'essor de la libre pensée (*Ibidem*, I, 72 et III, 171). Dans sa jeunesse il voua à l'ignominie le catholicisme (*Ibidem*, III, 171 et III, 174). Ami de Marx et des saint-simonistes français, il dut s'exiler de l'Allemagne, où ses livres furent proscrits. Il mourut après huit ans de souffrances d'une atrophie musculaire progressive qu'il crut être la syphilis.

34 *Ibidem*, I, p. 65.

35 *Ibidem*, I, pp. 61 et 64.

36 *Ibidem*, III, p. 179.

37 *Ibidem*, I, p. 32.

38 Luther demeure injurieux et grossier contre la raison jusque dans son dernier sermon tenu à Wittenberg en 1546. Voir *Dr. Martin Luther's sämtliche Werke*, Erlangen-Frankfurter, 1826-1857, 16, p. 142 et 16, p. 144. Ce sermon est cité par le P. Denifle, *op. cit.*, vol. III, p. 277. En fait, alors que « la raison a chez Luther une position *centrale* dans le domaine terrestre », elle devient « la prostitué du diable », aux yeux du Réformateur, lorsqu'il s'agit de justifier le bien fondé de la foi. « "Les énoncés de Luther sur la raison sont étrangement contradictoires" (Friedrich Beißer, *Luthers Urteil über die Vernunft*, « Theologische Beiträge », 15, 1984, 150), Luther maintenant simultanément une louange hyperbolique et une critique véhémente de la raison. D'une part, la raison est, selon

Luther, quelque chose de divin, elle est le principe de tous les arts et de toute la sagesse, la puissance, la vertu et la gloire que les hommes possèdent dans cette vie ; elle est souveraine sur la terre et sa majesté a été confirmée par Dieu après la chute d'Adam (*Disputatio de homine*, 1536, Martin Luther, *Studienausgabe*, éd. par H.-U. Delius, vol. 1-5, Berlin, Evangelische Verlagsanstalt, 1979-1992 [cité dans la suite comme MLS], 5, 129, 11-15, 18-19, 22-23, thèses 4, 5, 7, 9). D'autre part, elle est qualifiée de "sotte" (*In epistolam S. Pauli ad Galatas Commentarius*, [1531] 1535, WA, 40 I, 362, 24) et de "bête" (WA, 40 I, 362, 6, 15, 26). Luther la compare même à une hydre (WA, 40 I, 365, 4-6). Elle est "la source des sources de tous les maux", "la plus grande et opiniâtre ennemie" de Dieu (WA, 40 I, 362, 9-10; 365, 7), la "fiancée du diable" (*Letzte Predigt zu Wittenberg*, 17 janvier 1546, WA, 51, 126; L WA, 7, 412, 35), "*des Teuffels Braut Ratio, die schöne Metze*", c'est-à-dire "la prostituée insensée et aveugle qui courtise le diable" (*Predigten Luthers gesammelt von Joh. Poliander 1519-1521*, n° 92, 27 janvier 1521, WA, 9, 559, 28-29), "la vieille sorcière" (*Vom Abendmahl Christi, Bekenntnis*, 1528, WA, 26, 321; MLS, 4, 82, 21), etc. Résoudre la contradiction en escamotant les assertions positives sur la raison, ou inversement les assertions négatives, ne peut nullement constituer une solution satisfaisante : s'il est vrai que Luther est "un penseur rigoureux et profond" (Gerhard Ebeling, *Luther. Einführung in sein Denken*, Tübingen, Mohr, 1990, 82). » Voir : http://www.unpoissondansle.net/rr/9903/lutmet.htm#fn2. Or, si Luther est en premier lieu un militant, on comprend son hostilité à l'emploi de la raison dans le domaine qui le regarde. À notre point de vue, ce qui mérite de tels opprobres ce n'est pas la raison en elle-même, mais son emploi contre Dieu – ou pour tout autre but vicieux – avec des raisonnements volontairement mauvais.

39 Rudolf Bultmann, *Glauben und Verstehen, Gesammelte Aufsätze*, Tübingen, 1933, vol. I, pp. 309-suivantes.

40 La *modernité* suit chronologiquement la Renaissance, la transition étant bien avancée dans les premières décennies du XVIIe siècle avec Galilée et Descartes. La modernité est rigueur dans les procédures, respect de la raison et confiance dans l'avenir (dans le progrès), au risque de s'enfermer dans des perspectives restreintes. Les caractères de la *postmodernité* – dans les pays dits avancés –

sont la consommation de masse, l'hyper-information, l'hyper-communication, la « superfluité » du travail, le gouvernement par la séduction et, sur le plan philosophique, la liberté même face à la vérité. À l'échelle de la planète elle s'accompagne de la décolonisation, des migrations massives, de la substitution du communisme par l'islamisme en tant que fer de lance des « prolétariats externes », pour employer une expression de Toynbee. Pour dater la transition, disons que le concile Vatican II (1962-1965) s'est confronté à la modernité alors que celle-ci était en train de muer.

41 Cornelio Fabro, *Introduction à l'athéisme moderne*, Sillery (Québec) G1S 4R5, Édit. Anne Sigier, 1999, (orig. ital.1969), VII, 5 « L'exhibition de l'athéisme dans l'existentialisme français », p. 749.

42 Pierre Chaunu, *Histoire et foi. Deux mille ans de plaidoyer pour la foi*, Paris, Éditions France-Empire, 1980, ch. 24, p. 281.

43 « Le sujet n'appartient pas au monde ; il est à la limite du monde. » Ludwig Wittgenstein, *Tractatus logico-philosophicus*, n° 5.632.

44 Jean-Marie Vaysse, *L'inconscient des modernes – Essai sur l'origine métaphysique de la psychanalyse*, Gallimard, 1999, pp. 471-72.

45 *Ibidem*, p. 472.

46 Frederick Copleston, S.J., *A History of Philosophy*, Burns Oates etc., 1950, Vol. VII, ch. IX, 5, p. 185.

47 Edmund Husserl, *La crise des sciences européennes et la phénoménologie transcendantale*, § 55.

48 *Ibidem*, § 18.

49 Kant, *Critique de la raison pure*, GF-Flammarion, 1987, « Dialectique transcendantale », II, I, « Réfutation de l'argument de Mendelssohn, etc. », pp. 351-52, note 1 (*Kant's Werke*, Édition Académique, Berlin-Leipzig, Reimer-de Gruyter, 1902-1923, III, 274-275 ; les références à cette édition figureront dans la suite entre parenthèse, sans autre indication).

50 *Ibidem*, « Appendice (1ère édition) », B, « Critique du deuxième paralogisme de la psychologie transcendantale », p. 666 (Édit. Acad., IV, 223).

51 Cornelio Fabro, *op. cit.*, VII, 5 « L'exhibition de l'athéisme dans l'existentialisme français », p. 750.

52 M. Heidegger, *Être et temps*, trad. F. Vezin, Paris, Gallimard, 1986, § 21, p. 135 (traduction adaptée par l'auteur).

53 *Ibidem*, p. 139.

54 Jacques Bénigne Bossuet, *Correspondance*, Urbain et Levesque, Hachette, 1909-1925, « Lettre au Marquis d'Allemans, 21 mai 1687 », III, 372-73. Cité par Jacques Maritain, *Trois Réformateurs, Luther, Descartes, Rousseau*, Plon, 1925, II, 2, p. 108.

55 *Ibidem*, p. 81.

56 *Ibidem*, p. 85.

57 *Ibidem*, p. 91.

58 *Ibidem*, p. 89.

59 Blaise Pascal, *Pensées*, Édition de Brunschvicg, n° 77.

60 R. P. Sertillanges, *Le christianisme et les philosophes*, Paris, Aubier, 1941, tome II, ch. VIII, III, pp. 44-45.

61 Le Père Sertillanges voit, au fond, une seule preuve cartésienne sous des formes différentes *Ibidem*, t. II, VIII, III, p. 50.

62 Cette preuve ontologique se trouve chez Descartes dans le *Discours de la méthode*, IV et dans les, *Méditations métaphysiques*, fin des Médit. III et V.

63 *Pensées de Descartes sur la religion. Existence et attributs de Dieu*, IV (Migne, *Œuvres complètes de M. Émery*, Paris, 1857, p. 773). Voire également : *Œuvres de Descartes*, publiées par Charles Adam et Paul Tannery en 12 volumes, Paris, Vrin-CNRS, 1964-76, vol. VII, pp. 51-52.

64 Voir par exemple : Wilhelm Weischedel, *Der Gott der Philosophen*, Darmstadt, 1971, 32, 3.

65 Jean Hardouin, « Athei detecti », c. IX, in *Opera Varia*, Amsterdam, 1733, folio 200[b]-201[a], cité par C. Fabro, *op. cit.*, I, 1, p. 122 et note 24, p. 858.

66 Dans sa *Summa theologiæ*, I[a], q. 12, a. 12, saint Thomas précise que la connaissance humaine commence par les choses sensibles. Voir aussi, entre les autres textes : *Ibidem*, II[a]-II[ae], q. 154, a. 5 ad 3[m] ; *Ibidem*., II[a]-II[ae], q. 173, a. 3 corpus. Voir également Frederick Copleston, S.J., *A History of Philosophy*, Burns Oates etc., 1950, vol. II, ch. XXXI, p. 307; ch. XXXIII, p. 325 et ch. XXXIV, p. 340.

67 C. Fabro, *op. cit.*, Introduction, 3, p. 57 ; IV, 2, p. 443; VIII, 3, p. 813.

68 *Ibidem*, III, 1, p. 321.

[69] Cette tripartition figure dans *I Thessaloniciens*, 5, 23. Elle est commentée par saint Irénée de Lyon dans son *Adversus Haereses*, 6, 1. Voir aussi : *I Corinthiens*, 15, 44-45 et *Hébreux*, 4, 12-13. Voir également : Michel Fromaget, *Corps, Âme, Esprit*, Bruxelles, Éditions Édifie L.L.N., 1998-2000.

[70] Leur rencontre eut lieu à Paris en été 1628 (ou en novembre ?), la même année de la prise de La Rochelle (30 octobre 1628), à l'occasion de la conférence d'un sieur de Chandoux chez le nonce Guidi di Bagno. Ce fut alors que le Cardinal Pierre de Bérulle, fondateur de l'Oratoire, découvrit le génie de Descartes. Michael J. Buckley, S.J., *At the Origins of Modern Atheism*, New Haven and London, Yale University Press, 1987, ch. 2, 1, pp. 71-72.

[71] Au dire du franciscain Marin Mersenne (1588-1648). Voir : C. Fabro, *op. cit.*, note 22, pp. 857-58. Mersenne, aujourd'hui un peu oublié, fut probablement l'auteur le mieux informé de France à le veille de l'apparition des premières gazettes savantes. Voir ses *Quaestiones celeberrimae in Genesim*, 1623. Pour la richesse de l'information, notamment scientifique, l'œuvre de Mersenne annonce, bien que avec un esprit différent, le *Dictionnaire historique et critique* (publié aux Pays Bas à partir de 1697) de Pierre Bayle (1647-1706), voire l'*Encyclopédie* elle-même.

[72] En 1637 Richelieu fit dénombrer la population de la capitale (415.000 habitants) ainsi que les maisons (32.000). Marcel Reinhard et André Armengaud, *Histoire générale de la population mondiale*, Paris, Édit. Montchrestien, 1961, XI, pp. 133-34.

[73] Ludwig Wittgenstein, *De la certitude*, nn° 655-57 et n° 470.

[74] Guido Ceronetti, « Sii la vedetta notturna, quello che vedi grida », dans *Il libro del profeta Isaia*, Milano, Adelphi Edizioni, 1981, p. 388.

[75] Spinoza, *Ethica*, I, XIV.

[76] *« Video meliora proboque, deteriora sequor »*, Ovide, *Métamorphoses*, VII, 20-21. Voir : Spinoza, *Ethica*, IV, XVII.

[77] *Ibidem*, I, XXXII et II, XLVIII.

[78] *Ibidem*, V, VI.

[79] Alasdair Mac Intyre, *A Short History of Ethics*, New York, Macmillan, 1966, 10, p. 144.

[80] *Ibidem*, 10, p. 145.

[81] *Ibidem*, 10, p. 141.

[82] Einstein témoigne de ces deux sujets d'études dans des lettres à Maurice Solovine (27 juin et 23 décembre 1938). Voir : Walter Isaacson, *Einstein. His Life and Universe*, New York, Simon & Schuster, 2007, pp. 467 et 629.

[83] Voir, par exemple : Russell Kirk, *The Roots of the American Order*, orig. 1974, ch. 9.

[84] Harry Burrows Acton, « Logique symbolique, etc. », dans l'*Encyclopédie de la Pléiade, Histoire de la Philosophie*, 1974, III, p. 503. L'expression de Berkeley *« esse est percipere aut percipi »* (être est soit percevoir soit être perçu) révèle dans le sensualisme anglais le repli sur le sujet de l'expérience ; il en résulte l'identification de l'objet de la sensation avec l'idée dans l'esprit du sujet, n'ayant que des propriétés logiques.

[85] Bertrand Russell, *History of Western Philosophy*, Allen & Unwin, 1969, livre III, ch. XIII, « Locke's Theory of Knowledge », p. 591.

[86] *Ibidem*, p. 592. Schopenhauer et Nietzsche diront quelque chose d'analogue.

[87] *« Nihil est in intellectu quod prius non fuerit in sensu. »*

[88] *« Nihil est in intellectu quod prius non fuerit in sensu, nisi intellectus ipse. »*

[89] John Locke, *Essai sur l'intellect humain*, IV, 10, 1-13.

[90] Thomas : Mann, *La montagne enchantée*, ch. V, « Dance macabre ».

[91] B. Russell, *op. cit.*, III, XIII, « Locke's Theory of Knowledge », p. 595.

[92] *Ibidem,* III, XIV, B, « Locke's Political Philosophy », p. 601.

[93] Voir http://www.webdeleuze.com/php/texte.php?cle=47&groupe=Leibniz&langue=1, par Gilles Deleuze, *Cours Vincennes - St Denis : le pli, récapitulation*, 16 décembre 1986. (Site consulté le 25 sept. 2013.)

[94] Voir http://sergecar.club.fr/cours/conscorps.htm, sous le titre : *Leçon 77 - La conscience et le corps*. (Site consulté le 25 sept. 2013.)

[95] *L'Argument Dominateur de Diodore Kronos* par Joseph Vidal-Rosset, Université de Bourgogne, Département de Philosophie, BP 138, 21 004 Dijon Cedex. (Site http://jvrosset.free.fr/Prior.pdf, consulté le 2 oct. 2013.)

[96] B. Russell, *op. cit.*, III, XII, « Leibniz », p. 571.

97 Selon Jacques Bainville, Louis XVIII ne s'est pas assis sur le trône de Louis XVI mais sur celui de Napoléon.

98 On entend par « vrai hasard » (ou hasard *non épistémique*) l'indéterminisme absolu, alors que l'on appelle hasard *épistémique* celui qui dépend uniquement de notre ignorance des véritables causes. Dans ce dernier cas, il pourrait y avoir de bonnes raisons pour que le hasard obéisse à des lois probabilistes. Nous reviendrons sur cette distinction à la fin du ch. XII.

99 Selon Karl Barth, *La preuve ontologique d'Anselme de Cantorbéry*, Delachaux & Niestlé, 1958 (orig. allemand, 1931), II, B, 3, p. 156, « Anselme [...] lui-même rappelle encore une fois expressément ce qu'il entend par "preuve". Il ne s'agissait pas d'une science [...] donnant à la foi de l'Église un fondement extérieur à elle-même. Il s'agissait de *théologie*. Il s'agissait de prouver, *par la foi*, une foi déjà établie, même sans preuve. » C'est là le paradoxe de la foi qui prouve la foi, situation probablement plus proche de la *sola fides* protestante que de la pensée d'Anselme. A la page suivante (*Ibidem*, p. 157, en conclusion du livre), la position de l'insensé, qui dit dans son cœur : « il n'y a pas de Dieu » (*Psaume*, 14, 1 et 53, 1), apparaît comme celle de tout homme à défaut de la grâce. Ceci est juste, pourvu qu'il ne s'agisse pas de la solution de la *sola gratia* car la grâce elle-même demande à être accueillie librement : elle exige la collaboration humaine. Barth, fort dans les détails, se perd dans une rhétorique militante au moment de la synthèse.

100 Kurt Gödel, *La prova matematica dell'esistenza di Dio*, a cura di Gabriele Lolli et Piergiorgio Odifreddi, Torino, Bollati Boringhieri, 2007. Les commentaires de Odifreddi s'inspirent tant de la logique symbolique que du sarcasme antireligieux.

101 La preuve ontologique est développée par Leibniz dans sa *Monadologie*, 45.

102 Est-ce que cette preuve – à partir du fait que notre activité mentale est discursive et limitée – est en rapport avec celle de Descartes à partir de l'idée que nous nous faisons d'un être parfait et illimité ? Il faut répondre que non.

103 B. Russell, *op. cit.*, III, XVII, « Hume », p. 641.

104 *Ibidem*, III, XXVI, « The Utilitarians », p. 740.

105 Trois citations de la *Critique de la raison pure*, GF-Flammarion, 1987, « Méthodologie transcendantale », I, 2e Sect., « De

l'impossibilité [...] de trouver la paix dans le scepticisme », pp. 577-78 (traduction modifiée ; III, 500).

[106] *Ibidem*, « Introduction », II, p. 59 (III, 29).

[107] Hume, *Dialogues Concerning Natural Religion*, Oxford University Press, 1993, p. 91.

[108] Alasdair Mac Intyre, *A Short History of Ethics*, New York, Macmillan, 1966, 12, pp. 171-72.

[109] *Ibidem*, 12, p. 175.

[110] *Entretiens sur la pluralité des mondes*, 1686, « Premier soir ».

[111] *« Omne quod recipitur in aliquo, recipitur in eo per modum recipientis »*, *Summa theologiæ*, Iª, q. 75, a. 5 corpus.

[112] Jean Ladrière, « Le christianisme et le devenir de la raison » dans : *Christianisme et Modernité*, colloque publié par le Centre Thomas More, Paris, Cerf, 1990, p. 215.

[113] Kant, *Critique de la raison pure* (cité dans la suite comme *Raison pure*), GF-Flammarion, 1987, « Dialectique transcendantale », II, II, 7e Sect., p. 423 (III, 347).

[114] Hegel, *Leçons sur l'histoire de la philosophie*, Vrin, 1971-1985, vol. I, p. 240.

[115] « Rien ne saurait donc nous échapper ici, puisque les idées que la raison tire entièrement d'elle-même ne peuvent se dérober à nos yeux », Kant, *Raison pure*, « Préface de la première édition (1781) », p. 35 (IV, 13).

[116] Bertrand Russell, *History of Western Philosophy*, Allen & Unwin, 1969, III, XX, « Kant », p. 689.

[117] Kant, *Opus postumum* (traduct. François Marty), PUF, 1986, 15, Liasse VII, 2 (4), p. 144.

[118] *Ibidem*, 16, Liasse VII, 4 (2), p. 149.

[119] *Ibidem*, 16, Liasse VII, 4 (4), p. 153.

[120] Kant, *Raison pure*, « Préface de la première édition (1781) », p. 31 (IV, 9).

[121] Sartre a montré comment le doute (cartésien) est une expression de la liberté – peut-être, mal comprise – et, de son côté, Wittgenstein (*De la certitude*, n° 115) insiste sur le caractère successif et dérivé du doute.

[122] Kant, *Raison pure*, « Dialectique transcendantale », II, II, 6e Sect., p. 415 (III, 339).

[123] Pour ces quatre qualités de l'âme, *Ibidem*, respectivement : pp. 168-69 (III, 121-22) ; p. 252 (III, 192) ; pp. 339-57 (III, 262-280),

en particulier p. 351 (III, 274) et pp. 355-56 (III, 278-79) ; pp. 662-694 (IV, 215-252), en particulier p. 663 (IV, 220) et p. 666 (IV, 223).

124 *Ibidem*, p. 415 (III, 339).

125 Voir : G. G. Nastri, *L'autonomie éthique*, Bruxelles, PIE-Peter Lang, 2002, ch. 5, section « De la distinction entre ce qui est à l'intérieur et ce qui est à l'extérieur de l'esprit », pp. 65-66.

126 « L'unité de la conscience […] n'est autre chose que celle de la pensée, qui par elle seule ne donne pas d'objet, et à laquelle par conséquent ne s'applique pas la catégorie de substance. » Kant, *Raison pure*, p. 351 (III, 274). Et plus loin on lit : « Dans la conscience que j'ai de moi-même dans la pure pensée, je suis l'être même ; mais par là rien de cet être ne m'est encore donné à penser. » *Ibidem*, p. 355 (III, 278).

127 Simone Weil, *La pesanteur et la grâce*, Plon, Agora, 1988, « Amour », p. 76.

128 *Ibidem,* p. 82.

129 Allan Bloom dans son ouvrage *The Closing of American Mind*, New York, Simon and Schuster, 1987, p. 194, dit que « la raison ne peut pas établir des valeurs et la croyance qu'elle le puisse est la plus stupide et la plus pernicieuse des illusions ». Cet important passage est cité par Erik von Kuehnelt-Leddihn, *Leftism Revisited*, Washington, Regnery Gateway, 1993, à la note 1175.

130 Voir : Marc Maesschalck, *Pour une éthique des convictions – religion et rationalisation du monde vécu*, Bruxelles, Facultés universitaires Saint-Louis, 1994, pp. 183-84.

131 Évidemment, les mots *intelligence* et *raison* sont ici équivalents, de même que les mots *éthique* et *morale*.

132 *The Trial of Alfred Eichmann*, Session 105 (Part 4 of 4), http://www.nizkor.org/hweb/people/e/eichmann-adolf/transcripts/Sessions/Session-105-04.html

133 Mac Intyre, *A Short History of Ethics*, New York, The Macmilllan Co., 1966, 14, p. 198.

134 Jean-Philippe Lagacé de l'Université Laval, *Froideur et subjectivité bourgeoise : sur la condition de possibilité d'Auschwitz dans la philosophie de Theodor W. Adorno* (http://www.ulaval.ca/phares/vol12-automne12/texte12.html).
L'auteur cite en propos : J. M. Bernstein, *Adorno : Disenchant-*

ment and Ethics, Cambridge, Cambridge University Press, 2001, p. 400.

[135] Kant, *Critique de la raison pratique*, Édition Gallimard, 1985, Première Partie, l. I, c. I, § 7 « Loi fondamentale de la raison pure pratique », p. 53 (V, 30).

[136] *Mattieu*, 7, 12 ; *Luc*, 6, 31. « Tu aimeras ton prochain comme toi-même. » *Lévitique*, 19, 18. Ce principe figure également dans d'autres traditions religieuses, sans – toutefois – que la bienveillance suggérée s'étende nécessairement à tous les êtres humains. Parfois elle s'étend aux autres vivants et même à la mère Terre (Gaïa). Ce qui change est, en tout cas, le sens de l'inspiration religieuse (ou profane).

[137] Kant, *Raison Pratique*, Première Partie, l. 2, c. II, V « L'existence de Dieu comme postulat de la raison pure pratique », p. 178. (V, 132).

[138] Pour Mac Intyre nous devons à la Réforme la thèse selon laquelle la corruption de la nature humaine empêche toute « justification » rationnelle de la morale, et nous ajoutons de la foi qui nous pousse et nous aide à faire le bien. Mac Intyre, *op. cit.*, 10, p. 126.

[139] *Ibidem*, 8, p. 86.

[140] *« Cum etiam credere non possemus nisi rationales animas haberemus* [...] *»*, Augustin, *Epistola CXX*, 3 (Migne, *Patrologia Latina*, vol. XXXIII, col. 453).

[141] *Psaumes*, 72 (73), 25.

[142] Kant, *Opus postumum* (traduct. François Marty), PUF, 1986, sect. 18, Liasse VII, 10 (1), p. 170. Voir également sect. 22, Liasse I, 3 (1), p. 223 où il est dit que le concept de Dieu n'est pas hypothétique mais problématique.

[143] Kant répète inlassablement que Dieu est en nous (*est Deus in nobis*) et qu'il n'est pas une substance réellement existante. *Ibidem*, sect. 18, Liasse VII, 10 (3-4), pp. 175, 181-82 ; sect. 19, Liasse VII, 5 (2-4), pp. 187, 193-94 et sect. 22, Liasse I, 3 (1), p. 215.

[144] *Ibidem*, 18, Liasse VII, 10 (1), p. 170.

[145] *Ibidem*, 18, Liasse VII, 10 (1), p. 171.

[146] *Ibidem*, 21, Liasse I, 2 (3), p. 208, avec la précision : « Le concept est fanatique lorsque ce qui est dans l'homme est représenté comme quelque chose hors de lui et l'œuvre de sa pensée comme une chose en soi (substance). » *Ibidem*, 21, Liasse I, 2 (4), p. 213.

[147] *Ibidem*, 21, Liasse I, 2 (3), p. 207.

148 *Ibidem*, 21, Liasse I, 2 (3), p. 209.

149 *Ibidem*, 19, Liasse VII, 5 (2), p. 186.

150 Mac Intyre, *A Short History of Ethics*, New York, The Macmillan Co., 1966, 14, p. 196.

151 *Genèse*, 1, 26.

152 Voir, par exemple : Paolo Flores d'Arcais, *Etica senza fede*, Feltrinelli, 1998 (orig. 1994) et Marc Maesschalck, *L'éthique des convictions*, Bruxelles, Facultés universitaires Saint-Louis, 1995.

153 « Mais la doublure, selon le mot de Hamelin [1856-1907], devait manger l'étoffe. Ici encore Kant achève l'œuvre de Descartes. » Jacques Maritain, *Trois Réformateurs, Luther, Descartes, Rousseau*, Plon, 1925, II, 2, p. 112.

154 Jean-Marie Vaysse, *L'inconscient des modernes – Essai sur l'origine métaphysique de la psychanalyse*, Gallimard, 1999, p. 285.

155 Bernard Lonergan, S.J., *Collection*, « Cognitional Structure », London, Darton, Longman and Todd, 1967, pp. 229-30.

156 D'après une conversation entre Goethe et Eckermann, citée par Robert Hughes dans *The Culture of Complaint*, 1993, « Première conférence », I.

157 André Lalande, *Vocabulaire critique et technique de la philosophie*, Quadrige/PUF, 1997, II, p. 1040.

158 *Ibidem*, « Contribution d'Emmanuel Leroux », p. 1041.

159 *Soliloquia* II, I, 1 (Migne, *P.L.*, vol. XXXII, col. 885).

160 *De vera religione*, 39, 72 (Migne, *P.L.*, vol. XXXIV, col. 154).

161 Richard Lannoy, *The Speaking Tree, A study of Indian Culture and Society*, A Galaxy Book, Oxford University Press, 1971, « Conclusion », p. 430.

162 Propos du Card. Ratzinger rapportés par Paul Williams, professeur de philosophie orientale à l'université de Bristol et converti au catholicisme après vingt ans de bouddhisme, dans *Out of my Head*, « The Tablet », 5 août 2000.

163 La notion d'*acedia* (acédie) en tant que dégoût de la prière a été développée par Évagre Pontique au IVe siècle et par Jean Cassien au Ve siècle. L'acédie peut s'accompagner aussi bien d'un certain abattement, découragement et torpeur que d'un activisme agité et fébrile. La personne qui souffre d'acédie, insatisfaite de ce qu'elle a et languissant après ce qu'elle n'a pas – dans la sphère physique,

mentale ou spirituelle – manifeste une combinaison de tristesse et de colère.

164 *« Darin aber haben sie abermals recht, daß die pflichtmäßige Gesinnung sich nicht auf den Glauben an Gott und Unsterblichkeit, sondern daß umgekehrt der Glaube an Gott und Unsterblichkeit auf die pflichtmäßige Gesinnung sich gründet. »* Fichte, *Appellation an das Publikum*, Medicus III, p. 170, cité par Cornelio Fabro, *Introduction à l'athéisme moderne*, Sillery (Québec) G1S 4R5, Édit. Anne Sigier, 1999, (orig. ital.1969), IV, Appendice 5, p. 518 et note 256 à la p. 969.

165 Voir : Marc Maesschalck, *Pour une éthique des convictions – religion et rationalisation du monde vécu*, Bruxelles, Facultés universitaires Saint-Louis, 1994, pp. 183-84.

166 *Ibidem*, p. 354.

167 Voir la conclusion du chapitre dédié à Fichte par Jean-Marie Vaysse, *L'inconscient des modernes – Essai sur l'origine métaphysique de la psychanalyse*, Gallimard, 1999, pp. 246-51.

168 Zeev Sternhell, *Les anti-Lumières*, Fayard, 2006, VI, pp. 400 et 401, note 3.

169 Marc Maesschalck, *op. cit.*, 1994, pp. 183-84.

170 Karl Popper, *The Open Society and its Enemies*, Princeton, N.J., Princeton University Press, 1950 (orig. 1945), note 58 au ch. 12, pp. 653-54.

171 Roger Kimball, *The difficulty with Hegel*, « The New Criterion », septembre 2000, http://www.newcriterion.com/articles.cfm/hegel-kimball-2344.

172 Hegel, *Esthétique*, II, « L'art symbolique », ch. I, III, 3.

173 Frederick Copleston, S.J., *A History of Philosophy*, Burns Oates etc., 1950, Vol. VII, ch. XI, 3, pp. 238.

174 *Ibidem*, ch. IX, 2, pp. 163.

175 Hegel, La phénoménologie de l'esprit, (B), B.

176 F. Copleston, *op. cit.*, Vol. VII, ch. IX, 4, p. 173.

177 Karl Popper, *op. cit.*, ch. 12, p. 224. Dans son introduction à *Hegel's Philosophy of Nature – Part II of the Encyclopaedia of the Philosophical Sciences (1830)*, Oxford University Press 2004 (orig. 1970), p. 1, J.N. Findlay observe que les gens hostiles à la philosophie se réjouissent du discrédit qu'attirent pareils exercices fantaisistes et prétentieux de charlatanerie, ces caprices de l'imagination faisant recours à un empirisme primaire et à des

analogies superficielles, dans la totale absence de méthode. Toutefois ceci ne concerne pas la réflexion honnête et sérieuse (pas plus que les déviations sexuelles permettent de condamner le sexe ou les abus en politique et en religion justifient l'éloignement dédaigneux de ces domaines).

178 C. Fabro, *Introduction à l'athéisme moderne*, Sillery (Québec) G1S 4R5, Édit. Anne Sigier, 1999, (orig. ital.1969), IV, 1 « Réduction du panthéisme spinozien à l'athéisme », pp. 428-29 et IV, Appendice 3, pp. 510-11.

179 B. Russell, *History of Western Philosophy*, Allen & Unwin, 1969, III, XXVIII, « Bergson », p. 757.

180 Hegel, *Leçons sur l'histoire de la philosophie*, t. V, « Moyen Âge », Paris, Vrin, 1971, p. 1004.

181 Frederick Copleston, S.J., *A History of Philosophy*, Burns Oates etc., 1950, Vol. VII, ch. X, 6, p. 209.

182 Hegel, *Leçons sur le droit naturel et la science de l'État*, Vrin, 2002, p. 278. Hegel reprend cette affirmation – la plus profonde que l'on puisse faire sur l'histoire – du poème de Schiller, *Résignation.* Voir : Christophe Bouton, *Le procès de l'histoire*, Vrin, 2004, II, VII, « La tragédie de l'histoire », p. 201.

183 F. Copleston, *op. cit.*, Vol. VII, ch. X, 12, p. 223.

184 Selon Hegel, « Rousseau aurait contribué de manière plus substantielle à la théorie de l'État s'il s'avait constamment gardé à l'esprit cette distinction. » *Encyclopédie des sciences philosophiques – La science de la logique*, Vrin, 1970, Adds. 163, 1, p. 593.

185 B. Russell, *History of Western Philosophy*, Allen & Unwin, 1969, III, XIX, « Rousseau », p. 674.

186 Karl Popper, *op. cit.*, ch. 25, pp. 458-462.

187 *Ibidem*, ch. 2, p. 17.

188 *Ibidem,* ch. 12, p. 223.

189 P.J. Brunet, *La communication indirecte chez Kierkegaard : une dialectique contemporaine*, « Laval Théologique et Philosophique », 54, 1, février 1998, V, p. 137, http://www.erudit.org/revue/ltp/1998/v54/n1/401138ar.pdf.

190 Schopenhauer définit explicitement Hegel comme un « Caliban intellectuel » dans le Préambule à la deuxième édition (1844) de *Le monde comme volonté et représentation*, Et l'on se demande si dans le § 47 du même ouvrage l'auteur ne pense pas à Hegel, sans

le nommer, quand il dit que « la pauvreté spirituelle, la confusion et l'extravagance s'habilleront des expressions les plus recherchées et des locutions les plus obscures, pour cacher ainsi, dans des phrases difficiles et pompeuses, des pensées petites, chétives, froides ou banales ».

191 A. Schopenhauer, *op.cit.*, « Préambule à la deuxième édition ».

192 Bertrand Russell, « My Mental Development », dans *The Philosophy of Bertrand Russell*, édité par Paul Arthur Schlipp, New York, Tudor, 1951, p. 11.

193 Jean Sokal et Alain Bricmont, *Impostures intellectuelles*, Paris, Odile Jacob, 1997, « Introduction », pp. 16-17.

194 Voir : Jean-Marc Ferry, « L'ancien, le moderne, le contemporain » dans : *Christianisme et Modernité*, colloque publié par le Centre Thomas More, Paris, Cerf, 1990, pp. 240-42.

195 Hegel, *Leçons sur l'histoire de la philosophie*, t. V, « Moyen Âge », Paris, Vrin, 1971, p. 1077.

196 Des ouvrages de cette période sont les *Exposés ultérieurs* (*Fernere Darstellungen*, 1802), *Bruno ou du principe divin et du principe naturel des choses* (1802), *Philosophie de l'art* (leçons prononcées à Iéna en 1802-1803 et à Würzburg en 1804-1805, publ. posthume 1859), *Leçons sur la méthode des études académiques* (1803), *Philosophie et Religion* (1804), *Aphorismes pour introduire à la philosophie de la nature* (1805), *Aphorismes sur la philosophie de la nature* (1805-1806), *Sur la relation du réel et de l'idéal dans la nature* (1806). Successivement, Schelling abandonne sa préoccupation pour la philosophie de l'identité pour se consacrer à de nouvelles études : le fruit en sera l'ouvrage *Recherches philosophiques sur l'essence de la liberté humaine et les sujets qui s'y rattachent* (1809).

197 Pour la distinction entre ces trois concepts voir Antonio Livi, *Vera e falsa teologia*, Roma, Leonardo da Vinci, 2012, § 0.3.2, pp. 40-46 et, pour une analyse de la théorie de la révélation divine de Schelling, *Ibidem*, § 2.3.4.2, pp. 148-53.

198 Voir le texte du Père Xavier Tilliette, S.J., « Schelling, vue d'ensemble », dans le recueil *Schelling* sous la direction de Jean-François Courtine, « Les Cahiers d'histoire de la philosophie », Cerf, 2010. Les textes où Schelling traite de cette évolution religieuse sont la *Philosophie de la mythologie* (1842, publ.

posthume 1857) et l'*Introduction à la philosophie de la mythologie* (1847-1852, publ. posthume 1857).

199 En citant cette phrase des « Leçons d'Erlangen » de Schelling (Schelling, *Œuvres métaphysiques*, Paris, Gallimard, 1980, p. 290), Vaysse observe que Schelling n'aurait pas pu « aller plus loin, avant Freud ou Heidegger, dans la "subversion" de la subjectivité ». Voir Jean-Marie Vaysse, *L'inconscient des modernes – Essai sur l'origine métaphysique de la psychanalyse*, Gallimard, 1999, note 54 au ch. VII, p. 499.

200 J.-M. Vaysse, *op.cit.*, ch. II, VII, pp. 271-72. La phrase : « Ce qui est urgent pour l'homme ce n'est pas de rentrer en soi-même, mais d'être exposé hors de soi » est reprise des « Leçons d'Erlangen ». Voir : Schelling, *op. cit.*, p. 206.

201 Hegel, *La phénoménologie de l'esprit*, « Préface », I, 16.

202 H. Heine, *À propos de l'histoire de la religion et de la philosophie en Allemagne* (ca. 1835), dans *De l'Allemagne*, Paris, La Presse d'Aujourd'hui, 1979, l. III, pp. 169 -70.

203 J.-M. Vaysse, *op. cit.*, ch.VII, pp. 271-2.

204 Nietzsche, *L'Antéchrist*, 10.

205 J.-M. Vaysse, *op. cit.*, p. 265.

206 *Ibidem*, p. 264.

207 *Ibidem*, p. 268.

208 *Ibidem*, p. 267.

209 Bien différent est le « besoin » que Dieu a de l'homme du fait que Dieu aime l'homme.

210 J.-M. Vaysse, *op. cit.*, p. 274. À la p. 273 Vaysse rappelle à ce propos la « docte ignorance » selon Nicolas de Cuse : il s'agit d'un savoir qui connaît ses limites et admet qu'en Dieu les contraires coïncident.

211 *Jean*, 18, 36.

212 « Tu m'as séduit, Seigneur, et je me suis laissé séduire. Tu m'as forcé la main, tu as été le plus fort. Sans cesse on se moque de moi. Je suis la fable de tout le monde. Chaque fois que je dois prendre la parole c'est pour crier et annoncer la violence et la dévastation. Sans cesse, la parole du Seigneur est pour moi sujet d'opprobre et de moquerie. J'avais beau me dire que je ne penserai plus à lui et que je ne parlerai plus en son nom. Mais c'était en mon cœur, au plus profond de moi-même, comme un feu dévorant. Je m'épuisais à le contenir, mais je n'y réussissais pas. » *Jérémie*, 20,7-9.

213 http://www.marxists.org/francais/marx/works/1847/00/kmfe18470000a.htm, site consulté le 29 sept. 2013.

214 Voir : von Kuehnelt-Leddihn, *Leftism Revisited*, Washington, Regnery Gateway, 1993, II, 9, pp. 109-110 et note 347, p. 374.

215 http://fr.wikisource.org/wiki/Page:James_Guillaume_L'Internationale,_I_et_II.djvu/666, site consulté le 29 sept. 2013.

216 Selon Popper, Marx aspire sincèrement à sortir la classe prolétarienne de la condition de stricte nécessité pour accéder à une vie matériellement plus confortable et spirituellement plus riche. Voir : Karl Popper, *The Open Society and its Enemies*, Princeton, N.J., Princeton University Press, 1950 (orig. 1945), ch. 13, p. 275. Cet objectif ne peut être atteint sans une diminution des heures de travail. *Ibidem*, ch. 15, p. 295.

217 *Ibidem*, ch. 22, p. 397.

218 Tibor Szamuely, *La tradition russe*, Stock, 1976, chap. 20, « Vers l'absolutisme nouveau style », p. 465 (orig. anglais, Fontana Press, 1974, p. 527).

219 Ce revirement de Marx n'a pas manqué de créer un embarras certain auprès des ceux qui – déjà à cette période et en nombre plus grand par la suite – ont trouvé dans l'historicisme marxien une clé d'interprétation des rythmes de l'histoire et une source d'inspiration pour l'action révolutionnaire. *Ibidem*, chap. 19, « La dialectique marxiste populiste », pp. 451-54 (orig. anglais, pp. 513-16).

220 *Ibidem*, chap. 20 « Vers l'absolutisme nouveau style », pp. 475-80 (orig. anglais, pp. 538-44).

221 *Ibidem*, pp. 473-74 (orig. anglais, p. 536).

222 Karl Popper, *op. cit.*, ch. 13, p. 277.

223 David Dollar et Wei Shang-Jin Wei, *Das (Wasted) Kapital: Firm Ownership and Investment Efficiency in China*, IMF Working Paper WP/07/9, janvier 2007. Voir « The Economist », 26 mai – 1er juin 2012, p. 11 de l'insert sur la Chine.

224 K. Popper, *op. cit.*, ch. 21, p. 379.

225 Selon Fareed Zakaria (*The Future of Freedom*, Norton, 2007, ch. 5, pp. 171-178) les élections aux États-Unis ont été de moins en moins influencées, au cours de ces dernières décennies, par le patronat et de plus en plus par des lobbies représentant toute sorte d'intérêts sociaux, idéologiques, ethniques, sexuels, écologiques, etc. avec le résultat que même des élus humainement meilleurs,

étant trop strictement conditionnés, assurent un service de qualité inférieure.

[226] Henry Arvon, *La philosophie allemande*, Seghers, 1970, p. 78.

[227] Arkady Shevchenko, *Breaking with Moscow*, New York, Alfred A. Knopf, 1985, 8, p. 61.

[228] Lenin, *Quaderni filosofici*, Milano, Feltrinelli, 1970, p. 343. Cité par Lucio Colletti, *Le déclin du marxisme,* PUF, 1984. Colletti rappelle que le jeune Marx avait initialement critiqué la dialectique hégélienne, *Idem*, II, III, 12.

[229] Voir : Lucio Colletti, *op. cit.*, ch. II, § III.

[230] Karl Marx, *Thèses sur Feuerbach*, 4.

[231] Igor Chafarévitch, *Le phénomène socialiste*, Seuil, 1977.

[232] Voir, par exemple : Michel Foucault, *« Il faut défendre la société », Cours au Collège de France (1975-1976)*, Gallimard Seuil, 1997, « Situation du cours », p. 254.

[233] André Léonard, *Pensée des hommes et foi en Jésus-Christ. Pour un discernement intellectuel chrétien*, Paris, Lethielleux – Namur, Culture et Vérité (coll. « Sycomore », série Chrétiens aujourd'hui, 6), 1980, p. 25.

[234] Patrick J. Brunet, *La communication indirecte chez Kierkegaard : une dialectique contemporaine*, « Laval Théologique et Philosophique », 54, 1, février 1998, I, pp. 128-29 ; http://id.erudit.org/iderudit/401138ar.

[235] Luc Ferry, *Apprendre à vivre*, Plon, 2006, ch. 1, pp. 25–27. Selon l'auteur, quoiqu'on puisse en dire, la psychologie ne peut pas se substituer à la philosophie pour vaincre cette angoisse. *Ibidem*, « Avant-propos », p. 12.

[236] Mac Intyre *A Short History of Ethics*, New York, Macmillan, 1966, ch. 16, p. 217.

[237] H. Heine, *À propos de l'histoire de la religion et de la philosophie en Allemagne* (ca. 1835), dans le recueil *De l'Allemagne*, Paris, La Presse d'Aujourd'hui, 1979, livre III, p. 172.

[238] H. Heine, *Aveux de l'auteur* (ca. 1855), dans le même recueil *De l'Allemagne*, p. 287.

[239] *Ecclésiastique* (*Livre de Ben Sirac le Sage*), 5, 3-7.

[240] *Cantique*, 5, 1 (*SBO*, 1, 21-22).

[241] *Cantique*, 4, 5 (*SBO*, 1, 20-21).

[242] Charles Dumont, *Au chemin de la paix – La sagesse cistercienne selon saint Bernard*, Oka JON 1E0 (Québec), Abbaye Notre-

Dame-du-Lac, 1998, V, 3, p. 165. D'autres soutiennent que la volonté est l'élément le plus profond. Toutes les facultés sont essentielles et on ne peut en oublier aucune : ceci signifie avoir une pensée vraiment catholique.

243 Sur toutes ces questions, voir Zeev Sternhell, *Les anti-Lumières*, Fayard, 2006, ouvrage très complet, mais encore inspiré par l'universalisme bien « particulier » des Lumières.

244 A.N. Whitehead, *Process and Reality: An Essay in Cosmology*, New York, 1960, p. 528. Cité par Georges Minois, *L'Église et la science – Histoire d'un malentendu*, tome II, Fayard, 1991, ch. VIII, p. 359.

245 Karl Popper, *The Open Society and its Enemies*, Princeton, N.J., Princeton University Press, 1950 (orig. 1945), ch. 24, p. 417, pp. 426-27.

246 Les titres révélateurs de toute une série d'études des années 1990 montrent que même les Américains peuvent être déçus de leur démocratie : *Why Americans Hate Politics, Slouching towards Gomorrah, Arrogant Capital, The Betrayal of Democracy, Democracy on Trial, Running Scared, Dirty Politics, Demosclerosis*. Voir : Fareed Zakaria, *The Future of Freedom*, New York – London, W.W. Norton, 2007 (orig. 2003), ch. 5, p. 164.

247 *Physica*, III, 6, 206[a] 16-17. Dans les *Topica*, III, 104[b] 1-9, il dit quand même que l'on ne sait pas si le monde est infini dans le temps.

248 Aristote, *Metaphysica*, XI (K), 10, 1055[b] 11.

249 *Ibidem*, XII (Λ), 7, 1073[a] 10.

250 *Ibidem*, IX (Θ), 6, 1048[b] 13-16.

251 *Ibidem*, II (α), 2, 994[b] 26-27.

252 Boèce, *De Trinitate*, IV (*P.L.*, LXIV, 1253A-1253B). Voir également : *De consolatione philosophiæ*, V, VI, 348 (*P.L.*, LXIII, 858A). Anticipé par saint Augustin, *Confessiones*, XI, XI (*P.L.*, XXXII, 814), ce thème est repris par Thomas, *Super Sententiarum*, lib. 1, d. 19, q. 2, a. 2, arg. 3 et *Summa theologiæ*, I[a], q. 10, a. 2, arg. 1.

253 Voir à ce propos : Michael Buckley, S.J., *At the Origins of Modern Atheism*, New Haven and London, Yale University Press, 1987, notamment 4, p. 222.

254 La symétrie entre le passé et le futur impliquerait qu'en renversant l'ordre temporel, deux liquides mêlés parviendraient à se séparer

sans aucune violation des lois mécaniques, mais en opposition au second principe de la thermodynamique, selon lequel le désordre augmente dans l'univers. Il s'agit du paradoxe dit de Loschmidt (1887).

255 Pierre-Simon Laplace, *Essai philosophiques sur les probabilités*, Courcier, 1814, pp. 2-3.

256 Michael J. Buckley, S.J., *At the Origins of Modern Atheism*, New Haven and London, Yale University Press, 1987, 6, p. 325.

257 *Œuvres de Laplace*, Paris, Gauthier- Villars, 1878, t. 1, pp. V-VI.

258 Voir : Stephen W. Hawking, *A brief History of Time*, Bantam Books, 1990 (orig. 1988), ch. 1, p. 12. Hawking essaie ensuite de justifier notre connaissance par un raisonnement de type darwinien. Seule la connaissance du vrai favorise notre survie, donc si nous sommes encore là, il faut malgré tout que *nous connaissions le vrai.* Cet argument suppose toutefois que nous connaissions avec vérité le rapport entre nos idées et leurs effets pratiques et que vaille le principe selon lequel le vrai est plus utile à la survie que le faux. Mais quel est le fondement de la doctrine – appelons-la *pragmatisme logique* – selon laquelle la vérité équivaut à l'utilité etc., si ce n'est pas la supposition que nous connaissons le vrai au moins à ce propos ? Hawking se base ainsi sur un aspect de la thèse qu'il entend prouver en général.

259 *Ibidem*, ch. 1, pp. 52-55 et notes à la p. 379. Voir : L. Lessius, *De providentia Numinis et Animi immortalitate*, Paris, Lethielleus, 1880, 1, 2, 21-25, pp. 328-29.

260 Voici le titre en français : *De l'existence de Dieu démontrée par les merveilles de la nature, ou traité téléologique dirigé contre la doctrine de Spinoza par un médecin hollandais*. Voir M.J. Buckley, *op. cit.*, 4, pp. 201-2.

261 L'ouvrage de Feyerabend, *Contre la méthode* (1975) est antithétique au positivisme. Nous y reviendrons sous peu.

262 *Proverbes*, 8, 31.

263 *Luc*, 5, 4-7 ; *Jean*, 21, 6-11.

264 *Jean*, 14, 11-12.

265 *Marc*, 16, 17-18.

266 H. Denzinger, *Enchiridion Symbolorum*, Herder, Barcelona, 1976, n° 3009 et nn° 3033-34. « L'assentiment raisonnable » cité par le concile du Vatican I au n° 3009 vient de *Rom.*, 12, 1. Certaines

traductions modernes lisent néanmoins : « le culte spirituel » ou « le véritable culte qui lui est dû ».

267 Père Emiliano Tardif et José H. Prado Flores, *Jésus est le Messie*, Pneumathèque, 1989, p. 129. A la même page on lit également : « Les miracles sont des signes de la puissance de Dieu, qui montrent que Jésus est vivant et qui servent à l'accroissement de notre foi. »

268 Edward de Bono, *I am Right – You are Wrong*, London, Viking, 1990, p. 47.

269 *Luc*, 22, 51.

270 Ayant assisté à la guérison instantanée de Marie Lebranchu et de Marie Lemarchand, Zola prétendit qu'elles eurent des rechutes immédiates. Les rapports médicaux assurent au contraire que les deux miraculées n'ont jamais rechuté de leur vie depuis leur guérison. Voir : http://eucharistiemisericor.free.fr/index.php?page=2206088_lourdes. Voir également : http://www.miraclehunter.com/marian_apparitions/approved_apparitions/lourdes/miracles1.html. (Sites consulté le 15 nov. 2013.)

271 Karl R. Popper, *The Open Society and its Enemies*, Princeton, N.J., Princeton University Press, 1950 (orig. 1945), ch. 2, pp. 15-16.

272 Horace, *Satyres*, I, 9, 58.

273 J. Ziman, *Public Knowledge: an Essay Concerning the Social Dimension of Science*, Cambridge University Press, 1968, p. 9. John Ziman (1925-2005) est un physicien, cité par Derek L. Phillips, *Wittgenstein and the Scientific knowledge. A Sociological Perspective*, The Macmillan Press Ltd., 1977, ch. IV.

274 Nietzsche, ayant la précise intuition de cet argument, objecte en refusant au préalable la distinction des trois modes – possibilité, existence, nécessité (et leurs opposés) – que Kant avait distingués. Tout est réduit à la nécessité. Nous reviendrons sur ce thème au ch. XVIII dédié à Nietzsche.

275 La longueur de Planck est : $\Delta x_p = (G \times \hbar / c^3)^{1/2}$, où G est la constante de gravitation universelle, $\hbar$ la constante de Planck h divisée par 2π et c la vitesse de la lumière. Le temps de Planck est : $\Delta t_p = \Delta x_p / c = (G \times \hbar / c^5)^{1/2}$. Voir : Walter Thirring, *Cosmic Impressions: Traces of God in the Laws of Nature*, Philadelphia and London, Templeton Foundation Press, 2007 (orig. allemand, Vienne, 2004), pp. 21-22.

[276] Cette hypothèse des « univers multiples » équivaudrait à supposer différentes solutions ou versions cosmologiques, au sein d'un système régi par le pur hasard. Or, le simple fait de penser deux choses ensemble signifie qu'elles sont liées logiquement et donc aussi dans l'ordre de la volition active ou passive (ordre éthique) et dans l'ordre de la possibilité ou de la réalité (ordre ontologique), selon l'hypothèse avancée. Non seulement le fait de penser deux choses ensemble signifie qu'elles sont liées, mais l'absence de ce lien ne pourrait même pas être pensée parce que ce serait du néant et le néant est inconcevable, indésirable, irréalisable. Le néant et l'infini « servent » essentiellement pour exclure Dieu, qui est principe d'ordre et d'unité.

[277] De même qu'il n'y a pas de stricte régularité pour la distribution des signes conventionnels dans une carte géographique ou topographique, qui pourtant respecte des règles, il faut se résigner à accepter qu'il n'y ait pas un déterminisme absolu non plus dans les événements qui se déroulent dans le temps. Cette analogie avec une carte a été déjà proposée dans notre ch. V.

[278] George F.R. Ellis, « Ordinary and Extraordinary Divine Action : The Nexus of Interaction » dans *Philosophy, Science and Divine Action* edited by F. LeRon Shults, Nancey Murphy, and Robert John Russell, Leiden - Boston, Brill, 2009, ch. 9, pp. 318-19.

[279] *Physica*, II, 5, 179[a]. Voir aussi *Metaphysica*, XI (K), 8, 1065[a].

[280] *De ordine*, I, 3, 8 (Migne, *Patrologia Latina*,., XXXII, 982).

[281] Voir la contribution de R.J. Russell, « Divine Action and Quantum Mechanics. A Fresh Assessment », *Ibidem*, ch. 10, pp. 354-55.

[282] George F.R. Ellis, *contribution citée*, ch. 9, p. 319. Voir également : *Ibidem*, p. 347 et R.J. Russell, *contribution citée*, ch. 10, p. 382.

[283] A. Einstein, B. Podolsky, N. Rosen dans l'article *Can Quantum-Mechanical Description of Physical Reality be Considered Complete?*, « Physical Review », Vol. 47, 1935, pp. 777-780.

[284] Edmund Husserl, *Die Krisis der europäischen Wissenschaften und die transzendentale Phänomenologie* (*La crise des sciences européennes et la phénoménologie transcendantale*, 1936, ouvrage rédigé vers la fin de sa vie), § 30 et § 56.

[285] E. Husserl, *Idées directrices pour une phénoménologie*, trad. par P. Ricœur, Paris, Gallimard, 1950 (orig. allemand de 1913), I, pp.

102-103. Les tomes 2 et 3 furent édités sur base de la transcription des feuillets de Husserl faite par son assistante Edith Stein.

286 E. Levinas, *Husserl et la phénoménologie*, « Revue d'Allemagne et des pays de langue allemande », Fribourg, mai 1931, p. 407.

287 Edith Stein, *Che cos'è la fenomenologia*, article paru dans « Wissenschaft/Volksbildung », supplément scientifique au « Neue Pfälzische Landeszeitung », n° 5, 15 mai 1924, p. 322, repris dans *La ricerca della verità – dalla fenomenologia alla filosofia cristiana*, Roma, Città Nuova, 1999 (orig. 1993) p. 70.

288 Voir : Edmund Husserl, *La crise des sciences européennes et la phénoménologie transcendantale* (op. cit.), surtout § 9, § 10, § 14 et § 56.

289 *Ibidem*, § 73.

290 Du « Journal de Sœur Aldégonde », dans E. de Miribel, *Edith Stein,* Milano, Edizioni Paoline, 1987, p. 214.

291 Teresia Renata Posselt, *Edith Stein*, Fribourg 1957, pp. 49-50.

292 http://www.abbaye-saint-benoit.ch/hagiographie/fiches/f0279.htm, site consulté le 30 sept. 2013.

293 Edith Stein, *Storia di una famiglia ebrea,* Roma, Città Nuova, 1998, p. 362.

294 T.R. Posselt, *op. cit.*, p. 56. Voir aussi : http://maranatha.mmic.net/EdithStein.htm, site consulté le 30 sept. 2013.

295 Christian Delacampagne, *Histoire de la philosophie au XXe siècle*, Seuil, 2000 (orig. 1995), 1, 4, p. 72.

296 C. A. Van Peursen, *Ludwig Wittgenstein*, London, Faber and Faber, 1969, p. 94.

297 L. Wittgenstein, *Tractatus logico philosophicus*, 6, 41.

298 Van Peursen, *op. cit.*, pp. 96-99.

299 *Ibidem*, p. 83.

300 Mots de félicitations écrits par Wittgenstein. Voir : Norman Malcom, *Ludwig Wittgenstein: A Memoir*, Oxford University Press, 1958, p. 36, cité par Derek L. Phillips dans *Wittgenstein and the Scientific Knowledge. A Sociological Perspective*, The Macmillan Press Ltd, 1977, ch. I.

301 L. Wittgenstein, *De la certitude*, n° 191.

302 *Ibidem*, n° 192.

303 *Ibidem*, n° 110.

304 « Le doute vient après la croyance. » *Ibidem*, n° 160.

[305] *Ibidem*, nn° 655-57 et n° 470. Voir notre ch. II.

[306] « Le jeu du doute lui-même présuppose la certitude. » *Ibidem*, n° 115. Voir également : « Le doute n'a pour base que ce qui est hors de doute. », *Ibidem*, n° 519.

[307] Dante, *Paradis*, 4, 124-132.

[308] Il faut rappeler qu'un critère pour établir si des propositions sont douée de sens avait été avancé auparavant par Auguste Comte. Karl R. Popper, *The Open Society and its Enemies*, Princeton, N.J., Princeton University Press, 1950 (orig. 1945), note 51 (2) au ch. 11, pp. 633-34.

[309] Même la vie intime de Dieu est relation entre les trois Personnes de la Sainte Trinité.

[310] Pour la discussion de la preuve ontologique voir notre chapitre V sur Leibniz. Kant réduit à la preuve ontologique toutes les preuves de l'existence de Dieu, sauf sa preuve par la raison pratique.

[311] *Cahiers 1914-1916*, 11.6.16. Ailleurs il dit : « Croire en Dieu signifie voir que la vie a un sens », *Ibidem*, 8. 7. 16. Voir aussi : Van Peursen, *op. cit.*, p. 63.

[312] Saint Augustin, *Contra Faustum*, 32, 18 (Migne, *P.L.*, vol. XLII, col. 507).

[313] *« Praedica verbum opportune, importune »*, *II Timothée*, 3, 4.

[314] La position de Tolstoï apparaît contradictoire : comment peut-on « être fasciné par l'Évangile et nier en même temps la divinité du Christ »? Voir : Banine, *J'ai choisi l'opium*, Paris, Stock, 1960, p. 203.

[315] Françoise Dastur, « Heidegger », dans l'*Encyclopédie de la Pléiade, Histoire de la Philosophie*, 1974, III, p. 614.

[316] *Ibidem*, p. 609

[317] *Ibidem*, p. 611.

[318] Jean Beaufret, « Heidegger », dans le *Tableau de la philosophie contemporaine*, Paris, Fishbacher, 1957, p. 367.

[319] Voir : Martin Heidegger, *Être et temps*, trad. F. Vezin, Paris, Gallimard, 1986 et 1998, § 41, p. 242.

[320] Jean Wahl, *Les philosophies de l'existence*, pp. 58-59. Ce texte est repris du *Vocabulaire technique et critique de la philosophie* d'André Lalande, PUF, 1997, Supplément, article « Ontique », pp. 1267-68.

[321] M. Heidegger, *op. cit.*, § 44 c, p. 280.

322 André Tosel, « Le développement du marxisme en Europe occidentale depuis 1917 », dans l'*Encyclopédie de la Pléiade, Histoire de la Philosophie*, 1974, III, p. 973.

323 M. Heidegger, *Schelling, Le traité de 1809 sur l'essence de la liberté humaine*, Gallimard, 1977 (orig. allem. 1971, B.5, p. 166 et Appendice « Extraits des Manuscrits », p. 317.

324 H. Bergson, *La pensée et le mouvant*, Paris, Alcan, 1934, ch. II, « De la position des problèmes – Les systèmes », p. 59.

325 M. Heidegger, *Qu'est-ce que la métaphysique ?*, traduit par H. Corbin, Paris, Gallimard, 1938, p. 35 (orig. *Was ist Metaphysik?*, Bonn, Cohen, 1931, p. 19). Ceci est le texte de sa leçon inaugurale tenue à Fribourg le 24 juillet 1929. Edith Stein note que ce discours « ne fournit aucune clarté tranquillisante. C'est tellement difficile d'en extraire quelque chose de concret ! Le langage est par endroit mythologique : on parle du néant comme on parlerait d'une personne qu'il faut aider une fois pour toutes afin qu'elle obtienne un droit qui lui a été dénié depuis toujours. Il faut se rappeler que “rien, le néant, une fois c'était tout”. Mais il serait peu productif de s'arrêter sur ces phrases obscures. » Voir : Edith Stein, *Werke*, E. Nauwelaerts, Louvain - Herder, Freiburg, *VI – Welt und Person. Beitrag zum christlichen Wahrheitsstreben*, 1962, pp. 132-133. Ce texte, dont le titre en français est « La philosophie existentielle de Martin Heidegger », avait été prévu initialement comme appendice à *Être fini et être éternel.*

326 M. Heidegger, *Qu'est-ce que la métaphysique ?* (op. cit.), p. 41 (*Was ist Metaphysik?*, p. 25).

327 M. Heidegger, *Gesamtausgabe, Nietzsche II*, Frankfurt am Main, Vittorio Klostermann, 1997, VII, p. 301.

328 M. Heidegger, *Qu'est-ce que la métaphysique ?* (op. cit.), p. 40 (*Was ist Metaphysik?*, p. 24).

329 Henry Bergson, *Les deux sources de la morale et de la religion*, Paris, Alcan, 1932, III, « Nature de Dieu », p. 269. Voir également : *L'évolution créatrice*, Alcan 1907, IV, « L'existence et le néant », p. 320.

330 M. Beck, *Philosophische Hefte*, I, p. 6. Cité par Edith Stein, dans « La philosophie existentielle de Martin Heidegger », *Werke, VI* (op. cit.), A, II, p. 90, note 51.

331 Oscar Culmann, *Christ et le temps,* Delachaux & Niestlé, 1947.

332 Edith Stein, dans « La philosophie existentielle de Martin Heidegger », *Werke, VI* (op. cit.), B, II, p. 102 et pp. 106-108. À noter qu'en 1928 Martin Heidegger publia l'ouvrage de Husserl *Leçons pour une phénoménologie de la conscience intime du temps*, sans mentionner correctement la contribution d'Edith Stein à la rédaction du texte à partir des notes du maître.

333 M. Heidegger, *Être et temps* (op.cit.), § 5, pp. 43-44.

334 Thomas Mann, *La montagne enchantée*, ch. V, vers la conclusion de la première section « Soupe d'éternité, etc. ».

335 Henri Avron, *La philosophie allemande*, Seghers, 1970, p. 162.

336 *Entretien avec Michel Contat*, « Le Monde » du 27 juin 1987.

337 Jean Beaufret, « Heidegger », dans le *Tableau de la philosophie contemporaine*, Paris, Fischbacher, 1957, p. 359.

338 Françoise Dastur, « Heidegger », dans l'*Encyclopédie de la Pléiade, Histoire de la Philosophie*, 1974,p. 618.

339 M. Heidegger, *Kant et le problème de la métaphysique*, Gallimard, 1953 et 1981, p. 181 (orig. allem. *Kant und das Problem der Metaphysik*, Bonn, Friedrich Cohen, 1929, p. 163).

340 M. Heidegger, *Être et temps* (op.cit.), § 74, p. 448.

341 Servanne Jollivet, *Enjeux de la polémologie heideggérienne : entre* Kriegsideologie *et refondation politique*, http://asterion.revues.org/document1504.html#bodyftn18.

342 http://www.memo.fr/article.asp?ID=PER_CON_002.

343 http://www.anti-rev.org/textes/Abensour97a/index.html.

344 Annette Levi-Willard, *Emmanuel Levinas est mort hier à Paris*, « Libération » du 26 décembre 1995.

345 Voir, par exemple, Steven Weinberg, *The First Three Minutes, A Modern View of the Origin of the Universe*, ch. III, ou bien Heinz Pagels, The *Cosmic Code, Quantum Physics as the Language of Nature*, A Bantam New Age Book, 1983 our 1984, II, 12, p. 280.

346 Voir la critique de Popper aux modèles ou théories scientifiques et sa notion de falsification par exemple dans *Unended Quest*, Flamingo Fontana Paperbacks, 1986 ou dans *Objective Knowledge - An Evolutionary Approach*, Oxford, Clarendon, 1972. Cet ouvrage est un recueil de dix écrits dont la rédaction s'étale sur plus d'une décennie. Il en résulte un écrit assez long et varié qui comporte des répétitions : l'auteur lui-même le déclare dans la préface.

347 Raymond Boudon, *L'art de se persuader*, Paris, Fayard, 1990.

348 Contrairement à Popper, qui part probablement de la préoccupation du statut logique et de vérité de la science, Feyerabend opte tout d'abord pour la vérité du caractère évolutif des théories scientifiques et – sur cette base – énonce un doute sur la validité des conceptions scientifiques en général. Voir : P. Feyerabend, La *structure des révolutions scientifiques*, Seuil, 1979 (orig. 1975), p. 157 ou, du même auteur, *Adieu la raison*, Seuil, 1987.

349 Sur le principe anthropique, voir : Heinz R. Pagels, *The Cosmic Code, Quantum Physics as the Language of Nature*, Bantam Books, 1984, pp. 301-2.

350 Karl Popper, *Objective Knowledge - An Evolutionary Approach* (ouvrage cité plus haut), pp. 157-59.

351 *Ibidem*, p. 44.

352 La définition classique était : « la science est la connaissance par les causes (*per causas*) », c'est-à-dire par des modèles ou théories. Ceci couvre aussi les sciences humaines, où les démentis des théories sont très fréquents.

353 Sans compter que, de la même manière qu'il y a des théories physiques différentes, il y a aussi des mathématiques mutuellement incompatibles, comme la géométrie euclidienne et les géométries non euclidiennes.

354 Karl R. Popper, *The Open Society and its Enemies*, Princeton, N.J., Princeton University Press, 1950 (orig. 1945), p. 633, note 51 (1) au ch. 11.

355 Voir : Colin Howson and Peter Urbach, *Scientific Reasoning: the Bayesian Approach*, La Salle, Illinois, Open Court, 1988.

356 Karl Popper, *Misère de l'historicisme*, traduction française d'Hervé Rousseau, Paris, Plon, 1956, I, 10, pp. 27-28 (en anglais *The Poverty of Historicism*, London, Routledge & Kegan Paul, 1957, p. 29, réimprimé par Ark Paperbacks, 1986, 1989, avec la même numération des pages). Selon la note initiale, ce livre vise à démontrer que croire dans un destin historique définitivement tracé est de la pure superstition et qu'aucune prédiction historique n'est possible par quelque méthode que ce soit. Popper refuse en particulier la fatalité du progrès ; s'il y a progrès il s'agit d'un simple fait.

[357] Karl Popper, *The Open Society and its Enemies* (ouvrage cité plus haut). Pour l'*historicisme*, voir : ch. 11, pp. 205 ; pour l'*historisme*. *Ibidem*, ch. 22, p. 394 et ch. 24, pp. 439-40.

[358] Au début de l'année académique 1946-47, ayant été invité à donner une conférence sur quelques énigmes (*puzzles*) philosophiques, Popper présenta une liste de ce qu'il considérait comme de vrais problèmes, plutôt que des devinettes, tels la connaissance des choses par la voie des sens, la connaissance par l'induction, l'existence d'infinis potentiels ou même actuels (problème que Wittgenstein jugea strictement mathématique), les règles morales et la validité de ces règles. À Wittgenstein, qui l'avait interrompu, brandissant un tisonnier et le sommant à lui donner un exemple de règles morales Popper répliqua : « Ne pas menacer les conférenciers que vous avez invités avec un tisonnier ». C'est alors que Wittgenstein sortit furieux de la salle en claquant la porte. Voir l'autobiographie intellectuelle de Popper, *Unended Quest,* Flamingo, Fontana Paperbacks, 1986, n° 26.

[359] Karl Popper, *The Open Society and its Enemies*, (ouvrage cité plus haut), ch. 24, pp. 415-16.

[360] *Ibidem*, ch. 24, p. 430.

[361] Pour Popper, « le mysticisme tente de rationaliser l'irrationnel et [...] cherche le mystère au mauvais endroit » *Ibidem*, ch. 24, p. 431.

[362] *Ibidem*, ch. 25, pp. 457-58.

[363] *III Jean*, 4.

[364] *Jean*, 18, 38.

[365] *Luc*, 11, 34-5.

[366] Voir nos chapitres VII et XIV.

[367] « Celui qui croit écarte le jugement », *Jean*, 5, 24.

[368] Voici une définition d'intégrisme, selon cette ligne de pensée : « L'intégrisme est une attitude religieuse qui entend garder l'intégrité totale de la doctrine et de la pratique reçues. Elle se traduit par un conservatisme aveugle, un durcissement de la pensée, une fixité dans les positions et parfois par la violence à l'égard de ceux qui ne partagent pas la même attitude. Aujourd'hui l'attitude intégriste traverse beaucoup de grandes religions (Islam, judaïsme) et de confessions chrétiennes ». Il est courant de réduire toute religion à l'intégrisme conformément à cette définition.

[369] Arthur Schopenhauer, *Le monde comme volonté et représentation*, traduct. A. Burdeau, Paris, PUF, 1966, I, § 5, p. 39. (Ici et dans la suite, la traduction française n'est pas reprise telle quelle.)

[370] *Ibidem*, livre I, § 1, p. 25.

[371] *Ibidem*, I, § 6, p. 46. Rappelons que Darwin publia son ouvrage *On the Origin of Species* le 24 novembre 1859, l'année même de la troisième édition de *Le monde* de Schopenhauer, édition qui fut aussi la dernière du vivant de l'auteur.

[372] A. Schopenhauer, *op. cit.*, I, § 7, p. 58.

[373] *Ibidem*, I, § 5, p. 37.

[374] C'est toujours le modèle trinitaire qui joue : les trois facteurs – affectif, volitif, cognitif – doivent être présents dans toute réalisation humaine.

[375] *Ibidem*, livre III, § 34, p. 230, au début de ce paragraphe.

[376] *Ibidem*, livre III, § 34, p. 233.

[377] *Ibidem*, livre III, § 34, p. 234, à la fin du paragraphe où sont citées les *Upanishad*, *Oupnek'hat*, I, 122

[378] *Ibidem*, livre III, § 34, p. 233.

[379] Chant d'Église.

[380] Schopenhauer, « La liberté de la volonté » dans *Les deux problèmes fondamentaux de l'éthique*, Paris, Alive,1998, pp. 78-79.

[381] Voir le trois sens du mot historicisme proposés par Popper dans *The Open Society and its Enemies*, Princeton, N.J., Princeton University Press, 1950, ch. 11, p. 205. Nous les avons repris au ch. XVI.

[382] Schopenhauer, *Le monde* (ouvrage cité), § 70. Ici, l'auteur combat le pélagianisme (=forme de volontarisme) propre au rationalisme de son temps, en déclarant que le noyau du christianisme est constitué par les deux doctrines du *péché originel* (qui confirmerait la notion de volonté comme prévarication, précisément au sens de Schopenhauer) et de la *Rédemption* (qui représenterait le déni de la volonté au sens protestant du déni du libre arbitre). Dans la note (1) l'auteur reprend – dans un sens déterministe – le principe scolastique selon lequel le comportement se conforme à ce que l'on est (*operari sequitur esse*).

[383] *Ibidem*, « Supplément au livre IV », ch. XLVI.

[384] *Ibidem*, ch. XLVII. C'est dans ce même chapitre que Schopenhauer commente l'épigraphe à la fois naïve et ironique du

lupanar de Pompéi : *« Hic habitat felicitas »* (Ici habite le bonheur).

385 Cette expression est de Jean-Marie Vaysse, *L'inconscient des modernes – Essai sur l'origine métaphysique de la psychanalyse*, Gallimard, 1999, ch. VIII, p. 298.

386 Sigmund Freud, « Résistances à la psychanalyse » (1925), dans *Résultats, idées, problèmes*, II (1921-38), PUF, 1985, p. 130.

387 J.-M. Vaysse, *op. cit.*, ch. VIII, pp. 291-2.

388 Jean-Jacques Antier, *C.G. Jung ou l'expérience du divin*, Paris, Presses de la Renaissance, 2010, 3, p. 26. Le pansexualisme de Freud est une exaspération de la conception de Schopenhauer selon laquelle l'exigence de se reproduire est la loi aveugle que l'espèce impose à l'homme, incapable (statistiquement) de s'y soustraire.

389 Thomas Mann, *Les pages immortelles de Schopenhauer*, Paris, Corrêa, 1939.

390 J.-M. Vaysse, *op. cit.*, ch. VIII, p. 293.

391 *Ibidem*, pp. 293-4.

392 « Un univers de mort, que par malédiction/ Dieu créa mauvais pour le seul bien du mal,/ Où toute vie meurt, la mort vit, et la nature engendre,/ Dans sa perversion, toutes les choses monstrueuses, prodigieuses,/ Abominables, sans nombre, et plus mauvaises/ Que les fables aient pu imaginer, ou que la peur ait pu concevoir,/ Des gorgones et des hydres, et des horribles chimères. » *Paradise Lost*, II, 623-28.

393 Shakespeare, *Machbeth*, acte V, scène V.

394 Curieusement, nous prenons ces passages de la description du « rôle » astrologique de la planète Saturne, qui s'adaptent si bien au caractère de Schopenhauer. Voir : Jean-Claude Vadet, « Quelques observations sur la pratique de l'astrologie chez les Arabes », dans *Cahiers de l'Hermétisme - Astrologie*, Albin Michel, 1985, pp. 28-29.

395 A. Schopenhauer, *Le monde comme volonté et représentation* (ouvrage cité plus haut), IV, § 58 (à la fin), p. 408.

396 Le pessimisme de Schopenhauer lui permit « de s'engager dans la philosophie sans devoir se persuader que le mal peut être expliqué de manière à le faire disparaître (*explained away*) […]. La tendance optimiste a été beaucoup plus fréquente parmi les philosophes occidentaux. Un représentant de la tendance opposée

est probablement utile pour proposer des considérations qui autrement seraient négligées. » B. Russell, *History of Western Philosophy*, Allen & Unwin, 1969, III, XXIV, « Schopenhauer », p. 727. Mais Russell va jusqu'à considérer vaine et hypocrite l'attitude du Socrate platonique, dont le « courage devant la mort aurait été plus remarquable s'il n'avait pas cru à une béatitude éternelle en compagnie des dieux. » *Ibidem*, I, 2, XVI, « Plato's Theory of Immortality », p. 156. Néanmoins, comment peut-on faire l'apologie du pessimisme si celui-ci tend au néant dans les trois ordres de l'être, du bien et du vrai ?

397 Nicolò Machiavelli, *Discorsi sopra la prima deca di Tito Livio*, II, II.

398 Il cite la *Metaphysica*, XI (K), 10, 1055^{b} 11 ; l'ouvrage *De generatione et corruptione*, I, 3, où il est dit : « Rien n'est infini en acte, mais seulement en puissance, à cause de la division »; et enfin la *Physica*, III, 5, 318^{a} 20-21e III, 6, 206^{b} 12-15, où il est dit : « L'infini n'est pas – il n'existe qu'en puissance ». Voir : Schopenhauer, *Le monde*, Appendice, « Critique de la philosophie kantienne » (critique des antinomies), p. 629.

399 Cet argument, dérivant de Kant, est repris avec la plus grande clarté par Schopenhauer, *Ibidem*, pp. 628-30.

400 Dans *L'art d'avoir toujours raison* (rédigé vers 1830-1831) Schopenhauer semble intéressé au *refus d'un fondement* davantage qu'aux stratagèmes relevant de l'éristique. C'est ainsi que dans l'introduction et dans sa note 5 il cite le passage de Démocrite « La vérité est dans le puits ». Diogène Laërce, *Des philosophes illustres*, IX, 72.

401 Pour reprendre une image de Tomasi di Lampedusa, *Il gattopardo*, ch. III.

402 Daniel est appelé dans la Vulgate *« vir desideriorum »* (*Daniel*, 10, 11 et 10, 19), ce qui peut s'entendre comme « homme [plein] de désirs », mais des traductions modernes donnent « homme de prédilection », faisant l'objet des désirs.

403 V.E. Frankl, *Man's Search for Ultimate Meaning*, Basic Books (orig. 1997), 2000, pp. 152-153. Dans cet ouvrage, écrit bien après *Man's Search for Meaning* (orig. 1963), la religion est vue comme l'accomplissement de la recherche d'un sens, en réponse à une disposition présente en tout homme. On est loin de *L'avenir d'une illusion* (1927) de Freud.

404 *Exode*, 3, 14.

405 André Léonard, *Les raisons de croire*, Communio - Fayard, 1987, p. 179.

406 Nietzsche, *Le crépuscule des idoles*, « Maximes et pointes », § 12. Dans un autre texte, il dit : « *L'homme devenu libre* […] foule aux pieds cette méprisable sorte de bien-être rêvé par les boutiquier, les chrétiens, les vaches, les femmes, les Anglais et autre démocrates. L'homme libre est un *guerrier.* » *Ibidem*, « Divagations d'un inactuel », § 38.

407 La dialectique maître-esclave est déjà présente chez Hegel. Voir *La phénoménologie de l'esprit*, (B), IV, A.

408 Johan Huizinga, *Incertitudes*, Bruxelles, Édit. Universitaires – Paris, Librairie de Medicis, 1939, XV, pp. 166-67. Huizinga, qui – écrivant à la veille de la seconde guerre mondiale – a dédié au national-socialisme une grande partie de cet essai sur les maux de son temps, ne pouvait pas, malheureusement, exprimer que de simples incertitudes.

409 « Tu vas voir les femmes ? N'oublie pas ton fouet ! » Nietzsche, *Ainsi parlait Zarathoustra*, Le Livre de Poche, 1972, I, « Des petites vieilles et des petites jeunes », p. 90.

410 Voir la lettre de Jung à Arnold Künzli du 28 février 1943. *Aniéla Jaffé, Gerhard Adler, C.G. Jung. Correspondance*, Albin Michel, 1992, vol. 2, p. 58.

411 Nietzsche, *Le crépuscule des idoles*, « Divagations d'un importun », § 32.

412 Nietzsche, *Ainsi parlait Zarathoustra*, IV « Du Surhomme », 5, p. 410.

413 Lettre de Nietzsche à Malwida von Meysenbug (1816-1903) à l'occasion de la mort de Wagner. Voir : Mazzino Montinari, *Su Nietzsche*, Roma, Editori Riuniti, 1981, p. 28, ouvrage cité par Sossio Giametta, *I pazzi dï Dio*, Napoli, La Città del Sole, IV, « Nietzsche et l'illuminismo », 6, p. 334.

414 Alasdair Mac Intyre, *A Short History of Ethics*, New York, Macmillan Co., 1966, ch. 2, pp. 5-11 et ch. 16, p. 223.

415 Alors que la doctrine islamique dirait qu'il faut obéir aux lois car elles sont d'origine divine (mais la *sunnah* demeure toutefois incomplète dans la détermination de ce qui est moral), Pascal admet que les lois soient très discutables (car elles sont faites dans l'intérêt des législateurs), mais il dit qu'il vaut quand même mieux

y obtempérer pour le bien de tous. *Pensées*, Édition de Brunschvicg, nn° 325-326.

416 Henri Arvon, *La philosophie allemande*, Paris, Seghers, 1970, pp. 37-38.

417 *Malachie*, 3, 14-15.

418 V. Possenti, *Terza navigazione. Nichilismo e metafisica*, Roma, Armando, 1998, Introduzione, 1, p. 13 et 2, p. 15.

419 Un athée très résolu observerait : « qui veut se mettre à la place de ce qui n'existe pas ? » Voilà l'énorme puissance de la négation (Hegel) qui permet par la déconstruction de construire (est-ce paradoxal ?) une bonne partie de la philosophie contemporaine.

420 *Ecce homo*, IV « Pourquoi je suis un destin », § 8.

421 « Il en coûte au Seigneur de voir mourir les siens. » *Psaumes*, 115 (116), 15 (6).

422 L'Évangile note souvent que « beaucoup crurent en lui » [en Jésus]. *Jean*, 10, 42 ; 8, 30 ; 7, 31 ; 4, 39-41; 2, 23. D'autres ne crurent pas : « Même ses frères ne croyaient pas en lui. » *Jean*, 7, 5. Jésus exprime la plus sévère condamnation vers ceux qui ne croient pas, mais Dieu sait aussi attendre. En effet Jésus dit : « Il y aura plus de joie dans le ciel pour un pécheur qui se repent que pour quatre-vingt-dix-neuf justes qui n'ont pas besoin de repentir. » *Luc*, 15,7.

423 *Marc*, 16,16.

424 *Ecce homo*, IV « Ainsi parla Zarathoustra », § 1.

425 J. Beaufret, discussion de l'intervention de K. Lowith « Nietzsche et sa tentative de récupération du monde », trad. L. Kelkel, dans *Cahiers de Royaumont, Nietzsche : Compte rendu publié sous la direction de G. Deleuze*, Paris, Ed. Minuit, 1966.

426 Pierre Klossowski, *Nietzsche et le cercle vicieux*, Paris, Mercure de France, 1969, p. 93.

427 J. Wahl, *Le problème du temps chez Nietzsche*, « Revue de Métaphysique et de Morale », octobre-décembre, 1961, n° 4, p. 437, texte cité par Faouzia Dhifallah, *Temps et Éternel Retour chez Nietzsche*, « DOGMA, Revue de philosophie et de sciences humaines », octobre 2012. Source : http://www.dogma.lu/pdf/DF-NietzscheEternelRetour.pdf, site consulté le 16/09/2013. Les citations de J. Beaufret et Pierre Klossowski qui figurent dans nos notes précédentes sont également reprises de cet article.

428 L'interprétation de l'Éternel Retour comme réduction des catégories modales kantiennes – possibilité, existence, nécessité (et

leurs opposés) – à la seule catégorie de la nécessité est assez naturelle à partir du discours de Zarathoustra au nain. *Ainsi parlait Zarathoustra*, Le Livre de Poche, 1972, III, « De la vision et de l'énigme », 2, p. 220. Voir également *Humain, trop humain*, vol. I, II, § 102. Cette solution permet à Nietzsche de déclarer la conformité à soi-même, la liberté, l'innocence (*Ibidem*, § 99) de toute chose et de liquider ainsi le libre arbitre, les remords (*Ibidem*, vol. II, II, § 38) et les examens de conscience, qui sont pour lui un vrai cauchemar. Voir : Arnaud François, *Bergson, Schopenhauer, Nietzsche*, P.U.F., 2008, ch. II, « Réalité », pp. 82-83 ; ch. II, « Liberté », pp. 116-17 et « Conclusion », p. 271.

429 *Ibidem*, ch. II, « La critique du possible », p. 85.

430 *La pesanteur et la grâce*, Plon, Agora, 1988, « Décréation », p. 50.

431 *Apocalypse*, 21, 1. Ces considérations reprennent celles à propos de Kierkegaard.

432 Les théories cosmologiques actuelles ne sont pas favorables à cette hypothèse d'un *big bang* suivi par un *big crunch* ; l'hypothèse d'une expansion indéfinie de l'univers jouit pour le moment d'une plus grande faveur. Voir en propos notre ch. XII.

433 On ressent ici l'écho de l'hostilité protestante à la raison (en matière de foi et d'apologétique) dans la question : « la dialectique n'est-elle pas une forme de *revanche* ? » Nietzsche, *Le Crépuscule des Idoles*, « Le cas Socrate », § 7. Il faut savoir qu'à l'époque de Nietzsche les savants d'inspiration protestante appréciaient et étudiaient le monde classique et la philosophie moderne, mais ils s'intéressaient beaucoup moins au Moyen Âge et encore moins à la pensée catholique ou à la philosophie scolastique. Ils ignoraient largement ce que peut offrir la raison soutenue par la foi.

434 Michel Haar, « Nietzsche », dans l'*Encyclopédie de la Pléiade, Histoire de la Philosophie*, 1974, III, p. 328.

435 « Je crains que nous ne nous débarrassions pas de Dieu car nous croyons encore à la grammaire... » Nietzsche, *Le crépuscule des idoles*, « La "raison" en philosophie », 5.

436 M. Haar, *op. cit.*, p. 312.

437 *Ibidem*, p. 324.

438 Contrairement à Schopenhauer, à Freud et à la gauche freudienne, notre auteur n'exalte pas la sexualité, car elle retirerait des énergies destinées à l'affirmation du Surhomme. Celui-ci ne se réalise ni par la révolution sexuelle ni par d'autres formes de révolte ou

d'anarchie. Nietzsche n'est pas récupérable par la gauche. Voir Luc Ferry, *Apprendre à vivre*, Plon, 2006, ch. 5, pp. 196, 198-200, 203, 208.

439 M. Haar, *op. cit.*, pp. 328 et 320.

440 Voir, par exemple : « Eh bien, *voilà* ce qui s'appelle *liberté* de l'esprit, *par là* toute foi dans la vérité même était *congédiée*... », *La Généalogie de la morale*, Folio Gallimard, 1971, p. 180. Mais, par contre : « cette volonté absolue de vérité, c'est [...] la *foi dans l'idéal ascétique lui-même* », *Ibidem*, p. 181

441 Nietzsche, *Ainsi parlait Zarathoustra*, Le Livre de Poche, 1972, II, « Des sages illustres », p. 141.

442 Nietzsche emploie le mot *décadence*, en français, pour indiquer le caractère de la société chrétienne (de son temps), dont l'esthétisme morbide serait le miroir. Voir, par exemple, *L'Antéchrist*, nn° 7, 11, 15, 17, 24, etc.

443 Nietzsche en parle dans une carte postale envoyée le 30 juillet 1881 à l'ami Franz Overbeck. Voir : Sossio Giametta, *Il volo di Icaro*, Saonara (Padova), Il Prato, 2009, « Nietzsche e Spinoza », p. 138.

444 B. Russell, *History of Western Philosophy*, Allen & Unwin, 1969, III, ch. XXV, « Nietzsche », pp. 734.

445 Thomas Mann, *Doktor Faustus*, vers la fin du ch. XLVI.

446 Chesterton, *Orthodoxie*, ch. III « Le Suicide de la pensée ».

447 Sigmund Freud, *Résultats, idées, problèmes* (1921-1938), II, PUF, 1985, « Résistances à la psychanalyse » p. 133.

448 Sur les désordres de la jeunesse viennoise au début du XXe siècle en matière sexuelle lire le chapitre « Éros matutinus » dans *Le monde d'hier de Stefan Zweig*. De leur côté, Allan Janik and Stephen Toulmin, *Wittgenstein's Vienna*, New York, Simon and Schuster, 1973, ch. 3, p. 70, évoquent « l'hypocrisie qui passait par moralité dans la ville de Vienne d'antan et les vains mots qui passaient pour des œuvres artistiques ».

449 Yves-Hiram Haesevoets, *L'enfant victime d'inceste - De la séduction traumatique à la violence sexuelle*, Bruxelles, De Boeck & Larcier, 2003, p. 126.

450 Marin Sanudo, dans ses *Diarii*, à propos des discussions de 1519 pour le renouvellement des accords entre la République de Venise et la communauté juive, dit que les Juifs – en tant qu'usuriers – étaient « plus nécessaires que les boulangers ». Voir : Riccardo

Calimani, *Storia del Ghetto di Venezia*, Mondadori, 1995, pp. 25 et 52. Au début du XVIe siècle, au moment de la grave crise successive à la défaite subie par la République à Agnadello (1509), il fut permis aux Juifs de résider dans la ville lagunaire, dans un quartier qui leur était réservé. C'est apparemment de là que vient le nom *Ghetto*, qui s'est diffusé à travers toute l'Europe. Entre 1528 et 1533 à Venise, sur base des accords entre le Conseil des Dix et la communauté juive, le taux d'intérêt maximal que les Juifs pouvaient demander pour des prêts sur gage fut fixé à 15 % par an. *Ibidem*, pp. 54-55.

451 Freud et Fliess restèrent en contact épistolaire jusqu'en 1902, lorsque Fliess accusa Freud de plagiat. Celui-ci brûla alors toutes les lettres de celui qui, par cette correspondance avait été l'« instrument » de l'auto-analyse du fondateur de la psychanalyse et le terme de l'indispensable transfert. Quant aux lettres de Freud à Fliess, elles furent vendues à un marchand, en 1936, et rachetées par Marie Bonaparte, qui refusa de les rendre à Freud. En 1985 elles furent publiées. Les archives de Freud sont restés longuement inaccessibles, comme si ses héritiers et gardiens de sa mémoire se sentaient en devoir – et, peut-être, se sentent encore – de garder un secret.

452 Voir : *Dès le début Freud a été contesté*, propos de Jacques Van Rillaer, Professeur de psychologie è l'Université Catholique de Louvain-la-Neuve, recueillis par William Bourton, « Le Soir », Bruxelles, 6-7 mai 2006.

453 Dans son ouvrage, *Psychopathia Sexualis* (1882), basé sur l'étude de 51 cas cliniques et médico-légaux, toutes les activités sexuelles en dehors de celle conduisant à la reproduction sont diagnostiquées comme autant de maladies. Dans des études successives, il traitera l'homosexualité, plutôt que comme une *anomalie*, comme une *différenciation* lors du développement de l'embryon ou du fœtus, provoquant une *inversion sexuelle* du cerveau. Il heurtera les milieux catholiques en associant l'aspiration à la sainteté et au martyr à des formes d'hystérie et de masochisme.

454 Jeffrey Moussaieff Masson, *The assault on Truth. Freud's Suppression of the Seduction Theory*, Farrar, Straus and Giroux, 1984, pp. 110-113, 134-135.

455 *Romains*, 7, 18-23.

456 Janik et Toulmin, *op. cit.*, ch. 3, p. 76.

457 Jean-Marie Vaysse, *L'inconscient des modernes – Essai sur l'origine métaphysique de la psychanalyse*, Gallimard, 1999, p. 438.

458 *Ibidem*, p. 461.

459 Martin Heidegger, *Zollikoner Seminare*, Frankfurt, 1987. Cité par J.-M. Vaysse, *op. cit.*, note 2, p. 515.

460 Voir par exemple : S. Freud, *Résultats, idées, problèmes* (1921-1938), II, PUF, 1985, « Psychanalyse » et « Théorie de la libido » (1923), pp. 55 et 57.

461 *Ibidem*, « Psychanalyse » et « Théorie de la libido » (1923), pp. 59, 71 ; « Petit abrégé de psychanalyse » (1924), pp. 105, 111-113 ; « Psycho-Analysis », p. 156 ; « Dostoïevski et le parricide » (1928), p. 170 et « Prix Goethe 1930 » (1930), p. 181.

462 *Ibidem*, « Psychanalyse » et « Théorie de la libido » (1923), pp. 71-72.

463 *Ibidem*, « Psycho-Analysis », p. 155.

464 *Ibidem*, « Petit abrégé de psychanalyse » (1924), p. 116.

465 Dans sa *Summa theologiae*, I^{a}-II^{ae}, q. 17, a. 1 ad 2^{m} saint Thomas d'Aquin dit : « *Radix libertatis est voluntas sicut subjectum ; sed sicut causa est ratio. [...] Liberum arbitrium [...] est liberum de ratione iudicium, quasi ratio sit causa libertatis.* » (La racine de la liberté est la volonté en tant que sujet, mais en tant que cause c'est la raison. [...] Le libre arbitre [...] est un jugement libre par la raison comme si la raison était la cause de la liberté.)

466 *I Rois*, 3, 9.

467 S. Freud, *op. cit.*, « Psychanalyse » et « Théorie de la libido » (1923), pp. 51 et 57.

468 J.-M. Vaysse, *op. cit.*, p. 270.

469 Simone Weil, *La pesanteur et la grâce*, Plon, Agora, 1988, « La nécessité et l'obéissance », p. 56.

470 Le désir de vie, qui est à la base de l'acte de foi, appartient ainsi à la sphère affective. Saint Thomas l'appelle « une volonté », certes inchoative, tout en précisant : « *Sed illa voluntas nec est actus caritatis nec spei, sed quidam appetitus boni repromissi.* » (Mais cette volonté n'est ni un acte de charité, ni d'espérance, mais un certain désir du bien promis.) *De veritate*, q. 14, a. 2 ad 10.

471 J.-M. Vaysse, *op. cit.*, p. 428.

472 S. Freud, *op. cit.*, « Quelques additifs à l'ensemble de l'interprétation des rêves », p. 148.

473 Paul A. Robinson, *The Freudian Left : William Reich, Geza Roheim, Herbert Marcuse*, Harper and Row, 1969.

474 Sans se formaliser là-dessus, on pourrait distinguer le *fantasme*, en tant que modification accidentelle du sujet dans l'acte d'imaginer (*species impressa*), du *fantasme* en tant qu'image représentée (*species expressa*).

475 On limiterait les sens en traduisant *acedia* (ou *acidia*) par *paresse*, *mélancolie*, *atonie* ou – aujourd'hui – *dépression*. Sur la mélancolie chaude et froide ainsi que sur l'acédie, voir Ioan P. Couliano, *Éros et magie à la Renaissance, 1484*, Paris, Flammarion, 1984, II, 5, pp. 76-81.

476 On limiterait encore une fois le sens en traduisant *amor hereos* par *morbus amatoris* ou mal d'amour. Sur l'*amor hereos*, voir Couliano, *op. cit.*, I, 2, pp. 41-42 et V, 1, pp. 151-52.

477 *Ibidem*, V, 4, pp. 171-74.

478 *Ibidem*, VII, 3, pp. 205-207. Couliano évoque à ce propos un *Canon* ou *Capitulum Episcopi* rédigé autour de l'année Mil expliquant la sorcellerie par des hallucinations et rappelant les prescriptions ecclésiastiques contre la collecte de plantes hallucinogènes.

479 *Ibidem*, VIII, 2, p. 252.

480 Voir : Sigmund Freud, *Résultats, idées, problèmes* (1921-1938), II, PUF, 1985, « Petit abrégé de la psychanalyse » (1924), p. 114 et « Résistances à la psychanalyse », p. 125.

481 C.G. Jung, *Métamorphose de l'âme et ses symboles*, Genève, Georg, 1953. L'édition originale allemande de 1912 avait le titre *Métamorphose et symboles de la libido*. Jung en enrichit les successives éditions de 1924, 1937 et 1950.

482 *Correspondance Freud-Jung*, Gallimard, 1975, vol. 2, p. 218.

483 Jean-Jacques Antier, *C.G. Jung ou l'expérience du divin*, Paris, Presses de la Renaissance, 2010, 11, p. 166.

484 Voir, par exemple : http://www.regardconscient.net/archives/0212jakobfreud.html, d'où il ressort que l'attachement filial de Freud pour son père le conduisit à fermer les yeux sur ses fautes gravissimes. Voir également : http://www.oedipe.org/forum/read.php?6,10493.

485 S. Freud, *L'homme Moïse et la religion monothéiste : trois essais.*

486 Giovanni Cucci, S.J., *Freud e Mosé*, « La Civiltà Cattolica », n° 3813, 2 mai 2009, pp. 218-19, 244-45.

[487] Sabina Spielrein, *Entre Freud et Jung*, Aubier-Montaigne, 1981, p. 119.

[488] Aniéla Jaffé, Gerhard Adler, C.G. Jung. *Correspondance*, Albin Michel, 1992-1996, vol 2, p. 170. Voir également p. 207 et vol. 5, p. 179.

[489] Freud, *Lettres à Wilhelm Fliess*, écrites entre 1887 et 1904. Cette citation de Freud et la citation de T. Mann (*Appel à la raison*, discours prononcé à Berlin en 1930) qui suit sont reprises de l'article de Roberto Contardi, *Da Freud a Lacan. Il declino del padre nella psicanalisi*, « Studi Cattolici », Milano, mai 2009, pp. 324-333.

[490] Nous nous inspirons ici d'Olivier Bonnewijn, *Éthique sexuelle et familiale*, Paris, Éditions de l'Emmanuel, 2006, VIII C 3, p. 234. Voir également IV C 4 a, pp. 121-22 et 1 A 2, p. 26 note 6.

[491] Jacques Van Rillaer, professeur émérite de psychologie à l'Université Catholique de Louvain, déclare : « J'étais agacé par le fait que des étudiants devaient étudier des textes incompréhensible de Lacan. Il y avait en l'espèce une grande partie de mystification ». Voir « Le Vif – L'Express », Bruxelles, le 13 mai 2010, p. 67.

[492] Joseph Epstein, *Snobbery, the American Way*, Houghton Mifflin Co., 2002, 5, p. 44.

[493] À un certain moment, en raison de décisions prises par referendum, 85 % du budget californien était prédéterminé. Le corps législatif ne disposait plus que de 15 % des finances publiques. Fareed Zakaria, *The Future of Freedom*, New York – London, W.W. Norton, 2007 (orig. 2003), 5 « Too Much of a Good Thing » (Trop d'une bonne chose), 5, p. 193. Le titre très significatif du chapitre se rapporte à l'excès de démocratie directe.

[494] Peter Schrag, *Paradise Lost: California's Experience, America's Future*, Berkley, University of California Press, 1999. Cité par Fareed Zakaria, *op. cit.*, 5 pp. 192-93.

[495] *Ibidem*, 5, pp. 170-72.

[496] *Ibidem*, 5, pp. 162-63. Voir également 1, p. 57 ; 2, p. 64 ; 4, pp. 155-56 ; 5, pp. 197-98.

[497] Notamment dans son ouvrage *The New Industrial State*, Hamilton, 1967, où il développe la notion de technostructure.

[498] Arnold Toynbee, *A Study of History*, Abridgment of Volumes I-VI, by D.C. Somervell, Oxford University Press, 1947, IV, XVI

(4) « The Nemesis of Creativity: Idolization of an Ephemeral Institution », p. 323.

499 Marguerite A. Peeters, *La mondialisation de la révolution culturelle occidentale*, iis@skynet.be, 2007, pp. 34-36.

500 Déjà Maurice Duverger, dans son ouvrage *Janus – Les deux faces de l'Occident*, Fayard, 1972, montrait l'importance de ces relais pour le maintien d'un certain équilibre démocratique, face aux revendications des masses (des indignés, dirait-on aujourd'hui). Ceci est encore plus vrai à l'heure actuelle, puisqu'on ne sait plus comment assurer le travail, la justice, voire le nécessaire à tout le monde, sans toucher aux droits acquis. (En 1789 on aurait parlé des privilèges, des états et des corporations.)

501 « L'homme de la masse croit, en fait, d'être l'État, et il tendra à l'employer […] pour écraser toute minorité créative : en politique, dans le monde des idées et dans l'industrie. [... Toute] action sociale spontanée sera continuellement cassée par les interventions étatiques, de manière à ce qu'aucun nouvelle semence ne puisse fructifier », note José Ortega y Gasset dans son ouvrage *La révolte des masses*, Paris, Stock, 1937 (original espagnol de 1930), ch. XIII, pp. 126-27 (la traduction est à nous).

502 Un tenant du droit divin des rois, sir Robert Filmer, mort en 1653 peu après la décapitation de Charles I Stuart (1649), s'approchait de ces opinions. Il écrivit en fait : « Il est impossible dans la nature qu'un homme puisse donner la loi à soi-même ». Voir : B. Russell, *History of Western Philosophy*, Allen & Unwin, 1969, III, ch. XIV, « Locke's Political Philosophy », p. 596. Rappelons que dans le contexte historique de Filmer, le droit divin des rois était combattu tant par les catholiques que par les protestants non-conformistes.

503 Aristote, *Politica*, IV, iv, 1292ª 7-30.

504 *The Emergence of Noopolitik: toward an American Information Strategy*, par David Ronfeldt et John Aquilla. Cité par Pierre Debray, *Lettre d'un vieux soldat à un jeune catholique, etc.*, article paru dans le « Courrier Hebdomadaire » de Pierre Debray, 76-82, Bd. d'Angleterre, F-85000 La-Roche-sur-Yon, juillet-août 1999.

505 Aristote, *Politica*, 1279ᵇ 4.

506 Voir : Guglielmo Ferrero, *Pouvoir - Les génies invisibles de la cité*, Brentano's, New York, 1942, ch. III, pp. 33-35. L'auteur,

intéressé surtout à la dynamique historique, discute sans parti pris le conflit entre les deux principes.

507 *Matthieu*, 7, 12. Cette formulation de l'Évangile trouve un précédent dans l'Ancien Testament, *Tobie*, 4, 16.

508 *Matthieu*, 25, 31-46. Ceci ne signifie pas que l'homme ne soit pas responsable en cas de refus explicite de la foi au Christ. Ce refus – quand la foi est proposée dans son sens éternel – entraîne la condamnation éternelle (*Marc*, 16, 16). Comme toujours, il faut interpréter la Bible par la Bible. L'appel à la bonne entente, à l'aide mutuelle ou aux œuvres humaines, en alternative à la foi chrétienne, exprime trop souvent le rejet de ce qu'il y a de trop contraignant dans l'éthique chrétienne visant l'éternité, de trop engageant dans l'acte de foi en ce que nous ne voyons pas, alors que, humainement, nous avons tendance à faire confiance aux seules valeurs temporelles si évidentes.

509 Wilhelm Weischedel, *Der Gott der Philosophen*, Darmstadt, Wissenschaftliche Buchgesellschaft, 1971.

510 Voir : Marc Maesschalck, *Pour une éthique des convictions – religion et rationalisation du monde vécu*, Bruxelles, Facultés universitaires Saint-Louis, 1994, pp. 183-84.

511 Paul Ricœur, *Soi-même comme un autre*, p. 334, cité par Marc Maesschalck, *op. cit.*, p. 199. Un concept analogue est repris par Habermas : « on doit pouvoir tester sous l'égide du point de vue moral si une norme ou une manière d'agir pourraient trouver dans le cercle des concernés un assentiment universel, rationnellement motivé et par là même sans contrainte ». *De l'éthique de la discussion,* Paris, Cerf, 1992 (orig. *Erläuterungen zur Diskursethik,* 1991), p. 55. Cité par Maesschalck, *op. cit.*, p. 195, note 11.

512 Maesschalck, *op. cit.*, p. 200.

513 *Ibidem*, respectivement p. 200 et p. 273.

514 K. O. Apel, « L'éthique de la discussion : sa portée, ses limites », dans : *L'univers philosophique*, P.U.F., 1989, pp. 164-165.

515 M. Maesschalck, *op. cit.*, p. 283.

516 K. O. Apel, *op. cit.*, p. 79.

517 Pour mieux situer la question, il ne faut pas oublier toutefois l'absence traditionnelle d'un vrai droit et d'un État de droit en Russie. Voir : Tibor Szamuely, *La tradition russe*, Stock, 1976 (orig. 1974), en particulier le chapitre 10, « L'intelligentsia », pp. 207-13.

[518] Maesschalck, *op. cit.*, pp. 254-255 et p. 306. L'auteur fait appel aux « liens » et aux « revendications collectives ». Mais, de la sorte, il revient au vécu dans les relations avec les autres, alors que tout ce qui *dépend* des relations demande un fondement *hors* de ces relations. Cet ouvrage se conclut, toutefois, par la reconnaissance de l'« échec de la constitution de sens à partir du monde vécu ». *Ibidem*, p. 354.

[519] Le mot *sémantique* se rapporte à la signification (sans valeur de vérité) que reçoit l'argumentation du fait de se situer dans un contexte « engagé ». « Il y a un sens à mettre à l'épreuve [de l'éthique] des convictions reçues à travers des traditions et des croyances, c'est-à-dire des horizons sémantiques ». *Ibidem*, p. 31.

[520] *Psaume* 84 (85), 11. On peut également traduire ce texte en évoquant la rencontre entre « la miséricorde et la fidélité ».

[521] « La vérité décomposée en morceaux convenables. » Michael Ondaatje, *Anil's Ghost*, New York, Vintage Books, 2000, p. 156.

[522] Chantal Delsol, *L'âge di renoncement*, Cerf, 2011.

[523] *Jean*, 14, 9.

[524] Voir, par exemple : Hegel, *Vorlesungen über die Philosophie der Religion*, hrsg. von G. Lasson, Leipzig, Felix Meiner, 1930, I, pp. 110-suiv.

[525] Nietzsche, *L'Antéchrist*, 10.

[526] Lettre à Fermat du 10 août 1660, citée par Hubert Hardt dans son article « Pascal » dans le recueil *Au seuil du christianisme*, Paris-Bruxelles, Éditions Universitaires - Lumen Vitae, 1952, p. 45.

[527] *Ibidem*, p. 46.

[528] Dans *Éros et magie à la Renaissance, 1484*, Paris, Flammarion, 1984, IX, 6, p. 274 (*Eros and Magic in the Renaissance*, The University of Chicago Press, 1987, p. 208), Ioan P. Couliano attribue l'angoisse de l'homme, libre dans l'univers infini de la nouvelle science, au manque de repères et à la distance de Dieu. Distance de Dieu, qui est également soulignée par la doctrine protestante de la souveraineté divine dans l'exercice de la prédestination.

[529] Hardt, *op. cit.*, « Pascal », p. 60.

[530] Voir, par exemple : Claude Tresmontant, *Les métaphysiques principales. Essai de typologie*, Paris, O.E.I.L., 1989, VI, « La métaphysique des Hébreux », pp. 213-suiv.

[531] *Exode*, 3, 13-15. Naturellement, pour exclure toute signification philosophique, on pourrait traduire ce passage dans le sens : « Tu

n'as pas à savoir mon nom ». Mais, avec un critère pareil, toute la Bible pourrait être réduite à une plaisanterie. Le concept « Je suis » est repris par Jésus dans les passages suivants : « En effet, si vous ne croyez pas que Je suis, vous mourrez dans vos péchés » ; « lorsque vous exalterez le fils de l'homme, alors vous saurez que Je suis » ; « avant qu'Abraham fût, Je suis ». Voir respectivement *Jean*, 8, 24 ; 8, 28 ; 8, 58.

532 « Ils sont insensés par nature tous ceux qui ignorèrent Dieu, qui des biens visibles ne parvinrent pas à la connaissance de Celui qui est et qui – de l'étude des œuvres – ne reconnurent pas l'artisan. » *Sagesse*, 13, 1.

533 « Les perfections invisibles de Dieu [...] apparaissent dans ses œuvres visibles. Il n'y a donc pas d'excuse. » *Romains*, 1, 20. Quelque chose d'invisible est admis aussi par ceux qui se font charge d'une *responsabilité* envers l'humanité, la vie, la Terre (Gaïa). Bien sûr, ce sont là des choses que l'on voit mais c'est la *responsabilité* que l'on ne voit pas et que l'on pourrait balayer du dos de la main comme on se débarrasse de Dieu. Normalement, l'homme se bat pour ce qui correspond à ses intérêts ou à sa sensibilité. Afin d'assumer une *responsabilité*, il doit se rapporter à une Finalité plus haute que son être. On comprend que cette *responsabilité* soit rejetée par le plus grand nombre.

534 *« [...] parati semper ad satisfactionem omni poscenti vos rationem de ea, quae in vobis est, spe. » I[e] Pierre,* 3, 15.

535 Pascal, *Pensées*, n° *543 de l'édit. de Brunschwicg. Voir aussi n° 243.

536 *Ibidem*, n° 233.

537 *Ibidem*, n° *276.

538 *Ibidem*, n° *267.

539 Accueillant un autre sens du terme, A. Fouillée situe Kant « dès le début, en plein ontologisme », du fait d'impliquer le nouménal dans la définition même du phénoménal. (*La Pensée et les nouvelles écoles anti-intellectuelles*, Alcan, 1919, p. 10, cité par André Lalande, *Vocabulaire technique et critique de la philosophie*, Quadrige/PUF, 1988, p. 716).

540 R.P. Sertillanges, *Le christianisme et les philosophes*, Aubier, 1941, vol. II, ch. IX, p. 89.

541 *Ibidem*, p. 90.

542 L'ontologisme à été condamné en relation à divers auteurs en 1861 et en 1887 (dans ce second cas à propos de Rosmini). Voir : H. Denzinger, *Enchiridion symbolorum*, Herder, 1976, nn° 2841-47 et n° 3201-suiv.

543 Le mot *aperception* « n'a pas actuellement en français de sens bien défini. On l'emploie quelquefois pour appréhension au sens » kantien de l'acte « de rapporter une représentation à la conscience de soi », voire au sens de « la conscience de soi » (*aperception pure*). Voir : A. Lalande, *op. cit.*, pp. 66-67. Ici, nous nous rapportons à l'intuition de la réalité, c'est-à-dire de l'*être*, de toute donnée phénoménale, sans exclure que dans l'expérience se révèle *aussi* le *sujet*.

544 Malebranche, *De la recherche de la vérité*, liv. VI, II, ch. III.

545 Les livres XXX et XXXI de *L'esprit des lois* illustrent la conception que l'auteur a de la monarchie constitutionnelle.

546 *Ibidem*, II, 4.

547 *Ibidem*, livre XIV. Montesquieu relate une curieuse expérience sur une langue de mouton gelée et dégelée pour prouver naïvement que les organes de la sensibilité (du goût, en l'occurrence) s'épanouissent avec la chaleur.

548 Jared Diamond, *Guns, Germs and Steel*, London, Vintage, 2005 (orig. américain, 1997 ; en français : *De l'inégalité parmi les sociétés - Essai sur l'homme et l'environnement dans l'histoire*, Gallimard, 2000).

549 Raymond Aron, *Paix et guerre entre les nations*, Calmann-Lévy, 1962, II, VII, 1, p. 190.

550 Ce *Traité* a été en tout cas rejeté par le vote français et hollandais de 2005.

551 Voltaire, *Candide*, ch. XXI.

552 Rousseau, *Émile ou de l'éducation*, Amsterdam, chez Jean Néaulme, 1772, 7, tome I, liv. II, p. 193.

553 Rousseau, *Contrat social*, Amsterdam, chez Marc-Michel Rey, 1772, 2, tome II, IIe partie, liv. II, ch. III, p. 33.

554 Jared Diamond, *op. cit.*, ch. 14, pp. 265-66, 277. Dans ce cas il est difficile de parler d'un contrat social : il s'agit de s'adapter à un certain ordre imposé par la force afin de sauver sa vie, *Ibidem*, pp. 283, 288-89.

555 Gianfranco Morra, *Quale illuminismo ?*, « Studi cattolici », Milano, avril 2010, à propos de l'ouvrage de Robert Spaemann, *Rousseau*

– *Mensch oder Bürger. Das Dilemma der Moderne*, Stuttgart, Klett-Cotta, 2008.

556 Était-il capable d'avoir des enfants ? C'est la question que se pose Heinrich Heine dans son *Aveux de l'auteur* (ca. 1855). Voir le recueil *De l'Allemagne*, Paris, La Presse d'Aujourd'hui, 1979, p. 245.

557 Rousseau, *Émile* (op. cit.), 7, tome II, liv. IV, p. 215.

558 B. Russell, *History of Western Philosophy*, Allen & Unwin, 1969, III, XIX, « Rousseau », p. 660 et p. 669.

559 Paul Veyne, *Quand notre monde est devenu chrétien (312-394)*, Paris, Albin Michel, 2007, ch. XI, « L'Europe a-t-elle des racines chrétiennes ? », pp. 256-57. (Ce livre a été réédité en Livre de Poche en 2010).

560 Voir : Henri Bergson, *Les deux sources de la morale et de la religion*, Paris, Alcan, 1932, ch. III, « Les prophètes d'Israël », p. 257. Souvent le mystique n'a qu'un rapport indirect avec l'action. Ainsi sainte Thérèse de l'Enfant-Jésus est patronne des missions du fait de les avoir toujours portées dans son cœur, alors qu'elle ne s'est jamais rendue en pays de mission.

561 Pour la notion de « rétrécissement » voir H. Bergson, *L'évolution créatrice*, Paris, Alcan, 1907, ch. I, « Recherche d'un critérium », p. 57. Pour la notion de « noyau » voir *Ibidem*, p. 50 et ch. III, « Rapport du problème de la vie au problème de la connaissance », p. 211.

562 Cette image de Bergson (*Ibidem*, ch. I, « Recherche d'un critérium », p. 33) correspond précisément à l'approche par le calcul infinitésimal (dérivées et intégraux) découvert par Newton au cours des années 1665-1668 et amélioré et diffusé par Leibniz entre 1674 et 1676. C'est le système mathématique qui a accompagné le développement scientifique pendant trois siècles jusqu'à l'introduction des ordinateurs et de la théorie mathématique du chaos. Le terme « chaos » apparaît en 1975 dans l'article de Tien-Yien Li et James A. Yorke, *Period Three Implies Chaos*, « American Mathematical Monthly », n° 82, 1975, p. 985-992.

563 H. Bergson, *La pensée et le mouvant*, Paris, Alcan, 1934, ch. VIII, « Sur le pragmatisme de W. James », pp. 275-76.

564 H. Bergson, *L'évolution créatrice* (op. cit.), ch. II, « Nature de l'instinct », p. 179.

565 *Ibidem*, ch. I, « Biologie et physico-chimie », p. 31. Sur les limites de l'approche par l'intelligence, voir également ch. III, « Intelligence et matérialité », pp. 218-19 et ch. IV, « Les deux illusions fondamentales », p. 296.

566 *Ibidem*, ch. II, « Vie et conscience », p. 192.

567 Outre à impliquer la réalité du temps comme quelque chose de consistant – bien que l'on ne puisse pas prendre en main le temps ou le mettre sous clé – la notion bergsonienne de durée appelle à prendre en compte les limites du temps, la mort et l'éternité. Cette dernière peut ainsi figurer comme l'entièreté de notre existence temporelle, vécue dans sa continuité (dans ce que l'on appelle Au-delà). Les distinctions temporelles – à l'instar des distinctions spatiales – n'apparaissent plus comme une séparation dans l'être, mais comme des étapes ou des paliers.

568 Considérant ces sept points on peut présenter Bergson comme un philosophe réaliste. Ces questions sont discutées par Arnaud François, *Bergson, Schopenhauer, Nietzsche*, P.U.F., 2008, ch. III, « Intuition », pp. 189-91.

569 H. Bergson, *L'évolution créatrice* (op. cit.), ch. II, « Nature de l'instinct », p. 182.

570 H. Bergson, *La pensée et le mouvant* (op. cit.), ch. VI, « Métaphysique et science modernes », pp. 250-51.

571 Jean Sokal et Alain Bricmont, *Impostures intellectuelles*, Paris, Odile Jacob, 1997, « Un regard sur l'histoire – Durée et simultanéité », pp. 175-77. En fait, ici Bergson se trompe. Selon la théorie de la relativité, lors du passage d'un système de référence inertiel à un autre (ces systèmes étant en mouvement linéaire uniforme l'un par rapport à l'autre à une vitesse v inférieure à celle de la lumière c), le seul invariant est la distance chronotopique ds entre deux *événements* quelconques. Dans chaque système de repère cette distance non intuitive ds est définie par l'équation $ds^2=c^2\times dt^2-dx^2$, où dt est l'intervalle de temps et dx la distance spatiale mesurés dans le même système entre deux événements. Le fait que dans l'un des deux systèmes les intervalles de temps et d'espace s'allongent ou se contractent par rapport à l'autre système dépend simplement du *couple d'événements choisis*. Avec un autre choix du couple d'événements entre lesquels on mesure dt et dx, ces variations pourraient aller en sens inverse. Cela signifie qu'il

n'y a pas un système inertiel « fondamental » ou qui aille plus vite ou plus lentement : leur mouvement est tout simplement relatif.

572 H. Bergson, *Durée et simultanéité*, « À propos de la théorie d'Einstein », PUF, 1968 (orig. 1923), pp. 207-208.

573 Maurice Merleau-Ponty « semble vouloir conclure, comme Bergson, que les jumeaux auront le même âge (et que leurs montres indiqueront la même heure à la fin du voyage. Mais contrairement à l'exposé de Bergson, l'élaboration ontologique de Merleau-Ponty ne débouche sur aucun énoncé clair à propos de cette question cruciale ». Sokal et Bricmont, *op. cit.*, « Un regard sur l'histoire – Durée et simultanéité », p. 181.

574 On peut admettre que, en passant d'un système de référence inertiel (x, t) à un autre système de référence inertiel (x', t'), les respectifs coefficients d'expansion $\upsilon(t)$ à $\upsilon'(t')$ soient différents. Toutefois, si on accepte l'ensemble des hypothèses prises en compte au chapitre XII (voir Tableau V), au moment où la vitesse d'éloignement entre deux points situés à la distance ou longueur minimale de Planck Δx_p rejoint la vitesse de la lumière on doit avoir $\upsilon = c/\Delta x_p$ et $\upsilon' = c/\Delta x_p$, donc $\upsilon=\upsilon'=\upsilon_p$. En fait, la longueur de Planck $\Delta x_p = (G \times \hbar/c^3)^{1/2}$ est définie par des constantes universelles et donc elle ne peut pas varier d'un système de référence à un autre. D'ailleurs, l'invariant chronotopique $ds^2 = (c^2 - \Delta x_p^2 \times \upsilon^2) \times dt^2 = (c^2 - \Delta x_p^2 \times \upsilon'^2) \times dt'^2$ relatif à l'élargissement (=expansion) de cette distance Δx_p devient $ds^2 = 0$ quand on arrive à la vitesse de la lumière, et cela signifie que pour $\Delta x_p^2 \times \upsilon^2 = c^2$ on doit avoir également $\Delta x_p^2 \times \upsilon'^2 = c^2$, c'est-à-dire $\upsilon=\upsilon'=\upsilon_p$, quels qu'ils soient (x, t) et (x', t'). Si donc toute autre évolution est propre à chaque système de référence particulier, l'expansion de l'univers est universelle, au moins dans son aboutissement : la mort froide de l'univers.

575 Maurice Blondel, *L'Action*, Alcan, 1937, tome II, « Excursus », nn° 2-3, pp. 418-19. (Cette édition est fort différente de l'édition originelle Germer Baillière - Alcan de 1893.)

576 Arnaud François, *Bergson, Schopenhauer, Nietzsche*, P.U.F., 2008, ch. I, « Bergson ou la volonté comme émotion », p. 56.

577 M. Blondel, *L'Action (1983)*, P.U.F., 1950 IV, I, III, pp. 356-56. (Cette édition garde la pagination de l'édition originelle Germer Baillière - Alcan de 1893.)

578 M. Blondel, *L'être et les êtres*, Alcan, 1935, « Excursus », p. 522, cité par Cornelio Fabro, *Introduction à l'athéisme moderne*, Sillery

(Québec), Éditions Anne Sigier, 1999, I, 1, pp. 133-34 et note 58, p. 861.

579 M. Blondel dans le « Bulletin de la Société française de philosophie », 1931, pp. 90-91, cité par Antonio Livi, *Vera e falsa teologia*, Roma, Édit. Leonardo da Vinci, 2012, p. 171. Cet ouvrage revient sur l'exigentialisme de Blondel à la p. 216.

580 Luigi Bogliolo, *Il problema della filosofia cristiana*, Brescia, Morcelliana, 1959, p. 154. Cité par Antonio Livi, *op. cit.*, p. 171.

581 Claude Tresmontant, *Introduction à la pensée de Teilhard de Chardin*, Seuil, 1956, p. 30.

582 Pierre Teilhard de Chardin, *Esquisse d'un Univers personnel*, daté Pékin, 1936.

583 P. Teilhard de Chardin, *Le phénomène humain*, Seuil, 1955, II, III, 1 « Le fil d'Ariane », p. 158.

584 C. Tresmontant, *Introduction à la pensée de Teilhard de Chardin* (op. cit.), note 1, pp. 64-65.

585 http://www.fossiliraptor.be/extinctions.htm, site consulté le 2 avril 2015.

586 Karl Popper, *The Open society and its Enemies*, Princeton, N.J., Princeton University Press, 1950 (orig. London, 1945), ch. 21, p. 383.

587 Nous en avons parlé plus haut, au ch. XII, ainsi qu'en concluant la note sur Bergson.

588 Edith Delamare, « Obstacles » in *Infiltrations ennemies dans l'Église*, œuvre présentée et publiée par Henry Coston, BP 98-12, F-75862 Paris cedex 18, 1999, XII, p. 151.

589 Néanmoins, le Père de Lubac, déclarait que « Teilhard n'a rien de joachimite ». Se rapporte-t-il à d'autres aspects du message joachimite ? Voir d'Henri de Lubac, *La pensée religieuse du Père Teilhard de Chardin*, Paris, Aubier-Montaigne 1962 et *La postérité spirituelle de Joachim de Flore*, Paris, Lethielleux, 2 vol., 1979 et 1981.

590 Reginald Garrigou-Lagrange, O.P., *La nouvelle théologie, où va-t-elle ?*, « Angelicum », 23 (1946), 126-45.

591 Teilhard de Chardin, *Comment je crois*, 1934, X, 150.

592 Dans une de ses *Lettres à Léontine Zantia*, Desclée De Brouwer, 1965.

593 Pierre Teilhard de Chardin, *Le phénomène humain*, Seuil, 1955, Appendice, pp. 346-47.

594 « Voici, je fais toutes choses nouvelles. » *Apocalypse*, 21, 5. Est-ce que cela vaut seulement pour la fin des temps ?

595 "« L'Église change parce qu'elle est fidèle », disait le Cardinal Marty.

596 Pie XI (1922-1939) en 1926 condamna l'Action française, en 1931 le fascisme (*Non abbiamo bisogno*), en 1937 le national-socialisme (*Mit brennender Sorge*) et le communisme (*Divini Redentoris*). Pourtant en 1929 il avait résolu avec Mussolini la « Question Romaine » et, par la suite, il ne reconnut officiellement Franco qu'en 1938.

597 Source : http://www.actionfrancaise.net/craf/?MARITAIN-MAURRAS-oublier-les.

598 Y. Floucat, *Maritain ou le catholicisme intégral et l'humanisme démocratique*, Paris, Téqui, 2003, p. 129

599 P. Maurice Elder Hyppolite, sdb, *Le réalisme de la connaissance comme condition pour l'humanisme intégral de Jacques Maritain*, Thèse pour l'obtention du Doctorat en Philosophie, Università Pontificia Salesiana, Roma, 2007, 1 « La place et les étapes de la théorie de la connaissance dans l'œuvre de Maritain », pp. 52-53.

600 *Lettre du 30 novembre 1958*, dans « Correspondance Jacques Maritain - Henry Bars », in *Cahiers Jacques Maritain*, 24 (1992), p. 22.

601 *Sur la philosophie politique de Jacques Maritain*, lettre au professeur Peces-Barba Martinez, dans les *Œuvres complètes* de Jacques et Raïssa Maritain, Fribourg (Suisse), Éditions Universitaires – Paris, Éditions Saint-Paul, 1983, vol. XIII, p. 1238.

602 Jacques Maritain, *De la sagesse augustinienne*, dans « Mélanges augustiniens » ou « Revue de Philosophie », t. XXX (1930), pp. 409-410.

603 É. Gilson, *L'esprit de la philosophie médiévale*, Gifford Lectures (Université d'Aberdeen), 2ème édit. revue, Paris, Vrin, 1944, p. 33. Source : http://www.neoprofs.org/t50832-edith-stein-phenomenologie-et-philosophie-chretienne.

604 *Correspondance E. Gilson-J. Maritain*, Vrin, pp. 276-77.

605 Etienne Gilson en *Christianisme et Philosophie*, Vrin, 1949 (et Vrin-Reprise, 1981), III, pp. 98-99.

606 Michel Onfray, *Le siècle de Sartre*, « Le Monde » du 5-6 juin 2011, article présentant les entretiens donnés par Sartre à John Gerassi

entre 1970 et 1974 (J. Gerassi, *Entretiens avec Sartre*, Grasset et Fasquelle, 2011).

607 J.-P. Sartre, *L'être et le néant, essai d'ontologie phénoménologique*, Gallimard, 1943, IV, I, I, p. 529.

608 Aristote considère la question du gouvernement des égaux (*Politica*, VII, XIV, 1332^b 12-31), mais il faut dire que dans l'ancienne démocratie (πολιτεία) la confrontation des intérêts était plus directe, grâce au nombre restreint des citoyens (qu'Aristote préconise, d'ailleurs : *Ibidem*, VII, IV, 1326^a 25 – 1326^b 25) et à une conception constructive de la vérité.

609 Alain Badiou, *Petit panthéon portatif*, Paris, La Fabrique, 2008, p. 68.

610 *Matthieu*, 27, 46.

611 *Psaume*, 21 (22), 17-25.

612 *Matthieu*, 27, 47-54.

613 « Rappelons-nous le douteur qui ferme une fenêtre, puis retourne vérifier la fermeture, puis vérifie sa vérification et ainsi de suite. [...] Mais la vérité est que sa puissance d'agir est lésée, et que là est le mal dont il souffre : il n'avait qu'une demi-volonté d'accomplir l'acte et c'est pourquoi l'acte accompli ne lui laisse qu'une demi-certitude. » Cet exemple de Bergson, donné dans *La pensée et le mouvant*, Alcan, 1934, « De la position des problèmes », p. 78, se rapporte à une action matérielle, mais le discours peut être transposé à l'acte de foi, qui dépend lui aussi de la volonté.

614 C. Fabro, *Introduction à l'athéisme moderne*, Sillery (Québec), Édit. Anne Sigier, 1999, I, 1, p. 117; VII, 5, p. 750.

615 *Ibidem*, p. 749.

616 Jean-Paul Sartre, *La nausée*, Gallimard, 1938, pp. 136-42.

617 De manière analogue, aux deux extrêmes du mouvement existentialiste, Kierkegaard et Heidegger n'auraient probablement jamais pensé ou souhaité y être inclus.

618 Lévi-Strauss, *La pensée sauvage*, Plon, 1962, pp. 173-74

619 Donc avec une sensibilité différente de celle des « Leçons d'Erlangen » de Schelling : voir notre chap. X.

620 *Race et Culture*. Le texte de cette conférence a été publié dans la « Revue internationale des sciences sociales » de l'UNESCO en décembre 1971.

621 Ou, en tout cas, pour préserver la qualité de la vie, selon le roman de Aldous Huxley, *Le meilleur des mondes*.

622 Dans la rubrique *Paroles de prisonniers* de la revue « L'Unité française », juin 1941.

623 *La mémoire saturée*, Stock, 2003, c'est le titre d'un ouvrage de Régine Robin.

624 *Les identités meurtrières*, c'est le titre d'un ouvrage d'Amin Maalouf, Paris, Grasset and Fasquelle, 1998.

625 Comme Lévi-Strauss, Althusser essaye d'échapper à la « norme » du déterminisme exclusif des infrastructures.

626 Entretien avec Michel Foucault du 4 mars 1972, enregistré par Roger-Pol Droit et paru dans « L'Arc », 1972, n° 49.

627 Michel Foucault, *« Il faut défendre la société », Cours au Collège de France (1975-1976)*, Gallimard Seuil, 1997, Cours du 7 janvier 1976, p. 10.

628 H. Spencer, *The Study of Sociology*, New York, Appleton, 1874. Cité par Zygmunt Bauman, *Life in Fragments*, Blackwell, 1995, 4, « From Purveyors of Goods to Sensations-gatherers ».

629 M. Foucault, *op. cit.*, Cours du 3 mars 1976, pp. 170.

630 Philippe Raynaud, *La diagonale du penseur*, article paru dans « Le Vif/L'Express », Bruxelles, 3 - 9 octobre 1986, p. 161.

631 Descartes, *Cogitationes Privatœ*, ca. 1619 (ouvrage connu aujourd'hui par une copie faite par Leibniz). Source : http://larvatus.livejournal.com/5889.html

632 Jacques Derrida, *Discours de réception du Prix Adorno*, Francfort, 22 septembre 2001.

633 Hilary Putnam, *Rinnovare la filosofia*, Milano, Garzanti, 1998, p. 108.

634 Martin Heidegger, *Être et temps*, § 8, à la fin de l'Introduction.

635 Voir : Jacques Derrida, *Limited Inc.*, Evanston, Northwestern University Press, 1988 (édit. franç., Paris, Galilée, 1990), ouvrage rédigé contre J.R. Searle, qui en 1977 avait fait paraître l'article *Reiterating the Differences* (publié en français sous le titre *Pour réitérer les différences. Réponse à Derrida*, « L'Éclat, 1992 »). Searle y critiquait lourdement la conception de Derrida du rapport entre la parole et l'écrit, en s'appuyant sur la pensée de John L. Austin, qui était à l'époque le représentant le plus connu de la philosophie analytique.

[636] *Psyché : invention de l'autre*. Nouvelle édition augmentée, Paris, Galilée, 1998.

[637] Dans son *Discours de réception du Prix Adorno*, cité plus haut.

INDEX

Des mots qui reviennent très souvent, comme « histoire », « pensée », « réalité », n'ont pas été inclus ou ils ont été inclus seulement à propos d'utilisations particulières. Les pages où le traitement est plus complet ou simplement plus ciblé sont repérées par des caractères gras. Les noms des ouvrages et des œuvres d'art sont donnés en italique sans l'article initial (qui est rappelé seulement à la fin), mais des expressions comme *Lettre* ou *Traité*, ainsi que des prépositions comme *De* et *On*, ont été gardées à leur place. Dans les références aux notes, qui sont fort limitées, les numéros de page sont donnés en italique. Les renvois à l'intérieur des encadrés se rapportent toujours à la première page de l'encadré en question.

Achevé d'imprimer le 28 août 2015
par la Sté ACORT Europe en la *St Augustin*
www.cogetefi.com

Dépôt légal à parution

Imprimé en France